外交学院一流学科建设文库系列丛书

大变局时代的跨大西洋同盟调整与中美欧关系

Transatlantic Alliance and Sino-US-European Relations in a Changing World

赵怀普◎著

当代世界出版社
THE CONTEMPORARY WORLD PRESS

图书在版编目（CIP）数据

大变局时代的跨大西洋同盟调整与中美欧关系 / 赵怀普著. -- 北京：当代世界出版社，2024.11.
ISBN 978-7-5090-1842-2

Ⅰ．D822.3；D871.22；D850.2

中国国家版本馆 CIP 数据核字第 20244LJ011 号

书　　名：	大变局时代的跨大西洋同盟调整与中美欧关系
作　　者：	赵怀普 著
出 品 人：	李双伍
策划编辑：	刘娟娟
责任编辑：	魏银萍　姜松秀
出版发行：	当代世界出版社有限公司
地　　址：	北京市地安门东大街 70-9 号
邮　　编：	100009
邮　　箱：	ddsjchubanshe@163.com
编务电话：	（010）83907528
	（010）83908410 转 804
发行电话：	（010）83908410 转 812
传　　真：	（010）83908410 转 806
经　　销：	新华书店
印　　刷：	北京新华印刷有限公司
开　　本：	710 毫米×1000 毫米　1/16
印　　张：	30
字　　数：	404 千字
版　　次：	2024 年 11 月第 1 版
印　　次：	2024 年 11 月第 1 次
书　　号：	ISBN 978-7-5090-1842-2
定　　价：	108.00 元

法律顾问：北京市东卫律师事务所　钱汪龙律师团队　（010）65542827
版权所有，翻印必究；未经许可，不得转载。

外交学院中央高校基本科研业务费专项资金项目

序　言

　　跨大西洋关系是全球国际关系系统的重要组成部分，对国际格局和世界秩序有重大影响。跨大西洋关系本身是一个复杂的系统，大体上包含三层含义，即双边层面上美国与欧洲各国的关系、北约框架下的美欧跨大西洋同盟以及欧洲一体化背景下的欧盟与美国关系。不难看出，跨大西洋关系具有多元行为体共同参与的特点，既包括美国和欧洲各主权国家，也包括政府间性质的北约和超国家性质的欧盟。二战以前，美国同欧洲各国基于历史与文化形成的双边关系构成了跨大西洋关系的主要形态。冷战期间，美国领导的北约同盟主宰了跨大西洋关系，对苏联威胁的共同认知与双方安全利益的一致性是美欧同盟得以建立并保持稳定的根本因素。冷战后，共同敌人和威胁的消失使得跨大西洋同盟的凝聚力下降，北约甚至面临生存危机；与此同时，欧洲一体化背景下的欧盟与美国关系的重要性日益上升，欧盟对"美主欧从"的旧跨大西洋关系模式愈发不满。随之，跨大西洋关系进入了一个结构性与历史性调整的新时期，同盟框架下的美国-欧盟-北约三边互动、欧美关系重塑以及欧盟-北约关系调整等成为重要看点。

　　大变局时代的跨大西洋同盟调整既有其内在逻辑，同时也深受国际环境复杂多变的影响。世界多极化和经济全球化的发展推动国际力量对比更趋平衡，这是世界变局的根本原因所在。世界变局的核心在于一个"变"字,其本质是世界秩序重塑和全球治理机制完善,主要内容和突出表现是世界权力转移出现根本性变化,即开始由美欧所代表的西方世界,向以中国等新兴经济体为代表的非西方世界转移,同时也表现为西方世界内部美国与盟国关系的深刻变化,尤以美欧矛盾加剧最为突出。世界变局是一个动态过程,2008年爆发的全球性金融危机催化世界大变革大调整,危机使欧美实力遭到重创,与此形成对比的是一大批新兴经济体和发展中国家群体性崛起,世界力量对比出现"东升西降"的态势。世界变局的过程又是复杂的,东西力量对比变化加深西方的危机感,促使欧美不断调整对外战略,双方在管控同盟关系"退化"的同时,基于维护现行国际秩序的共同利益加强了应对中国和俄罗斯的战略协同与政策协调。这两方面的需求交织在一起,构成了跨大西洋同盟调整的主要动力来源,其调整既是世界变局的一部分,同时也推动变局加速演进。

欧美之间、欧盟与北约之间竞合并存是跨大西洋同盟调整呈现出的总体特征,同时伴随着北约(传统上作为美欧同盟的核心支柱)作用的相对弱化,以及欧盟与美国关系(作为美欧同盟的一个新支柱)重要性的相对提升。全球金融危机背景下上台的奥巴马政府调整了美国的对欧政策,奥巴马重申了美国对欧洲一体化的支持,以此改善美国与欧盟的关系,同时加强北约框架内的美欧协调,以弥补伊拉克战争造成的同盟裂痕,此外还在一些全球性或地区性问题上寻求与欧盟合作。经过阶段性的调整,不同层面和领域的美欧关系都得到了一定改善,美欧应对中国崛起的涉华互动与政策协调也有所加强。但由于受到美欧结构性矛盾、各自内部政治因素的制约,双方关系的改善仍是有限度的,被寄予厚望的"跨大西洋贸易与投资伙伴关系协定"(TTIP)谈判未能在奥巴马总统任期结束前达成协议,而美国开启战略重心东移并从欧洲"撤出"对跨大西洋同盟造成更大冲击,进一步凸显了美欧关系调整的复杂性。从欧洲方面来看,后全球金融危机时期大国地缘政治竞争回归令处于多事之秋的欧盟陷入更大的国际困境之中，促其加快对外战略调整。2016年出台的《欧盟外交与安全政策的全球战略》首次提出了"战略自主"概念，并特别将安全与防务能力建设作为其战略优先方向，表明欧盟欲通过加强自身硬实力来更好地维护其利益，同时标志着欧盟对外战略思维与反应模式开始发生改变，与冷战时期与美国结盟、寻求美国保护的战略依赖不同，如今欧盟希望通过战略自主寻求在既竞争又合作的大国博弈中找到其自主和独立的空间。2017年特朗普入主白宫是美欧关系的一个重大转折点。特朗普政府奉行"美国优先"原则，大幅度调整了对北约和欧盟的政策，严重激化了美欧在安全、经贸和全球治理等领域的矛盾，致使跨大西洋同盟严重"退化"，美欧关系出现"结构性危机"。欧盟对欧美关系的前景感到担忧，进而更加坚定地追求战略自主，并试图通过战略自主化解其居于中美之间的尴尬地位，将不"选边站"作为应对美国对华战略竞争的基本策略。然而，大变局时代跨大西洋同盟的"退化"虽是难以阻挡的趋势，但美欧双方仍试图通过维系同盟继续主导现行国际秩序。经历了四年之久的"特朗普冲击波"后，2021年拜登入主白宫为美欧关系的修复打开了"机会之窗"。拜登政府的外交理念回归传统、美欧原有的共同利益基础以及双方短期利益汇合等因素，助推跨大西洋同盟关系得到一定程度的修复，美欧在一些领域的合作有所加强，尤其是双方都将中国视为一个经济、技术和战略上的竞争对手，继而加强了在数字技术、投资贸易、价值观和制度竞争、军事安全和"印太战略"等领域针对中国的协调联动。2022年2月爆发的俄乌冲突为跨大西洋同盟注入更多"强心剂"，也似乎"激活"了北约及各个领域的美欧关系，重点施压围堵中俄成为美欧双方战略协调的一个重要议题。尽管如此，由于受到世界变局带来的根本性制约以及美欧结构性矛盾的影响，跨大西洋同盟关系的修复空间较为有限。归根结底，美欧战略目标与利益诉求的错位决定了美欧传统盟友关系难以回到过去，拜登政府无力改变这一点。展望未来，无论美国2024年总统选举结果如何，美国基于霸权护持与本国利益优先的战略"内向"趋势难以改变；而2024年欧洲议会选举结果也表明了欧洲"向右转"，预示着欧盟对外政策将更趋保守，这一切都将使跨大西洋同盟与美欧关系的不确定性加大。

当前百年变局加速演进，世界进入新的动荡变革期。世界各大战略性力量之间的实力消长与关系重组既是变局加速演进的诱因，同时也是影响国际战略格局走向的关键因素。中国、美国和欧盟是当今世界三大战略性力量，它们之间的三边关系是一个竞争与合作并存的动态过程，具有长期性、复杂性和非对称性等特点。当前中美欧关系正处于一个激烈的碰撞期，美国是主要推手，中美博弈是主要矛盾。中美关系的未来走向很大程度上取决于中美对彼此的认知和对两国关系的定位，而在这个方向的确定过程中，两国都会受到"第三方力量"——欧盟政策取向的影响。欧盟在中美欧关系中扮演多重角色并发挥着独特且微妙的作用，在相当程度上影响着中美博弈进程及三边关系的走向。中美欧关系本质上是一种不对称三角博弈模式，欧美间相互关系要比对华关系紧密得多，因此欧美共同应对中国成为三边关系的趋势性特征之一。然而，欧盟毕竟在一些重大国际事务中有其自身的目标与原则，在对华关系上也有着不同于美国的利益考量，因此在应对中国时并不完全与美国同步。欧盟寻求战略自主以及中欧关系具有的强大韧性，为中国运筹中美欧关系提供了外交空间。中国应加大对欧外交力度，综合施策以确保中欧关系的合作性大于竞争性，推动中美欧关系朝着相对平衡的方向发展，同时探索建立三边互动机制的可能性，以最大限度降低美欧联手应对中国的风险。

笔者曾于2011年出版《当代美欧关系史》一书，在回顾美欧关系历史的基础上，重点梳理分析了二战后跨大西洋同盟关系的形成、发展与演变。而本书则着重探讨2008年全球金融危机加速世界变局背景下跨大西洋同盟的调整与中美欧关系，在思想和脉络上可被视为对前一本书的承接与串联，反映了笔者现阶段对所研究问题的观察和研究视角，尽管未必能够反映对问题观察和理解的全部。本书是外交学院

"中央高校基本科研业务费专项资金科研创新项目：重大项目——国际变局下跨大西洋同盟的调整与中美欧关系"（3162022ZYKA01）的最终研究成果，并被纳入"外交学院一流学科建设文库系列丛书"。在项目申请与出版资助申请过程中，得到了外交学院科研处、国际关系研究所和外交学院学术委员会的大力协助与支持。当代世界出版社的资深编辑魏银萍同志和其他相关工作人员，为本书的出版做了大量的工作。在本书出版之际，谨向所有给我以支持和帮助的同志，表示衷心的感谢。

书中不足之处，敬请专家与读者不吝指正。

赵怀普
2024年6月于北京

目 录

序 言

第一章　全球金融危机加速世界变局　/ 1
第一节　全球金融危机和欧债危机重创美欧实力　/ 2
第二节　全球金融危机背景下新兴大国加速崛起　/ 16
第三节　美欧对华认知变化与"跨大西洋对话"　/ 26

第二章　奥巴马时期跨大西洋关系的复杂调整　/ 56
第一节　奥巴马政府的对欧政策调整　/ 57
第二节　美欧的亚太自贸区计划与"跨大西洋贸易与投资伙伴关系协定"谈判　/ 72
第三节　美国战略重心东移对跨大西洋同盟的冲击　/ 86

第三章　欧盟崛起与战略自主对跨大西洋同盟的挑战　/ 100
第一节　欧盟崛起撬动跨大西洋权力结构　/ 101
第二节　国际变局下的欧盟"多事之秋"　/ 112
第三节　欧洲战略自主与欧盟对外政策调整　/ 133

第四章　"特朗普冲击波"重创跨大西洋同盟与美欧关系　/ 155
第一节　特朗普当选美国总统与欧洲的反应　/ 156
第二节　跨大西洋同盟的"交易型"方式与松散化趋势　/ 168
第三节　美国与欧盟关系的危机　/ 192

第五章　拜登执政后美欧关系修复的空间及限度　/ 215

第一节　2020年美国总统选举的跨大西洋政治　/ 216

第二节　对欧政策调整与美欧关系的改善　/ 229

第三节　俄乌冲突对美欧关系的影响　/ 246

第四节　《通胀削减法》对美欧关系的影响　/ 263

第五节　跨大西洋同盟的隐忧与不确定未来　/ 276

第六章　美欧对华政策协调及其局限性　/ 298

第一节　中美欧不对称三角博弈　/ 299

第二节　美欧对华经贸科技竞争　/ 324

第三节　美欧涉华军事互动　/ 349

第四节　价值观外交与"印太战略"协调　/ 367

第五节　美欧对华政策协调的限度　/ 385

第七章　推动构建相对平衡与良性发展的中美欧关系　/ 404

第一节　中美欧关系的基本特征与当前态势　/ 405

第二节　欧盟在中美欧关系中的多重复杂角色　/ 407

第三节　中美欧关系的发展前景　/ 415

参考文献　/ 429

第一章　全球金融危机加速世界变局

冷战终结改变了全球安全环境，国际形势总体趋于缓和，大国关系进入既相互借重又相互制衡、既相互合作又相互竞争的新时期。与此同时，经济全球化加速发展，各国之间相互联系、相互依存程度不断加深。在世界多极化和经济全球化的推动下，国际力量对比更趋平衡，世界变局大幕拉开。世界变局的核心在于一个"变"字，其本质是世界秩序重塑和全球治理机制完善，主要内容和突出表现是世界权力转移开始出现根本性变化，即开始由美欧所代表的西方世界，向中国等新兴经济体所代表的非西方世界转移，同时也表现为西方世界内部美国与盟国关系的深刻变化，尤以美国与欧洲之间的矛盾加剧最为突出。然而，世界变局过程又是复杂的。一方面，世界力量对比的变化加深了美国的危机感，美国将中国和俄罗斯定位为战略竞争对手，重点施压围堵中、俄两国，导致中美、美俄战略博弈加剧；同时，美国也将欧盟视为潜在竞争对手，对其进行防范打压，导致美欧盟友关系"退化"。另一方面，由于美欧在维护现行国际秩序方面存在根本利益的一致及双方短期利益的汇合，美欧共同应对中国及俄罗斯的战略协同与政策协调持续加强。世界变局是一个动态的发展过程，其演进受多种因素交织影响。2008年全球金融危机是冷战后对世界形势与国际格局产生重大影响的一场严重危机，美欧实力遭到重创，世界力量对比,尤其是中西力量对比发生进一步变化,由此加速了世界变局的演进。

第一节 全球金融危机和欧债危机重创美欧实力

一、美国次贷危机掀起全球金融风暴

2008年爆发的全球性金融危机,是国际经济政治旧秩序特别是国际金融旧秩序的产物,深刻暴露了资本主义发展模式的内在矛盾。这场危机源自2007年发生的美国次贷危机①。次贷危机的爆发在根本上是美国滥用币权满足自身政策需要,无节制地进行货币扩张而引起的全球流动性泛滥与资产泡沫高企的结果。而危机之所以会在短时间内迅速蔓延至全球,则是美国为扩大货币权力使用空间,为"美元-美债"循环拓展纵深、全面推行全球金融自由化所致。②

美国次贷危机的发生有其特定的历史背景,与冷战后美国对外政策的变化有着密切的联系。2001年年初小布什入主白宫之后,新保守主义思潮推动了美国对外政策迅速右转。小布什政府秉持单边主义和进攻性干涉主义,竭力向全世界推广"普世价值",将结束"邪恶轴心"的"暴政"作为其使命。这种扩张性和干涉主义的政策取向主要来自两个因素的综合作用:一是美国精英阶层对冷战后美国所拥有的巨大权力的强烈自信及权力带来的诱惑;二是2001年"9·11"恐怖袭击的影响。

20世纪90年代,美国历经苏联解体、冷战终结和互联网新经济爆炸式增长,无论在政治还是经济实力上都成为世界霸主,这种精神和物质上的优越感点燃了美国新保守主义思潮,使得美国"单极"意识

---

① 2007年爆发的美国次贷危机是指次级抵押贷款机构破产、投资基金被迫关闭、股市剧烈震荡引起的金融风暴。

② 叶冰:《美元病:悬崖边缘的美元本位制》,北京:中信出版集团,2020年版,第223页。

浓厚，单边主义冲动增强。小布什执政后，美国屡屡退出多边国际条约，不接受多边规则和国际组织约束。2001年退出关于气候变化问题的《京都议定书》，2001年年底退出《限制反弹道导弹系统条约》，并宣布不接受国际刑事法庭管辖。在单边主义日益膨胀的形势下，2001年发生的"9·11"事件进一步刺激了美国。袭击所带来的心理脆弱感加重了小布什政府的对外干涉倾向，其单极思想升级为进攻性干涉主义。同年10月，美国以"反恐"为名发动阿富汗战争，并很快推翻了阿富汗塔利班政权。之后，美国又将反恐矛头指向伊拉克，并于2003年绕过联合国对伊采取了"先发制人"的军事侵略行动。

反恐战争成本高昂，它因此成为美国政府大行赤字财政的理由。实际上，小布什甫一上任就扭转了前任克林顿政府削减开支的政策，大幅增加国防支出并发展导弹防御计划，加上采取大规模减税政策，导致上一届政府积累的财政盈余很快变成了财政赤字。"9·11"事件之后，小布什政府进一步增加国防开支，通过《国防拨款法》新增了近300亿美元国防拨款；2003财年预算方案中，国防相关拨款为377亿美元，同比增长93.3%，此外还提出"支持第一反应者""抵御生物恐怖主义袭击""保卫美国疆域""运用21世纪科技保卫祖国"等四大优先预算项目，总计拨款704亿美元。在其第二个总统任期内，尽管小布什在财政赤字压力下作出减支承诺，但也只削减了社会福利部分。2006年国防预算仍高达4193亿美元，同比增加4.8%，2007年国防预算再增7%至4393亿美元。①

国防和反恐支出大幅增长使美国面临日益增大的财政负担。从经济角度来看，小布什执政伊始即面临克林顿时代"新经济"增长周期结束的困境。2001年美国经济出现了两个季度负增长（分别为第一季度-0.5%和第三季度-1.4%），消费和投资自2000年第四季度开始均出现较大跌幅，消费者信心指数、制造业与非制造业订货指数、制造

---

① 叶冰：《美元病：悬崖边缘的美元本位制》，北京：中信出版集团，2020年版，第199—200页。

业存货增长率、工业生产总值增长率、劳动生产率、公司盈利能力、就业率和银行资产质量等一系列经济核心指标都出现了下滑态势。① 面对这一不利局面，小布什政府秉承供给经济学理念，于 2001 年通过《经济增长和减税协调法》、2002 年通过了《创造就业和劳工援助法》、2003 年通过《就业和增长减税协调法》，并于 2004 年签署了两项减税计划，计划 10 年减税 1.6 万亿美元，试图以此刺激经济增长。简言之，在供给经济学指导下，宽松财政政策成为小布什政府必然的选择。

在上述政治、经济多重因素的影响下，2001 年美联储的货币政策方向突转，不再像"新经济"时代以控制通货膨胀为主要政策目标，而是着力于以宽松货币政策来应对经济疲软，防止出现通货紧缩。通常，美联储的货币政策工具分为价格与数量两种类型：价格型货币政策工具主要调控联邦基金利率，当利率降低时，贷款需求增长，货币乘数增加，从而增加货币供给；数量型货币政策则通过扩充中央银行资产负债表直接投放基础货币，主要通过美联储购买中长期国债、抵押贷款支持证券等方式，也就是量化宽松政策。② 小布什政府执政之初主要使用价格型工具来增加货币投放。面对经济疲软，美联储于 2001 年 1 月 3 日首次下调联邦基金利率 50 个基点，当月再次下调 50 个基点，打破了 1987 年以来从未两次连续降息 50 个基点的惯例。然而美国经济颓势不减，同年 5 月底美联储已连续降息 5 次，共达 250 个基点。同年 8 月经济略有好转后，降息幅度减为 25 个基点。但突如其来的"9·11"事件严重打击了美国消费者信心，美联储不得不再次以 50 个基点为幅度继续降息。至 2003 年 6 月 25 日美联储宣布降息 25 个基点，整个降息周期连续降息共计 13 次，将联邦基金利率从 6.5% 的历

---

① 丁舫：《"新经济"后美国财政货币政策及对金融市场的影响研究》，南京理工大学硕士论文，2006 年 5 月。
② 叶冰：《美元病：悬崖边缘的美元本位制》，北京：中信出版集团，2020 年版，第 201 页。

史高点降至1%的低位。① 根据有关美国货币政策的"泰勒规则"(Taylor Rule)②，2003—2004年联邦基金利率1%的低水平显然无法平衡总体居民消费价格指数（CPI，代表实际通胀率）增长率和经济生产过剩两者间的关系，保持中性政策立场的联邦基金利率水平实际上应该在4%左右。③ 由上可见，美联储的货币政策更多倾向于使用价格和数量工具来实现短期目标，这是一种相机抉择型的货币政策，与其说贴近于经济现实与实际需求，不如说更贴近于政治、经济与国际关系等多目标要求。④

为刺激经济而执行的宽松货币政策，导致了美元货币投放走向失控。小布什第一个总统任期内采取的宽松货币政策，直接造成了广义货币（M2）⑤的急剧扩张，从2000年1月的4.7万亿美元飙升至2004年12月的6.4万亿美元，美国广义货币占国内生产总值（GDP）比重从2000年的56.37%提高到2007年的71.47%。⑥ 小布什第二个总统任期内，当美联储进入2004—2006年的快速加息通道后，这一趋势仍未发生变化：由于资产泡沫尤其是房地产泡沫的快速膨胀、信用及衍生工具滥用，广义货币依然居高不下，到2007年8月次贷危机爆发前已达7.3万亿美元。作为其一系列后果，一是美国"双赤字"（财政赤字和贸易赤字同时存在）问题进一步恶化，2001—2005年积

---

① 叶冰：《美元病：悬崖边缘的美元本位制》，北京：中信出版集团，2020年版，第201页。
② 所谓"泰勒规则"是美国斯坦福大学教授约翰·泰勒(John Taylor)于1993年基于多国数据模拟提出的著名货币调控规则，认为根据产出和物价水平与设定目标值之间的差额来调整利率，最有利于央行保持产出与物价稳定。
③ John Taylor, *Getting Off Track: How Government Actions and Interventions Caused, Prolonged, and Worsened the Financial Crisis*, California: Hoover Institution Press, 2009.
④ 同①，第202页。
⑤ 广义货币(Broad Money, M2)是一个经济学概念。在美国，广义货币表示狭义货币(Narrow Money, M1)+准货币(小额定期存款、居民储蓄存款、货币市场存款账户存款、货币市场共同基金)，狭义货币包括流通中的现金(M0)和旅行支票、活期存款、其他支票存款。广义货币反映的是现实与潜在购买力，若其增速较快则表示投资与中间市场活跃，更适用于探讨金融自由化和资本市场活跃的情形。
⑥ 刘洁：《繁荣与危机透视：流动性的过剩》，北京：中国金融出版社，2009年版，第57页。

累的政府债务达过去87年总额的近三分之一,2006年贸易赤字占国内生产总值比重达到历史峰值6%;二是外围产能国和资源国的外汇储备增加,① 具有高能货币性质的外汇储备增长直接将美元过度投放的恶果延伸至外围国家,流动性泛滥成为全球问题;三是美元本位制的"中心-外围"结构带来的全球贸易收支失衡,无论是"减少法"还是"转换法"均无法解决该问题,美国以资本账户(Capital and Financial Account)顺差来弥补经常项目(Current Account)逆差的方式同样不可持续,因为资本回流带来的美元贬值压力本身就掘动了美元货币价值这个重要根基。

纵观全球,历次金融危机普遍表现为"流动性过剩-流动性泛滥-流动性突然消失"这一连串过程,美国的次贷危机同样如此。经济周期律的存在和金融体系的内在不稳定性,使金融危险的发生成为规律性事件。然而,从未有哪一次金融危机像美国次贷危机这样,影响如此深远,这归咎于"流动性"问题空前严重。在宽松货币政策下,不断回流的美元首先在美国国内催生了巨大而畸形的"流动性海绵":按揭贷款银行、特殊目的机构(SPV)、评级机构、包销机构、保险机构等无数参与方通过"按揭贷款-住房抵押贷款支持证券(RMBS)-担保债务凭证(CDO)-担保债务凭证的平方-担保债务凭证的立方……"②一连串过程将链条无限拉长,创造出杠杆重复叠加的衍生品市场。其直接目的就是完成信用的无限扩张,通过增加流动性和提高金融资产的杠杆率,谋求利润最大化,根本目的则是以信用扩张维持"美元-美债"循环持续运转。然而经济周期律的存在,使流动性逆转成为必然。随着2003年下半年美国经济复苏与新一轮通货膨胀,美联储于2004年6月30日起执行紧缩货币政策,将联邦基金利率上调25个基点至

---

① 外围国家持有的美元债权从2000年3.56万亿美元提高到2006年7.77万亿美元,外汇储备从1997年1.19万亿美元增长到2006年3.34万亿美元。参见刘浩:《繁荣与危机透视:流动性的过剩》,北京:中国金融出版社,2009年版,第57页。

② 余永定:《美国次贷危机:背景、原因与发展》,载《当代亚太》,2008年第5期,第14—32页。

1.25%，此后每次例会均上调25个或50个基点，至2006年6月30日已连续上调利率17次至5.25%。这标志着逆转过程正式开始，由此引发一连串后果。崩溃的第一环节是房地产泡沫的破裂。2006年下半年，美国住房按揭贷款的违约率开始上升，到2007年年底，在360万宗可调整利率的次级贷款中，严重违约率已超过20%。① 房地产泡沫破裂和大规模违约立刻影响到次级贷款抵押公司，随后是发放次级贷款的银行。2007年2月13日，美国第二大次贷公司新世纪金融发出四季度业绩预警，随后汇丰控股新增了70亿美元次级按揭贷款准备金，引发市场恐慌，股市大跌。银行抽贷使新世纪金融在两个月内宣布破产。2007年8月6日，美国住房抵押贷款投资公司也申请破产，此时危机已在信贷机构广泛传播。与此同时，底层资产风险的暴露很快导致各种证券化资产质量迅速下降，冲击了投资者的资产负债表，风险迅速传递到了投资机构——但这并非导致大量基金关闭的原因，真正原因是：整个市场出现流动性紧缺，拒绝向出现风险的金融机构提供融资。在流动性断裂的情况下，2007年8月，包括贝尔斯登、雷曼兄弟、麦格理在内的投资机构和包括汇丰、花旗、法国巴黎、瑞穗银行在内的商业银行旗下基金纷纷爆仓，全球股指、大宗商品价格大幅震荡，次贷危机彻底爆发。这场始于美国的风暴很快便席卷欧洲、日本和其他国家和地区，对世界主要金融市场都产生了巨大的冲击，最终酿成了一场全球性的金融危机。

由美国次贷危机点燃的这场全球金融危机，在强度、范围和后续影响上都可谓史无前例。究其原因，除了由于美元货币扩张造成严重的全球经济失衡，以及资产泡沫膨胀使各国经济积累了大量脆弱性外，更重要的一个原因是全球金融自由化的全面推进。而归根结底，所有这些原因都与美元本位制有关。次贷危机是美元本位制确立后第一次

---

① 易宪容：《美国次贷危机的流动性传导机制的金融分析》，载《金融研究》，2010年第5期，第52页。

在美国本土出现的严重金融危机,① 而美元本位制危机则是诱发全球金融危机的根源。美元本位制的重要特征之一,就是以货币为武器获得超主权、跨国界的权力,同时也具有自进化特征,即新自由主义思想指导下的金融"脱嵌"。具体来说,"美式金融自由化"是延伸美元流通域、深化在岸和离岸美元投资市场、拆除资本自由流动藩篱并最终强化美元货币权力的关键抓手,它为"美元-美债"循环提供源源不断的动能,却也因此为金融风险跨境、跨市场传递扫清了障碍。美式金融自由化在21世纪初随着思想意识、法律政策、市场条件的成熟席卷全球,由此使得金融自由化内含的风险高度集中、风险形态复杂、风险杠杆飙升、风险意识淡薄、风险监管缺位等问题成为全球性问题。包括美国在内的多个国家均出现经济空心化、金融脱实向虚、风险偏好改变、价值取向单一等问题。美国为满足内视性政策需要,无节制地使用货币发行权和举债权,同时又为扩大货币权力使用空间,将美式金融自由化推广至全球,最终催生了"流动性过剩-流动性泛滥-流动性突然消失"的金融危机。从国际货币权力的角度来看,美国使次贷危机乘着金融自由化的快车传递到全球金融机构,又因为"多余自由度"的存在使各国被迫跟随美联储的政策转向同步行动,从而将危机成本从本位货币国家转移至外围国家。②

二、全球金融危机对美国的影响

美国是全球金融危机的始作俑者和危机"风暴眼",受危机影响最大。次贷危机爆发后,美国经济严重下滑,股市大幅下跌,出现大量财政赤字,房产商也纷纷倒闭。次贷危机不仅重创了美国金融经济和实体经济,而且对美国民众的经济安全感、投资理财、消费习惯等诸多方面带来了重大影响。由于经济受到了沉重打击,美国的实力和国

---

① 叶冰:《美元病:悬崖边缘的美元本位制》,北京:中信出版集团,2020年版,第213页。
② 同①,第226—227页。

际地位明显下降。

决定一国国际地位的核心要素是实力,而全球金融危机直接冲击了美国实力的最核心领域之一,即金融和经济领域。金融危机导致美国大量金融机构破产或重组,使美国遭受巨大的资产损失。在这场危机中,美国100多家较大规模的金融机构相继破产或被兼并,损失的不良资产总计达2.2万亿美元,巨额亏损使得投资银行体系走向瓦解。美国最大的金融集团——花旗集团亏损巨大,原来33美元的每股市值在危机爆发后下降到1美元。美国最大的保险集团美国国际集团在2008年亏损了1000亿美元左右,濒临倒闭。美国道琼斯指数与标准普尔指数在2008年同比下跌一半的数值。2009年,美国联邦政府对内债务达8.6万亿美元,对外债务达3.7万亿美元,债务总额是其同年国民生产总值的0.864倍、财政收入的5.5倍;同年经济增长率为-2.4%,财政收入增长率为-10%。① 同年,美国财政赤字高达1.2万亿美元,加上救助计划当年用款,财政赤字共计为1.75万亿美元。美国制定了为期4年将财政赤字减少一半的计划,并为此大量发行国债,但截至2009年2月,未偿还国债已经达到10.8万亿美元,这给美国政府造成了巨大的心理负担。美国国会预算办公室于2013年2月发布的《预算与经济展望:财政2013—2023》研究报告显示:美国的财政赤字在2008—2012年连续数年突破1万亿美元,公共债务预计到2023年占美国国内生产总值的77%。②

在实体经济方面,最先是房地产泡沫破裂导致房产市场经济大幅下滑,接着汽车、钢铁等其他产业也相继陷入困境。2008年,通用汽车公司等纷纷宣布申请破产保护,钢铁业开动率不到生产能力的一半。美国商品零售额在2008年下半年连续下滑,11日下降1.8%,为连续

---

① 王义晗:《新兴大国群体参与全球治理的努力、意义及前景探究》,外交学院(同等学力人员)硕士论文,2012年11月,第16页。
② Congressional Budget Office (CBO), "The Budget and Economic Outlook: Fiscal Years 2013 to 2023", http://www.cbo.gov/sites/default/files/cbofiles/attachments/43907-BudgetOutlook.pdf.

第五个月下降。① 美国国内生产总值的70%来源于消费支出，而实体经济受到的影响加重了美国对经济衰退的担心。金融危机导致美国的失业率大幅增加。美国劳工统计局发布的一项劳工失业率统计月报显示，2008年10月，全美失业率达到6.5%，新增失业人口24万人，总失业人口达到1010万人。② 美国国会预算办公室于2013年发布的报告显示：预计2014年美国的失业率将保持在7.5%的高位，这是美国连续第6年失业率超过7.5%，同时也是过去70年间高失业率持续时间最长的一个时期。③ 经济增长的标志之一是失业率下降，而在金融危机的影响下，失业率高企成为美国经济减速的重要标志之一。

美国经济实力受损显著。美国的国内生产总值在2008年第三、第四季度出现了18年来首次连续两个季度的负增长。2008年至2012年，美国国内生产总值年均增长率仅为0.327%。有关数据表明，美国在世界贸易总额和经济总量中所占份额分别从1999年的16%和30%下降到2008年的11%和23%。2010年，美国的国内生产总值在二十国集团中所占比重也从2000年的61%下降到42%。④ 除了经济实力受损外，美国在政治、军事、科技等领域也受到了金融危机带来的严重冲击。美国财政赤字高企令挽救金融危机的代价猛增，限制了美国在全球的庞大军事开支。美联储滥发货币挽救危机导致美元大幅度贬值，美元霸权地位面临着比布雷顿森林体系瓦解时更为严重的挑战，有关国际金融重大问题的决定权逐渐从七国集团转向二十国集团。

伴随着硬实力受到的打击，美国的软实力同步下降。在文化和心理上，美国推崇的新自由主义和美式金融自由化曾长期被认为是各国

---

① 《世界经济回顾与展望（二）：美国通缩隐现 或一年后复苏》，http://intl.ce.cn/specials/zxxx/200812/23/t20081223_17760882.shtml。

② 金成晓、王亚男、王猛：《美国金融危机的根源、影响及我国对策分析》，载《税务与经济》，2009年第4期，第3页。

③ Congressional Budget Office (CBO), "The Budget and Economic Outlook: Fiscal Years 2013 to 2023", http://www.cbo.gov/sites/default/files/cbofiles/attachments/43907-BudgetOutlook.pdf.

④ 朱成虎、孟凡礼：《简论美国实力地位的变化》，http://ias.cass.cn/webpic/web/ias/PDF_FILE/201311514654.pdf。

金融发展的必由之路，然而这种软实力的合法性在次贷危机引发的全球金融危机的冲击下受到越来越多的质疑。次贷危机暴露了美国金融业的管理漏洞和缺陷。有别于1997年亚洲金融危机，次贷危机起源于美国本土，这意味着即使本位货币国家也无法逃脱金融自由化的负面影响，由此使得美国对新自由主义的推崇越发站不住脚。[①] 更为重要的是，与1997年一样，美国对于危机的爆发毫无觉察，反而一直鼓吹新自由主义经济学以及金融自由化对经济增长、金融市场稳定的促进作用，致使危机爆发造成的心理冲击格外强烈。这场全球性金融危机揭示了西方国家主导的新自由主义思潮和基于该思潮的放任型经济制度与政策，在缺乏必要和有效的国内制约与国际监管的情况下产生的巨大破坏性后果，由此打破了新自由主义推崇的"市场万能"神话。美国发展模式暴露出的严重弊端使其饱受诟病，而其他国家的发展模式已悄然成为一些国家的新选择。有分析指出，在次贷危机引发的全球金融危机的冲击下，"华盛顿共识"以及"美国模式"终于出现了破碎的迹象。甚至国际货币基金组织也不再像1997年亚洲危机之后那样理直气壮，对于资本管制的声音，表现出了模糊的态度，给其他国家尝试新的货币制度创造了宽松的空间。[②] 美国智库布鲁金斯学会的资深学者艾斯瓦·普拉萨德指出，不管金融危机是如何爆发的，世界不会再热衷于采用指导美国金融发展的自由市场理论。[③]

总之，全球金融危机重创了美国的软硬实力，较危机发生以前，美国在维持其全球霸权方面显得更加力不从心。美国不得不进行全球战略收缩和调整，"反恐"号召得到的国际回应远不如前，在军控与防扩散等传统安全领域的单边行动能力不断减弱，在非传统安全领域也不得不强调国际合作与协调的作用。所有这些都反映出美国国际地位

---

① 叶冰:《美元病:悬崖边缘的美元本位制》，北京:中信出版集团，2020年版，第228页。
② Ilene Grabel, "Not Your Grandfather's IMF: Global Crisis, 'Productive Incoherence' and Developmental Policy Space", *Cambridge Journal of Economics*, Vol. 35, No. 5, 2011, pp. 812-825.
③ 刘卫东:《金融危机对美国国际地位的影响》，载《思想理论教育导刊》，2010年第5期。

及领导世界的能力开始下降。俄罗斯总理梅德韦杰夫（Dmitry Anatolyevich Medvedev）将2008—2009年的全球金融危机视为美国全球领导力到达终点的标志。① 人类历史发展的规律表明，美国或者说任何霸权国的逐步衰落都是大势所趋，世界范围内的力量发展不均衡是其根本原因，而一些关键性的突发事件则能在一定程度上加速这一进程。美国次贷危机点燃的全球金融风暴推动了单极时代的瓦解，加速了美国地位下降的步伐，其他国家尤其是崛起中的新兴大国的影响正变得愈发重要。欧盟智库欧洲对外关系委员会发布的研究报告指出，自2003年灾难性的伊拉克战争和2008年全球金融危机以来，华盛顿一直在面对单极时代的终结。②

三、全球金融危机和欧债危机对欧盟的冲击

由于金融自由化带来了大量跨境投资，始发于美国的流动性危机得以直接波及持有美元金融产品的国家和市场。在此背景下，资本最为自由开放的欧洲首先受到了冲击。与美国相比，欧洲金融化程度有过之而无不及，2007年欧洲银行业占国内生产总值比例达到275%（美国则是81%），③ 这使得欧洲银行业在全球金融危机中损失最为严重。

在美国新世纪金融公司于2007年4月提出破产申请后，欧洲国家的银行中，法国巴黎银行第一个被卷入次贷风暴，法国兴业银行、英国北岩银行、汇丰银行、德意志银行、瑞士银行紧随其后。2008年，比利时富通集团被迫拆分，标志着次贷危机在欧洲全面升级。危机导致欧洲银行业遭受巨额亏损，资金短缺。根据欧洲议会的统计，截至

---

① 约瑟夫·奈著，张晓盟编译：《金融危机后的中美实力对比分析》，载《教学与研究》，2013年第10期，第67页。

② European Council on Foreign Relations, "The Crisis of American Power: How Europeans See Biden's America", https://ecfr.eu/publication/the-crisis-of-american-power-how-europeans-see-bidens-america.

③ 叶冰：《美元病：悬崖边缘的美元本位制》，北京：中信出版社，2020年版，第227页。

2008年11月，全球因次贷危机产生的信贷和资产减值损失达7000亿美元，欧洲银行的损失占三分之一，① 其中英国亏损达682亿美元、德国亏损达670亿美元、瑞士亏损达634亿美元、法国与荷兰分别亏损达298亿和253亿美元。② 截至2009年4月，国际货币基金组织的统计数据显示，欧洲银行的资产减值以及亏损额款上升到9040亿美元。③ 同年6月，欧洲央行公布，欧元区综合性银行大集团在2008年亏损和资产减值达1050亿美元，截止到2010年年底，亏损与资产减值进一步达到了6490亿美元，其中贷款亏损达4310亿美元、资产减值达2180亿美元。④

为了减少全球金融危机给欧洲各国银行带来的影响，欧洲国家纷纷掀起银行资产重组和国有化改革浪潮，试图借此提高各国银行的竞争力与规模。英国进行国有化与兼并的银行数量最多。据统计，从美国次贷危机发生至2008年12月，英国先后国有化了4家银行，分别是劳埃德银行、布拉福德-宾利银行、北岩银行，以及苏格兰皇家银行。德国也采取了积极行动，2008年9月，德国政府与金融机构共同出资500亿欧元，对德国地产融资抵押银行进行援助，这是德国发展史上最大的一次救市行为。此外，德国政府还采取整合方式，分别对1370多家大众与信用社银行、私立银行，以及公立银行进行整合。2008年，德国的第三大银行德累斯顿银行被本国第二大银行德国商业银行收购，第一大银行德意志银行收购了德国邮政银行接近30%的股份。

令欧洲雪上加霜的是，在全球金融危机的冲击下，从2009年起希

---

① European Commission,"European Economic Forecast-Autumn 2009", https://ec.europa.eu/economy_finance/publications/pages/publication16055_en.pdf.
② 叶冰:《美元病:悬崖边缘的美元本位制》,北京:中信出版集团,2020年版,第227页。
③ IMF, "Global Financial Stability Report", https://www.imf.org/external/pubs/ft/gfsr/2009/01/.
④ ECB, "Financial Stability Review", https://www.ecb.europa.eu/pub/pdf/other/financialstabilityreview200906en.pdf?80524324b2777945e406ac541792fc72.

腊等欧洲国家又相继爆发了主权债务危机。金融危机和债务危机交织在一起，对欧洲国家和欧盟的经济及国际地位造成了强烈冲击。在双重危机打击之下，欧洲经济陷入衰退。自2008年下半年开始，欧洲几乎所有实体经济部门均受到金融危机的影响，欧盟经济呈现出负增长的态势（2008年前两个季度的国内生产总值分别增长了-0.1%和-0.4%），到了第三季度，下滑幅度更加明显。2008年，欧盟全年国内生产总值仅增长1%，大约只及2006年（3.1%）和2007年（2.9%）的三分之一；[1] 欧元区国家的经济增长只有0.8%左右，远远低于上一年的经济增长水平。进入2009年，受到债务危机的影响，欧洲经济状况进一步恶化。2009年，欧盟经济增长率约为-2%。[2] 2009年至2012年，欧盟国内生产总值的年均增长率下降为-0.485%。在实体经济中，由于房地产泡沫大面积破裂，房地产和建筑业受到最大冲击。危机爆发前，欧洲房地产的繁荣局面持续了数十年，英国、法国、西班牙、爱尔兰等国的房地产价格年均增幅均在两位数以上。伴随着美国次贷危机的爆发，这些国家的房地产业在2007年出现了严重泡沫，而且回调迹象明显。此后欧债危机的持续发酵使其深度回调步伐加速，加上银行信贷进一步紧缩、融资困难使住宅投资大幅下滑，导致这些国家的房价纷纷大跌。2008年前两个季度，爱尔兰房地产实际价格同比下降了9个百分点左右；西班牙与丹麦等国的房地产价格也都呈现出大幅下降的趋势。在此期间，欧洲国家的建筑业受到房地产泡沫破裂的影响，呈现出了负增长的态势，这是欧洲建筑业近40多年以来的第一次收缩。与美国一样，金融业和实体经济的衰退导致欧洲失业人数大幅增加。由于经营状况欠佳，很多企业纷纷靠裁员来减少亏损。据统计，英国金融业在2009年第二季度共计裁员1.5万人，相当于英国金融行业从业人数的1.4%。2009年1月26日，荷兰银行和保险公司荷兰国际集团宣布裁员7000人。同年4月9日，瑞士银行宣

---

[1] 裘元伦：《金融危机冲击下的欧盟经济》，载《求是》，2009年第6期，第57页。
[2] 《欧盟经济现状与前景》，http://www.cet.com.cn/wzsy/gysd/857593.shtml。

布将继续裁员8000人。① 截止到2008年年末,欧盟国家的失业人数总计达1680万人。根据经济活动与劳动力市场之间的发展关系特征,经济下滑对劳动力市场造成的影响相对要滞后2—3个季度,因此,2009年第二季度以后欧洲的失业问题更加严重。2009年和2010年,欧盟和欧元区国家的失业率创下了二战后的最高记录,分别为9.4%、9.9%和10.9%、11.5%。另据统计,2008—2010年,欧盟国家的新增失业人数达到了950万人,其中,立陶宛、爱尔兰、西班牙等国2010年的失业率较2007年增加了10%。②

金融危机和欧债危机对欧盟的国际地位造成了严重打击。首先,双重危机削弱了欧元的国际地位,影响了欧盟在经济领域的领导力,使其在国际事务中的地位相对下降。欧盟委员会主席巴罗佐(Jose Manuel Durao Barroso)说:"经济和金融危机已经将欧洲十年来的经济增长和进步一扫而空。"③ 其次,从货币权力竞争的角度来看,欧债危机使得欧元区经济、政治稳定性发生动摇,进一步打击了欧元的货币价值基础。除了美国有意识对欧元区进行遏制外,欧元区自身在制度和市场方面的缺陷也使得欧元无法对美元形成大规模替代。欧元区的动荡还影响到了跨大西洋贸易。在金融与经济危机的影响下,美国和欧盟的双边贸易总额持续下滑。2000—2011年,欧盟向世界出口产品的年均增长率为7.6%,而出口到美国的产品的年均增长率仅为1%;美国占欧盟总出口产品市场份额的比重由2000年的28.1%下降到2011年的16.9%;而欧盟从美国进口产品的比重也由2000年的

---

① 参见中国驻欧盟使团经商处网址:http://eu.mofcom.gov.cn/aarticle/sqfb/200904/20090406174517.html。
② European Commission, "Economic Forecast", https://ec.europa.eu/economy_finance/publications/pages/publication_summary15046_en.htm.
③ 石晨霞:《论金融危机对欧洲一体化及欧盟国际地位的影响》,载《湖北行政学院学报》,2011年第2期,第95页。

20.8%下降到2011年的11.1%。① 最后，经济和金融危机还使欧盟提供对外发展援助的能力下降，这意味着其软实力受到进一步打击。② 2009年，欧盟提供的发展援助较金融危机前有所下降，援助额占欧盟国民总收入的0.44%，未达到其承诺的0.56%，2010年后的几年中更是难以达到援助目标。③

综上所述，全球金融危机与欧债危机重创了美欧实力，成为加速世界变局的一个重要因素。正如一些分析指出，2007年之后，全球金融危机作为一个分水岭式的事件，"改变了国际均势并影响了未来世界政治模式和周期性变化"④。由于受到危机的影响较大，美欧濒临经济衰退边缘。美国和欧盟尽管采取了一系列救市措施，但仍然无济于事，危机爆发十年后欧盟仍在欧债危机的泥潭中挣扎。与美欧的衰落状况形成对比的是，以中国为代表的新兴大国在经过全球金融危机的洗礼后继续崛起，并推动世界格局加速演变。

第二节 全球金融危机背景下新兴大国加速崛起

一、新兴大国崛起的时代背景

目前，学术界对于"新兴大国"尚无统一定义，但对其所指当有大致的范围界定。首先，新兴大国是指除七国集团成员国（美国、日

---

① European Commission, "Commission Staff Working Document: Impact Assessment Report on the Future of EU-US Trade Relations", https://ec.europa.eu/smart-regulation/impact/ia_carried_out/docs/ia_2013/swd_2013_0068_en.pdf.

② 对外发展援助是欧盟软实力的主要来源，欧盟有15个成员国是经济合作与发展组织发展援助委员会的成员。

③ Stephen J. Flanagan, *A Diminishing Transatlantic Partnership? The Impact of Financial Crisis on European Defense and Foreign Development Capabilities*, Washington D.C.: Center for Strategic and International Studies, 2011, p. vii.

④ 乔纳森·科什纳著，江涛、白云真译：《金融危机后的美国权力》，上海：上海人民出版社，2017年版，第1页。

本、德国、英国、法国、加拿大、意大利）等西方发达国家以外的国家。其次，新兴大国具有一定的地域和人口规模，具有相当的市场容量和经济增长速度，能够发挥一定的地区乃至国际影响力，从而区别于一般的新兴国家（emerging nations）。① 新兴大国外延具有一定的开放性和模糊性。狭义而言，新兴大国主要是指以中国、俄罗斯、印度、巴西和南非为代表的金砖国家②；广义而言，则可扩大至二十国集团中的十个发展中国家，即金砖五国、阿根廷、墨西哥、印度尼西亚、沙特阿拉伯、土耳其，以及2021年被联合国贸易和发展会议正式认定为发达国家的韩国。总之，无论如何界定，新兴大国应具备以下几项要素：一是具有相当规模的天然禀赋（国土、人口、资源和市场规模等）；二是保持强劲且可持续的经济增长态势，对世界经济格局形成一定影响；三是公认的地区大国并具备相当的地区影响力；四是国际政治、经济和社会事务的重要参与方，并且具有跻身地区甚至世界大国的强烈愿望。③

　　冷战后全球化进程加快，为新兴大国崛起提供了必要的外部条件。以金砖国家为代表的发展中大国纷纷调整经济发展战略，积极扩大对外开放，有效利用外部资源和市场条件等所谓"全球化红利"，成功实

---

① 王义晗：《新兴大国群体参与全球治理的努力、意义及前景探究》，外交学院（同等学力人员）硕士论文，2012年11月，第8页。
② "金砖国家"（BRICS）引用了巴西（Brazil）、俄罗斯（Russia）、印度（India）、中国（China）和南非（South Africa）的英文首字母。由于该词与英语单词的砖（Brick）类似，因此被称为"金砖国家"。2001年，美国高盛公司首席经济师奥尼尔（Jim O'Neil）首次提出"金砖四国"这一概念，特指世界新兴市场。2009年，金砖国家领导人在俄罗斯叶卡捷琳堡举行首次会晤，之后每年举行一次。金砖国家领导人会晤机制的建立，为金砖国家之间的合作与发展提供了政治指引和强大动力。多年来，金砖国家在重大国际和地区问题上共同发声，积极推进全球经济治理改革进程，大大提升了新兴市场国家和发展中国家的代表性和发言权。2010年南非（South Africa）加入后，其英文单词变为"BRICS"，并改称为"金砖国家"。2023年8月22—24日，金砖国家领导人第十五次会晤上，阿根廷、埃及、埃塞俄比亚、伊朗、沙特阿拉伯、阿联酋获邀加入金砖国家。2024年1月1日，除阿根廷外，其他五国正式成为成员国。
③ 宋玉华、姚建农：《论新兴大国的崛起与现有大国的战略》，载《国际问题研究》，2004年第6期，第50页；周鑫宇：《新兴大国崛起与国际权力结构变迁》，载《太平洋学报》，2010年第8期，第31页。

现了经济崛起。中国的经济崛起尤其引人注目。自 1992 年确立市场经济体制后，中国积极参与全球化，并于 2001 年加入世界贸易组织，由此进一步融入世界，实现了经济腾飞。2010 年，中国超越日本成为世界第二大经济体。俄罗斯、印度、巴西、南非等国也通过实施一系列经济、政治和社会改革，实现了经济的快速发展，跻身于新兴大国行列。诚然，这些发展中大国崛起的道路不同，但如果忽略各国经济政策的细节，就不难发现它们崛起的背景大致相同，即都得益于全球化浪潮与国家内部改革之间的良性互动。① 或者说，新兴大国的加速赶超是以全球市场的形成和新兴大国对外开放、自觉融入世界市场为前提的。全球统一市场使劳动、资本等生产要素得以在全球范围内流动，与此同时，知识和技术加速传播。新兴大国及时自我调整，积极发挥自身资源禀赋结构优势，利用国内国际两个市场，在全球化浪潮中释放出巨大的经济潜能，同时又重新加入全球市场的资源配置之中，丰富并巩固了全球化的内涵。

以金砖国家为代表的新兴大国的崛起深刻影响了国际政治经济现实。从 2006 年起，金砖国家外长开始定期会晤，并于 2009 年升格为领导人会晤。至此，新兴大国作为一个群体开始在国际政治舞台上崭露头角。除了不断完善和加强自身的机制建设，金砖国家在联合国、二十国集团峰会、世界银行和国际货币基金组织等全球性多边框架下也逐渐形成协调机制，在一些共同关切的问题上协调立场、集体发声、施加影响。2011 年 4 月金砖国家领导人第三次峰会发表的《三亚宣言》提出：金砖国家不定期举行常驻纽约、日内瓦国际组织代表非正式会议，并在联合国教科文组织建立金砖国家-教科文组织工作组等。② 在气候变化谈判中，中国、印度、巴西、南非组成的"基础四

---

① 王义晗：《新兴大国群体参与全球治理的努力、意义及前景探究》，外交学院（同等学力人员）硕士论文，2012 年 11 月，第 10 页。
② 中华人民共和国外交部：《金砖国家领导人第三次会晤〈三亚宣言〉》，https://www.fmprc.gov.cn/web/gjhdq_676201/gjhdqzz_681964/jzgj_682158/zywj_682170/t815159.shtml。

国"坚持"共同但有区别的责任"原则,为发展中国家争取更多权益。2011年全国"两会"期间,中国外长杨洁篪在接受记者采访时表示,在金砖国家合作中,坚持"金砖国家合作是南南合作的有益补充和南北对话的桥梁"①。2023年8月22日至24日,金砖国家领导人第十五次会晤在南非约翰内斯堡举行。回看2009年举行首次金砖国家领导人会晤,当今世界形势已发生深刻变化。本次峰会东道主南非总统拉马福萨在峰会发言时指出,当今世界正在经历巨变,"新的现实要求对全球治理机制实施根本上的改革,使它们能够更具代表性、更好地应对人类面临的挑战",而金砖国家合作机制的发展正体现了这一趋势。② 本次峰会取得的重要成果之一是合作机制增加新成员,邀请阿根廷、埃及、埃塞俄比亚、伊朗、沙特阿拉伯与阿联酋加入,2024年1月1日,除阿根廷外,其他五国正式成为成员国。随着新成员的加入,未来金砖国家的国内生产总值可能超过七国集团,表明金砖国家合作机制这一新型多边机制,可能给既有全球多边治理机制带来新的更大影响。习近平主席在2023年金砖国家工商论坛闭幕式上的致辞中指出,当今时代,以金砖国家为代表的新兴市场国家和发展中国家群体性崛起,正在从根本上改变世界版图。③ 另外,此次峰会还讨论了金砖国家的伙伴政策,未来,金砖国家之间的贸易或可以使用本地货币而非美元进行结算。英国学者认为,这将减轻新兴经济体对以美元为中心的传统国际金融体系的依赖,推动世界秩序更加公平、民主、多极化。④

随着新兴大国的群体性崛起,有人认为发展中国家阵营出现了分

---

① 王义晗:《新兴大国群体参与全球治理的努力、意义及前景探究》,外交学院(同等学力人员)硕士论文,2012年11月,第14页。
② 付宇:《南非金砖峰会为动荡的世界注入稳定性和正能量》,http://www.china.com.cn/opinion2020/2023-08/27/content_108157353.shtml。
③ 《习近平在2023年金砖国家工商论坛闭幕式上的致辞》,http://www.news.cn/world/2023-08/23/c_1129817742.htm。
④ 唐迈:《今年金砖峰会,不止扩员那么简单》,http://cn.chinadaily.com.cn/a/202308/22/WS64e422d9a3109d7585e4a36b.html?ivk_sa=1023197a。

野,他们将新兴大国称为"发展了的发展中国家"(developed developing countries),作为介于发达国家和发展中国家之间的一类国家,其发展阶段既有别于发达国家——因为仍达不到发达国家的水平,也有别于发展中国家——因为超越了发展中国家的初始阶段,是从农业文明向工业文明、从发展中国家向发达国家过渡的一类国家。① 但总体上看,新兴大国广义上仍为发展中国家。根据世界银行基于人均国民收入对国家的分类,② 新兴大国均为发展中国家。就新兴大国自身而言,除俄罗斯身份特殊外,中国、印度、巴西、南非、墨西哥等均坚持发展中国家定位。秉承发展中国家属性,有利于新兴大国在国际事务中争取更多发言权和制度权益,同时避免承担与自身实力不符的额外国际义务,为本国的发展创造更多有利条件。随着新兴大国的持续崛起,新兴大国的这一定位是否会受到来自发达国家和传统发展中国家的挑战,还有待时间的检验。

二、新兴大国经受全球金融危机的洗礼

美国次贷危机点燃的全球金融危机强化了国际经济格局"西衰东兴"的调整趋势。与美欧等西方国家受到的严重打击相比,新兴市场经济体因虚拟经济的发展程度相对有限而受危机冲击较小,加之内需迅速恢复,相互间贸易扩大,不仅率先走出危机阴霾、引领复苏,而且日益成为全球经济增长的引擎。金砖国家尤其呈现出经济强劲发展态势,它们在共同崛起、联合自强的思想指导下探索符合自身国情的发展模式,并迅速跻身多极化世界与国际经济舞台的主角行列。从2001年到2010年这10年间,金砖国家的经济平均增速超过了7%,是发达经济体的3倍左右。与2001年高盛公司发布《世界需要更好的

---

① 王义晗:《新兴大国群体参与全球治理的努力、意义及前景探究》,外交学院(同等学力人员)硕士论文,2012年11月,第14页。
② 世界银行根据人均国民收入将国家分为高、中、低收入(High/Middle/Low Income)三类,其中高收入国家一般为发达国家,中、低收入国家为发展中国家。

经济之砖》报告时人们对"金砖国家"概念持怀疑态度不同,新兴大国经济崛起的势头在20世纪的第二个十年已经得到确认。

以中国为例,2008年后,中国的经济增长率依然维持在8%左右,2010年中国的国内生产总值达到了5.8万亿美元,超过日本的5.5万亿美元,正式成为世界第二大经济体。① 2013年,中国的国内生产总值达到9.4万亿美元(同年美国的国内生产总值约为16.8万亿美元),相当于美国的一半还多(2000年中国的国内生产总值仅是美国的九分之一)。② 在此背景下,美国国内以及国际社会出现了关于中国何时赶超美国的辩论。美国皮尤研究中心于2009年进行的一项民意调查显示,在参与调查的25个国家中,有13个国家的大多数或相对多数受访者相信中国将会取代美国,成为世界领先的超级大国。高盛公司认为中国经济总量赶超美国的时间是2027年。③ 美国国家情报委员会在2008年也曾预测,美国的统治地位将在2025年前"急剧削弱"。④ 有分析认为,全球金融危机令西方经济黯然失色,使中国成为带动世界经济复苏的重要引擎。2019年,中国对世界经济增长的年贡献率达到30%,远远高于美国对世界经济增长的贡献率。⑤

世界财富的重新分配引发了国际权力格局由西向东、由北向南的转移。正如有学者所指出的那样,财富和权力正在从北方和西方转向东方和南方,美国和欧洲主导的旧秩序正在让位于由新兴非西方国家

---

① 《中国GDP规模超过日本 正式成为世界第二大经济体》,http://news.xinhuanet.com/world/2011-02/14/c_121074348.htm。

② 傅莹:《"跟我走帮我忙"思维让中国难以接受》,http://www.ce.cn/xwzx/gnsz/gdxw/201408/06/t20140806_3301926.shtml。

③ Laura Tyson and Stephen Roach, "Testimony Before the Senate Committee on Foreign Relations Hearing on the New US-China Relationship: Living with Frictions", http://www.foreign.senate.gov/imo/media/doc/Tyson,%20Dr.%20Laura.pdf。

④ Joseph S. Nye, *The Future of Power*, New York: Public Affairs, Belfer Center for Science and International Affairs, 2011。

⑤ 《当代中美关系的由来与症结》,http://www.rmlt.com.cn/2021/0209/607803.shtml。

共享的新秩序。① 中国等新兴大国在世界经济中的分量明显上升。世界经济的决策中心从七国集团转向二十国集团②，反映出国际权力资源配置已经开始向政治链条的下端转移和集中，原先被忽视或轻视的诸多国际政治力量从幕后走向前台，日益成为左右世界经济与政治的重要角色。随着多极化趋势进一步增强，世界权力格局呈扁平化、分散化走向。美国学者约瑟夫·奈（Joseph Nye）在其2011年出版的《权力的未来》一书中提出，21世纪的国际政治正在经历两大权力转移，一是国家之间的权力转移（power transition），也就是从西方转向东方，转向亚洲新兴国家；二是权力扩散（power diffusion），即在信息革命的驱动下，权力由国家向非国家行为体扩散。随着权力的扩散，世界正在进入一个"没有任何一个国家或国家联盟具有在国际舞台上为所欲为的实力和意愿"的时代。过去"霸权下的稳定"没有了，人们需要更深刻地了解权力如何在世界政治中运行。③

西方霸权的衰落促使美西方被迫作出一些策略性调整，它们试图通过转让部分权力和义务，将新兴大国纳入其主导的国际体系，从而进一步维持并巩固自身的霸权地位。2010年5月出台的《美国国家安全战略报告》一改此前单边主义、先发制人的论调，承认中国、俄罗斯、印度已成为关键的影响力中心，巴西、南非、印度尼西亚的影响力也日益增强。报告指出，在一个相互联系的世界里，零和游戏已不可能持续，为了维护美国主导的国际秩序，美国要学会如何更好地与

---

① 朱成虎、孟凡礼：《简论美国实力地位的变化》，载《美国研究》，2012年第2期，第30页。

② 二十国集团由七国集团财长会议于1999年倡议成立。全球金融危机爆发前，二十国集团仅举行财长和央行行长会议，就国际金融货币政策、国际金融体系改革、世界经济发展等问题交换看法。全球金融危机爆发后，在美国倡议下，二十国集团提升为领导人峰会。2009年举行的匹兹堡峰会将二十国集团确定为国际经济合作的主要论坛。

③ Joseph S. Nye, *The Future of Power*, New York: Public Affairs, Belfer Center for Science and International Affairs, 2011.

21世纪世界上新出现的权力中心打交道,并加强与它们的合作。①

需要指出的是,新兴大国群体性崛起并不意味着与美欧等西方发达国家爆发冲突、颠覆现有国际体系。事实上,新兴大国在现有国际秩序下的崛起正是得益于二战以来,西方国家在世界范围内主导建立的生产、消费、投资和贸易市场,得益于商品和投资在世界市场的优化配置。正是在此条件下,新兴大国利用其比较优势参与国际分工,并利用全球化红利带来的后发优势实现加速赶超。换言之,新兴大国崛起于现有国际格局,其进一步发展有赖于稳定的外部环境,为其本国经济发展提供源源不断的能源、资本和市场需求。因此从主观上来说,新兴大国无意于挑战现有秩序,因为经过数十年发展,新兴大国已成为现有国际分工中的次强势群体,现有秩序混乱将扰乱自身经济发展部署,遏制自身崛起势头,因而不符合其自身利益。从客观上来说,新兴大国的崛起之路刚刚起步,国内还面临经济结构调整、贫富差距拉大、资源短缺、环境恶化等诸多挑战,亦难以挑战西方建立的世界秩序。主客观因素的结合决定了新兴大国必将谋求体制内崛起,同时在现行体制内争取更大话语权和影响力,为自身发展利益服务。换句话说,在现有国际政治经济格局下,新兴大国寻求"嵌入式发展"成为其现实的路径选择。②

三、全球金融危机促使全球治理机制改革提速

在古代中国哲学中,危与机能够相互转化,大危机往往引发大变革。全球金融危机搅动了国际经济格局(经济基础)的版图,从而引发了全球治理机制(上层建筑)的调整。在新形势面前,一方面,新兴大国随着自身经济实力的上升,争取全球治理发言权的呼声日高;另一方面,传统西方大国面对霸权衰落不得不作出策略性调整,向新

---

① 王义晗:《新兴大国群体参与全球治理的努力、意义及前景探究》,外交学院(同等学力人员)硕士论文,2012年11月,第22页。

② 同①,第21页。

兴大国让渡部分制度性权益，以便将新兴大国纳入西方主导的国际治理机制。在全球应对金融危机的过程中，二十国集团峰会成为全球经济治理的首要论坛，这既是全球经济治理机制改革迈出的重要一步，也是新兴大国与传统大国合作治理的开始。

2009年是新兴大国平等参与国际事务治理进程中一个具有标志性意义的年份。在这一年，二十国集团匹兹堡峰会确立了二十国集团作为全球经济金融治理主要平台之一的地位，从而对新兴大国与西方传统大国以平等身份参与全球治理进行了制度性确认。虽然二十国集团的成员处于不同发展阶段、实行不同经济体制，其能否成为世界经济长效治理机制仍有待时间检验，但该机制有效地将各主要力量因素和利益分歧纳入一个共同的框架内进行协调，为构建一个更加平等、公正和有效的全球经济治理结构提供了可能，也为新兴大国跨越全球经济治理"董事会"门槛提供了历史性机遇。

新兴大国崛起是以经济实力赶超为前提的，其参与全球治理的领域主要集中在经济、金融等领域，这些也都是新兴大国为实现自身发展最为关切的领域。全球金融危机引发了全球对经济发展的"华盛顿共识"以及"美国模式"的质疑，也暴露出现行国际经济治理机制和以世界银行、国际货币基金组织为代表的全球金融机构中存在的严重问题。随着国际经济金融治理改革提上议事日程，2008年年底二十国集团首脑聚首华盛顿共商振兴世界经济大计，此后又于2009年和2010年四度聚首，共同给世界经济"把脉开药"。几次峰会在提振世界经济信心、协调各成员国宏观经济政策、助力世界走出危机等方面取得了积极成果，在推进国际金融机构改革、加强金融监管等方面也取得了实际成效。在这一过程中，新兴大国积极推动全球经济治理机制改革，提升了话语权与影响力。金融危机前，七国集团在很大程度上主宰着国际事务话语权，左右着世界银行、国际货币基金组织，以及世界贸易组织的决定。但随着2009年二十国集团在匹兹堡峰会上被确定为国际经济合作主论坛，传统大国与新兴大国相互借重与相互牵制、共同治理国际经济事务的新局面开始形成。伴随着这一变革的是新兴大国在国际金融机构内权力和影响力的提升。新兴大国依托二十国集团这一平台与西方七国集团平等参与全球经济金融治理,取得了在世界银行内投票权增加和国际货币基金组织中配额显著提高的阶段性成果。二十国集团匹兹堡峰会承诺将新兴市场和发展中国家在国际货币基金组织中的配额至少增加5%,将发展中国家和转轨经济体在世界银行的投票权至少增加3%。[1] 2009年4月,二十国集团伦敦峰会承诺将由七个主要发达国家组成的金融稳定论坛扩展至包括所有二十国集团成员的金融稳定理事会,制订和实施促进金融稳定的监管政策和其他政策,解决全球金融脆弱性问题。另外,有"发达国家俱乐部"之称的经济合作与发展组织也主动加强与新兴大国的联系。

随着全球化的深入发展,国家间利益进一步交织重叠,发端于经济、金融治理领域的改革将会不止于此,而必将向可持续发展领域以及气候变化、能源安全、粮食安全、公共卫生、反恐等非传统安全领域扩散,从而推动全球治理机制改革逐步深化。与传统大国相比,新兴大国可以将可持续发展议程和气候变化等领域的治理与维护自身利益更好地结合起来。新兴大国作为"先富裕起来"的发展中国家,其发展历程、利益取向和自身定位均属于发展中国家,虽然经济发展卓有成效,但国内仍面临贫富分化、环境恶化、法制建设、体制转型等种种发展难题,发展任务仍然繁重。新兴大国从全球治理的旁观者上升为参与者,有助于将发展中国家的观点和声音引入核心治理层,推动发展问题在全球议程中地位的提升。比如:在全球气候治理和气候变化谈判中,新兴大国坚持"共同但有区别的责任"和双轨谈判原则,敦促发达国家兑现其发展援助承诺;在世界贸易组织多哈回合谈判中,新兴大国敦促发达国家向发展中国家进一步开放市场。可以肯定的是,新兴大国话语权的提升将为发展中国家赢得更多权益。

---

[1] 《资料:二十国集团匹兹堡峰会领导人声明(2009年9月25日)》,http://world.people.com.cn/n1/2016/0816/c1002-28640411.html。

新兴大国呼吁全球治理改革和推动国际关系民主化进程，根本目的在于进一步巩固并加强自身在现有国际体系中的地位。因此，新兴大国对国际秩序的改造将更多地表现为寻求改良性的渐进改革，而非革命性的激进变革。同时也应认识到，新兴大国与传统大国围绕全球治理话语权的博弈必将经历长期的、复杂的演进过程。虽然金融危机以来国际金融机构、国际货币体系、国际经济治理等相关改革已经提速，新兴大国在国际金融机构中的代表性有所提高，但是重建国际金融体系的进程依然极其艰难。主要原因在于美欧等西方国家面临危机虽不得不将一小部分权力让渡给新兴大国和发展中国家，但美元主导的货币霸权以及美欧主导的国际货币体系并未根本改变。近年来暴发的新冠疫情不仅凸显了全球卫生治理的紧迫性，而且对整个世界经济、南北关系，以及新兴大国参与全球治理产生冲击和影响，增加了全球治理的复杂性和难度。总之，对于新兴大国与传统大国围绕全球治理机制改革博弈的长期性和复杂性必须有清醒认识。新兴大国参与全球治理已成为不可逆转的趋势，关键在于其在从全球治理舞台外围向中心过渡的过程中，如何处理国家间利益冲突并重塑认同。

第三节　美欧对华认知变化与"跨大西洋对话"

一、中国崛起与美欧涉华互动的缘起

进入21世纪后，"中国崛起"成为全球最受关注的事件之一。中国的崛起对国际格局产生了深远的影响。英国经济学家马丁·雅克指出，中国经济的崛起推动了世界经济力量的再分配。[1] 美国学者沈大伟

---

[1] Martin Jacques, *When China Rules the World—The Rise of Middle Kingdom and the End of Western World*, London: Penguin, 2009, p. 192.

认为，中国的崛起是重塑 21 世纪新的全球秩序的主要决定力量之一。①

国际社会对中国崛起的反应总体上是积极的，认为中国的崛起将为全球带来机遇，但是也存在不同看法。美欧等西方国家担忧中国的崛起会"挑战"现有国际秩序，尤其对中国影响区域秩序和周边关系的可能性感到忧虑，甚至推测中国将在 2020—2040 年间成为美国在东亚主导地位的"挑战者"。面对中国崛起带来的影响，美欧作为现行国际体系的创立者，在维护该体系的有效性方面存在着根本利益上的一致性，加上双方之间价值观相同、历史文化联系紧密、经济深度互联，特别在东亚地区有着许多共同利益，彼此视对方为天然的合作伙伴。就双方在东亚地区的具体利益而言，除了共同关注台湾问题、朝鲜核问题、南海问题外，美欧之间在从全球治理到自由贸易、从能源安全到海上安全等诸多问题上都有着共同或相似的利益，所采取的立场也非常接近。总之，在中国崛起的背景下，东亚成为冷战后美欧对外战略及双边关系中重点关注的一个地区，且由于有着相互交织的利益和相同的价值观，共同应对中国崛起构成了美欧双方涉华互动的根本动因和基础。

还应指出的是，冷战后美国与欧盟关系的正式化和机制化为双方在东亚的战略互动提供了制度基础。冷战后凸显的恐怖主义、毒品走私、环境污染和核扩散等大量新威胁，使得世界面临前所未有的失序、危机和风险。面对复杂而严峻的挑战，重新定义跨大西洋伙伴关系并为美欧合作确立新基础的重要性日益凸显。② 事实上，美欧对"重建"后冷战时期的双边关系有着共同需求：欧盟希望同美国建立一种更加平等的伙伴关系，美国也更加重视加强与后者的合作。1990 年 11 月，美国与欧共体（欧盟前身）发表《跨大西洋声明》，建立了外交政策

---

① David Shambaugh, "The New Strategic Triangle", *The Washington Quarterly*, Vol. 28, No. 3, 2005, p. 7.

② Geir Lundestad, "Toward Transatlantic Drift?", in David M. Andrews, ed. *The Atlantic Alliance Under Stress: US-European Relations After Iraq*, Cambridge: Cambridge University Press, 2005, p. 28.

对话与合作机制。① 后来为了进一步改进和加强合作机制，美国与欧盟又于 1995 年 12 月签署了《新跨大西洋议程》和《联合行动计划》。《新跨大西洋议程》进一步明确了双方关系的总体目标，即通过美欧合作，促进大西洋两岸乃至整个世界的安全、经济繁荣和民主价值观；同时也扩大了双方合作的领域，并为共同行动提供了一个可调节的全球框架。《新跨大西洋议程》的签署标志着美欧关系更加深化，迈上了新的台阶，"旨在将跨大西洋关系从磋商推向在广泛问题上的联合行动"②。简言之，跨大西洋外交政策磋商与合作机制的建立为美欧双方在东亚地区的涉华互动提供了制度基础。

在上述背景下，为了维护各自及双方共同利益，美欧相继调整了东亚战略以加强在该地区的存在。从欧盟来看，冷战后初期欧盟对东亚的战略考量是以经济利益优先。1994 年，欧盟制订并通过了其有史以来第一份亚洲政策文件——《走向亚洲新战略》。文件指出："亚洲的崛起正急剧地改变着世界经济实力的对比，欧盟应赋予亚洲以更优先的地位，并通过加强在亚洲的存在，保持其在世界经济中的领导作用，扩大与亚洲的政治对话。"③ 该文件的发表标志着欧盟开始全面调整对亚洲（主要是东亚国家）的政策，寻求加强与亚洲国家的全面合作，但显然其政策重心仍在经济方面，意图进一步增加对亚洲的贸易和投资。1996 年建立的亚欧会议机制是欧盟加强与亚洲关系的一项战略举措，其目标是"通过对话增进了解，加强合作，为经济和社会发展创造有利条件，促进建立亚欧新型全面伙伴关系"④。亚欧会议建立后陆续开展了以经贸为重点的一系列活动，并初步形成了以首脑会议、

---

① 关于冷战后美国与欧盟关系的新发展，参见赵怀普：《当代美欧关系史》，北京：世界知识出版社，2011 年版，第 285—299 页。

② USIS, "Joint U. S. /EU Action Plan", https://1997 - 2001. state. gov/regions/eur/european_union_agenda. html.

③ European Commission, "Towards a New Asia Strategy. Communication from the Commission to the Council. COM (94) 314 final, 13 July 1994", http://aei. pitt. edu/2949/1/2949. pdf.

④ 《亚欧会议》，https://www. fmprc. gov. cn/web/gjhdq_676201/gjhdqzz_681964/lhg_682206/jbqk_682232/。

外长会议和高官会议为核心的政策指导和协调机制。亚欧会议是迄今为止欧亚之间唯一一个全方位、多层级的跨地区对话合作机制。从欧盟亚洲政策的角度看，亚欧会议除了帮助欧盟进一步拓宽亚洲贸易渠道外，还肩负着某种战略使命，即面对亚太经济合作组织所代表的亚太中心的兴起，欧盟表明要用自己的方式参与到亚洲事务中来。

随着欧盟《走向亚洲新战略》的出台，中国在欧盟亚洲政策中的地位日益突出。欧盟在《走向亚洲新战略》中提出要同中国发展长期稳定的政治、经济关系。[1] 1995年，欧盟提出了具有历史标志意义的首个全面对华政策文件，即《欧盟-中国关系长期政策》，倡导与中国在经济、政治等各个领域开展合作，首次把加强与中国的对话合作作为欧盟对华政策的长期目标。1996年，欧盟又发表了《欧盟对华新战略》，更加强调欧盟对华政策的全面性、独立性和长期性，并将欧盟对华政策具体化；支持中国更多、更广泛地参与国际事务，并将欧中关系提升到战略高度。1998年，欧盟再发布对华政策新文件——《与中国建立全面伙伴关系》，明确了欧盟全面对华政策目标和政策措施，提出要与中国建立面向21世纪的全面合作伙伴关系，并第一次将欧中关系提升到与欧美、欧日、欧俄同等重要的战略水平。总之，欧盟制定对华新政策有经济、政治乃至战略上的多重考虑，但其中最为根本的是经济动因，即通过合作与对话获取经济利益，加强欧盟在亚洲的经济存在以维持自身在世界经济中的领导地位。

进入21世纪后，以2001年"9·11"事件为标志，国际安全形势出现新变化，而与此同时，东亚和欧盟也在经历重要变化。一方面，东亚历经20多年的发展正在成为一个新的世界权力中心，中国崛起和美国相对衰落使东亚权力转移趋势更加明显。另一方面，欧盟历经扩大和深化变得更加强大，成为世界多极化趋势中一支上升的力量。所有这些都促使欧盟更加积极地参与国际事务，并谋求在东亚事务中发

---

[1] 梅兆荣：《中欧关系新观察》，载《红旗月刊》，2009年第4期，第4—7页。

挥更大作用。在此背景下，欧盟于2001年通过了一项名为《欧洲和亚洲：强化伙伴关系的战略框架》的新亚洲战略。该文件指出，欧盟新的亚洲政策是根据世界新的战略变化、着眼于双方在未来十年的发展关系而制定的。欧盟将在六个方面进行努力：在政治和安全方面加强与亚洲的关系，发展双方的经贸关系和投资，有效减少亚洲地区的贫困，推动亚洲地区的民主、良政和法治建设，与亚洲国家建立全球伙伴和联盟关系，促进欧盟与亚洲国家的相互了解。[1] 2003年，欧盟首次出台了《欧洲安全战略》，提出在欧盟全球合作框架内与中国、日本建立战略伙伴关系。值得注意的是，报告还明确指出，朝鲜半岛等地区冲突"直接或间接地影响欧洲的利益"，因此，"遥远的威胁（包括朝鲜的核活动在内）……皆为欧洲之关切"。[2] 欧盟理事会于2007年发表的战略文件进一步强调了欧盟在东亚的利益。

总的来看，欧盟的新亚洲政策除了继续致力于维护和促进欧盟在亚洲的经济利益外，还突出地强调同亚洲发展政治对话，以及与亚洲国家建立全球伙伴关系和联盟关系。这表明欧盟正试图形成一个涵盖经济、政治乃至安全领域的整体性亚洲战略框架。然而在21世纪头十年，由于自身硬实力有限，欧盟对东亚安全治理的参与较为有限，其实力和影响仍主要体现在软实力方面，其在亚洲主要关注的是非传统安全合作，包括促进发展、减少贫困、维持和平，以及解决环境问题等。作为世界上最大的官方发展援助和人道主义援助提供者，欧盟扩大了对柬埔寨、泰国和朝鲜等一些国家的援助；但由于缺乏有效的外交与安全政策以及硬实力投放能力，加上与这些国家之间也缺乏军事安全领域的交流和对话，欧盟难以在东亚安全治理中扮演重要角色。简言之，欧盟东亚战略的困惑在于：从经济利益考量，需要维护东亚

---

[1] European Commission, "Europe and Asia: A Strategic Framework for Enhanced Partnership", https://eur-lex.europa.eu/LexUriServ/LexUriServ.do? uri=COM:2001:0469:FIN:EN:PDF.

[2] European Council, "A Secure Europe in a Better World—The European Security Strategy", http://www.consilium.europa.eu/uedocs/cmsUpload/78367.pdf; https://www.files.ethz.ch/isn/156924/EuropeanUnion.pdf.

的稳定，但自身硬实力的缺失限制了其在东亚安全治理中的作用。美欧在东亚的早期战略互动不够活跃很大程度上与此有关。

相较于欧盟以经贸利益和伙伴关系为导向的东亚战略，冷战后美国的东亚战略突出体现了现实主义的权力政治逻辑。冷战结束后，美国东亚战略面临的基本问题是：在新形势下如何保住美国在东亚的主导地位，以及在影响力下降的情况下如何恢复其主导力。在美国看来，虽然短期内在亚洲不会出现一个有可能挑战其领导地位的对手，但亚洲的力量构成将会出现变化，而这一切有可能带来地区的不确定性变化，因此美国必须进行预防性介入。简言之，防范不断出现的挑战、保持美国的主导地位始终是美国东亚战略的主轴。[①]

对华战略是冷战后美国东亚战略的核心。冷战时期美国通过订立多个双边和多边安全联盟建立起了在东亚的军事存在，拥有主导东亚事务的绝对实力和能力。冷战后中国的崛起使得美国的竞争防范意识增强，促使其加快对华战略和东亚战略的调整。一方面，中、美两国在经贸等一些领域的相互依存度正在加深，加上两国也面临着越来越多的共同威胁，促使美国加强同中国的接触与合作；但另一方面，美国对华接触与合作的基础并不牢固，尤其当美国认为中国作为其对手带来的传统威胁大于中美共同认知的非传统安全方面的威胁时，中美之间的合作基础就会动摇。对于美国而言，保持不对称的相互依存关系是其对华政策的重点。[②] 美国与中国接触是为了更好地影响中国，进而改变中国，使中国的发展符合美国的战略需要，包括使得美国能够在中国的经济发展中获得巨大收益，以及充分利用美国与中国的发展时差，继续谋取对中国的主导性优势，以达到遏制中国的根本目的。前美国国防部长威廉·佩里坦言：奉行接触政策既不是基于信念，也

---

① 王帆主编：《美国对华中长期战略研究》，北京：世界知识出版社，2012年版，第222页。
② 同①，第168页。

不是基于理想主义,而是确确实实地出于实际和自我利益的考量。①总之,美国政府认为,对华合作与施压是不可能分离的,接触与合作是手段,削弱中国、继续保持对中国的主导性优势是目的。为此,美国对中国采取了一整套政策,包括遏制、"遏制+接触"、演化与分化、地缘上围堵、在涉及中国周边安全的地区热点问题上迫使中国参与军备竞赛等,从而达到阻碍中国经济发展速度和规模、干扰中国战略结构调整、使中国偏离正常发展轨道等目的。②

为了实现其东亚战略与对华战略目标,美国多管齐下,首先是强化同盟体系和双边关系。美国试图通过加强美日同盟,巩固美澳同盟,修补美韩关系,发展美印关系,恢复美国与印度尼西亚、马来西亚、菲律宾、新加坡和泰国的"传统友谊",以及继续对台湾地区出售武器等做法,平衡、牵制中国在东亚地区的影响,化解中国对美国地位可能形成的"挑战"。其次是影响和干扰东亚合作进程。美国对中国崛起背景下的东亚合作进程保持警惕态度,为了防止中国通过参与东亚合作主导东亚事务,美国鼓励澳大利亚、印度等盟国和战略伙伴参加东亚合作进程,希望利用后者打入楔子,稀释、平衡中国在东亚的作用和影响,扭转可能出现的美国影响力下降趋势。最后是把加强美国军事力量作为防范手段,依靠绝对军事优势进行威慑。"9·11"事件后美国虽然深陷伊拉克战争泥沼,但其海空军力量并没有受到削弱。美国通过采取增加军费、加快军队转型、开发和部署新的武器系统、调整在东亚地区战略部署等措施,企图使其军事力量强大到能够迫使其他国家自动放弃与之竞争的念头。需要指出的是,虽然防范潜在的战略对手在美国的东亚战略中从未被忽视,但由于"9·11"事件导致美国安全战略集中于更为紧迫的反恐目标,小布什政府时期的东亚战略还是出现了一定程度上的战略松散状态,而这成为后来奥巴马政府

---

① 洪兵:《剖析美国利益》,北京:世界知识出版社,1999年版,第30页。
② 王帆主编:《美国对华中长期战略研究》,北京:世界知识出版社,2012年版,第169页。

"重返亚洲"、实施"亚太再平衡"战略的重要原因之一。

总之,中国的崛起成为影响冷战后美欧关系调整的一个重要因素,共同应对中国崛起构成了双方涉华互动的根本动因。除了拥有共同利益与价值观基础外,美欧各自东亚战略的调整也为双方加强涉华互动提供了动力。如果将冷战的结束视为世界大变局的一个根本性转折点,那么2008年全球金融危机则是加速世界变局的一个催化剂,它不仅强化了国际格局"西衰东兴"的调整趋势,也进一步刺激了美欧应对中国崛起的战略互动与对华政策协调。

二、全球金融危机后美欧对华认知的变化

2008年全球金融危机爆发后,随着中西实力对比发生变化以及东亚地区权力转移加快,美欧对中国崛起的态度发生了明显变化。中国崛起后是否会在国际体系中代替美国的领导地位以及会对国际体系产生怎样影响,成为大西洋两岸社会各界尤其是政界关注的话题。基于维护既有利益的本能反应,美欧对中国崛起的认知开始趋于多元、负面。以美国德国马歇尔基金会所做的跨大西洋问卷调查为依据,可以纵向比较全球金融危机前后美欧对中国崛起认知的变化,见表1:

表1 全球金融危机前后美欧对中国崛起认识的变化 （单位:%）

	经济威胁		经济机遇		军事威胁	
	美国	欧盟	美国	欧盟	美国	欧盟
2006年	29	37	—	—	35	22
2010年	49	49	43	39	48	35
2011年	63	41	31	46	47	30
2012年	59	45	30	42	51	39
2013年	62	46	28	41	49	37

资料来源:美国德国马歇尔基金会网站。

从表 1 可以看出，金融危机爆发后，虽然美国和欧盟对中国崛起的认知在经济和安全领域依然存有差异，但负面认知同步呈现上升趋势。美国对中国崛起是军事威胁的认知处于接近 50% 的水平，较 2006 年上升 10 个百分点以上，对中国崛起构成经济威胁的认知在 2011 年骤升，从此前的不足 50% 上升到 60% 多，① 2011 年后的两年变化不大。欧盟对中国经济崛起的负面认知同样有所上升，金融危机以后基本保持在 45%—49% 之间，仅有 2011 这一年对中国崛起是经济机遇的认同超过了对经济威胁的认同，而这与当年中国对欧外交表现得积极主动不无关系。② 更加值得注意的是，在 2012 年和 2013 年，欧盟对中国的军事威胁认知亦有所增加，这很可能是东海和南海局势紧张影响了欧盟对中国崛起的安全认知。

应指出的是，美国政府大肆渲染"中国军事威胁"在相当程度上影响了美欧社会各界对中国崛起的认知。美国国会的美中经济与安全评估委员会定期评估中国对周边地区的经济和安全影响。全球金融危机之前，该委员会对中国在东亚影响力的评估很简短，重点放在台湾问题和海峡两岸关系、中国大陆和台湾地区的相关军事能力，以及双方的经济联系上。比如：2005 年的评估报告提到了中国的经济在快速增长、吸收了大量外来投资，以及中国大陆和台湾地区的经济相互依赖增强等，但并没有阐述中国在周边国家的影响力。③ 2007 年的报告也只是评估了中国大陆在香港和台湾地区以及印度的影响。报告指出，印度和美国一样担忧中国崛起、中国在亚洲以及其他地区影响力的扩大、中国在其边界以外地区和水域运用军事力量的意愿，美国和印度

---

① 这种情况与 2010 年中国的国内生产总值跃升为全球第二有关，美国突然加大了对中国经济崛起的担忧。

② 2011 年，温家宝总理访问欧洲并承诺购买欧债，同时多个中国代表团访问欧洲并签订经贸投资协议，推动了欧洲对中国的积极认知，欧洲认为中国崛起可以帮助欧洲缓解欧债危机。

③ U. S. Economic and Security Review Commission, "2005 Report to Congress: Executive Summary", http://origin. www. uscc. gov/Annual_Reports/2005-annual-report-congress.

应该加强经济和安全合作，遏制中国日益上升的影响力。① 可以说，此时美国虽然对中国的崛起及后者在东亚影响力的提升有所担忧和警惕，但由于当时其外交重点是反恐，且军事和经济实力依然大大领先于中国，因而对于中国在东亚扩大影响力的可能性并没有非常重视。加上美国知识界对中国崛起的认知在 2007 年以前亦偏向乐观，以及这一时期中国也主张通过东亚一体化来实现地区经济融合，并且和邻国保持了友好的关系，因而美国对中国崛起的担忧被弱化了。

然而全球金融危机爆发后，美中经济与安全评估委员会对中国评估的调门发生了变化，其 2010 年评估报告的措辞较以往有明显不同。报告指出，近几年，中国在亚洲的崛起日益凸显。中国和东南亚的政治、经济、能源、安全互动大大加强，预期未来会继续增强。报告还指出，很多东南亚国家正在寻求加强和美国的关系，以平衡中国在本地区日益上升的影响力；中国在南海问题上的"强势姿态"（assertiveness）对包括"航行自由"在内的美国利益构成了潜在"威胁"。② 报告特意指出东南亚国家和美国加强关系的意愿，以及美国在南海"航行自由"的利益，实质上是为美国加强在亚洲地区的存在寻找理由。2011 年美国"亚太再平衡"战略的推出印证了这一点。该战略包含了经济和安全两方面的内容：在经贸领域推出"跨太平洋伙伴关系协定"（TPP），在安全领域则是加强和亚太国家的安全联盟或者进一步建立安全伙伴关系，同时实现美国自身军事战略重心东移。③ 其中至关重要的一点是，美国意欲利用南海和钓鱼岛问题作为其"亚太再平衡"战略的重要切入点。美国国务卿希拉里（Hillary Clinton）于 2010 年 7 月出席东盟地区论坛时宣称，美国要加大在南海领土纠纷中的直接参与力度；

---

① U. S. Economic and Security Review Commission, "2007 Report to Congress: Executive Summary", http://origin.www.uscc.gov/Annual_Reports/2007-annual-report-congress.

② U. S. Economic and Security Review Commission, "2010 Report to Congress: Executive Summary", http://origin.www.uscc.gov/Annual_Reports/2010-annual-report-congress.

③ Kurt M. Campbell, "Asia Overview: Protecting American Interests in China and Asia", http://www.state.gov/p/eap/rls/rm/2011/03/159450.htm.

中国南海的"巡航自由"、亚洲海域"自由通行"和在南海遵守国际法等事项关乎美国国家利益……美国准备帮助推进相关倡议和建立信任措施。① 这表明美国将其国家利益扩大到了南海，并以所谓的"航行自由"为由介入南海问题。根据一些美国学者所述，会议期间很多东盟国家对南海纠纷加剧所作的表态，都是由美国在幕后组织和协调的。② 美国还承诺协助菲律宾和越南加强海上军事能力，此举明显有借助联盟和伙伴关系来制约中国之意，而越南、菲律宾乃至日本等国也期望通过美国介入来增加其对抗中国的资本和力度。③ 美国甚至鼓励澳大利亚、日本以及印度等国深化与东南亚各国的关系，以进一步对抗中国。④

与此同时，面对中国的快速崛起和西方舆论所渲染的各式各样的"中国威胁论"，欧盟也开始从政治、经济、环境和发展模式等方面分析中国崛起可能对西方利益构成的冲击。从2006年年初开始，一场关于中国经济发展对欧盟影响的讨论在欧盟范围内展开。同年5月，欧盟委员会在其官方网站公开征集意见，鼓励成员国政府、企业、商会、非政府组织和个人积极参与讨论。7月，欧盟举行了对华贸易政策研讨会，来自欧盟各行各业的代表分成十几个小组，展开了热烈讨论。从讨论的情况看，欧盟对中国的崛起非常关注，主流观点认同中国的发展对欧盟是个机遇，但也存在疑虑，比如中国的发展是否会对欧盟的既有利益形成"挑战"。尤其是学术界的一些中国研究领域专家和某些非政府组织对中国的疑虑较深，他们对欧盟委员会关于中国的乐观看法不以为然，批评欧盟处理对华军售禁令问题的方式造成了欧盟的

---

① Hillary Clinton, "Remarks at Press Availability", http://www.state.gov/secretary/rm/2010/07/145095.htm.

② Michael Swaine, "Chinese Leadership and Elite Responses to the U.S. Pacific Pivot", *China Leadership Monitor*, No. 38, 2012, p. 17.

③ 孙海泳：《美国对东亚海洋问题的介入战略评析》，载《新视野》，2014年第2期，第3页。

④ 江宏春：《美国对南海问题的介入及其政策演变》，载《太平洋学报》，2013年第12期，第75页。

分裂，也给维护大西洋关系制造了困难。作为欧盟内的主要政策发起者，欧盟委员会显然不能忽视这些批评，否则其政策获得通过的难度将会增加。在对欧盟的利益及与中国的关系进行了重新审视与思考后，欧盟委员会最终将其结论纳入2006年发表的新对华政策文件。欧盟委员会贸易委员曼德尔森（Peter Mandelson）在多个场合表示，欧洲经济日益感受到中国因素的影响，并称欧盟的经济关切可能会滚雪球似的扩散，从而有可能带来一系列消极的经济和政治后果。[1] 此外，欧盟还希望中国承担更大的国际责任，为全球治理作出更多贡献。欧盟欢迎中国对联合国维和行动、联合国改革、防扩散、解决朝核问题的贡献，总体上也认同中国新的积极的外交政策，但同时对中国的"无价值观外交"（value-free diplomacy）及对"非民主国家"的"不附带任何条件的"（no strings attached）援助项目（特别是在非洲和缅甸的项目）表示关切，也对中国在全球范围内寻求能源和原料的努力予以关注。[2] 在欧盟看来，中国或许还不是一个全球性大国，但却日益成为一个全球性行为体，因此它希望中国帮助解决威胁国际秩序的诸多挑战和危机。欧盟委员会对外关系委员瓦尔德纳（Benita Ferrero-Waldner）在解释欧盟新对华政策文件的出台背景时指出，出台文件的目的在于因应中国作为经济与国际政治大国的重新崛起，[3] 从中不难体会出"中国责任论"的意味。2006年12月，欧盟首脑会议批准了欧盟委员会制定的新对华政策文件。与以往的对华政策文件相比，新文件的对华政策语调发生了明显变化，除了更多强调维护自身经济利益，还意欲利用意识形态问题向中国施压和抬高要价。随着欧盟微调对华政策，以及双方开始认识到相互关系的复杂性，中欧关系进入了一个更加复

---

[1] 按照曼德尔森的说法，欧盟主要的经济关切包括对华贸易赤字增加，法、德、意等国的失业率上升，地中海南岸国家的第三产业"空心化"危机，以及新入盟成员国的经济相对缺乏竞争力等。

[2] David Shambaugh, "China-Europe Relations Get Complicated", https://www.brookings.edu/opinions/china-europe-relations-get-complicated.

[3] 赵怀普:《当前中欧关系浅析》，载《外交评论》，2008年第5期，第19页。

杂的调适期。

　　欧盟微调对华政策固然与双边贸易纠纷和双方在民主、人权等一些政治性议题上的分歧增多有关，但实际上更主要的原因在于欧盟对"中国模式"及其影响的担忧。欧盟发展对华关系虽然注重经济利益，但同时也有深刻的政治考虑。欧盟希望通过发展对华关系促进中国的政治改革。可以说，促进中国改革和转型是欧盟发展对华关系的根本出发点。正由于此，欧盟同中国打交道时采取了不同于美国的方式，比如在对待中国崛起的问题上，美国几乎完全关注中国崛起的对外表现，而欧盟则更多关注中国崛起的内部条件。然而中国的发展并未按欧盟期望的那样进行，正如有学者所指出的，中国的发展经验是在改革开放后与外界的对话中发展形成的，"中国模式"的特色就在于不照搬西方经验。具体来说，"中国模式"就是先发展经济，以及与此相配套的社会文化等基础建设，发展到一定程度后，再逐步讲求分配和发展民主政治，这种分阶段发展的方式是一个有序的渐进过程。① 经过改革开放以来的持续快速发展，中国已经成为世界上一个重要的经济体，也日益成为国际舞台上的重要政治力量。对于中国的经济崛起和国际影响力的提高，欧盟难掩心理落差和焦虑，因为中国的经济发展并未带来他们期望的那种政治变革。在一些欧洲人看来，一个经济上崛起但政治上保持社会主义制度不变的中国，其未来仍然充满"不确定性"。他们更加担心的是，中国有别于西方传统发展思路的模式，正在为越来越多的发展中国家所重视，发展下去可能会危及欧洲的传统发展模式。

　　全球金融危机与欧债危机爆发后，欧洲对华负面认知进一步加深。欧盟深陷欧债危机之时，正值中国快速发展和国际地位不断上升之际。面对"中升欧降"的发展趋势，欧盟对华心态变得复杂起来，一方面希望搭乘中国发展的顺风车，加强对中国的借重、合作，以摆脱危机

---

　　① 郑永年:《西方模式无戏可唱 却为何惧怕"中国模式"》，http://news.ifeng.com/mil/4/200804/0410_342_484277.shtml。

的困扰；另一方面，由于欧债危机和全球金融危机打击了欧盟的自信心，加上中欧同质竞争加剧，欧盟对中国的战略疑虑加重。部分欧洲民众和精英将全球贸易不平衡问题以及失业问题等归咎于中国，对中国经济崛起的认知变得较为负面。2012年和2013年，欧盟对中国的军事威胁认知亦有所增加。另外，中欧发展模式的差异也引起欧盟更多的关注。2009年4月，欧盟智库欧洲对外关系委员会发表了题为《对欧盟-中国关系的权力审计》的欧中关系政策报告，宣称欧盟对华"无条件接触"政策已经失效。① 2010年6月，报告作者之一顾德明（Francois Godement）发表《一种全球的对华政策》报告，指出欧盟需要改变"无条件接触"对华政策，"需要更有效地在欧盟层面协调自己的政策，并与其他国家合作加强自己对中国的有限影响"，呼吁欧盟加强协调一致对华。② 从当时欧盟对华政策的实施来看，欧盟较以往更加强调欧中关系的互惠性，并日益关注中国的对外影响力。

总之，全球金融危机后中西实力对比的变化加大了美欧的危机感，由此导致美欧对中国崛起的认知趋于多元、负面。对华认知的变化不仅直接推动了美欧各自对华战略的调整，也为双方在新形势下加强涉华互动提供了动力。正是在此背景下，美欧之间开启了关于应对中国崛起的"跨大西洋对话"。

三、"跨大西洋对话"的启动与发展

为了应对中国崛起和东亚地缘政治格局的变化，美国和欧盟在调整各自东亚战略的同时，展开了涉华互动。美欧在东亚的涉华互动是一个渐进的过程，双方在这一过程中既有相当深入的对话与合作，也存在分歧与竞争，但总体上呈现不断增强的趋势。

---

① John Fox and Francois Godement, "A Power Audit of EU-China Relations", http://ecfr.eu/page/-documents/A_Power_Audit_of_EU_China_Relations.pdf.
② Francois Godement, "A Global China Policy", http://www.ecfr.eu/content/entry/a_global_china_policy.

美欧在东亚的涉华互动始于21世纪初,大西洋两岸的智库扮演了先行者角色。2001年夏末,美国和欧洲一些智库的中国、东亚、跨大西洋关系研究领域专家开启了关于中国或东亚的"跨大西洋对话"①。对话以中国的崛起会对美国和欧洲产生根本性影响为假设前提,就一些相关问题进行研讨,旨在探究中国的未来发展方向及其在国际上的作用,并对由美欧对中国崛起看法上的分歧可能引发的问题进行预测。② 这是最初的应对中国崛起的"跨大西洋对话",可视为美欧涉华互动的开端。早期"跨大西洋对话"具有鲜明显的"二轨"性质。2001年"9·11"事件发生后,由于美国外交政策重点的改变(转向反恐和发动针对阿富汗、伊拉克的战争),"跨大西洋对话"一度停摆。

2005年年初,受欧盟对华军售解禁问题的刺激,美国和欧盟建立了由高级决策层参与的应对中国崛起问题的战略对话机制。同年5月,欧盟外交与安全政策高级代表索拉纳(Javier Solana de Madariaga)访问美国并与国务卿赖斯(Condoleezza Rice)举行了会晤,双方正式启动了这一机制。该举措表明大西洋两岸在中国和东亚问题上的对话层级从"二轨"上升到"一轨",标志着美欧官方涉华互动的开端。2005年11月,美欧再次举行关于中国和亚洲问题的战略对话。但此后,随着欧盟对华军售解禁问题的搁置,特别是美欧的注意力为伊拉克、伊朗,以及欧盟内部事务所分散,美欧战略对话相对松散下来,由学者、官员共同参与的"二轨"框架下的"跨大西洋对话"也不够活跃。③

概言之,这一时期美欧涉华对话虽已开启,但取得的成果较为有限,制约因素主要有三点。一是美国陷入反恐泥潭,尤其是被伊拉克

---

① 英文原文为Transatlantic Dialogue on China 或 the EU-US Strategic Dialogue on East Asia,直译为"关于中国的跨大西洋对话"或"美欧关于东亚的战略对话"。
② RUSI, "Transatlantic Dialogue on China", http://en.dgap.org/midcom-serveattachment guid-88491cb8cec211da9c7153673676606c606c.
③ 刘得手:《美欧"跨大西洋对话"及其对中国的影响》,载《美国研究》,2008年第1期。

战争牵扯精力，加之欧盟（自2005年发生制宪危机后）专注于解决内部事务，因此双方在东亚地区的互动不多。二是美欧在对华政策上存在差异，虽然双方在民主和人权、能源和环境等问题上对中国有共同的担忧，但是对华政策分歧相对更为突出。美国虽然同欧盟一样希望把中国纳入现行国际体系之中，但又不愿失去作为世界唯一超级大国所拥有的影响力，因此更倾向于从中国硬实力不断增长影响美国东亚安全利益的角度来看待中国的崛起，并视之为一个"战略性的安全挑战"。欧盟基于自身一体化的历史经验和规范性力量的定位，奉行对华接触和伙伴关系战略，在应对中国崛起方面更倾向于采取多边主义和国际制度的方式，希望通过接触把中国纳入并束缚在国际机制中，以确保中国作为一个负责任且维持现状的大国实现和平崛起。[①] 换言之，美国对华政策更多地体现了权力转移理论的逻辑，而欧盟的政策带有明显的制度主义烙印。制度主义理论认为：中国的崛起未必会引发国际冲突的加剧，因为国家能够"理性地选择去创建和维持给所有国家带来利益的合作"[②]；如果中国认识到融入西方主导的国际体制会有益于中国利益和力量增长的话，那么中国会成为一个满意的制度参与国，欧盟与中国的合作也会产生。因此，欧盟主张将中国的崛起看作一种与东亚建立国际合作的机会，这种国际合作能阻止大国间悲剧性对抗的重演。三是欧盟追求成为一个全球行为体并发挥更大的作用，这一战略诉求是导致美欧对华政策分歧的一个重要原因。正如有学者指出，由于欧盟日益成熟并成为一个全球性的行为体，其对国际问题包括中国崛起问题的意见不可避免地会同美国出现差异。[③] 2004—2005年欧盟

---

① David Shambaugh, "The New Strategic Triangle: U. S. and European Reactions to China's Rise", http://elliott.gwu.edu/assets/docs/research/strategictriangle.pdf.

② Avery Goldstein, "Power Transitions, Institutions, and China's Rise in East Asia: Theoretical Expectations and Evidence", *The Journal of Strategic Studies*, Vol. 30, 2007, pp. 647-648.

③ Werner Weidenfeld(with commentary by Marcin Zaborowski) , "Asia's Rise Means We Must Re-think EU-US Relations", https://www.iss.europa.eu/sites/default/files/EUISSFiles/analy163_0.pdf.

重新审议对华军售禁令问题对中欧关系而言极具象征意义,表明"欧盟将中国看作未来的战略伙伴,它希望推动与中国的关系,并将军售解禁视为推动双方关系的一个必要措施"①。但欧盟此举遭到美国的强烈反对,美国宣称军售解禁会助推中国的军事现代化,从而打破东亚军事平衡。后来欧盟因内部意见不统一以及出于维护与美国关系的考虑(当时美欧双方都寻求修复因伊拉克战争遭到破坏的双边关系)而搁置了对华军售解禁的审议,但这并不代表美欧对华政策分歧已经消除。欧盟委员会在2006年10月24日发表的对华政策文件中称,欧盟依然奉行对华接触和伙伴关系战略。②2007年,欧盟在对华战略文件中进一步指出,欧盟在支持中国可持续发展和转变成一个稳定、繁荣与开放的国家方面,有着重要的经济与政治利益。③ 相比之下,美国仍奉行接触与遏制相结合的对华战略。总之,由于这一时期美欧外交政策的重点都不在东亚,加上双方在对中国崛起的认知与战略应对方面存在分歧,"跨大西洋对话"无论在官方还是"二轨"层面都不活跃,更谈不上有跨大西洋对华政策的形成。④

但必须指出的是,"跨大西洋对话"的开启毕竟是冷战后美欧战略关系的一个重大突破,它为双方日后在东亚加强涉华互动打下了基础。涉华对话启动初期,美欧"二轨"和官方均聚焦于欧盟对华军售解禁及相关东亚安全问题。⑤ 美国力图强化欧盟对中国崛起的安全威胁认知,并将后者的东亚战略纳入可控范围之内。欧盟则寻求得到美国对其对华战略及欧盟内部机制的理解,同时希望找出双方战略的差异。

---

① Gudrun Wacker, "Lifting the EU Arms Embargo on China: US and EU Positions", http://www.swp-berlin.org/fileadmin/contents/products/arbeitspapiere/ChinaGMF_end_ks.pdf.
② European Commission, "EU China: Closer Partners, Growing Responsibilities", http://ec.europa.eu/external_relations/china/docs/06-10-24_final_com.pdf.
③ 《国别战略文件2007—2013》,https://www.eeas.europa.eu/sites/default/files/csp-china-2007-2013_en.pdf.
④ 刘得手:《美欧"跨大西洋对话"及其对中国的影响》,载《美国研究》,2008年第1期。
⑤ 虽然也有部分"二轨"对话初步探讨了其他领域的美欧对华政策,但是效果十分有限,基本上是各说各话,很难达成具体的可操作的建议。

从结果来看,美国的目的基本上得以实现,欧盟的东亚战略以及对华战略内容都进行了美国所乐见的微调,双方战略的差异也被找到,只是未能找到解决差异的途径。

全球金融危机爆发后,随着中国加速崛起,以及东亚权力转移加快,美国和欧盟的东亚战略再次出现调整,双方涉华互动又活跃起来,且较全球金融危机前明显有所加强。就美欧各自的东亚战略调整而言,首先,美国的东亚战略调整是政策回归的产物。当美国意识到金融危机后中国在东亚的影响已经出现可能替代美国影响的趋势时,其东亚战略的调整便不可避免。2010年是中美关系史上一个具有标志性意义的年份,这一年中国超越日本成为全球第二大经济体,超越美国成为全球制造业第一大国,中美关系的结构性矛盾由此凸显。正是在这种情况下,奥巴马政府开始调整美国的东亚战略。具体而言,美国东亚战略的调整主要有这样几点:一是利用亚洲国家之间存在的领土纷争,制造有利于美国的地区力量平衡。美国利用中日钓鱼岛争端和韩国"天安号"事件强化了与日本和韩国的联盟关系,并高调介入南海事务,利用南海问题强化与菲律宾和越南的安全联系。二是将重返东南亚作为重返亚洲的重点,并采取了包括加强与东盟的经贸联系、介入南海问题等在内的一系列意在深度介入的措施。三是将"亚太再平衡"战略聚焦于中国,强化了对中国的围堵施压,试图构建从东北亚、东南亚到南亚的全方位包围圈。四是通过"巧实力"的运用,在与中国进行的对亚洲国家影响力之争中保持优势,恢复在亚洲的影响力。五是以"跨太平洋伙伴关系协定"为主要抓手,推动建立并谋求主导亚太地区多边机制。奥巴马政府力推"跨太平洋伙伴关系协定",意在另起炉灶,重新搭台唱戏,达成适用于更大范围、美国能够发挥重要影响的新平台、新机制。[①] 调整后的美国东亚战略呈现出咄咄逼人的态势,比以往更具针对性和进攻性,虽然策略上出现了变化,但其实质

---

① 王帆主编:《美国对华中长期战略研究》,北京:世界知识出版社,2012年版,第223—224页。

仍在于强化和维持美国在东亚的主导地位和影响力。美国的"新策略是与中国打交道的'外交杰作',它始终是虚张声势、横行霸道,与强烈不安全感、谨小慎微的矛盾结合"①。

与美国的东亚战略调整相对应,国际处境不佳的欧盟也再次调整了其亚洲战略。此次调整的背景较为复杂。欧债危机冲击了欧盟在国际经济政治格局中的地位,与此同时,美国对欧"战略忽视"和新兴大国的加速崛起亦使欧盟的国际空间受到挤压,其在国际治理机制以及全球热点问题上的地位渐趋边缘化。特别需要指出的是,欧债危机对欧盟的对外政策产生了较大影响:一是应对债务危机的燃眉之急,导致对外政策在欧盟政治议程中的地位下降。2011年至2013年期间,欧盟数次峰会都集中讨论债务危机,只在峰会间歇才讨论外交政策问题,为外交领域的创新性思考和行动留下的空间很小。二是外交资源减少和行动能力受限。据意大利国际政治研究所的专项研究统计,2003—2009年,欧盟共执行了22项对外行动;2010—2012年减少为7项,范围收缩至西亚北非地区。② 这种状况有损欧盟的全球行为体形象,也不利于维护欧盟的国际利益。在此背景下,欧盟为减少欧债危机对其对外关系的负面影响,加强了战略谋划,在对外战略上作出了一些调整,其中一项重要调整就是加大对亚洲的关注与投入。因此,在美国战略重心东移的带动下,欧盟对亚太地区的"兴趣"和外交投入亦明显上升。

加强与东盟的关系是欧盟亚洲战略调整的重要内容。欧盟认为,全球金融危机后钓鱼岛、南海问题升级以及美国的介入,是导致东亚地缘政治关系紧张的主要因素,而其背后的根本原因是中、美两国在东亚地区的战略博弈加剧。随着中国在东亚地区的影响力不断增长,

---

① John Pomfret, "U. S. Takes a Tougher Tone with China", *The Washington Post*, July 30, 2010.

② Francesco Giumelli, "EU Military Operations Budget Under Strain: The Crisis, the EU and Its Member States", https://research.rug.nl/en/publications/eu-military-operations-budget-under-strain-the-crisis-the-eu-and.

美国加大了对中国的遏制。一方力图围堵,一方力求突破,从而导致美国和中国之间的角力加剧。随着东亚地缘政治形势的不确定性增加,东南亚对亚洲和全球和平与稳定的重要性日益突出。欧盟历来将区域性制度建设视为促进地区和全球和平与稳定的一个重要手段,并将支持区域一体化作为其与亚洲合作的优先事项之一,[①] 因此欧盟特别看重东盟促进东亚和平与稳定的潜力和作用。此外,欧盟也希望通过与东盟建立伙伴关系获得进入更广阔的亚太地区(尤其是加入东亚峰会)的"入场券"。所有这些促使欧盟谋求与东盟强化伙伴关系,寻求作为"亚洲伙伴"的标签。2012年4月,第19届东盟-欧盟部长级会议召开,会议通过了旨在强化东盟与欧盟伙伴关系的斯里巴加湾行动计划,以加强双方的战略合作与对话。会后发表的联合声明指出,东盟与欧盟对成员国之间在伙伴及合作协定磋商以及自贸协定方面的合作表示满意,还重申加强政治和安全合作的重要性,其中涵盖双方在东盟地区论坛的合作。欧盟外交与安全政策高级代表阿什顿(Catherine Ashton)还特别表示,欧盟有意加入东亚峰会。为了贯彻新的亚洲战略构想,欧盟于2012年6月出台新版《对东亚外交与安全政策纲要》,提出要进一步加强与东盟的关系。[②] 同年7月,阿什顿出席了东盟地区论坛,并代表欧盟签署了《东南亚友好合作条约》,使欧盟朝着加入东亚峰会的方向又进了一步。与此同时,欧盟向东盟派驻代表一事也取得进展。

对华政策是欧盟东亚战略调整的重要一环。如前所述,面对欧债危机后"中升欧降"的发展趋势,欧盟对华心态开始变得复杂起来,虽然仍强调对华接触与合作,尤其希望通过加强对华合作来摆脱危机的困扰,但是其对华战略疑虑加重,牵制中国发展的防范心理显著增

---

① European Commission, "Regional Programming for Asia: Strategy Document 2007-2013", http://ec.europa.eu/external_relations/asia/rsp/07_13_en.pdf.

② Council of the European Union, "Guidelines on the EU's Foreign and Security Policy in East Asia", http://eeas.europa.eu/asia/docs/guidelines_eu_foreign_sec_pol_east_asia_en.pdf.

强。欧盟在全力推动"跨大西洋贸易与投资伙伴关系协定"尽早收获成效的同时，加快实施"全球欧洲"自贸新战略，加快同中国周边国家的双边自贸谈判步伐。欧盟同韩国、越南等国签署了自贸协定，并加快同新加坡、马来西亚等国的谈判进程，还酝酿启动同日本、印度的谈判。① 欧盟在构筑"对华自贸协定包围圈"对中国施压的同时，意图对新一代自贸区进行制度设计和规则制定，把持国际规则和秩序的主导权，维护西方在世界经济体系中的领导地位。

值得注意的是，欧盟在调整其东亚战略的过程中与美国联手应对中国的情况有所增加。这其中固然有欧盟迫于压力，呼应、配合美国的原因，但更重要的原因是欧盟基于自身利益寻求加强与美国的协调合作。全球金融危机重创了欧盟，中国则继续崛起，欧盟感到难以单独对华，因而与美国协调联动抱团应对的紧迫感上升。有分析指出，美欧在政治、经济、安全等领域"全方位抱团"之势增强，着力彰显跨大西洋合作的全球性，注重维护西方团结和战略优势地位，针对新兴大国特别是中国的动机不言自明。② 美国的一些学者甚至认为，"遏制俄罗斯可能不再是维持（跨大西洋）伙伴关系的黏合剂，但约束中国的共同愿望应该是（新的黏合剂）"③。

正是在上述背景下，经过几年的相对沉寂，2008年以后美欧智库间的"二轨"涉华对话又开始大幅增加。④ 新一轮对话的推动和参与力量包括了大西洋两岸一些重要智库：美方智库主要有德国马歇尔基金会、布鲁金斯学会、战略与国际问题研究中心的中国项目和欧洲项目、约翰斯·霍普金斯大学保罗·尼采高级国际研究学院的当代德国

---

① European Commission, "Overview of FTA and Other Trade Negotiations", http://trade.ec.europa.eu/doclib/docs/2006/december/tradoc_118238.pdf.
② 肖茜：《欧债危机下的中欧关系研究》，外交学院（同等学力人员）硕士论文，2010年，第42页。
③ 张健：《欧盟对华认识变化及政策调整》，载《现代国际关系》，2007年第7期。
④ David Shambaugh, "Speech at The Rise of China and Its Implications for Transatlantic Relations Conference", Washington D.C.: Carnegie Endowment for International Peace, 2012.

研究所，以及乔治·华盛顿大学的中国项目中心等；欧方智库主要有欧盟安全研究所、德国科学与政治基金会、德国对外关系理事会，以及欧盟亚洲事务研究中心等。与早期的对话相比，这一阶段双方智库举办的研讨会和发布的研究成果都有所增加，比如欧盟安全研究所就多次召开由美欧决策者、外交官和研究人员共同参与的会议，并邀请美欧学者参与问卷调查，以发现美欧双方对中国和亚太地区所关注的问题。[1]

美欧新一轮涉华对话呈现出一些值得关注的新变化与新趋势。最重要的变化是对话更多聚焦于具体政策领域，摆脱了早期单纯对欧盟对华军售禁令问题的关注；对话所覆盖的领域更加广泛，并且开始走向深入和具体，所提出的政策建议聚焦于如何建立更多更好的定期互动机制，以及如何开展具体领域的战略协调等。美国德国马歇尔基金会、德国科学与政治基金会和乔治·华盛顿大学的中国项目中心于2008年发布的研究报告先是从宏观角度探讨了美欧应对中国崛起战略中的共同点和分歧，然后分析了美欧在中国政治、人权、法制、环境及社会建设等具体问题领域的政策，还表达了各自对中国经济改革和国内经济问题、与中国相关的安全问题的看法。此外，双方学者还分别评估了中国对国际规范和制度的遵守和接纳情况。[2] 该报告发表时正值金融危机爆发初期，美欧智库间的对话虽仍有各说各话之嫌，但是双方已经开始涉足更加广泛的领域，寻求具体领域的合作空间。

建立美欧互动机制是新一轮"二轨"对话的一个重要内容。美国战略与国际问题研究中心组织的研讨活动及相关研究，关注美欧应对中国崛起的互动机制问题，倡导美欧就应对中国崛起建立全面、建设性的互动框架。具体建议包括：美欧官方应继续保持常规化、高层次

---

[1] Patryk Pawlak, ed. "Look East, Act East: Transatlantic Agendas in the Asia Pacific", https://www.iss.europa.eu/sites/default/files/EUISSFiles/Final_Report_13LEAE_1.pdf.

[2] 各方成果参见 Bates Gill and Gundrun Wacker, eds. *China's Rise: Diverging U.S. – EU Perceptions and Approaches*, Berlin: SWP, 2005; David Shambaugh and Gudrun Wacker, eds. *American and European Relations with China: Advancing Common Agendas*, Berlin: SWP, 2008。

的亚洲事务（中国）对话，使其成为跨大西洋磋商中的常态，而白宫、国务院和国防部负责中国和亚洲事务的美方高级官员要积极参与此类磋商（而不应仅派国务院的中层官员参加）；双方讨论的内容要全面涵盖美欧同中国关系中的各类问题，如经贸和金融、军事接触和军事技术转让、国内治理、人权等等；① 美欧在军事安全领域应商建长效机制来取代欧盟对华军售禁令。该智库的研究报告指出，欧盟对中国出口的一些民用技术实际上可以用于军事，对华军售禁令仅仅是欧盟的意向声明，无法达到阻止中国获取敏感技术的目的。② 以上建议较为具体且具有一定的可操作性，因而易于为美欧官方所采纳。

如何开展具体领域的战略协调是也是重要对话内容。欧盟安全研究所致力于推动欧盟提高在东亚的战略参与度，其所完成的研究报告比较了美欧在经济、亚洲的资源需求、亚太的安全合作等方面所采取的战略，并就如何加强这三个领域的合作提出了针对性建议。③ 关于美欧经济战略，报告建议双方通过跨大西洋经济理事会或者另建新机制来协调彼此在东亚自贸区建设中的知识产权及其他贸易和投资标准。关于对华战略，报告建议美欧在世界贸易组织框架下继续保持合作，从而促使中国遵守贸易规则。报告同时还提出，如果美欧都希望在市场准入和技术转让等方面影响中国的政策，那么双方就需要设计出一个贸易框架，提高中国不加入的成本。④ 由上可见，金融危机后的美欧"二轨"对话覆盖了更多的政策领域，并就经贸、安全等领域的协调机制和协调内容提出了更具针对性、更富操作性的意见和建议。这些建议对美欧的官方政策产生了较大影响，也为行动层面的美欧战略协调

---

① Bates Gill and Melissa Murphy, eds. *China – Europe Relations: Implications and Policy Responses for the United States*, Washington D. C. : Center for Strategic and International Studies, 2008, p. 36.

② 同①, p. 37。

③ Patryk Pawlak, ed. "Look East, Act East: Transatlantic Agendas in the Asia Pacific", https://www.iss.europa.eu/sites/default/files/EUISSFiles/Final_Report_13LEAE_1.pdf.

④ 同③。

奠定了一定基础。

除了"二轨"对话取得了新进展，金融危机后美欧涉华对话的另一大变化是双方官员和智库学者共同参与的"1.5 轨"对话增多。此类对话多由美国政府或者欧盟官方机构直接主办或者赞助，因而较以往更具官方色彩。① "1.5 轨"对话是在美欧东亚战略调整的背景下展开的，具有以下突出特点：结合了东亚局势的变化，对东亚安全合作较为重视，旨在配合并推动美国"亚太再平衡"战略与欧盟"转身亚洲"战略之间的协调。安全合作在美欧早期对话阶段是一个薄弱领域，当时有关欧盟对华军售禁令问题的讨论虽然也涉及东亚安全局势，但欧方仅表示尊重美国的东亚安全主导地位，并对东亚安全局势采取"不伤害"战略，难以同美国达成具体合作。新形势下的"1.5 轨"对话在安全合作领域取得了进展。欧盟的亚洲事务研究所于 2012 年主办了以"美欧在亚太地区合作"为主题的特别吹风会②，指出美欧在亚太地区各有优势。欧盟在亚太虽然没有大规模军事存在，但是在制度建设、规范推广，以及国际法等领域更有优势，因此美欧应该加强战略协调，共同应对亚太地区的问题、设置亚太地区议程。③ 美国战略与国际问题研究中心和欧盟安全研究所也举办了以"亚太地区跨大西洋安全合作"为主题的研讨会④，聚焦于美欧在安全领域的合作潜能。美

---

① 金融危机前的美欧非官方互动大多是在智库之间进行，虽然有时也会邀请具体负责相关事务的官员参加，但这些官方代表大多以个人身份与会，仅为显示美国或者欧盟对此类活动的支持。

② 此次会议由美国驻欧盟使团赞助，会议主持人之一便是美国国务院负责东亚和太平洋事务的副助理国务卿。参见 European Institute for Asian Studies, "EIAS Special Briefing: EU – US Cooperation in the Asia–Pacific Region", http://www.eias.org/documents/EIAS_Report_2012-06-27.pdf。

③ European Institute for Asian Studies, "EIAS Special Briefing: EU – US Cooperation in the Asia–Pacific Region", http://www.eias.org/documents/EIAS_Report_2012-06-27.pdf。

④ 参会者中不仅有美欧智库的知名学者，也包括欧盟外交与安全政策高级代表阿什顿和美国国防部负责亚太事务的助理国防部长利伯特(Mark Lippert)等高官。参见 UISS & CSIS, "Transatlantic Security Cooperation in the Asia–Pacific", http://www.iss.europa.eu/uploads/media/Asia_Pacific_Programme.pdf。

国德国马歇尔基金会巴黎办公室组建了跨大西洋安全工作小组①,探讨跨大西洋安全合作、提供政策建议,以及发布相关学术著作或者研究报告。2012 年,跨大西洋安全工作小组开始探讨如何加强跨大西洋的亚洲安全合作,并于 2013 年 4 月发布了名为《美国转身亚洲后跨大西洋亚洲安全合作》的报告。报告的主要内容是评论美国"亚太再平衡"战略对欧洲和东亚的影响,以及欧盟在其中可以发挥的安全作用。② 报告用"安全追随者"和"安全促能者"(enabler)来描述欧盟在东亚可以发挥的作用。③ 从实施"不伤害"战略到预期成为"促能者"身份的转变,反映了双方都希望欧盟增强在东亚安全中的作用,以促进增加美国及其盟友的安全优势。但这一点更多地反映了美方的意志,美国希望进一步提升欧盟对亚太安全的关注度,推动欧盟采取相应措施,以便与美国的战略形成协同效应。另外,法国外交部在 2014 年还部分赞助了乔治·华盛顿大学主办的第九届美欧对话会议,与会者中包括美欧前任官员,还专门设置了美国和欧盟双方的对华贸易代表办公室进行对话和互动的环节。④

值得注意的是,美欧"1.5 轨"对话开始出现美国国务院和国防部官员同时出席活动的情况,而欧盟驻美使团赞助的活动也日益增加,这说明美国外交、防务部门和欧盟共同协调的局面开始形成。例如,

---

① 该工作小组邀请来自美欧的 20 位资深安全领域专家和战略思想家参与,而欧洲方面的主持人是瑞典外长。美国德国马歇尔基金会巴黎办公室举办的关于中国崛起的研讨会由法国外交部提供部分资助。参见 German Marshal Fund, "The Rise of China: Views of Key Countries", http://www.transatlanticacademy.org/sites/default/files/event - files/agenda/The% 20 Rise% 20of% 20China% 20 -% 20Workshop% 20Transatlantic% 20Academy% 20 -% 20Asia% 20Centre%20-%20March%2028%202011%20%282%29.pdf。

② Transatlantic Security Task Force, "Transatlantic Security Cooperation in Asia After the U. S. Pivot", http://www.gmfus.org/wp-content/uploads/2013/06/TSTF_Series3_May13_complete_web.pdf.

③ 同②。

④ George Washington University & EU Asia Centre (Paris), "Eighth American - European Dialogue on China", http://www.euintheus.org/wp-content/uploads/2014/01/. Eighth-American-European-Dialogue-on-China.pdf.

美国国务院负责亚太事务的助理国务卿拉塞尔（Daniel Russel）和国防部助理部长乔列特（Derick Chollet），共同出席了约翰斯·霍普金斯大学保罗·尼采高级国际研究学院的跨大西洋研究中心和美国战略与国际问题研究中心在2014年联合举办的"跨大西洋地区重返亚洲"研讨会，荷兰外长、前德国驻华大使等欧方官员也出席了此次会议。另外，欧盟驻美使团在2015年资助了美国战略与国际问题研究中心主办的有关推动跨大西洋在亚太地区接触与合作的项目。同年举办的另一次研讨会也邀请到了美国国务院和国防部的副部级高官以及欧盟驻美大使参加。① 以上情况表明美国战略与国际问题研究中心2008年提出的建议——美欧政府之间的多部门高层联合对话机制②——在"1.5轨"互动中得以实现，为美欧官方建立类似互动机制作出了初步尝试。"1.5轨"对话增多表明，美国在实施"亚太再平衡"战略的背景下，更加致力于推动欧盟与美国密切合作，而欧盟及其主要成员国也较以往更加积极同美国展开互动，这反映出大西洋两岸对于美欧涉华互动的支持度在明显提升；同时，美欧双方政府也更加希望通过对话互动从智库学者中吸收更多政策建议。这些具有官方色彩的互动一方面增进了美欧对彼此东亚战略的了解，同时也为双方在具体政策领域如何协调合作提供了不少有价值的建议。

尤其值得重视的是，在"二轨"对话重启、"1.5轨"对话增多的基础上，美欧涉华官方（"一轨"）互动再度勃兴。美欧官方互动起步于2003年欧盟对华军售解禁风波。2006年以后随着解禁风波的消退，每年两次的官方对话虽然得以维持，但是美方的参与者层级逐渐

---

① 有关这两次活动和相关研究项目的介绍，参见美国战略与国际问题研究中心网站：http://csis.org/event/transatlantic-pivot-asia-featuring-he-frans-timmermans-foreign-minister-netherlands；http://csis.org/event/developing-transatlantic-strategy-strengthen-southeast-asian-cooperation。
② 关于美欧高层联合对话机制的建议，参见 Bates Gill and Melissa Murphy, *China-Europe Relations: Implications and Policy Responses for the United States*, Washington D. C. : Center for Strategic & International Studies, p. 36。

降低至中层级别的官员。① 直到2009年，在资助并参与"1.5轨"对话的同时，美欧官方互动才再度勃兴，并且提升到了领导人峰会层级。2011年秋季举行的美欧峰会在发表的联合声明中首次提到，加强在亚太地区政治、经济、安全和人权问题方面的合作涉及美国和欧盟的战略利益……美欧计划加强亚太问题的对话，并协调行动，以展示双方对该地区有持久的高层承诺……②该声明是在美国逐步推出"亚太再平衡"战略的背景下发表的，表明美国希望同欧盟加强亚太战略协调，期待欧盟在经济和安全领域与美国形成合力，以共同应对中国崛起。这同时也表明，美欧应对中国崛起的战略对话已经不仅仅是自下而上的智库推动模式，而是形成了自上而下和自下而上共同联动的局面。

美欧官方互动加强的一个突出表现是，以东盟为核心的东亚多边机制成为美欧协调亚洲战略与对华政策的新平台。美国在实施"亚太再平衡"战略的过程中，一改长期忽视东亚多边制度的态度，逐步加大对东亚多边制度的关注和外交投入。欧盟自20世纪90年代中期便开始组织亚欧会议以及欧盟-东盟对话，尤其重视加强与东盟的关系。由于双方都将东盟作为各自亚洲战略的重要支柱，2011年以后，美国和欧盟逐步加强了在东盟地区论坛、香格里拉对话等以东盟为核心的东亚多边机制中的合作协调，试图在与中国相关的地区热点问题上发出一致的声音来向中国施压。2012年5月，美国国务院向欧盟对外行动署发去了秘密级外交政策文件，题为《加大美国-欧盟的亚太事务对话和接触》，呼吁美国和欧盟在亚洲问题上进行合作。文件明确提出，美欧急需在高层建立一个全面的对话框架来协调彼此在亚太地区的外交努力，建议将2012年7月举行的东盟地区论坛作为美欧的亚太对话发起之地，并列出了双方应该加强对话的若干领域，包括加强双方的

---

① Bates Gill and Melissa Murphy, *China-Europe Relations: Implications and Policy Responses for the United States*, Washington D. C. : Center for Strategic & International Studies, p. 36.

② The White House Office of the Press Secretary, "Joint Statement: US-EU Summit", http://www.whitehouse.gov/the-press-office/2011/11/28/joint-statement-us-eu-summit.

东亚战略对接。① 该文件是对2011年美欧峰会声明的回应，说明在中国日益崛起及其影响力在东亚甚至亚太地区不断扩大的情况下，加强双方亚洲战略的协调已经被提上了美欧对外战略的日程表。在2012年7月东盟地区论坛系列外长会议期间，美国国务卿希拉里和欧盟外交与安全政策高级代表阿什顿启动了美欧亚太事务对话机制，并举行了首次会议。会后双方就亚太地区安全及其他问题发表了《亚太事务联合声明》②，该声明是美欧继1995年发布《新跨大西洋议程》之后专门针对某一特定地区发表的联合声明，标志着美欧战略关系及双方在东亚战略互动的新发展。这一动向有明显针对中国的一面，声明特别提到了南海问题，对中国周边事务表达了前所未有的关注。双方敦促东盟各国与中国推动行为准则落地，并以和平、外交与合作的方式解决争端，同时也特别强调了遵守国际法，尤其是《联合国海洋法公约》和建立信任措施的重要性。该声明的内容与2011年美欧峰会关于加强双方"在亚太地区政治、经济、安全和人权问题上的合作"的承诺是一致的。声明中关于中国的表述反映出欧盟总体上支持美国的亚洲政策，并希望与美国协调亚洲政策。声明还表示，美欧双方决定继续定期举行高层关于亚太地区的政治对话。自2012年以来，欧美双方官员定期就亚洲议程进行磋商。2012年9月钓鱼岛紧张局势升温时，欧盟发表声明，敦促各方采取措施以平息事态，并依照《联合国海洋法公约》寻求解决方案。声明还指出各方应厘清其主张的基础，由于声明没有专门指向东海，而是提到"东亚的海域"，这似乎也包括中国在南海的领土要求。欧洲民间甚至出现要求欧盟军事介入南海的声音。虽然欧盟军事介入南海争端的可能性较低，但其亚洲政策确实表现出向美国靠拢的一面。在2013年慕尼黑安全政策会议上，欧盟对美"转向

---

① Judy Dempsey, "Transatlantic Cooperation on Asia", http://carnegieeurope.eu/strategiceurope/?fa=48248.
② US Department of State, "U.S.-EU Statement on the Asia-Pacific Region", http://www.state.gov/r/pa/prs/ps/2012/07/194896.htm.

亚太"战略罕见地表现出肯定与支持。另外，继美国之后欧盟也表示有意加入东亚峰会。阿什顿于2013年出席被称为"亚洲安全峰会"的香格里拉对话期间，会场内外均表示要与美国加强协调并且尝试发出类似的声音。以上事实表明，东亚多边机制平台正日益成为美欧在东亚加强战略协调、携手应对中国崛起的场所。2014年春季举行的美欧峰会确认了这一点，会后发表的联合声明指出，美欧支持东盟在建立强大而有效的亚太多边安全机制中发挥核心作用，并将积极参与东盟地区论坛，在论坛中发挥建设性作用。声明还重申了美欧对所谓"航海自由"和海洋合法利用的承诺，[①] 从中不难看出美欧在南海、东海问题上试图采取共同立场向中国施压。

综上所述，随着全球金融危机后中西实力对比以及美欧对华认知的变化，美欧涉华对话在原有基础上进一步深化，形成了一个"二轨""1.5轨"对话和官方"一轨"外交彼此紧密交织、相辅相成的多层次互动框架。官方对话与互动日益升级和强化，呈现出最高层由上而下推动的趋势。从形式和性质上看，"二轨"对话，尤其是日益增多的"1.5轨"对话，较以往更具官方性质，而官方"一轨"外交提升至美欧峰会层级，以及东亚多边机制成为美欧对话与战略协调的新平台则是一个新发展。从对话内容来看，议题更加全面深入，从早期阶段侧重于交流美欧各自对中国崛起的看法和查找双方对华战略的分歧，转向以联合应对"中国崛起"为主题，聚焦的问题日益具体细致，着重探讨美欧在具体问题领域的政策和合作空间，尤其是在东亚安全领域的合作等。除了开始加大力度协调对华立场，特别是在人民币汇率、气候变化、伊核问题、对非援助、人权等问题上不断向中国施加压力外，美欧还进一步增强了双方对拓宽亚太安全问题战略对话的主动性，

---

① The White House Office of the Press Secretary, "Joint Statement: US-EU Summit", http://www.eeas.europa.eu/statements/docs/2014/140326_02_en.pdf.

美欧峰会也越来越重视有关中国议题的讨论和协商。① 从影响来看，美欧官方较以往更加重视双方的对话与亚洲战略协调，各层级对话所提出的政策建议对美欧官方政策的制定和东亚战略协调产生的影响也越来越大。

---

① 房乐宪：《站在新的历史起点上的中欧关系：机遇与挑战》，载《和平与发展》，2010年第6期。

第二章　奥巴马时期跨大西洋关系的复杂调整

跨大西洋同盟是一个不断调整的过程，其调整既有同盟自身的逻辑，同时也深受美欧双方尤其美国对外政策调整的影响，因此具有复杂性的特点。冷战结束后，单边主义成为美国外交政策的一个突出特点，它不仅危害世界和平稳定，而且也给跨大西洋同盟与美欧关系带来消极影响。2003年美国单方面发动伊拉克战争，导致跨大西洋同盟出现自成立以来最大危机，美欧分歧一直延续到小布什卸任。奥巴马在此背景下入主白宫，修复严重受损的美欧关系成为奥巴马政府面临的一大挑战。与此同时，全球金融危机带来的严重冲击令美欧均感无力单独应对，因此双方都希望加强合作。随着奥巴马政府调整美国的对欧政策，不同层面和领域的美欧关系都得到了一定改善，美欧涉华互动与政策协调也有所加强。但由于受到双方结构性矛盾、各自内部政治因素的制约，美欧关系的改善并非一帆风顺，曾被寄予厚望的"跨大西洋贸易与投资伙伴关系协定"谈判未能在奥巴马总统任期结束前达成协议，便从一个侧面反映出这一点。更为重要的是，美国战略重心逐渐从欧洲向亚太东移，对跨大西洋同盟造成新的冲击，凸显了美欧关系调整的复杂性，并影响了双方共同应对中国的努力及效果。

第二章　奥巴马时期跨大西洋关系的复杂调整

第一节　奥巴马政府的对欧政策调整

一、对欧政策调整的背景与动因

在小布什执政的八年中（2001年1月至2009年1月），美国外交深受新保守主义的影响，其单边主义不仅危害世界和平稳定，也破坏美欧关系的合作基础。尤其是小布什政府发动的伊拉克战争，导致跨大西洋同盟出现了分裂，一直延续到小布什卸任。在此背景下，修复严重受损的美欧关系成为大西洋两岸面临的一大挑战。与此同时，2008年全球金融危机给美国和欧洲都带来了严重冲击，双方都难以单独应对挑战，都希望加强合作。

2009年1月20日，奥巴马就任美国总统。奥巴马甫一上任就酝酿调整美国的外交政策，特别是对欧政策。与小布什不同，奥巴马的对外政策强调多边主义，并表现出愿意聆听盟友的姿态，其竞选中所宣称的对外政策的改变基本上符合欧洲期望。这一点使奥巴马本人在欧洲颇受欢迎。2008年夏奥巴马访问德国时，20万民众聆听了他的演讲，德、法两国有四分之三的民众表示，如果有投票权的话会将票投给奥巴马。① 英国和东欧国家的民众虽然对奥巴马没有那么狂热，但多数人仍表示愿意支持奥巴马。美国德国马歇尔基金会的一项调查显示，奥巴马在欧洲（77%的支持率）比在美国（57%的支持率）更受欢迎。② 可以说，来自欧洲的支持和信任为奥巴马政府调整对欧政策提供了机遇。

然而，就其本质而言，奥巴马政府调整对欧政策是为了因应冷战后国际体系结构的深刻变化。国际体系结构指的是国际体系中物质性权力的分配格局，亦即体系单位（国家）依其相对国力在体系中相应位置的排列。国际体系的基础是国家实力，即国际体系中的权力分配

---

① 《"奥巴马旋风"横扫欧洲》，http://zqb.cyol.com/content/2008-07/28/content_2282116.htm。

② "Transatlantic Trend 2009-Codebook", https://access.gesis.org/dbk/37673.

决定了国际体系的结构。① 冷战后初期,美国经历了短暂的"单极霸权"时刻,但随着各地区力量中心的崛起,美国不得不面对权力日益分散的局面。印裔美国学者扎卡利亚(Fareed Zakaria)认为,当前的世界正经历着第三次权力转移,其基本特征是"他者的崛起"。如果说伊拉克战争和小布什的外交政策是美国军事、政治权力的去合法化,那么源于美国的全球金融危机则是美国经济权力的去合法化。这一切变化将使美国加速进入"后美国世界"。② 全球金融危机重创了美欧实力,而新兴大国,尤其是中国、印度等国,却表现出了良好的发展势头。奥巴马认识到了世界权力格局的这一变化,他总结道,"单极时刻"已经无可挽回地结束了。当今世界是相互依存的多极世界。③ 美国学者约瑟夫·奈认为,当今世界经济已经多极化,随着信息革命的推进,国家相互依存的增加以及跨国行为体的发展,权力还将继续分散。④ 日益分散的权力使任何国家都无力单独行动,只能依靠合作来促进发展。总之,面对美国实力衰退和"他者的崛起",奥巴马政府意识到单边主义难以维护美国的国家利益,对军事权力的过分强调也无助于解决诸如核扩散、气候变化等全球性问题。美国要想实现利益最大化和维护美国霸权及国际影响力,就必须采取多边主义,尤其要加强伙伴关系。鉴于欧洲对美国全球战略的重要性,加上当时国内国际形势较为有利,调整对欧关系成为奥巴马政府的当务之急。

需要指出的是,改善美欧关系不仅具有必要性,对奥巴马政府而言也具有现实紧迫性。伊拉克战争导致欧洲在国际问题上公开与美国的分歧,反映出欧洲试图摆脱美国的束缚,寻求更加自主的地位。欧洲独立自主是对冷战后美国奉行霸权护持战略的巨大挑战,而奥巴马

---

① 秦亚青:《权力·制度·文化》,北京:北京大学出版社,2005年版,第50页。
② Fareed Zakaria, *The Post-American World*, New York: W. W. Norton & Company, 2008, p. 11.
③ Constanze Stelzenmuller, *End of A Honeymoon: Obama and Europe, One Year Later*, Washington D. C. : The German Marshall Fund of the United States, 2010.
④ Joseph S. Nye, *Understanding International Conflicts: An Introduction to Theory and History* (5th edition), New York: PEARSON Education, 2005, p. 261.

政府对欧政策的核心仍是维护美国在跨大西洋同盟中的主导地位,因此奥巴马政府谋求采取行动缓和美欧关系,以继续掌控联盟主导权。简言之,复杂的国际时势要求奥巴马政府作出对外战略调整,而对欧政策调整是重中之重。

二、对欧政策调整的主要内容

总体上看,奥巴马政府对欧政策调整的内容较为广泛,主要涉及美国对欧洲一体化政策的态度、北约框架内的跨大西洋同盟,以及在一些全球性或地区性问题上的美欧关系等。经过阶段性的调整,不同层面和领域的美欧关系都出现了不同于小布什政府时期的变化。

奥巴马政府的对欧政策调整始于外交风格和对欧政策理念的转变。这种转变通过奥巴马团队在各种场合的演说及政策文件逐渐展现出来,涉及对美欧关系的定位、对欧盟国际角色的认知、对欧外交姿态,以及修复美国的国家形象等方面。与小布什轻视欧盟的政策不同,奥巴马政府将欧盟定位为不可或缺的联盟和强有力的伙伴。2009年2月,奥巴马上任伊始便派副总统拜登高规格参加德国慕尼黑安全会议。拜登在会上指出,奥巴马政府认为建立国际伙伴关系,与国际同盟及国际组织一起行动并没有消减美国的实力。① 美国驻奥地利大使在维也纳外交学院的演讲中指出,美国依然忠于与欧洲的盟友关系,依然坚信美欧联盟是美国外交政策的基石。② 从这些表述中不难看出,奥巴马政府强调美欧关系的重要性,强调与盟国合作应对共同挑战。对奥巴马来说,明确美欧关系的定位意味着尊重欧盟的国际角色。奥巴马支持实力不断增长的欧盟成为重要的国际关系行为体,愿意与强大的欧盟合作。③ 奥巴马在执政后的第一年就六访欧洲,呼吁美欧团结。在摆出

---

① Joseph R. Biden, "Speech at the 45th Munich Security Conference", https://www.americanrhetoric.com/speeches/joebidenmunichsecurityconference2009.htm.
② 田聪:《论奥巴马政府对欧政策的调整》,外交学院硕士论文,2011年6月,第17页。
③ 同②。

倾听姿态的同时，奥巴马勾画出美国新政府的外交蓝图，其中吸纳了不少欧洲理念，其对欧政策逐渐成形。

比较而言，小布什对欧政策的核心是单边主义，而奥巴马对欧政策的核心则是多边主义。从单边主义向多边主义的跨越是奥巴马对欧政策理念上的调整。欧盟安全研究所的琼斯（Bruce Jones）指出，奥巴马政府外交政策的核心主旨可以被定义为合作现实主义——奥巴马意识到非传统因素带来的威胁，由于美国实力有限，在应对这些威胁方面与盟国合作就显得十分必要。[1] 琼斯提出的合作现实主义也被莱瑞斯（Klaus Lanes）称为"多边现实主义"，而多边现实主义概念深受欧洲赞同。[2] 奥巴马的多边现实主义基于对国际形势及美国自身实力的判断，具体操作层面上采用的是软实力与硬实力相结合的"巧实力"外交。约瑟夫·奈认为，硬实力是强制性权力，软实力是吸引性权力。[3] 所谓"巧实力"既非硬实力，也不是软实力，而是两者巧妙的结合。[4] 其对美欧关系的意义在于，重视软实力在很大程度上与欧洲长期以来所呼吁的政策相符。欧盟在处理国际事务方面历来重视发挥软实力优势，对小布什政府的强硬军事政策多有不满，希望奥巴马执政后美国的政策能够有所改变。毋庸讳言，奥巴马政府对欧政策的落脚点是要求欧洲盟国在反恐、经济、阿富汗等问题上承担更多的责任，以继续维持美国在跨大西洋同盟中的领导地位。尽管如此，由于其外交理念呼应了欧洲的诉求，奥巴马政府对欧政策的调整客观上有助于改善美欧关系，对双方合作应对共同面临的挑战起到了促进作用。

---

[1] Bruce Jones, "The Coming Clash？Europe and US Multilateralism Under Obama", in Alvaro de Vasconcelos and Marcin Zaborowski, eds. *The Obama Moment: European and American Perspectives*, Paris: EU Institute for Security Studies, 2009, p. 69.

[2] 田聪：《论奥巴马政府对欧政策的调整》，外交学院硕士论文，2011年6月，第17页。

[3] J. S. Nye, *Soft Power: The Means to Success in World Politics*, New York: Public Affairs, 2004, p. 5.

[4] R. L. Armitage and J. S. Nye, "CSIS Commission on Smart Power—A Smarter, More Secure America", https://www.hks.harvard.edu/publications/csis-commission-smart-power-smarter-more-secure-america.

就对欧政策调整的主要内容来说,奥巴马政府首先重申了美国对欧洲一体化的支持,以此改善美国与欧盟的关系。自 20 世纪 50 年代欧洲一体化开启以来,美国官方对欧洲一体化有一套惯用的辞令,即美国历来支持欧洲一体化事业。然而伊拉克战争期间小布什政府对欧盟"分而治之",将欧盟国家分为"支持我们的""新欧洲"和"反对我们的""老欧洲",① 此举被欧盟怀疑为美国改变了支持欧洲一体化的政策,从而进一步加剧了美欧关系的裂痕。奥巴马执政后表示支持欧洲一体化,他在竞选期间就多次表示,美国与欧盟的强大伙伴关系十分重要,并批评小布什政府的"分而治之"政策起到的只是相反的作用,不仅没能维护美国利益,反而扩大了美欧分歧。奥巴马表示,美国对国际事务中一个强大、团结、和平的欧洲感兴趣,并将继续支持欧盟的扩大,认为欧盟的扩大是历史上最成功的民主化战略,已为千百万人带来了和平、稳定和繁荣。正如莱瑞斯所说:"与其前任不同的是,奥巴马政府再次将美国看作积极的欧洲行为体,对欧洲的团结和深入的欧洲一体化感兴趣。"② 在气候变化、中东和平、反恐等问题上,奥巴马政府与欧盟协调立场,采取合作解决问题的姿态,所有这些都有助于美欧关系的改善。总之,相对于小布什政府,奥巴马政府对欧洲一体化的政策更务实,其支持欧洲一体化的根本目的是希望欧盟在阿富汗问题上多承担责任。

奥巴马政府对欧政策调整的另一项重要内容是加强北约框架内的美欧协调,以弥补伊拉克战争造成的同盟裂痕。到奥巴马上台时,已持续八年的阿富汗战争令美国及其欧洲盟国深感疲惫。由于美国陷入伊拉克战争泥潭,导致其投入阿富汗的资源减少,在对阿富汗问题进行政策评估后,奥巴马政府决定从伊拉克撤出作战部队,将战略重心转移到阿富汗战场。奥巴马批评小布什政府排他性的阿富汗政策严重

---

① 中国社会科学院欧洲研究所、中国欧洲学会:《欧洲模式·欧美关系:2003—2004 欧洲发展报告》,北京:中国社会科学出版社,2004 年版,第 91 页。
② 田聪:《论奥巴马政府对欧政策的调整》,外交学院硕士论文,2011 年 6 月,第 17 页。

阻碍了阿富汗问题的解决,主张通过地区多边合作解决问题,包括邀请伊朗参与阿富汗问题的协商。除了改变外交策略外,奥巴马政府还调整了在阿富汗的军事战略,不再强调阿富汗、巴基斯坦的民主化问题,而是向阿富汗增兵以保障阿大选。另外,奥巴马政府还努力训练阿富汗的民间防御力量,其目标是最终使北约和阿富汗政府军成为地区民间防御的补充力量。奥巴马政府把塔利班在巴基斯坦境内的活动视为亟待解决的国际问题,除了增加"猎食者"无人机对恐怖分子窝点的袭击外,还呼吁向巴基斯坦提供更多的援助。总之,奥巴马政府对阿富汗、巴基斯坦的政策与小布什政府相比有了较大调整,这种调整是在北约框架内实现的,客观上有利于美欧在该问题领域的合作。

在裁军与军控领域,奥巴马政府也进行了政策调整。21世纪初,国际核安全形势发生了较大变化,核威胁日益严重。美欧担忧伊朗、朝鲜研制核武器会在这些国家周边形成爆炸性的效应,威胁美国及欧洲的安全。尤其是核武器一旦落到了恐怖主义分子手里,那将给美国、欧洲及全世界带来灾难性的影响。然而小布什时期美国在核裁军与军控方面无所作为,对核威胁上升未采取有效措施加以阻止,这令欧洲盟国十分不满。在此背景下,奥巴马政府执政后采取了不同的政策,将核裁军和军控作为其安全战略的重要组成部分。在2009年4月的北约布拉格峰会上,奥巴马指出,美国的核政策将不再是发展核武器而是削减核武器,并最终消除核武器及其带来的危险。[①] 奥巴马的这一举动受到国际社会尤其是欧洲盟友的支持。奥巴马提出消除核武器的政策后,英国首相布朗(James Brown)表示,英国准备应用专业技术协助彻底消除核弹头,最终实现没有核武器的世界。[②] 法国总统萨科齐(Nicolas Sarkozy)代表欧盟致信联合国秘书长潘基文(Ban Ki-moon),

---

① The White House, "Remarks by President Barack Obama", https://obamawhitehouse.archives.gov/the-press-office/remarks-president-barack-obama-prague-delivered.
② Gordon Brown, "Speech at the Chamber of Commerce in Delhi", https://www.nuclearinfo.org/library/2023/gordon-brown-speech-at-the-chamber-of-commerce-in-delhi/.

提出了全面根除核武器的行动计划,认为寻求全球裁军有利于欧盟的安全。① 作为非核国家,德国和意大利也表示支持核裁军。德国总理默克尔(Angela Merkel)表示,德国支持全面核裁军,同时也期望设定短期目标,例如削减核武器和防止伊朗拥有核武器等。② 在2009年举行的八国集团拉奎拉峰会上,意大利表示全力支持核裁军。美欧的核裁军目标基本趋同,这为双方合作创造了机遇。2009年9月,联合国安理会一致通过了美国起草的一项决议,以加强军控和防核扩散的措施。欧洲对奥巴马政府的核政策表示欢迎的另一个表现是,瑞典诺贝尔奖委员会授予奥巴马2009年度诺贝尔和平奖。虽然此举在国际社会引起了很大争议,但这反映了欧洲人对奥巴马政府核政策的欢迎和支持。总之,奥巴马政府所采取的政策和行动都与小布什政府(拒绝军控)形成了鲜明的对比,由于美国核政策的重要调整与欧盟的利益相吻合,美欧关系得以改善。

奥巴马政府在防止核扩散领域对伊朗政策的调整尤其引人注目。防止核扩散是北约战略框架的重要组成部分。美国所关注的核扩散问题较为广泛,包括朝核问题、印度和巴基斯坦的核武器等。欧洲最为担忧的则是伊核问题,伊核问题同时也是北约框架内的安全问题,一直影响着欧洲及中东的国际关系。欧盟对小布什政府时期极端强硬的对伊政策多有不满,希望奥巴马执政后能够调整政策。奥巴马政府执政后表示愿意与伊朗对话,并希望与欧洲合作来解决伊核问题。应指出的是,美欧在伊朗问题上有着共同利益,同时也存在分歧。欧盟将伊朗视为其重要邻国和能源大国,其对伊朗的长期战略不像美国那样具有强烈的意识形态色彩;或者说,意识形态因素尽管在欧伊关系中起的作用在不同阶段有所变化,但总体来说未成为影响双方关系的核

---

① Nicolas Sarkozy, "Letter from Nicolas Sarkozy President of the French Republic to M. Ban Ki-Moon Secretary General of the United Nations", https://www.francetnp.gouv.fr/IMG/pdf/Letter_from_Nicolas_Sarkozy_to_Ban_Ki-Moon.pdf.
② 田聪:《论奥巴马政府对欧政策的调整》,外交学院硕士论文,2011年6月,第23页。

心因素。虽然有些欧洲国家公开批评伊朗的人权状况，但却依然与伊朗保持贸易往来。这些情况对欧盟与伊朗的谈判有直接的影响。在伊核问题上，欧盟无法满足伊朗在安全保障及核地位方面的需求，致使谈判难以取得实际成果。欧盟认为，只有美国积极参与进来并达成协议，才有望彻底解决伊核问题。然而小布什政府拒绝承认伊朗的领导层，并将伊朗归为"邪恶轴心国"，拒绝与伊朗政府进行接触和对话，这一政策不仅没能促进伊核问题的解决反而使其进一步恶化。伊朗继续其铀浓缩计划，对外政策也变得更加强硬。欧盟对小布什政府的伊朗政策极为不满，寄希望于奥巴马执政后能够化解美伊矛盾，进而促进伊朗核危机的有效解决。从实际情况来看，奥巴马政府对伊朗的政策可以概括为"胡萝卜加大棒"，即对话与施压并举。奥巴马在竞选期间就明确表示愿意与伊朗对话，通过协商解决核问题。奥巴马称，他愿意与"朋友及敌人"对话，因为拒绝对话并非让我们看起来强硬，而是拒绝了进步的机会，这将使美国很难领导国际社会团结在美国周围。① 2009年2月，美国副总统拜登在慕尼黑安全会议上发表对外政策演说时明确表示，奥巴马政府愿意与伊朗方面进行直接对话。同年3月，美国国务卿希拉里邀请伊朗参加援助阿富汗的国际会议，伊朗应邀参加了会议。在伊朗新年到来的时候，奥巴马还向伊朗民众发表了电视讲话，表达了希望对话解决美伊分歧、与伊朗建立建设性关系的愿望。同时，奥巴马还向内塔尼亚胡（Benjamin Netanyahu）领导的以色列政府施压，让其不要采取单边行动袭击伊朗。然而，奥巴马政府调整对伊政策的举动并没有为美伊关系带来实质性的进展。内贾德（Mahmoud Ahmadi-Nejad）连任伊朗总统后没有停止铀浓缩计划，美伊之间的根本分歧也没有化解。鉴于"胡萝卜"政策未取得实质性效果，奥巴马政府随后采取了严厉制裁伊朗的"大棒"政策。2010年6月，美国国会两院通过了制裁伊朗的法案，奥巴马随后签署了该法案。该

---

① Campaign Site of Barack Obama, "Renewing American Diplomacy", http://www.bamckobama.eom/issues/fowign_policy/index_campaign.php#diplomacy.

项立法旨在限制伊朗获取进口成品油，特别是汽油的能力，并进一步在国际金融体系中孤立伊朗。但奥巴马同时表示，外交大门依然敞开，他敦促伊朗履行其在《不扩散核武器条约》中的国际义务。总之，虽然奥巴马政府"胡萝卜加大棒"的对伊政策未收到实质性效果，但该政策为与伊朗对话敞开了大门，而这符合欧洲方面的利益。欧洲国家及欧盟支持奥巴马政府继续与伊朗接触，通过对话与协商解决伊朗问题。内贾德总统任期结束前夕，美伊关系出现缓和，两国官员展开秘密会谈。2013年9月，在被视为更加务实的伊朗温和派总统鲁哈尼（Hassan Rouhani）上台三个月后，奥巴马致电鲁哈尼，这是自1979年伊朗伊斯兰革命以来美伊领导人的首度直接沟通，被视为两国由对抗转向合作的新开端。2013年11月，伊朗与伊核问题六国（美国、英国、法国、俄罗斯、中国和德国）的谈判取得进展，并于两个月后在日内瓦达成一份被称为"联合行动计划"的临时性协议。2015年4月，伊朗与六国宣布达成框架协议；同年7月，双方达成伊核问题全面协议。根据全面协议，伊朗承诺限制其核计划，国际社会解除对伊制裁。

气候政策一直是美欧关系中较为棘手的问题，在该问题上美欧分歧不断。自20世纪90年代以来，欧盟将气候问题作为其重要议程之一，并谋求在该问题上的世界领导权。欧盟一直努力将美国拉入这一议程中，但美国反应消极，克林顿政府迫于国会压力没有批准《京都议定书》，小布什政府在气候问题上更加保守，不仅拒绝批准《京都议定书》，而且对气候问题的多边谈判没有兴趣。欧盟长期以来推动的气候谈判因得不到美国的支持而陷入停滞。奥巴马入主白宫为美国气候政策的调整提供了契机，他的竞选口号是"变革"，而改变美国的气候政策是奥巴马"新政"的重要组成部分。奥巴马执政后将应对气候变化作为其外交战略的重要目标，并推动国内立法程序向联合国气候变化框架协议谈判进程靠拢。奥巴马政府调整气候政策的根本目的是争取领导权。奥巴马表示，美国政府在气候问题上拖后腿的时代已经过去了，美国已准备好在该问题上担当领导。① 从行动来看，奥巴马政府出台了一系列措施，消减美国对化石燃料的依赖，推动更严格的汽车燃料的效率标准，承诺减少汽车温室气体的排放量。2009年7月，美国众议院通过了气候变化立法，要求美国更大范围地使用太阳能、风能等新能源。欧洲国家对奥巴马政府的气候变化政策表示欢迎。德国总理默克尔2009年6月访问美国时说，奥巴马政府上台以来，美国政府的气候政策发生了根本性的转变。② 欧盟期望美国能在此基础上进一步努力，争取达到欧盟制定的减排标准。欧盟提出的应对气候变化的限制与交易系统（EU-ETS）离不开美国的支持，美国的支持是该系统国际化的前提。欧盟希望美国于2015年前加入世界碳市场。值得一提的是，奥巴马政府对发展中国家的政策也作出了调整，要求中国、印度等国家必须在温室气体排放方面采取行动。这些调整也符合欧盟的利益和需求。欧盟想努力确保美国和中国等新兴大国在减排方面不相互推卸责任，希望美国在减排方面多作努力，以此来影响新兴大国。简言之，奥巴马政府在气候问题上的政策调整符合欧洲的利益，有利于欧美在该问题上进行合作，以便达成符合双方利益的国际协议。

调整反恐政策、加强美欧反恐合作也是奥巴马政府对欧政策调整的一个重要内容。"9·11"事件后，美欧加强了反恐合作，双方在安全信息交流、罪犯引渡、相关法律支持、集装箱安全及航空数据方面签署了各种协定。但尽管如此，欧盟对小布什政府的很多政策仍存在不满，尤其不满美国在关塔那摩监狱问题上的做法。欧盟认为，关塔那摩监狱的存在是对美欧共享的人权价值的一种贬低，呼吁美国关闭关塔那摩监狱，禁止虐待囚犯的行为。此外，欧盟对小布什政府对伊斯兰世界的极端政策表示不满。欧盟很多邻国是伊斯兰国家，欧盟内部也有数目庞大且日益增长的穆斯林团体，欧盟与伊斯兰世界的经贸、

---

① "US Ready to Lead on Climate Change", https://www.ft.com/content/23b9f8b6-ebda-11dd-8838-0000779fd2ac.
② 田聪：《论奥巴马政府对欧政策的调整》，外交学院硕士论文，2011年6月，第27页。

能源关系密切。小布什政府的极端反恐政策影响了欧盟与伊斯兰世界的关系，客观上损害了欧盟的利益。总之，欧美在反恐问题上存在的分歧阻碍了双方关系的发展，这也使得奥巴马政府面临巨大挑战。奥巴马在竞选时承诺，上台后将在一年内关闭关塔那摩监狱，颁布行政命令禁止对犯人严刑拷打，评估小布什政府对犯人进行羁押及审问的法律意见书。2009年6月，欧盟和美国就关闭关塔那摩监狱以及加强反恐合作发表了联合声明，称双方将在反恐、司法、安全、打击跨境犯罪等领域展开更深入的合作。此外，奥巴马政府还着手改变反恐理念，调整与伊斯兰世界的关系。2009年4月，奥巴马在访问土耳其时明确表示，美国政府将与伊斯兰民主政府密切合作，将继续支持土耳其加入欧盟。同年6月，奥巴马在开罗大学的演讲中指出，美国与伊斯兰世界将在彼此尊重的基础上寻求一个全新的开始，将在相互倾听、相互学习、相互尊重的基础上寻求共识。总的看，奥巴马政府的反恐政策更加务实一些，虽然并未放弃前任政府在反恐和羁押恐怖主义犯人方面的政策，但作出的调整仍较为明显，因此在一定程度上改善了美国与伊斯兰世界的关系，也有助于美欧在阿富汗、巴基斯坦问题上的政策协调。当然，这一政策调整在根本上是为了维护美国的国家利益，为美国的大中东战略打好基础，因此美欧不可能消除在反恐问题上的所有分歧。

还值得一提的是，奥巴马执政后试图在中东和平问题上有所作为。在小布什执政的八年中，美国在中东和平问题上基本上无作为。小布什上台伊始就曾表示其对中东和平不感兴趣，2003年虽然提出了中东和平"路线图"计划，但在推进计划的实施方面表现得并不积极。直到任期的最后一年，小布什政府才组织召开了有关中东和平的安纳波利斯会议，但由于与会方之间的矛盾难以调和，最终会议没有取得成果。小布什政府发动的反恐战争使得美国与伊斯兰世界的关系变得十分紧张，其改造伊斯兰世界的"大中东计划"遭到伊斯兰世界的一致反对。小布什政府在中东问题上的无所作为遭到了欧洲的批评甚至谴责，因为美国在中东问题上的失策客观上影响了欧盟在该问题上采取积极行动的可能。可以说，在中东和平问题上小布什给奥巴马政府留下的是一个烂摊子。欧盟期望奥巴马新政府改变小布什时期的消极政策，主动在中东和平问题上承担责任，推动中东和平的进展。奥巴马竞选期间承诺，当选后将尽力推进中东和平进程，上台后，他将巴以和谈作为中东和平的关键，将实现巴以和平作为其中东战略的重要一环。奥巴马任命通晓中东问题的米歇尔（George Mitchell）为中东问题特使，仅2009年就命其四下中东斡旋中东和谈。国务卿希拉里也于2009年3月访问中东，随后奥巴马两次访问中东，并邀请巴勒斯坦、以色列领导人以及埃及、巴林、约旦等国政府首脑访问美国，商谈中东和平。在巴以和平方面，奥巴马政府坚持"两国方案"，表示支持巴勒斯坦建国，明确指出"两国方案"是解决巴以问题最后的办法。奥巴马政府还谋求改善美国与叙利亚的关系，并推动叙以（色列）关系和黎（巴嫩）以关系的缓和。美国承认叙利亚在中东和平问题上的重要地位，鼓励叙以和谈。在与黎巴嫩的关系方面，奥巴马政府采取措施加强美黎关系。奥巴马政府对黎巴嫩政策的目的是避免黎成为叙利亚及伊朗的觊觎对象，防止黎成为反对以色列的基地。奥巴马政府在中东问题上的政策调整符合欧盟的利益，后者长期以来一直将叙以关系看作中东的重要问题，呼吁美国对此进行更多的接触。奥巴马政府执政后不断与叙利亚接触，这在欧盟看来是积极的信号。此外，奥巴马于2009年6月在开罗的演讲以及要求以色列停止在约旦河西岸建设定居点等政策改变了很多人对美国长期以来支持以色列的印象。[①] 总之，奥巴马政府中东政策的上述调整（包括提出的"两国方案"）有利于美欧在中东和平问题上的合作，客观上促进了该问题的解决进程。

---

① Derek E. Mix, "The United States and Europe: Current Issues", https://www.researchgate.net/publication/235047959_The_United_States_and_Europe_Current_Issues.

三、美欧关系改善的有限性

奥巴马执政后调整了对欧政策,并采取了不少实际的外交行动,这虽然使美欧关系得到了一定的改善,但由于受到美欧结构性矛盾、各自内部政治因素的制约,双方关系的改善仍是有限度的。

跨大西洋同盟的不平等性与欧盟对相互平等关系的诉求是美欧关系的结构性矛盾或者说最深层的矛盾。跨大西洋合作从一开始就是不平等的,美国从未把欧盟看作平等的伙伴,美国也没有把美欧之间在伊朗和伊拉克问题上存在的分歧看作平等伙伴之间的问题,而是认为欧洲不服从美国的领导。[①] 然而,随着欧洲一体化的深入和欧洲整体实力的增强,欧盟谋求在平等的基础上"重建"美欧关系。其实,欧盟发展共同外交与安全政策的目的之一就是要在平等的基础上与美国建立新的合作机制,从这个意义上讲,共同外交与安全政策就是对美国主导的欧洲安全机制的挑战,也是对美国领导权的挑战。因此,欧盟"重建"跨大西洋关系的诉求与美国维持欧洲霸权的矛盾是美欧之间诸多分歧的根源。这种结构性矛盾制约了美欧关系的进一步改善,也决定了奥巴马政府对欧政策调整的局限性。实际上,奥巴马政府在北约框架内对美欧关系作出的调整并没有触及双方关系的实质。对欧盟而言,实现欧洲联合、在政治经济安全上崛起为世界的一极,以及在平等的基础上"重塑"美欧关系是其核心利益所在。而这对于美国来说无疑是一大挑战。布热津斯基(Zbigniew Brzezinski)曾指出,如果美国真的支持欧洲一体化,就必须对北约联盟进行结构和程序方面的重大变革。北约不仅是美国影响欧洲事务的主要途径,还为美国在欧洲保持军事存在提供了基础。但是,逐渐一体化的欧洲要求调整这个结构以适应新的现实,即建立一个平等基础之上的联盟,而不是那种传统上由一个霸主和数个附庸国组成的联盟。因此如果美国支持欧洲联

---

① 兹比格纽·布热津斯基著,中国国际问题研究所译:《大棋局:美国的首要地位及其地缘战略》,上海:上海人民出版社,2007年版,第42页。

合，就必须对北约进行重大的重组，这将不可避免地降低美国在联盟中的首要地位。① 从现实来看，虽然美国历届政府都表示支持欧洲一体化进程，但实际上却并不希望欧盟成为足以挑战美国的力量。美国不希望改变其占据主导的地位，因此美欧之间在这一问题上只能继续纷争下去。为了减轻美欧结构性矛盾带来的分歧，冷战后美国推动北约进行战略性转型，目的是使北约为美国领导世界的全球战略服务，而欧盟不情愿但也无可奈何地被绑到了美国的战车上。虽然欧洲在美国的安全庇护下发展了经济，提高了社会福利，但军事实力并没有得到很大提升，甚至同美国的军力差距变得更大。在这种差距下，美欧建立平等伙伴关系的可能性几乎为零。无论欧盟方面如何诉求，其在防务与安全方面相当长的时期内仍只能依赖美国，但欧盟又很不情愿这样做，因此这一矛盾只会激起美欧之间更多的冲突和摩擦。

概言之，奥巴马政府调整对欧政策旨在维持美国在欧洲的霸权，具体来说是要在全球及地区性问题上让欧洲盟国和欧盟承担更多的责任，在阿富汗、伊朗问题上多作贡献，而在诸如欧洲独立防务、俄罗斯问题、巴尔干问题等实质性问题上则并没有向欧洲让步。在涉及道德层面的问题上，美国愿意倾听并接受欧盟的批评，比如关塔那摩监狱问题，但在金融、经济领域，却并没有按欧盟的要求加强金融监管，而是继续出台经济刺激计划。这表明美国绝不愿意与欧盟分享世界领导权，也不愿意看到强大的欧盟挑战美国的经济霸权。还值得一提的是，奥巴马受到欧洲朝野的欢迎主要是因为深陷危机的欧盟对美国依赖很深，欧洲想趁美国政府换届之际缓和双边关系，影响美国新政府的政策向欧洲方面靠拢。从实际情况来看，虽然奥巴马政府对欧作出了不少政策调整，但这些调整所解决的都是美欧关系中表面性的问题。美欧在经济、气候问题上依然存在分歧；在地区安全问题上，美国希望欧洲承担更多责任，而不是站在道义的高度指责美国；在俄罗斯、

---

① 兹比格纽·布热津斯基著，中国国际问题研究所译：《大棋局：美国的首要地位及其地缘战略》，上海：上海人民出版社，2007年版，第41—42页。

伊朗及中东和平等问题上,美国政策调整的短期影响较为明显,因此有助于缓和美欧关系,但长期效果却很模糊,若采取的政策不利于自己,美国必然会改弦更张。一言以蔽之,美欧分歧的实质是双方的结构性矛盾难以消除,因此奥巴马政府的政策调整不可能解决美欧之间的所有分歧。

同时,美国和欧盟各自的内部政治因素也对美欧关系的改善构成了制约。从美国来看,国内政治制约使奥巴马总统在实施对外政策方面受限很深。国内各种利益集团,尤其是军方利益集团、种族和宗教团体,以及国内政治运作模式等,都对美国政府的对外政策制定与实施产生较大制约作用。因此,奥巴马政府虽然对美欧关系领域的一些具体政策作出了调整,但这种调整也未完全取得预期的效果。比如:奥巴马在竞选期间曾承诺上任一年后关闭关塔那摩监狱,但由于美国地方各州反对接受监狱囚犯而使该项承诺没能兑现。关塔那摩监狱问题是美欧在反恐问题领域最大的分歧,也是奥巴马政府高调调整美欧关系的主要宣传口号,这一问题得不到解决在一定程度上反映出美欧关系改善的有限性。从欧洲方面来看,欧盟作为一个国家联合体缺乏统一的对美政策,同样使美欧协调受限很大。2009年12月生效的《里斯本条约》改革了欧盟的对外政策体制机制,然而所做的改革与改革后欧盟的实际运作效力之间存在很大的"能力-期待差距"。因此,欧盟在与美国打交道时仍显被动,在应对奥巴马政府对欧政策调整方面很难作出比较快的反应。其结果是,奥巴马政府的对欧政策可能具有良好的预期,但在与欧盟互动过程中可能实现不了这种预期。另外,美国与欧盟的关系还受制于欧盟成员国与美国的关系。在欧盟扩大、欧盟能源政策、国际货币基金组织以及联合国改革等问题上,欧盟表现为一盘散沙,成员国时常将本国利益置于欧盟利益之上。奥巴马政府调整对欧政策的目的是希望欧盟团结在美国周围,并与美国合作共同应对金融危机以及阿富汗、巴基斯坦局势,但欧盟成员国追求自我利益的现实决定了奥巴马的欧盟政策难以收到预期的效果。

总之，奥巴马执政后在美欧关系所涉问题领域作出了明显的政策调整，这些调整虽然取得了一定的成果，但是无法根除美欧结构性矛盾，而结构性矛盾得不到解决，美欧关系就不可能实现完全的和解。

第二节 美欧的亚太自贸区计划与"跨大西洋贸易与投资伙伴关系协定"谈判

一、美欧推行排斥中国的亚太自贸战略

在二战后很长一段时间里，美欧主导着全球经济贸易规则的制定权，在关贸总协定框架下的多边贸易谈判中发挥着主导作用。冷战结束后，特别是进入21世纪以后，随着新兴大国的崛起，美欧难以继续通过双方合作来缔结全球协议，无法再独自主导全球经济规则。尤其是2008年全球金融危机以后，中西实力对比的变化使得美欧在全球经贸领域的规则制定权面临更大挑战。为了共同应对挑战，美欧加强了经贸领域的协调，实施以"跨大西洋贸易与投资伙伴关系协定"为基础的美欧"一体"和以双方在亚太地区的自贸协定为"两翼"的协同战略，即"一体两翼"战略，以期通过合作来设定国际贸易与投资的高标准，确保美欧继续引领世界经贸规则的制定权。同时借此在亚太地区形成对中国的软制衡，通过为中国进一步融入全球经济设定新规则和新规范，"框定"中国崛起的战略选择范围，抵消中国崛起的影响。正如有西方学者所指出的，美国贸易政策是我们这一时代最为重要的战略计划的核心内容，这一计划就是振兴二战后的国际经济秩序。这一秩序遭遇了全球化、技术变革以及新兴市场崛起等一系列的冲击。[①]

从时间上来看，美欧在亚太地区推进各自的自贸区计划早于双方

---

① Shawn Donnan, "Is TTIP Really a Strategic Issue?", http://carnegieeurope.eu/strategiceurope/?fa=56869.

之间的自贸协定谈判。全球金融危机爆发以后，美国和欧盟在调整各自亚洲战略的同时，都致力于推动在该地区的自贸区计划，且双方的一个共同点是均把中国排除在各自的计划之外，凸显出制衡中国崛起的战略考量。从美国来看，奥巴马政府在其第一个总统任期内除了重点应对全球金融危机的挑战，以及通过调整对欧政策改善美欧关系外，还实施了以应对中国崛起为核心的更大力度的对外战略调整，其主要标志就是"亚太再平衡"战略的提出。"亚太再平衡"战略主要涉及经济和安全两个领域，经济战略包括两个维度，一是推出"跨太平洋伙伴关系协定"计划①，二是进行"跨大西洋贸易与投资伙伴关系协定"谈判，试图以此形成"一体两翼"格局，维护美欧在经贸领域的规则制定权和主导权。奥巴马政府将"跨太平洋伙伴关系协定"作为其"亚太再平衡"战略的关键一环，除了想借此加强与亚洲国家的经济关系以扩大出口、促进本国经济复苏，以及确保美国在亚太地区的经济优势外，更重要的一个考虑是借助"跨太平洋伙伴关系协定"为全球贸易制定新一代规则。经过五年多的密集谈判，美国、日本、澳大利亚等12个国家于2015年10月达成协定。与过去常见的经济合作协议不同，"跨太平洋伙伴关系协定"追求货物和服务贸易的全面自由化，并且涵盖了投资规则、竞争政策、劳工和环境标准、国有企业纪律等诸多内容，②不仅涉及对外贸易相关法律法规，也涉及国内经济政策和法律法规。上述领域的高标准都非常有利于发达国家，"跨太平洋伙伴关系协定"因此被称为"加强版的世界贸易组织"。

毋庸讳言，"跨太平洋伙伴关系协定"隐含着美国制衡中国崛起的战略考虑。美国虽然声称"跨太平洋伙伴关系协定"是一个开放型的

---

① "跨太平洋伙伴关系协定"在小布什政府时提出，但是并没有成为美国亚太议程的重点，奥巴马上任后开始努力推进该协定在其盟友间的谈判。
② Jeffrey J. Schott and Cathleen Cimino, "Asia's Rise and the Transatlantic Economic Response", in Hans Binnendijk, ed. *A Transatlantic Pivot to Asia: Towards New Trilateral Partnerships*, Washington D. C.: Center for Transatlantic Relations, Paul H. Nitze School of Advanced International Studies, Johns Hopkins University, 2014, p. 281.

协定，对所有亚太国家开放，但实际上是针对中国而建立的，中国未被邀请参与。① 美国不接纳中国的目的是要自己主导制定全球经济新规则，同时纠合所能够影响的伙伴国家来参与，奥巴马明言，"不能让中国这样的国家书写全球经济的规则"②。且由于"跨太平洋伙伴关系协定"依然是以美国为首并以西方价值为原则的制度，那么对于出口依赖度较高的中国而言，被排除在外的代价就会很高。美国届时就可以施压中国遵守美国制定的贸易、投资、环境准则以及相关国内政策法规等，同时也可借此机会巩固在亚太的影响力，以制衡中国在本地区日益上升的经济和政治影响力。③ 美国贸易代表办公室发表的报告指出，"'跨太平洋伙伴关系协定'可以保障美国的战略和安全地位"，"增强成员国在政治和军事上的共同意识"。④《纽约时报》的一篇报道更是将《美国盟友们视"跨太平洋伙伴关系协定"为制衡中国的手段》作为标题。⑤ 可见"跨太平洋伙伴关系协定"不纯粹是一个贸易协定，同时也是一个地缘战略工具，富含针对中国的意味。⑥ 除了制衡中国，"跨太平洋伙伴关系协定"还可能进一步产生分裂效应，即分化东亚国家（犹如二战后初期美国通过实施"马歇尔计划"在欧洲造成的分裂），从而制约和阻碍中国参与其中的东盟与中日韩（10+3）合作、"区域全面经济伙伴关系"（RCEP）等区域一体化进程。为达此目的，美国在推进"跨太平洋伙伴关系协定"谈判的同时，致力于在亚太地区构建双边自贸协定，比如美韩自贸协定（2011年在两国获得

---

① Peter Sparding and Andrew Small, "Towards a Transatlantic Economic Strategy in the Asia Pacific", in Patryk Pawlak, ed. *Look East, Act East: Transatlantic Agendas in the Asia Pacific*, Paris: EU Institute for Security Studies, 2012, p. 11.
② 王江雨:《美国战略动机与中国战略失误》，http://www.zaobao.com/wencui/politic/story20151012-536580。
③ 林文程:《美欧对亚太区域之经济战略与布局》，http://www.tri.org.tw/trinews/doc/1001125_2.pdf。
④ 同②。
⑤ Jane Perlez, "U. S. Allies See Trans-Pacific Partnership as a Check on China", http://www.chinafile.com/links/us-allies-see-trans-pacific-partnership-check-china.
⑥ 同②。

通过)等。

从欧盟来看,推动与亚洲伙伴之间的双边自贸协定是其"转身亚洲"战略的主要内容。欧盟从2006年起就逐步调整其东亚经贸战略,开始重视中国以外的其他亚洲国家,并于2007年出台了"全球欧洲"战略,该战略的目的是要加大欧盟和其他新兴经济体的双边自贸区谈判,为下一轮的多边自由化作好铺垫。①2010年11月,欧盟发布题为"贸易、增长和全球事务"的全球贸易新战略,对2006年的贸易战略进行了更新,决意采取更加坚决的行动来推动欧盟的产品出口,迫使其主要贸易伙伴对等开放市场,尤其是向欧盟开放公共采购市场,同时抓紧推进新一代自贸区谈判,力图在投资、贸易等领域建立新规则。欧盟曾试图同东盟整体进行自贸区谈判,并于2007年5月启动了与东盟七国(不包括柬埔寨、老挝、缅甸)的自贸区谈判,但谈判进展缓慢。欧债危机爆发后,欧盟急需外力拉动经济发展,同时也希望减少对中国贸易的依赖性,因此转变策略,与东盟成员国分别进行谈判,通过重点突破获得示范效应,以期带动自贸区建设的整体推进。2010年3月,欧盟启动了与新加坡的自贸谈判,并于2012年12月达成了自贸协定;同年10月,启动了与马来西亚以及越南、印度尼西亚、印度、日本的双边自贸谈判;而在这一年,欧盟和韩国的自贸协定已经生效。

欧盟的自贸战略和美国的"跨太平洋伙伴关系协定"战略类似,也是针对中国构建的,被称为"亚洲减一"(减去中国)。②其目的也与美国相同,即通过建立贸易和投资的新规则增大中国不加入的成本,并迫使中国接受同样的标准和规则。欧盟推行"亚洲减一"战略的安

---

① European Commission,"Global Europe: Competing in the World, a Contribution to the EU's Growth and Jobs Strategy", http://trade.ec.europa.eu/doclib/docs/2006/october/tradoc_130376.pdf.

② Peter Sparding and Andrew Small,"Towards a Transatlantic Economic Strategy in the Asia Pacific", in Patryk Pawlak, ed. *Look East, Act East: Transatlantic Agendas in the Asia Pacific*, Paris: EU Institute for Security Studies,2012,p. 13.

全考量虽然较弱，但也有和美国相类似的政治目标，即迫使中国接受西方自由市场规范和政治民主规范，从而进一步撬开中国市场。事实上，欧盟于2006年和2007年发表的贸易政策文件中都强化了贸易和外交政策的相互影响，此种做法虽然是欧盟对外贸易政策的一贯作风，但是在对中国的经贸政策中有所加强，这有着美国因素的影响，① 是美欧联手推出"跨大西洋贸易与投资伙伴关系协定"、在亚太推动自贸区建设，以此制衡中国发展的结果。

总之，在后金融危机时期中国加速崛起、世界贸易组织多哈回合谈判遇阻的形势下，美国和欧盟出于恢复经济和制衡中国崛起的需要，分别在亚太地区推行排斥中国的自贸战略。尽管美欧在经济领域也存在一定程度的竞争，但双方基于抱团应对中国的共同利益又相互配合，就设定类似的标准和规则保持了沟通与协调，例如双方在2012年4月发布了"美欧关于国际投资的共有原则"联合声明。美国和欧盟分别以"跨太平洋伙伴关系协定"和双边自贸协定为抓手，提高经贸政策对中国施压的强度，基本上形成了"美国打头阵、欧洲多跟进"的新模式。正如有分析指出，美国在亚太强推"跨太平洋伙伴关系协定"以及美欧双方都大搞撇开中国的"自贸战略"，就明显带有在世界贸易组织之外另立国际贸易标准新炉灶、将中国排除在外的企图。②

二、美欧"跨大西洋贸易与投资伙伴关系协定"谈判的背景与动因

美国和欧盟是当今世界上两个最大的发达经济体，互为最大贸易与投资伙伴。二战后由美欧共同创建和主导的国际经济秩序曾使它们的经济影响力遍及全球，以世界银行、国际货币基金组织和世界贸易组织为主要支柱的国际金融和贸易体系，又为双方维护它们在国际经济中的主导地位增添了重要的砝码。冷战结束后，面对国际形势的变

---

① 李兵、杨秀清、林桂军：《当前欧盟对华贸易保护主义根源的经济与政治分析》，载《国际贸易》，2009年第2期，第48页。
② 肖茜：《欧债危机下的中欧关系研究》，外交学院硕士论文，2010年，第42—43页。

化和中国等新兴大国的崛起，美欧开始致力于推动"跨大西洋经济一体化"进程，希望通过打造"经济版北约"来更有效地在全球范围内实现双方的共同利益和战略目标。然而这一过程并不顺利，自20世纪90年代中期提出建立跨大西洋自由贸易区的设想到21世纪初，美欧在推进双边经济一体化方面并未取得实质性进展。① 原因之一在于小布什政府对外奉行单边主义，尤其是发动伊拉克战争严重打击了美欧关系，使双方关系滑落至谷底。

2007年，美欧经贸关系迎来了一个重要转折点。这一年是欧洲的大选年，美国也在为2008年大选作准备，双方出于各自需要都有缓和关系的愿望。在此背景下，通过加强经济融合以改善双边关系成为美欧的共识性议题。2007年1月，欧盟向美国提出了一揽子推动跨大西洋经济一体化的行动计划，美国对此表示欢迎和肯定。同年4月底，美国和欧盟在华盛顿峰会上签署了被视为修补美欧关系润滑剂的《跨大西洋经济一体化框架协议》。当时很多人认为，该协议将帮助美欧在多个领域内统一或者相互承认技术标准和法律法规，从而消除双方之间的贸易壁垒；更为重要的是，协议的签署将为双方实现经济一体化和构建跨大西洋单一市场打下基础。华盛顿峰会决定组建跨大西洋经济理事会，吸引包括美国政府内阁成员和欧盟委员会委员在内的高官参加，其主要职责是为建立跨大西洋的统一市场作好相关的监督和筹备工作，同时定期向美欧首脑提供年度研究报告以便于政府层面制定相关的议案和政策。2007年11月，跨大西洋经济理事会召开了首次正式会议，并达成了一个联合工作计划，其内容涉及知识产权保护、贸易安全、金融市场、技术创新和投资等方面的问题。总之，《跨大西

---

① 建立跨大西洋自由贸易区的想法并不新鲜，20世纪90年代中期欧盟就曾提出过一项"新跨大西洋市场计划"，旨在建立一个广泛的欧美自由贸易区。但由于美国当时通过带有域外法权性质的《赫尔姆斯-伯顿法》和《达马托法》，这一行为激怒了欧盟，导致该计划一度搁浅。21世纪初，美欧双方又提出了一个"推动跨大西洋经济一体化进程和经济增长方案"，但由于法、德两国在不少重大问题上的立场与小布什政府相左，彼此时有龃龉，使得美欧谋求整体经济融合的努力未取得实质性成果。

洋经济一体化框架协议》的签署和跨大西洋经济理事会的设立表明，美欧双方对于深化彼此经贸合作有了更大的兴趣和诚意。

2008年全球金融危机以及随后爆发的欧债危机加速了世界变局，并对美欧协调相互关系特别是开启双边自贸协定谈判产生了重要影响。全球金融危机使美欧面临着来自国际国内的双重压力和挑战，为摆脱各自经济发展的颓废态势，双方希望重新推动双边贸易和投资协定谈判，一方面刺激内部经济发展和提高就业增长率，另一方面尝试设定新的贸易和投资规则，确保美欧继续引领世界经贸规则的制定权。从美国方面看，在金融危机背景下上台的奥巴马政府对外强调"经济国策"（Economic Statecraft），即利用全球的经济力量来推动美国外交政策的落实，并将后者反作用于提升美国的经济实力和国际竞争力。奥巴马政府将推动跨大西洋自贸协定谈判进程、建设跨大西洋自贸区视为实现美国外交政策和经济目标的最优选择和最佳契机，同时也试图通过加强美欧经贸合作来安抚欧洲。这是因为美国自2011年下半年正式开启了战略重心东移，此举令当时受到欧债危机困扰、迫切需要美国支持和援助的欧盟感到忧虑和不安，担心因自身战略地位下降而被美国抛弃或被边缘化处理。为了消除欧盟的顾虑，奥巴马政府从政治和外交上对其进行安抚，强调欧盟一直是美国最理想的经济伙伴和最不可或缺的战略盟友，但同时也意识到单纯这样做还远不能满足欧盟的需求，实现美欧经贸投资交往质的飞跃才是真正夯实美欧传统盟友关系的关键所在。因此，从这个意义上讲，美国的"亚太再平衡"战略对跨大西洋自贸协定谈判起到了刺激和推动作用。从欧盟方面来看，它也希望推进与美国的自贸协定谈判，以便能为自己打开一个更为广阔的美国市场，并从大西洋共同市场中获得新的经济增长点，尽快渡过债务危机难关，尽早实现经济复苏并提升欧盟在世界经济中的长期竞争力和国际影响力。

美欧加强经贸合作当然不仅仅是为了改善双边关系、促进自身经济增长，还是因为双方有着共同应对外部挑战的考虑。全球金融危机后，新兴大国尤其是金砖国家的群体性崛起对美欧的国际经济地位构成了巨大冲击，双方单独应对挑战捉襟见肘、力不从心。此外，金融危机背景下世界范围内区域经济一体化快速发展，其中尤以东盟与中日韩（10+3）合作为代表的东亚区域合作的发展最为引人注目，这对美欧产生了强烈刺激。综言之，双边经贸发展面临的困境以及来自外部的竞争压力，促使美欧意识到开启双边自贸协定谈判的必要性与紧迫性：作为世界上两个最大的发达经济体，构建彼此间深度一体化的贸易与投资伙伴关系不仅可以满足各自经济复苏的客观需求，同时也有助于维护双方在全球贸易体系中的主导地位。因此，美欧希望通过启动双边自贸协定谈判来激活跨大西洋共同市场的经济活力，协调统一相互间在贸易壁垒、监管规则、行业标准、市场准入等领域的发展战略，用协同行动的方式来产生巨大的规模效应，抬高新兴大国进入美欧贸易市场的规则门槛，从而将跨大西洋自贸协定打造成一种以"内联外拒"为主要特征的新型的自由贸易协定，以此来限制和延缓新兴大国尤其是金砖国家的经济前进步伐。

按照美国的设想，跨大西洋贸易与投资伙伴关系将是一个宏伟、全面和高标准的贸易和投资协定，将包含三大支柱：一是和关税以及原产地规则有关的市场准入问题；二是削减非关税壁垒和协调具体监管政策的一致性；三是在投资、知识产权保护、歧视性工业政策和国有企业等领域建立一系列规范和标准。① 美国官方人士称，通过开启跨大西洋自贸协定谈判，美国旨在传递"欧洲仍是美国参与世界的基石"的信号，美欧在经济上高度整合有助于加强双方在国际政治等其他层面的合作，共同营造属于美欧的"大西洋世纪"。② 欧盟的官方文件也指出，跨大西洋自贸协定将会是美欧之间的第一个在经济领域具有法

---

① Daniel S. Hamilton, "TTIP's Geostrategic Implications", in Daniel S. Hamilton, ed. *The Geopolitics of TTIP: Repositioning Relationship for a Changing World*, Washington D. C.: Center for Transatlantic Relations, 2014, p. ix.

② 江洋、王义桅：《TTIP 的经济与战略效应》，载《国际问题研究》，2014 年第 6 期，第 121 页。

律约束力的条约，助力美欧结为经济联盟。欧盟委员会主席巴罗佐宣称，美欧将联手打造未来全球最大的自由贸易区，双方的自贸协定谈判则将为跨大西洋两岸的贸易与投资，以及全球贸易秩序的发展制定全新的标准和规则。① 总之，美欧希望将跨大西洋自贸协定打造成"经济版北约"，通过将彼此的经济利益更紧密地捆绑在一起，进一步巩固、拓展跨大西洋关系，实现跨大西洋同盟在经济和安全领域的双保障。

作为世界上两个最大的发达经济体，美国和欧盟是大多数国家最重要的贸易与投资伙伴，并且在国际贸易规则制定领域占有绝对优势。正因如此，美欧所达成的经贸协定将产生"牵一发而动全身"的连锁效应，其协定或规则往往代表了一种全新的国际标准，其他经济体要想在国际贸易舞台上立足并发挥影响就得按照美欧的意志来行事，否则将面临新规则的各种阻碍或惩罚。由此可见，美欧试图通过双边自贸协定谈判这样的"先发制人"战略优势，来维护它们在世界经济中的领先地位，继续维持它们作为全球贸易规则制定者、裁判者和主导者的优势角色，这正是跨大西洋自贸协定最本质的战略意图。此外，跨大西洋自贸协定一旦达成将产生巨大的辐射力，尤其是与双方各自在亚洲的自贸协定产生协同效应，如果将它们整合起来，将注定会对全球贸易规则的制定产生深远影响。事实上，美欧也正是为此目的展开了互动与协调。2011年5月，位于伦敦的欧洲国际政治经济中心和美国智库德国马歇尔基金会在"跨大西洋贸易与投资伙伴关系协定"尚未正式推出之前就成立了跨大西洋贸易和投资工作组，小组成员有学者、商界人士以及公共政策制定者。该工作组在2012年共同发布了题为《跨大西洋贸易领导力的新时代》的报告，其中强调，美欧就业与增长高级工作组要确保美欧的双边贸易协定同美国、欧盟与其他国

---

① "Statement by President Barroso on the Transatlantic Trade and Investment Partnership, Joint Press Conference", http://europa.eu/rapid/press-release_SPEECH-13-121_en.htm.

家的贸易协定相联系、相融合，① 亦即美欧在设定"跨大西洋贸易与投资伙伴关系协定"的主要规则时，应与"跨太平洋伙伴关系协定"以及欧盟与其他国家的自贸协定规则尽量保持一致。与此同时，美欧官方层面的互动也在展开。2012年4月，双方发布了"美欧关于国际投资的共有原则"联合声明。该声明强调的主要原则包括：投资准入的开放和非歧视性的投资环境；减少政府干预，推动公平的竞争；规则透明。② 这一声明强调的内容同双方各自的自贸区以及"跨大西洋贸易与投资伙伴关系协定"战略的标准相一致，表明美欧在推进其亚洲地区的自贸区以及"跨大西洋贸易与投资伙伴关系协定"战略的过程中在协调互动，试图在包括亚太地区在内的全球范围建立美欧经贸和投资标准。这样一来，就形成了以美欧双边"跨大西洋贸易与投资伙伴关系协定"为"一体"、双方在亚太地区的自贸协定为"两翼"的宏大计划，即"一体两翼"格局，其核心目的在于维持美欧在经贸领域的规则制定权和霸权。

如前所述，应对中国崛起构成了美欧"跨大西洋贸易与投资伙伴关系协定"谈判的一个战略动因。无论是美国将中国排除在外的"跨太平洋伙伴关系协定"与欧盟的"亚洲减一"自贸区计划，还是美欧之间的"跨大西洋贸易与投资伙伴关系协定"，都有应对中国崛起的战略考量。美国的目的在于通过"跨太平洋伙伴关系协定"和"跨大西洋贸易与投资伙伴关系协定"提升国际贸易和投资规则，削弱中国产品的竞争力，降低中国市场的吸引力，同时强化美国在太平洋和大西洋的地缘政治控制力。③ 欧盟同样希望通过建立"经济版北约"以及

---

① Transatlantic Task Force on Trade and Investment of German Marshall Fund and European Center for International Political Economy, "A New Era for Transatlantic Trade Leadership", https://ecipe.org/publications/new-era-transatlantic-trade-leadership.

② "Statement of the European Union and the United States on Shared Principles for International Investment", http://trade.ec.europa.eu/doclib/docs/2012/april/tradoc_149331.pdf.

③ 江洋、王义桅：《TTIP的经济与战略效应》，载《国际问题研究》，2014年第6期，第122页。

在亚洲的自贸区协定，和美国一起共同打造全球贸易投资新规则，提升自身在国际经济秩序中的地位。事实上，美欧试图建立的更为严格、苛刻的全球经济和贸易规则中就不乏针对中国国内政策的内容。在中国企业的竞争力日渐上升，并开始扩大海外投资的背景下，美欧试图为中国进一步融入全球经济设定规则和规范，以"框定"中国崛起的战略选择范围。① 总之，在美欧看来，联手主导世界贸易规则的制定权是遏制新兴大国崛起的重要一环。

三、美欧"跨大西洋贸易与投资伙伴关系协定"谈判的启动与进程

在各种因素的共同作用下，美欧决定重启停滞数年的"跨大西洋贸易与投资伙伴关系协定"谈判。双方为启动谈判采取了一些具体步骤。2011年11月，美欧成立了就业与增长高级工作组，其主要任务是探讨美欧间贸易与投资的发展前景及相关政策和标准。经过一年多的努力，该工作组于2013年2月11日发布了最终工作报告，建议双方领导人以达成一项全面的贸易与投资协定为目标，尽快启动相关程序开始谈判。同月13日，欧洲理事会主席范龙佩（Herman Van Rompuy）、欧盟委员会主席巴罗佐和美国总统奥巴马发表联合声明，宣布将于2013年6月启动"跨大西洋贸易与投资伙伴关系协定"谈判。② 双方宣称将就上述谈判议题开启各自内部必要的程序，并力争在两年时间内完成所有谈判。

"跨大西洋贸易与投资伙伴关系协定"谈判于2013年6月正式启动，谈判主要围绕"促进就业和增长""降低市场准入门槛""削减关

---

① Daniel S. Hamilton, "TTIP's Geostrategic Implications", in Daniel S. Hamilton, ed. *The Geopolitics of TTIP*: *Repositioning Relationship for a Changing World*, Washington D. C. : Center for Transatlantic Relations, 2014, p. xvii.

② 参见 Jeffrey J. Schott and Cathleen Cimino, "Asia's Rise and the Transatlantic Economic Response", in Hans Binnendijk, ed. *A Transatlantic Pivot to Asia*: *Towards New Trilateral Partnerships*, Washington D. C. : Center for Transatlantic Relations SAIS, 2014, pp. 285-287; 任成、林海:《TTIP 的起源、作用及中国的应对措施》, 载《WTO 经济》, 2013年第9期, 第88页。

税和非关税壁垒"等核心问题展开，涉及的内容几乎涵盖了彼此间共同关心和关注的所有经贸议题。双方为此专门设定了具体的战略目标和实施方案，并计划在市场准入、整合规则与标准及降低非关税壁垒、应对全球共同贸易挑战与机遇的三大核心领域取得突破性进展。

从当时的情况来看，上述三个领域的谈判都面临挑战。在市场准入方面，虽然美欧各自的平均关税税率都处于较低的水平（美国的平均关税税率约为3.5%，欧盟的平均关税税率约为5.2%），但特定行业的关税税率较高，加之存在一些非关税壁垒，仍构成美欧经贸合作中的障碍。[①] 由于美欧之间的贸易量大，关税所产生的成本损耗不可忽视，因此，取消残存的关税壁垒成为双方谈判的一个重要内容。就业与增长高级工作组提议，双方应尽可能地消除贸易产品的所有关税，且协定一经生效即实施实质性的关税削减，对于最敏感产品的待遇，双方要找到解决方案。对于服务业市场准入，就业与增长高级工作组建议双方应尽可能多地开放服务业领域，谈判目标应与目前双方签署的其他贸易协定中已经取得的最高程度自由化水平相结合，同时寻求在新的领域开放服务业市场，通过消除长期存在的市场准入壁垒获得新的市场准入。就业与增长高级工作组还建议，协定应该囊括投资自由化与保护方面的规定，且应以双方目前各自已经签署协议的最高自由化水平和最高保护标准为基础。这表明"跨大西洋贸易与投资伙伴关系协定"谈判将复制现有的美国和欧盟各自贸易与投资协定中存在的国际投资规则。另外，政府采购也是市场准入谈判的一项重要内容。就业与增长高级工作组提议，谈判目标应以国民待遇为基础，通过大幅扩大各级别的政府采购市场准入，创造和增加新的商业机会，其中重要内容是减少对对方企业参与政府采购竞标的限制。

在整合规则与标准及降低非关税壁垒方面，美欧都希望在谈判中更为深入地探讨国内监管问题。监管领域的问题涵盖很多议题，如贸

---

① 张旭东：《美国与欧盟达成贸易协定困难重重》，http://www.chinatoday.com.cn/zw2018/zgysj/202004/t20200426_800202139.html。

易壁垒监管、国际监管合作以及监管实践等。对于贸易壁垒监管问题，就业与增长高级工作组提议，双方应制定附加于世界贸易组织的动植物卫生检验检疫措施（SPS-plus，超SPS）和附加于世界贸易组织的技术性贸易壁垒措施（TBT-plus，超TBT），包括建立可持续的机制来加强对话与合作，加强双方监管合作和协调，减少不必要的成本损失，同时保持高水平的卫生、安全标准以及对消费者和环境的保护。对于国际监管合作问题，有关监管法制不兼容的议题在许多双边和区域贸易协定谈判中都有所涉及。针对这一问题，就业与增长高级工作组提出了"更兼容的货物与服务监管法制"，明确双方要致力于特别领域（约定的商品和服务部门）的监管兼容性，以削减特定领域中因监管差异所造成的成本，包括在适当情况下考虑采取监管协调、对等或互相认可的措施。对于监管实践问题，就业与增长高级工作组在最终报告中指出，美欧应努力协商交叉监管的一致性和透明度，目的在于实施高效、具有成本效益和更加兼容的货物与服务贸易法规。鉴于不是所有的监管差异都能一次性消除，双方允许有步骤地提高监管的一致性，而不是一蹴而就。

在应对全球共同贸易挑战与机遇方面，就业与增长高级工作组建议谈判应重点解决以下问题：一是关于知识产权保护，双方将致力于维持和促进高标准的知识产权保护及其实施，加强知识产权事务的工作。二是关于环境和劳工问题，双方承诺对环境和劳工给予高标准的保护，重视欧盟贸易协定中关于可持续发展、美国贸易协定中关于环境与劳工所作的相关规定。三是关于其他与全球相关的机遇与挑战，双方致力于在以下贸易相关领域就全球性规则、原则或合作模式达成双边协议，如海关和贸易便利化、竞争政策、从政府授予的特权中获利的国有企业和其他企业、贸易本土化壁垒、原材料和能源、中小企业，以及透明度问题等。

从"跨大西洋贸易与投资伙伴关系协定"谈判框架来看，谈判的重点是解决代价高昂的阻碍商品和服务流动的边境内非关税壁垒问题，并提倡增强各项法规和标准的兼容性。换言之，谈判将从简单的关税问题推进到更为复杂的内部监管问题。美欧试图将"跨大西洋贸易与投资伙伴关系协定"打造成为高标准的综合贸易协定，以此来构建一个由双方主导的全球最大自由贸易区，通过率先建立新的工业标准和贸易规则，并在其中体现美欧核心价值观，从而为制定全球规则设置基准和范本。作为重振美欧经贸实力与国际竞争力的重要经济引擎和遏制新兴经济体崛起的战略工具，"跨大西洋贸易与投资伙伴关系协定"谈判若能最终达成协议，必将极大地改变世界贸易交往的现行规则，包括美欧在内的发达经济体，以及以金砖国家为代表的新兴经济体都将被卷入这股经济变革的巨浪之中，由此将给世界经济秩序的调整与变化带来深刻和复杂的影响。

从谈判进程来看，奥巴马任期内由于双方较为重视，谈判取得了积极的进展。2015 年 9 月底，欧盟贸易委员马尔姆斯特伦（Anna Malmstrom）与美国贸易谈判代表弗罗曼（Mike Froman）举行会谈，双方就加速"跨大西洋贸易与投资伙伴关系协定"谈判达成一致。同年 10 月，美欧完成了第 11 轮谈判，达成相互减免 97% 商品关税的阶段性成果。双方还同意，在 2016 年 2 月交换双方在政府采购方面的提议，这是欧盟特别感兴趣的一部分谈判内容。总的看，美欧双方都有意加速谈判，都希望在 2017 年年初奥巴马总统任期结束前完成谈判。欧盟方面的愿望尤为迫切，因为 2017 年欧盟将经历一系列选举，包括最重要的德国总理选举、法国总统选举，以及英国"脱欧"谈判等。

然而，美欧"跨大西洋贸易与投资伙伴关系协定"谈判无论是在启动前还是启动后都并非一帆风顺，双方在核心议题上的分歧与矛盾短时间内难以消除。作为谈判的博弈双方，美国和欧盟都面临着来自各自政府、议会和产业界利益集团的共同压力，因此在推动谈判的道路上充满着现实的困境和挑战。最终，奥巴马任期结束前达成协议的目标归于破灭，这从一个方面反映了奥巴马时期美欧关系改善的有限性。2017 年年初，特朗普入主白宫令"跨大西洋贸易与投资伙伴关系协定"谈判雪上加霜。特朗普政府在"美国优先"的旗号下修改了美国贸易政策,并以国家安全为由对欧盟征收钢铝关税,严重冲击了"跨大西洋贸易与投资伙伴关系协定"谈判。由于美国拒绝作出任何重要的让步,"跨大西洋贸易与投资伙伴关系协定"谈判实际上陷于停顿。这表明在世界变局下,虽然美欧在应对中国等新兴大国崛起、维护西方主导的国际秩序方面有着基本共识,但由于冷战后国际环境的改变以及双方各自内部的变化,美欧传统盟友关系与冷战时期相比已不可同日而语,双方之间内外政策差异以及利益分歧增多,不仅使得美欧关系变得复杂化,而且也限制了双方共同应对中国崛起的努力和效果。尤为甚之,奥巴马政府开启的美国战略重心东移对跨大西洋同盟产生了深刻影响,进一步凸显了这一时期美欧关系调整的复杂性。

第三节 美国战略重心东移对跨大西洋同盟的冲击

一、冷战时期美国的"欧洲优先"战略

奥巴马政府在第一任期内着力与欧盟合作应对全球金融危机,同时谋求改善因伊拉克战争而遭受重创的美欧同盟关系,这些努力取得了一定效果。此外,"跨大西洋贸易与投资伙伴关系协定"谈判的启动以及美欧应对中国崛起的战略互动增加,也在一定程度上加强了双方之间的传统盟友关系。然而,美欧关系的改善依然是有限度的,这除了是由于美欧结构性矛盾的制约外,更为直接的一个原因是奥巴马政府正式开启了美国战略重心东移,且此举与美国从欧洲"撤出"同时发生,由此对跨大西洋同盟与美欧关系造成了新的冲击。

二战结束后,美国在冷战格局下将欧洲作为其遏制苏联的全球战略中心,并与西欧国家结成了跨大西洋同盟。这是美国首次在和平时期与西欧国家结盟,堪称其对欧政策的革命性变化。但历史地看,美国对欧政策的这一变化并非偶然,而是有其深刻的内在逻辑。对战后美国外交政策产生很大影响的全球霸权理论认为,国家的主要目标是

谋求自身相对权力的最大化，或者说谋求成为体系内的霸权。正如现实主义理论学者米尔斯海默（John Mearsheimer）所指出的，国际体系内的各国都极其关注力量平衡问题，因为各国的生存取决于其各自针对竞争者所拥有的相对权力的多少。① 哲学家康德（Immanuel Kant）也曾说过，如果有可能的话，通过征服全世界来达到永久和平的条件，乃是各国及其统治者的愿望。② 美国战后重返欧洲并非搞和平"慈善"，而恰恰是为自身的利益和霸权而来。在美国看来，谋求与苏联争霸世界需先控制欧洲，因为欧洲是除美国之外世界上最富裕的地区，且与美国有着最密切的政治经济关系。二战后初期，乔治·凯南（George Kennan）把美国、英国、莱茵河谷国家（法国、德国等）、俄罗斯和日本列为美国需要控制的关键地区。③ 所谓"关键地区"，是指那些拥有重要的工业-军事能力的力量中心，其中欧洲对美国的战略意义尤其重要。

反霸理论是影响战后美国对外政策的另一重要流派，该理论并不设想美国成为一个全球霸权国，而是认为其主要目标是保持自己在西半球的霸权地位，并且同时防止在欧洲或其他富裕地区出现一个（有能力在西半球和世界其他地区挑战美国的）地区性霸权。在这个理论看来，苏联是战后欧洲的一个潜在霸权国，由于西欧难以单独与之抗衡，美国必须介入以防止苏联称霸欧洲。另外，地区稳定理论亦支持美国重返欧洲并扮演"和平促进者"角色。④ 该理论认为欧洲的和平乃美国重大利益所在，由于"德国问题"仍是欧洲内部冲突隐患，美国必须在欧洲驻军以扮演"欧洲和平者"角色。简言之，美国既要防止欧洲冲突损害其在欧洲的经济利益，也要避免自己被拖入冲突。克

---

① John J. Mearsheimer, "The Future of America's Continental Commitment", in Geir Lundestad, ed. *No End to Alliance: The United States and Western Europe: Past, Present and Future*, New York: St. Martin's, 1998, p. 224.
② 同①。
③ George F. Kennan, *Memoirs: 1925—1950*, Boston: Little, Brown, 1967, p. 359.
④ Josef Joffe, "Europe's American Pacifier", *Foreign Policy*, No. 54, 1984, pp. 64-82.

林顿时期的美国国务卿奥尔布赖特（Madeleine Albright）称，欧洲的安全是我们的利益所在，因为我们希望避免曾把500万美国人卷入两次世界大战的那种不稳定。她还说，欧洲的稳定很大程度上取决于美国对欧洲持续的接触和保持领导地位。历史表明，欧洲的稳定对于我们的国家利益也至关重要，因此我们将继续保持对欧洲的接触。①

上述几种外交政策理论的侧重点虽然有所不同，但是均支持美国积极介入欧洲事务并控制欧洲。从政策实践来看，战后初期美国采取了跨大西洋同盟政策，通过"马歇尔计划"大举介入西欧的经济复兴，以增强资本主义阵营的实力，同时组建北约并与西欧结盟。杜鲁门（Harry Truman）将跨大西洋同盟这一"宏大设计"描述为"建立足以摧毁对苏联侵略的恐惧，并由此权力基础出发采取积极措施，在非苏联世界消除共产主义赖以滋生的社会和经济压力、主动构建抗衡力量以破坏苏联权力的基础"。② 此外，支持欧洲一体化以限制西欧国家的主权也是美国跨大西洋同盟政策的关键一环。德国因素对美国欧洲政策的影响较大。德国是两次世界大战的元凶，战后虽然被施加了各种限制，并在美国主导下实现了经济政治重建，但由于其地处欧陆中心，加上经济的快速恢复以及国家的分裂，西欧和美国始终对德国保持警惕。美国认为战后兴起的欧洲一体化有助于防止西欧退回过去的民族主义和大国竞争，同时也提供了解决"德国问题"的现实可行的方案，因此美国支持欧洲一体化。

概言之，冷战时期美国的对欧大战略有两个核心要素：一是通过组建北约为西欧的安全承担主要责任，二是支持欧洲一体化，以避免在西欧出现安全困境；后者从属于前者，核心是建立美国对欧洲的霸权。具体来说，美国在为西欧提供军事保护的同时，通过北约最高统帅（美国指挥官）来行使霸权，并同时认为，通过北约可以确保欧洲

---

① 赵怀普：《当代美欧关系史》，北京：世界知识出版社，2011年版，第375—376页。
② Cees Wiebes and Bert Zeeman, "Eine Lehrstunde in Machtpolitik", *Vierteljahrsheft fur Zeitgeschichte*, No. 49, 1992, pp. 415-423.

一体化符合自身的利益。国务卿艾奇逊（Dean Acheson）曾对杜鲁门说，欧洲一体化的日益发展只有同更广泛的北大西洋共同体联系在一起才会安全，这完全符合我们对欧洲大陆权力安全的期望。① 另有美国官员指出，如果将出现一个有效的欧洲组织，那它必须被纳入可确保美国持续领导地位的框架之中。② 不难看出，成立北约除了是要把"苏联挡在外面"，最重要的是把美国拉进来并发挥领导作用以使德国受到控制，同时避免欧洲再次发生战乱，并防止欧洲国家组成一个针对美国的抗衡力量。

从上述对欧政策目标出发，冷战期间美国将其战略重心和军事部署的重点放在欧洲，而西欧则依赖并依附于美国。美国主导下的北约奉行"欧洲优先"的防务战略，以保卫欧洲安全为主要使命。1950年朝鲜战争爆发后，为应对苏联可能对西欧发动的进攻，北约迅速建立了军事一体化指挥机构，北约理事会发表公报指出，成员国同意"尽早建立一支集中指挥的一体化军队……以阻止侵略和确保西欧的防务"③。值得一提的是，冷战初期美国坚持对北约的活动范围进行严格限制，拒绝使北约卷入域外行动，这一做法与其在冷战后推动北约走向全球并承担域外使命形成了强烈的对比。

总之，美欧对苏联威胁的共同认知以及双方安全利益的一致性促成了跨大西洋同盟的建立，同时也为更广泛的美欧合作奠定了基础，但由于彼此间存在实力差距以及战略处境不同，跨大西洋同盟从一开始就是不平等的，而这种不平等是导致美欧之间控制与反控制矛盾的根源。冷战时期，北约实际上成为美国维护其欧洲霸权的工具，法国

---

① "Acheson and Lovett to Truman", in *FRUS*, 1951, Vol. III, Washington D. C.: United States Government Printing Office, p. 850.

② "The Current Position in the Cold War", in *FRUS*, 1950, Vol. III, Washington D. C.: United States Government Printing Office, p. 859.

③ Raymond Dennett and Robert K. Turner, eds. *Documents on American Foreign Relations*, Vol. XII, January 1-December 31, 1950, Boston: Princeton University Press for World Peace Foundation, 1951, p. 213.

总统戴高乐（Charles André Joseph Marie de Gaulle）曾批评北约是"美国继续对欧洲进行政治控制的象征和工具"①。尽管如此，由于双方在遏制苏联威胁方面有着压倒一切的共同利益，美欧之间的矛盾被控制在一定的程度和范围内；这一时期美国及北约的防务战略也经历了从"大规模报复"向"灵活反应"的转变，并因此在北约内部引发了争议，但北约并未放弃其"欧洲优先"战略。从根本上讲，美国将其战略重心放在欧洲并支持北约的"欧洲优先"战略，在很大程度上确保了冷战时期跨大西洋同盟与美欧关系的稳定。

二、冷战后初期美国对欧政策调整与北约域外行动

苏联解体和冷战终结改变了欧洲的安全环境，促使美国重新审视其对欧政策。在美国国内掀起的对欧政策大辩论中，北约的存续以及如何定义新时期的美欧关系成为核心问题。新孤立主义者认为，苏联解体使美国继续承担欧洲防务义务失去了必要性，即使没有美国的帮助，欧洲也能够保持稳定并且仍会对美国友好，因此美国应当完全撤出北约。② 干涉主义者则认为，冷战终结为美国提供了一个按照自身价值观来塑造世界、建立美国"单极世界"的大好机会，"此刻没有任何国家可以对美国的全球领导地位形成挑战"③。美国战略与国际问题研究中心的一份报告称，明天将由我们来塑造，美国比以往任何时候都拥有能力来影响世界的发展。④然而，无论是新孤立主义还是干涉主义都无法使美国摆脱在对欧政策上的困境：既不能完全"撤出"欧洲和北约，也不能完全延续过去的政策。冷战时期美国保护西欧而后者

---

① 转引自赵怀普：《变与不变：美国对欧政策的历史考察》，载《美国研究》，2011 年第 3 期，第 118 页。
② Ted Galen Carpenter, "US Must Shake Its NATO Habit", *The Christian Science Monitor*, June 19, 1991, p. 18.
③ Joseph S. Nye, Jr., *Bound to Lead*, New York: Basic Books, 1990, p. 21.
④ Zbigniew Brzezinski, Lee Hamilton and Richard Lugar, eds. *Foreign Policy into the 21st Century: The US Leadership Challenge*, Washington D. C.: Center for Strategic and International Studies, 1996, p. 3.

接受美国的领导被认为是双方之间的"大交易",① 但冷战后美国政府和社会都不愿意继续为跨大西洋同盟承担过多的负担。因此,在不能完全撤出欧洲和北约的情况下,削减部署在欧洲的军事力量便成为冷战后美国对欧政策调整的一个重要内容。经过1991、1993和1995年对海外军事基地的三轮调整,美国在欧洲军事基地的规模大大缩减,驻军人数也由冷战时期的30多万人锐减至10多万人。②

美国调整对欧政策的另一重要举措是推动北约转型与改造。在国内新孤立主义抬头的压力之下,美国意识到要想使北约在冷战后维持自身的生存和发展,就必须对其进行改造并赋予其新使命、新任务。在美国的推动下,北约通过改造不仅接纳了新成员国,而且自身的定位也有了改变,即逐渐由一个军事政治集团转变为一个政治军事集团。除了保持传统的军事防御职能,北约还明显地加强了自身的政治职能,其任务也开始转向危机处理、干预地区性冲突等领域,为此还专门成立了快速反应部队。

推动北约走向全球和执行域外使命是美国改造北约和重新定位跨大西洋同盟的一个重要目标。实际上,自20世纪60年代开始,随着自身经济实力的衰落和核优势的丧失,美国就试图将北约改造成为某种超越纯军事同盟的组织,一方面谋求北约参与北大西洋地区之外的军事行动,以弥补美国自身因过度扩张而日益凸显的资源和能力上的不足,另一方面谋求北约参与非军事领域(如经济、环境领域)的事务,但是这些努力因遭到欧洲盟国抵制而未果。到了20世纪80年代初,美欧之间围绕北约防御目标产生了更大争论,美国主张北约更多地参与全球事务,而西欧强调北约的防务重点在欧洲,反对扩大防务责任。冷战后,北约加快了转型与改造,导致美欧在北约域外行动问题上的分歧加深。美国认为,冷战后美欧面临的新的共同威胁主要来

---

① Robert Kagan, "Trump's America does not Care", *The Washington Post*, June 14, 2018.
② 赵怀普、韩宝禄日:《美欧防务责任分担矛盾的缘起、发展及影响》,载《国际经济评论》,2019年第6期,第129页。

自欧洲以外地区，亦即位于北约的传统防区之外，因此北约应展开域外行动。欧洲则认为，北约的价值仍在于维护欧洲地区的和平与安全，主张跨大西洋同盟应专注于地区性而非全球性事务。冷战期间，美欧由于对苏联威胁有着共同认知，也有采取行动的共同决心，故同盟内部分歧被控制在最低程度，对外则展示出坚定团结的形象。如今情况则大为不同，随着共同敌人和威胁的消失，双方对威胁的认知差异与安全利益分歧开始显现出来。美国批评欧洲对北约域外行动持冷淡态度是自私的表现，因为这将使美国独自承担抵御欧洲以外地区几乎所有针对大西洋共同利益威胁的风险，并强调如果欧洲不承担合理的负担，那美国就不会保护他们的重大利益。[1] 在美国主导下，北约于1991年出台了冷战后第一份战略概念文件——《联盟新战略概念》，深刻分析了自身所处的战略环境和来自防区之外的诸多威胁，表达出对应对域外威胁的重视，[2]并载明北约不受《北大西洋公约》第六条关于地理范围的限制，这意味着要扩大北约的活动范围。

需要指出的是，在冷战后初期国际安全环境尚不完全明朗（北约南翼和东翼仍存在诸多不稳定因素）的情况下，虽然美欧在北约域外行动问题上存在分歧，但双方基于共同的安全需要与战略利益仍保持了紧密的合作。继干预1990—1991年的海湾战争之后，北约进一步介入巴尔干冲突（包括在1999年发动科索沃战争），由此导致了其突破区域概念的第一次战略转移，即北约从欧洲-大西洋地区的联盟体制转向覆盖全欧洲、对付各种威胁的合作组织。但这一时期的美欧合作并未消除双方在北约功能及域外行动问题上的分歧，也不表明欧洲在未来任何时候和任何地区都会支持北约开展更多的域外行动。事实上，海湾战争主要是由美国组织的"志愿联盟"进行的，北约仅提供了某

---

[1] David C. Gompert and F. Stephen Larabee, eds. *America and Europe: A Partnership for a New Era*, Lalifornia: Rand Corporation, 1997, p. 235.

[2] North Atlantic Treaty Organization, "The Alliance's New Strategic Concept", https://www.nato.int/cps/en/natohq/official_texts_23847.htm.

些支持，其作用很大程度上是被动的和工具性的，这预示了冷战后北约在功能及行动方式上的变化。

2001年"9·11"事件之后，反恐上升为美国国家安全战略的核心，美国关注的重点开始从欧洲转向中东和其他地区。正如有分析所指出的，"罗斯福式"的欧洲观在美国有所抬头，其基本要义是：在地缘政治的意义上，欧洲已不是美国最优先关注的地区，欧洲国家基本上对于美国的世界使命没有帮助或者说与之无关。[①] 这种看法虽带有一些夸张成分，但却道出了欧洲对美国战略重要性下降的事实。在美国看来，军事上弱小的欧洲在保护美国本土安全方面提供不了什么帮助，在应对恐怖主义等新的全球性威胁方面能够提供的帮助更少。在此背景下，美国推动北约进行二次转型，试图将其打造成为一个服务于自身利益的全球战略工具。美国的目标是使北约在解决以欧洲为中心的传统安全问题和应对诸如恐怖主义等新威胁之间找到一个平衡点，发展能够有效完成新使命的现代军事能力，以及确保有能力对威胁作出快速和灵活的反应。实际上，1999年北约华盛顿峰会就将恐怖主义和大规模杀伤性武器扩散确定为联盟面临的主要挑战，但当时尚未采取具体的行动。"9·11"事件后，北约首次启动了《北大西洋公约》中关于集体防御的第五条款，这表明它已将打击恐怖主义作为一个长期使命。2002年北约布拉格峰会进一步明确了北约打击恐怖主义的新作用，并宣布摈弃地理限制，这意味着北约将在欧陆以及邻近的中东地区以外的更大范围内进行域外行动。

北约二次转型的一个直接后果是跨大西洋同盟被裹挟进美国主导的反恐战争。继推翻阿富汗塔利班政权后，美国将反恐目标进一步指向了伊拉克。但法、德等国基于自身利益考虑，反对美国绕过联合国对伊拉克动武，此举令美国大为不满。伊拉克战争前夕，美国抛出"新老欧洲"论，试图以此将北约引向"使命决定联盟"的逻辑。美

---

① 转引自赵怀普：《当代美欧关系史》，北京：世界知识出版社，2011年版，第333页。

国国防部副部长沃尔福威茨（Paul Wolfowitz）宣称，在未来的军事行动中，美国将自由选择盟友或伙伴，并在北约内外组建双边部队。北约盟国将不再享有特权地位，将不会被允许否决美国所主张的目标和策略。① 他的这番言论呼应了美国国防部长拉姆斯菲尔德（Donald Rumsfeld）在"9·11"事件发生后不久就提出的观点：如果单纯是为了击败一个敌对的"邪恶轴心国"，那就不需要组织一个统一的大联盟打这一仗，而应当建立一个移动的国家联盟（shifting alliance）；使命将决定联盟，而不是联盟决定使命。② 后来他又称，美国出于纯粹实用主义的考虑随时可以"放弃"（某些盟国），就像他们会放弃我们一样。③ 2003年8月，北约接手指挥在阿富汗的国际安全援助部队（ISAF III），这是其历史上首次在欧洲-大西洋以外地区执行军事行动，表明其逐渐成为一个在远离欧洲的域外地区采取行动的组织。2004年北约伊斯坦布尔峰会进一步强化了北约作为美国战略工具的职能，会议除了决定大幅度提高北约的整体防务能力和直接介入伊拉克问题外，还决定强化北约与外高加索、中亚、中东和地中海国家的伙伴关系。2006年北约里加峰会讨论了美国倡议的"全球伙伴关系计划"，美国强调吸纳更多新成员国或者建立对话关系的重要性，美国此举背后未言明的一个原因是担心"老欧洲"不配合北约的域外行动。在美国推动下，北约加强了对全球热点地区的干预力度，其通过的一项有关未来军事行动的"部长指南"规定，北约在必要时最多可调派30万人的军队，在全球同时执行8项军事任务。值得注意的是，北约还逐渐加强了与澳大利亚、日本、印度、巴西、哥伦比亚等亚太地区国家的关系，还计划扩大与欧洲中立国瑞士及瑞典的合作，进而真正迈开"全球北约"的步伐。

---

① Elizabeth Pond, *Friendly Fire: The Near-Death of the Transatlantic Alliance*, Washington D. C.: EUS-Brookings Institute Press, 2004, pp. 1-3.
② Donald Rumsfeld, "A New Kind of War", *New York Times*, September 27, 2001.
③ S. Dockrill, "Does a Superpower Need an Alliance?", *Internationale Politik*, No. 3, 2002, pp. 9-12.

总之，作为冷战后北约转型与跨大西洋同盟调整的一个催化剂，"9·11"事件及反恐战争非但没能促使美欧走向针对恐怖主义共同威胁的更密切的联盟，反而加快了彼此间的疏离。伊拉克战争引发的跨大西洋同盟危机表明，冷战后美欧对于在欧洲以外地区使用军事力量缺乏共同的战略视野，难以形成共同的目标和战略，甚至难以产生共同行动的意识。美国学者卡根（Robert Kagan）坦言，既然两个伙伴已变得如此不同，"欧洲人和美国人就不应该再假装拥有共同的世界观了"①。鉴于"老北约"的局限性，美国欲将其改造成为一个在全球范围内投射武力的工具，并利用它来处理全球性安全问题，其力图实现的更多是美国自身的而非跨大西洋同盟整体的利益。美国宣称北约的使命已不再仅是抵御军事侵略，它的新目标是要"捍卫那些作为我们开放社会原则和价值观的基石"②。但欧洲对此不以为然，认为美国赋予北约的新目标的含义很不明确，它可以授权采取任何形式的军事行动，且每个问题都有可能被视为威胁到了需要捍卫的价值观。因此，欧洲不愿意在欧洲大陆以外的地方通过北约为美国的行动提供支持，而这也正是法、德等"老欧洲"国家拒绝支持美国发动伊拉克战争的原因之一。③

三、美国战略重心东移及其对跨大西洋同盟的影响

在经历了近十年的中东反恐之后，经由奥巴马政府的推动，美国的战略重心进一步东移亚太。从根本上讲，美国的战略重心从欧洲转向亚太是美国对国际地缘政治变动和世界权势东移作出的反应。进入21世纪后，在中国崛起和东亚崛起的带动下，全球经济重心日益从大西洋两岸向亚太地区转移，世界权势随之东移。与此同时，亚太地区

---

① Robert Kagan, "Power and Weakness", *Policy Review*, No. 113, 2002.
② 转引自赵怀普：《当代美欧关系史》，北京：世界知识出版社，2011年版，第387页。
③ Christopher Layne, "Casualties of War—Transatlantic Relations and the Future of NATO in the Wake of the Second Gulf War", *Policy Analysis*, No. 483, 2003, p. 7.

起伏不定的安全形势使该地区成为全球潜在军事冲突的高危区。简言之，中国崛起以及亚太地区权力转移加快使得亚太地区的地缘政治重要性与日俱增，美国因此萌生了将战略重心东移的意识。虽然"9·11"事件将美国拖入一场史无前例的反恐战争，暂时迟滞了其战略重心东移的步伐，但是并未逆转这一进程。

2008年全球金融危机是美国加速战略重心东移的催化剂，其影响主要体现在两个方面：一方面，随着中国等东亚国家的经济率先复苏，美国在全球的利益加快向亚太地区集中，其战略重心东移已成不可避免之势；另一方面，全球金融危机削弱了美国的经济实力，促使其大战略日趋"内向"。布热津斯基指出，美国在战略上应该有选择地在世界事务中发挥作用，应该"有选择地介入"，这才是"最有智慧的"国际策略。① 他还认为，美国民众和国会都必须充分认识到这样一个残酷的现实：除了国内的政治对立从内部加速美国衰退外，不对现实的国家利益加以精心考虑的外交政策，也将在未来20年里令美国陷入岌岌可危的地步。②

正是基于国内外形势的变化，奥巴马政府在"变革"方针下对外采取了选择性介入策略，先是从伊拉克撤军，继而选择从"幕后领导"北约在利比亚的军事行动，这些都是为美国战略重心东移以及集中力量与中国进行竞争作准备。针对中国日益增强的经济和地缘影响力，美国早在2008年发布的《美国国防战略报告》中就首次将中国定义为"潜在竞争对手"，为其战略重心东移制造依据。2011年11月，奥巴马政府推出"亚太再平衡"战略，标志着美国战略重心东移正式开启。美国国务卿希拉里表示，随着亚太地区逐渐成为21世纪全球战略与经济重心，这里也将成为美国外交战略的重心，美国外交在未来十年最

---

① 潘锐：《冷战后的美国外交政策》，北京：时事出版社，2004年版，第52页。
② 兹比格涅夫·布热津斯基著，洪漫、于卉芹、何卫宁译：《战略远见——美国与全球权力危机》，北京：新华出版社，2012年版，第73页。

重要的任务就是在亚太地区增大投入。①"亚太再平衡"战略强调从外交、军事和经济等多个领域加强对华牵制，但军事政策是核心，其目标是不断提高美国自身在东亚的影响力和威慑力。为此，美国调整了在亚太的前沿军事部署，同时也加强了与亚太地区盟国的军事合作，试图以美日韩军事同盟为核心，构筑以美国为主导、双边与多边结合的集体安全体系。

"亚太再平衡"战略的实施使美国和北约长期以来坚持的"欧洲优先"战略受到了挑战。事实上，美国的中东反恐战争曾经给欧洲带来了巨大影响，但由于欧洲毗邻中东且是中东安全的重要利益攸关方，美欧矛盾在当时尚未充分暴露出来，如今美国战略重心东移亚太使这一矛盾得以充分暴露。简言之，"亚太再平衡"是美国为应对全球力量平衡的结构性变化而作出的战略性调整，美国将中国视为主要竞争对手并首先在亚洲同中国展开竞争，这意味着欧洲不再是美国战略的中心地带。

尤其令欧洲感到忧虑甚至难以接受的是，美国战略重心东移与美国"撤出"欧洲同时发生。全球金融危机爆发后，越来越多的美国民众认为政府应专注国内问题，反对承担欧洲安全义务。皮尤研究中心于2016年4月的调查显示，57%的美国民众表示美国应专注国内问题，其他国家的问题应该由其自己负责；持"国内优先"立场的民众比例在2010—2016年期间上升11%。②美国民意的这一变化对奥巴马政府宣布从阿富汗、伊拉克撤军，以及减少美国在欧洲的责任和盟友义务等政策产生了重要影响。曾在美国政府中任职的约翰斯·霍普金斯大学保罗·尼采高级国际研究学院跨大西洋研究中心执行主任汉密尔顿（Daniel Hamilton）指出，奥巴马处理欧洲事务的方式更加务实，

---

① 《希拉里·克林顿：21世纪将是美国的太平洋世纪》，http://news.xinhuanet.com/2011-11/11/c_111160413.htm。

② Xenia Wickett, "Transatlantic Relations: Converging or Diverging?", https://www.chathamhouse.org/publication/transatlantic-relations-converging-or-diverging.

尽管对于共同价值观的承诺是坚实的，但欧洲早已不像20世纪那样能够成为美国外交的核心。美国对跨大西洋关系价值的判断大体上取决于欧洲是否愿意承担更多责任来处理自身挑战。①另有美国智库学者分析认为，与日益关注其在亚太地区安全利益形成对比的是，美国（奥巴马政府）已经开始了从欧洲外交和政治事务中的"撤出"进程。当欧洲面临欧债危机、难民危机、英国"脱欧"等挑战时，美国都已经"缺位"，当前已是"后美国时代"的欧洲。②

美国的"亚太再平衡"战略和"撤出"欧洲政策叠加，使得历来以欧洲为中心的跨大西洋同盟面临巨大压力。伊拉克战争造成的同盟创伤尚未愈合，奥巴马政府又在伤口上撒盐，欧洲人担忧美国专注于其在亚洲的朋友和敌人，将会使美欧同盟关系处于危险之中。尤其当欧洲与俄罗斯关系仍然紧张之时，奥巴马政府却寻求与俄罗斯"重启"关系，并且取消了在波兰和捷克分别建立导弹防御系统和雷达站的计划，还从欧洲撤出了两个旅的兵力，这些做法进一步加剧了欧洲的忧虑。欧洲国家抱怨奥巴马在与普京打交道时缺乏决断，认为这与其说反映了他自己的外交政策，还不如说反映了美国观念的逐步转变。③2014年乌克兰危机爆发后，欧洲国家质疑奥巴马政府是否把欧洲受到的挑战视为对美国直接战略利益的挑战，批评美国在履行对欧洲安全承诺方面显得太软弱。虽然后来奥巴马对俄罗斯的态度转趋强硬，并提出了旨在保护欧洲盟国的行动计划——"欧洲保障倡议"（后来被称为"欧洲威慑倡议"），但他在接受媒体采访时仍批评法、英等欧洲盟国"搭便车"。④此外，奥巴马任期内美国不仅在欧洲而且在中东也

---

① Daniel S. Hamilton, "The Transatlantic Pivot", *Current History*, Vol. 113, No. 761, 2014, p. 123.

② Thomas Wright, "A Post-American Europe and the Future of US Strategy", https://www.brookings.edu/wp-content/uploads/2017/12/fp_20171205_post_american_europe.pdf.

③ 罗伯特·卡普兰:《美国对欧洲绥靖主义渐失耐心》, http://www.ftchinese.com/tag/%E6%AC%A7%E7%BE%8E%E5%85%B3%E7%B3%BB。

④ Alina Polyakova and Benjamin Haddad, "Europe Alone: What Comes After the Transatlantic Alliance", *Foreign Affairs*, Vol. 98, No. 4, 2019, p. 111.

逐渐减少其国际承诺。① 2016 年，奥巴马政府曾警告叙利亚的化学武器问题将招致美国的军事行动，但是当法国总统奥朗德（François Hollande）几乎下令法国战机轰炸叙利亚时，奥巴马政府却退却了，这令法国感到遭受了背叛。法国外长法比尤斯（Laurent Fabiu）称，美国的倒退"不仅是中东危机的一个转折点，对乌克兰、克里米亚乃至整个世界也是如此"②。

总之，美国战略重心东移揭示的美欧分歧表明，冷战后跨大西洋同盟的政治基础已然发生了动摇，虽然美欧的短期利益汇合使得同盟在冷战后得以存续下来，但从根本上来说，双方之间威胁认知差异与安全利益分歧不断加深，将不可避免地对同盟产生稀释作用，从而使美欧关系面临更大的压力和挑战。还应指出的是，二战后大西洋两岸社会对跨大西洋同盟的价值认同和理性支持曾是保障该同盟长期稳定的重要基础，但冷战后双方民众对跨大西洋同盟的认同和兴趣在下降。这种情况在美国显得尤其突出，美国很多民众非常反对美国充当世界警察、在国际冲突中担当领导。大西洋两岸社会和民众对美欧同盟关系的认同与支持程度同步下降，既是美欧对外战略调整的诱因之一，也是导致跨大西洋同盟裂痕扩大的一个重要因素。

---

① Alicia von Voss and Florence Schimmel, eds. "NATO's Future Role in the Multilateral Rules-Based Order", https://carnegieeurope.eu/2019/11/28/nato-s-future-role-in-multilateral-rules-based-order-pub-80412.

② Alina Polyakova and Benjamin Haddad, "Europe Alone: What Comes After the Transatlantic Alliance", *Foreign Affairs*, Vol. 98, No. 4, 2019, p. 114.

第三章　欧盟崛起与战略自主对跨大西洋同盟的挑战

冷战期间美国通过北约建立并维持其对欧洲的霸权，在跨大西洋同盟中占据绝对主导地位，美欧之间关系不平等是典型特征。冷战后，在国际环境和欧洲形势发生深刻变化的背景下，欧盟的崛起与战略自主成为推动跨大西洋同盟与美欧关系调整的重要诱因。欧盟的崛起是欧洲一体化的必然产物，对欧盟外交具有深刻影响，突出地表现在其外交独立性增强。欧盟借助其共同外交与安全政策机制谋求发挥更大的国际作用，以便更有效地维护自身利益和扩大全球影响力。在对美关系上，欧盟希望在更加平等的基础上"重建"欧美伙伴关系，并寻求在欧洲安全事务中拥有更大话语权；而对美国来说，欧盟的崛起及其平等伙伴关系诉求是对传统的跨大西洋关系模式的挑战。2008年全球金融危机以后，世界格局加速调整，欧盟面临内外多重挑战。美国在试图减少其霸权护持成本的同时，也加大了对欧盟摆脱美国控制的防范。近年来"大国竞争"加剧令欧盟陷入更大的国际困境之中，为了应对"大国竞争"的挑战和更有效地维护自身利益，欧盟寻求战略自主，在加强内部协调的同时谋求更大的对外战略自主性，尝试以更加主动的姿态参与大国博弈。在多种因素交织作用下，欧盟战略自主对跨大西洋同盟及美欧关系的影响是复杂的，其道路亦不会平坦。

第一节 欧盟崛起撬动跨大西洋权力结构

一、欧洲政治一体化与欧盟共同外交与安全政策

纵观70多年来的欧洲一体化进程，作为一体化的组织形式和载体，欧盟及其前身欧共体从小变大，由弱变强，逐渐崛起为国际体系中一支重要的经济政治力量，在全球事务中发挥着越来越重要的作用。与冷战时期欧共体聚焦于内部经济一体化、主要扮演一个国际经济实体的角色相比，冷战后欧盟的诞生过程堪称一场政治革命，尤其是欧洲政治一体化的发展成为欧盟在国际体系中全面崛起的重要标志。

20世纪80年代末和90年代初，在欧洲形势变化和世界格局调整的带动下，欧洲一体化步伐明显加快。1991年12月在马斯特里赫特举行的欧共体首脑会议上通过了《欧洲联盟条约》（亦称"马约"）。根据"马约"，欧洲联盟将建立在三根支柱基础上，传统的经济合作作为最重要的第一根支柱，其目标是最迟在1999年建成欧洲经济与货币联盟，实行单一欧洲货币，建立欧洲中央银行。另外两根支柱分别是共同外交与安全政策和司法内务合作。共同外交与安全政策旨在推动成员国加强外交与安全政策的协调，以进行更加紧密的合作。司法内务合作更具有现实的紧迫性，因为单一欧洲市场的四大自由流通要求加强成员国边界的联合管理，以控制跨国罪犯和打击恐怖分子等。为此，"马约"中规定将建立一支欧洲联合警察部队。从决策角度看，作为第一支柱的经济合作仍将在欧共体框架内进行，但成员国的否决权将进一步受到限制；在另两根支柱中，欧盟理事会则是主要决策机构，该机构基本上属于政府间机制。1993年11月1日，"马约"正式生效，欧洲联盟随之诞生。欧盟的成立开启了欧洲联合的新纪元，或者说欧洲一体化进入了建设欧洲联盟的崭新阶段。欧盟超越了以往欧共体作为一个经济实体所扮演的角色，谋求在世界事务中发挥独立"一极"的作用，其政治角色日益凸显。

欧盟的政治行为体角色以欧洲政治一体化为根基，以欧盟共同外

交与安全政策机制为依托。严格地讲，冷战时期的欧共体并不存在统一的外交政策，美国当时也不允许西欧拥有独立的外交政策，虽然有过戴高乐跟美国闹独立和西德"新东方政策"等插曲，但西欧国家和欧共体在外交和安全政策方面总体上是从属于美国的。只有在摆脱了冷战格局的制约以及成立了欧盟之后，建立统一和独立的欧洲外交与安全政策才具有了现实可能性。"马约"确立了欧盟共同外交与安全政策的目标，为最终建立统一的欧洲外交和安全政策奠定了基础。虽然共同外交与安全政策被限定为政府间性质，但是这一机制的建立本身对于欧洲一体化具有重要的意义。

诚然，欧盟成立后内部确有一种声音认为，建立共同外交与安全政策忽略了冷战后世界的新现实，主张欧盟应继续作"民事力量"（civilian power），并运用其巨大的经济影响力和相当的政治影响力在世界上发挥重要作用。但支持发展欧盟安全和防务政策的力量最终占了上风。支持论者有两个主要论点：一是欧盟要想在世界上发挥重要作用，就必须建立某种形式的安全和防务政策，甚至要拥有构成其权力主要属性之一的军事力量。欧共体委员会主席德洛尔（Jaques Delors）于1991年3月在演说中指出，海湾战争的一个教训就是暴露了欧共体力量的有限性。为了实现完全的欧洲联盟，唯一选择就是在欧共体框架内建立一个共同的安全政策。① "马约"进一步明确规定：欧洲联盟的一个目标就是"在国际舞台上彰显其特性，特别是通过实施包括最终建立一个共同防务政策在内的一项共同外交与安全政策来实现这一目标"②。二是与担心美国从欧洲撤军有关。冷战后初期和欧盟成立之初，由于东欧形势动荡和俄罗斯未来走向不明朗，加上对统一后的德国仍存有疑虑，欧洲国家和欧盟都不希望美国"撤出"欧洲，认为美

---

① Jacques Delors, "European Integration and Security", *Survival*, Vol. 33, No. 2, 1991, pp. 99-109.

② Richard Goebett, *The Treaty of Maastricht: From Conception to Ratification: A Comprehensive Reference Guide*, Harlow: Longman Affairs, 1993, p. 386.

国在欧洲的存在对于维护欧洲的稳定和解决"德国问题"仍至关重要。然而,欧洲人对美国是否在冷战后继续保证对欧洲的承诺明显信心不足,担心美国从欧洲大规模甚至全部撤军,因此认为有必要建立一支可替代美国驻军的"欧洲军队"。法国总理克勒松(Edith Cresson)于 1991 年 7 月说,很明显美国正在从欧洲"撤出"……美国不应该在"撤出"后还不允许我们拥有自己的防务。①"欧洲军队"或许不像美国军队那么强大,但是它可以消除被占领的印象,也会消除邻国对德国民族主义复活的担心。不仅如此,自主防务力量也将对欧盟的基础起到重要的加固和支撑作用。正如有分析指出,如果美国取消其对欧洲的承诺,欧共体作为主导性的欧洲合作机构将被认为是一个新的联盟的基础;事实上,除非实现西欧防务统一,否则欧共体的经济和社会统一将很难在北约解体后生存下来。②

毋庸置疑,欧盟共同外交与安全政策的确立是欧洲政治一体化取得重大发展的标志,预示了欧盟将在欧洲安全事务乃至国际政治中发挥更大的作用。21 世纪头十年是欧洲一体化历史上一个重要转型期,这种转型主要是通过欧盟制宪进程和《里斯本条约》的改革来体现的。2004 年通过的《欧盟宪法条约》是欧洲政治一体化进一步深化的产物,作为欧盟历史上的首部宪法条约,其宗旨是保证欧盟的有效运作以及欧洲一体化进程的顺利进行,条约同时对欧盟外交政策体制和机构作出了一系列重大改革。但法国和荷兰在 2005 年举行的全民公决中否决了该条约,随后欧盟成员国重启谈判,并于 2007 年就替代《欧盟宪法条约》的新条约草案达成协议。同年 10 月,欧盟非正式首脑会议通过了欧盟新条约,即《里斯本条约》。经过成员国的批准,《里斯本条约》于 2009 年 12 月正式生效。

---

① Edith Cresson, cited in Michael Meimeth, "France Gets Closer to NATO", *World Today*, Vol. 50, No. 4, 1994, p. 84.
② Trevor Taylor, "A European Defense Entity: European Institutions and Defense", in Jonathan Alford and Kenneth Hunt, eds. *Europe in the Western Alliance: Towards a European Defense Entity?* New York: St. Martin's Press, 1988, p. 213.

《里斯本条约》给欧盟带来了一系列重要的变化。首先，欧盟将在国际舞台上具有新的共同行动能力。其中，增设欧洲理事会常任主席一职并扩大欧盟负责外交与安全政策高级代表的职权是条约的一项重要内容。经选举产生的欧洲理事会常任主席将比轮值主席更具代表性和权威性，同时将增强欧盟政策的连贯性。常任主席负责主持欧洲理事会会议、协调欧盟内部意见，并在国际场合代表欧盟。扩大欧盟外交与安全政策高级代表的职权，说明欧盟今后将更加重视外交事务，调整后的高级代表将拥有欧盟对外关系理事会主席和欧盟委员会副主席的双重头衔，并将统领一个由欧盟委员会、欧盟理事会以及各成员国官员组成的强大对外机构——欧盟对外行动署。这些举措将使欧盟以更加一致的姿态展现于国际舞台，更有能力确立其在国际上的地位并发挥更大作用。其次，《里斯本条约》将使欧盟委员会、欧盟理事会、欧洲议会等欧盟机构更加独立于成员国。欧盟理事会将在40多个新的领域适用多数表决制，这将大大提高欧盟决策效率，增强理事会的超国家主义成分。再次，欧洲议会在立法、预算与政治监督方面的权力将进一步增强。最后，需要特别强调的是，《里斯本条约》赋予欧盟独立的法律人格，这意味着在国际法中欧盟将成为欧共体的合法继承人，并因而将在经济事务之外拥有代表权，例如应具有联合国观察员的资格。这至少在名义上增强了欧盟共同外交与安全政策的国际合法性与有效性，[①] 从而有助于提升欧盟作为一个国际行为体的重要性，并加强其国际行为能力。

　　需要强调指出的是，《里斯本条约》对于加强欧盟共同外交与安全政策的意义尤其重大。条约对欧盟共同外交与安全政策的机构安排和决策机制进行了调整，拥有更大对外权限的外交与安全政策高级代表（相当于"欧盟外长"），有利于确保欧盟外交政策（声明、制裁、外交倡议等）、防务政策（军事使命及有关危机管理的民事任务）和对

---

① 戴炳然：《里斯本条约下的欧盟共同外交与安全政策》，载戴炳然主编：《里斯本条约后的欧洲及其对外关系》，北京：时事出版社，2010年版，第1—2页。

外援助政策更大的一致性，同时也是欧盟作为一个单一政策行为体的象征。外交与安全政策高级代表领导的欧盟对外行动署，实际上成为欧盟"外交部"的雏形。对外行动署可能会最终改变欧洲国家传统的外交方式，从长远看，将促进成员国与欧盟机构之间形成统一的外交文化。[①] 另外，新设置的欧洲理事会常任主席在涉及共同外交与安全政策的问题上也享有对外代表权，即在首脑一级代表欧盟。除上述两项改革外，《里斯本条约》还引入了共同安全与防务政策，并决定成立欧洲防务署；同时也进一步规范了"强化合作"（enhanced cooperation）机制的实施程序，以使欧盟在处理一些外交、安全与防务事务时具有更大的灵活性和机动性，增强欧盟在这些领域的行动能力。尤值一提的是，《里斯本条约》中写入了"永久结构性合作"条款，为日后欧盟启动该机制框架下的防务合作提供了法律与制度保障。

总之，随着欧洲政治一体化提速并不断取得进展，欧盟正在从一个经济实体向经济政治实体乃至防务实体迈进，其在国际体系中的政治角色日益凸显。与此相应，欧盟外交政策体制机制自建立以来日益走向完善，共同安全与防务政策以及防务能力建设亦渐趋加强。尽管欧盟在政治及外交政策领域的改革仍不够彻底，但是其已显现的积极意义不容忽视，并为日后进一步深化改革打下了重要基础。应当看到，欧盟新的政治角色及其在共同外交与安全政策领域取得的进展，不仅对欧洲一体化及欧盟意义重大，而且具有广泛且重要的国际影响。反映到美欧关系上，欧盟的政治角色及其共同外交与安全政策的发展，对传统的"美主欧从"的跨大西洋关系模式构成了挑战。对于欧盟而言，挑战在于如何在原来从属于美国外交与安全政策的既有国际环境消失之后，尽快建立起能够适应欧洲自身发展需要和国际形势变化的

---

① Thierry Chopin and Maxime Lefebvre, "Three Phone Numbers for Europe: Will the Lisbon Treaty Make the European Union More Effective Abroad?", https://docslib.org/doc/8422409/will-the-lisbon-treaty-make-the-european-union-more-effective-abroad-thierry-chopin-and-maxime-lefebvre.

新的自主和独立的外交与安全政策。对于美国而言，则意味着如何应对日益独立和自主的欧洲外交与安全政策，以便继续维护美国在欧洲事务（尤其欧洲安全事务）中的主导地位，并使欧盟在国际事务中支持和配合美国，为美国的全球战略利益服务。

二、欧盟崛起冲击美国对欧洲的霸权

冷战终结与欧盟崛起对二战后形成的以跨大西洋同盟为核心的美欧权力格局构成了挑战，旧格局的调整势在必行。然而，调整不可能一蹴而就，其所呈现的基本态势是跨大西洋同盟趋于弱化，而美国与欧盟关系的重要性、复杂性上升。

冷战结束后，美欧一致欢呼"赢得了"冷战，但同时却难以忽视冷战终结给跨大西洋同盟带来的冲击。从根本上讲，共同敌人的消失动摇了美欧同盟的政治基础，北约继续存在下去的合理性受到质疑。诚然，冷战后初期欧洲形势的不确定性要求美欧不能立刻"分道扬镳"，而双方也意识到在为北约的前途找到解决方案之前仍需继续保持合作，以便利用冷战"胜利"的有利局势，尽快将中东欧国家和前苏联共和国纳入西方轨道，确保欧洲大陆的稳定。最终，美欧双方的短期利益汇合促成了某种妥协性安排。这突出地体现在美欧围绕冷战后欧洲安全事务主导权之争进行的博弈中。在强调并确保北约在欧洲安全中核心地位的前提下，美国默认了欧盟发展防务合作的努力，同意西欧联盟发挥更主动的作用，也认可了欧洲安全与合作组织在欧洲安全的某些领域的积极作用。此外，欧盟在对巴尔干冲突进行反思之后，承认北约依然是欧洲防务和安全政策的主要支柱，表示只有在美国不能或不愿意在军事上卷入的时候，才应考虑建立一个欧洲防务组织。法、德两国和北约于1992年12月底和1993年年初就"欧洲军队"达成协议，删除了令美国感到不满的条文，并规定在紧急情况下"欧洲军队"可以置于北约的指挥之下。不难看出，在这一阶段的跨大西洋同盟内部博弈过程中，美国和北约占据了上风，欧洲则处于较为被动的地位。由于受到各种因素的制约,欧洲难以快速地建立一个以欧盟为核心的新的欧洲安全体系,而欧洲安全与合作组织又因为大而散以及受到全体一致决策机制的约束,难以采取迅速而有效的行动。相比之下,在组织和行动能力上更具可信性的北约具有竞争优势,因而处于较为有利的地位,美国正是借北约之势压制住了欧盟。

然而,美国对欧盟的压制并不能消除双方在冷战后欧洲安全事务主导权问题上的根本矛盾,从而使得美欧难以就双方关系的未来达成根本一致,而其深层原因在于欧盟的崛起很大程度上冲击了传统的大西洋权力格局。随着欧盟的崛起,美欧之间的战略利益分歧日益凸显,进而激化了彼此间长期以来存在的控制与反控制的矛盾。一个不再像过去那样严重依赖美国的军事保护、更加团结和统一的欧洲,在外交上变得更加自主和独立,并谋求在未来多极世界中发挥重要的作用。对美欧关系来说,这样的一个欧洲意味着要摆脱美国的控制。在一些欧洲人看来,欧盟成立的根本理由在于奉行一种"双重平衡"政策,即在内部平衡统一的德国,在外部平衡美国。总之,欧盟的崛起是对美国欧洲霸权的挑战,将会不可避免地招致后者打压。

美国对欧洲的霸权有其历史逻辑。纵观20世纪美国对欧政策的演变发现,美国始终以反对欧洲霸权之名谋求自身对欧洲的霸权。自19世纪末美国崛起为世界大国后,防止欧洲出现霸权就一直是其对欧政策的核心内容。20世纪前半期,美国参加了两场欧洲大战,目的就是要防止单一国家称霸欧洲后纠集整个欧洲大陆的力量来威胁美国的后院。二战后,美国与西欧结盟并组建北约,除了是要把"俄国人挡在外面"外,最重要的是控制其他国家并发挥领导作用,一方面使德国受到控制并避免欧洲国家之间再次发生战乱,同时防止欧洲国家聚合成一支制衡美国的力量。苏联解体后北约实际上失去了存在的价值,但美国仍坚持认为北约在冷战后依然有其用武之地,因为它有助于促进美国长期的战略目标的实现;这一目标独立于冷战而存在,因此不会随着苏联的解体而消失。① 事实上，自欧洲一体化启动以来，美国的对欧政策始终存在悖论，即支持欧洲一体化与反对欧洲自主性和独立性并存，美国不允许欧洲一体化脱离美国的影响而自行发展。欧盟成立后，美国忌惮欧盟的发展会与美国对欧政策相冲突，故一直对欧盟的动向保持警惕。美国学者亨廷顿（Samuel Huntington）指出，如果欧洲共同体的政治一体化真的发生，将会导致出现一个极其强大的实体，而这肯定会被视为对美国利益的一个主要威胁。因此，促进欧洲共同体朝着较松散的、拥有更多成员国参加的、纯粹是经济实体的方向演变，而不是朝着一个更紧密的、拥有一体化外交政策的政治实体的方向演变是符合美国利益的。② 1991年2月，布什表示欢迎"同一个更加自信和统一的欧洲加强在安全事务上的大西洋伙伴关系"，但他接着便发出一个直接和公开的警告："在我看来，通过重新界定和限定北约的作用、削弱其结构，或者通过建立一个由某些成员国组成的庞大集团以形成一个'欧洲支柱'的措施是误入歧途。我们希望这样的努力受到坚决的抵制。"③ 布什政府明确反对法、德关于将西欧联盟作为欧盟防务臂膀的建议，反对把"欧洲军队"变成独立的欧洲军事结构的核心。

除了防止欧洲出现霸权，20世纪美国对欧政策的另一个核心要素是全球秩序政策，即建立一个没有集团的多边开放的国际体系，以利于在世界范围内实行美国倡导的所谓"民主"和"市场经济"。这一政策同现实主义的、防止在欧洲出现霸权的政策并不存在直接的冲突，因为美国人认为，组建欧洲集团等于妨碍了全球团结。由此可见，美

---

① Christopher Layne, Iraq and Beyond, "'Old Europe' and the End of the U. S. Hegemony", in Christina V. Balis and Simon Serfaty, eds. *Vision of America and Europe: September 11, Iraq, and Transatlantic Relations*, Washington D. C.: The CSIS Press, 2004, p. 51.

② Samuel P. Huntington, "America's Changing Strategic Interests", *Survival*, Vol. 33, No. 1, 1991, pp. 12f.

③ Werner Link, "The United States and Western Europe: Dimensions of Cooperation and Competition", in Geir Lundestad, ed. *No End to Alliance: The United States and Western Europe: Past, Present and Future*, New York: St. Martin's Press, 1998, p. 172.

国是从政治、经济、安全等多个方面来看待欧盟可能对美国形成的挑战的。而当这种挑战发生在美欧之间的权力转移（尤其在经济领域）对美国不利时，就必然会使得双方的矛盾凸显和激化。

总之，冷战终结与欧盟崛起推动跨大西洋同盟与美欧关系进入了一个结构性和历史性调整时期。调整的主要内容是美欧之间从冷战时期以跨大西洋同盟为核心的"美主欧从"的"特殊关系"向后冷战时期更多以美欧之间既竞争又合作的"正常关系"转变。然而受各种因素的影响，这一调整和转变注定是复杂和漫长的。20世纪90年代只是这一调整过程的开始，虽然双方达成了暂时性的妥协安排，但妥协背后所反映出的深刻分歧和矛盾预示了未来美欧关系的演变仍将充满挑战。

三、跨大西洋关系"重构"趋势及特点

美欧之间的跨大西洋关系是一个复杂的系统。具体来说，二战后的跨大西洋关系或者说宏观层面的美欧关系包含三个重要成分，即北约、跨大西洋同盟和美国与欧盟关系，三者既相互关联又互有区别。北约的核心是美欧军事同盟，主要涉及北约军事一体化指挥体系、北约防务责任分担以及北约军事行动等相关问题。跨大西洋同盟是指更为广泛意义上的以北约为主要机制和纽带的美欧之间跨大西洋军事政治联盟关系。美国与欧盟的关系则是欧洲一体化背景下出现的跨大西洋关系的一个新支柱。不难看出，跨大西洋关系具有行为体多元化的特点，既包括美国和欧洲各主权国家，也包括政府间性质的北约和具有显著超国家特征的欧盟。

行为体多元化使得跨大西洋关系呈现不同形态和特点，或者说美欧关系同时发生在多个不同层面。二战前，美国与欧洲各国基于历史和文化而形成的双边关系构成了美欧关系的全部。二战后，美国仍然重视同欧洲各国特别是一些大国的双边关系，如美英关系、美法关系、美德关系等。与此同时，美国在东西方冷战格局下与西欧国家结盟，

并以北约为基础形成了跨大西洋同盟关系，北约成为美欧关系的核心支柱；在战后欧洲一体化兴起的背景下，美国同欧共体接触并与之保持非正式联系，欧盟诞生后，美国与欧盟的关系趋于正式化和机制化。美国-欧盟关系的历史虽相对较短，但发展速度较快。需要指出的是，由于大部分欧盟成员国同时也是北约成员国，这就使得欧盟与北约、欧盟与美国的关系变得复杂化了。另外，随着欧盟日益积极地参与国际事务，美国和欧盟还在联合国、世界贸易组织、欧洲安全与合作组织，以及七国集团、二十国集团等国际机构中密切互动。

伴随着冷战结束和欧盟崛起，跨大西洋关系进入了一个结构性与历史性调整的新时期，面临着前所未有的"重构"压力。美欧对苏联威胁的共同认知与安全利益的一致性，以及美国的领导作用，曾是冷战时期跨大西洋同盟得以建立并保持稳定的根本因素。但冷战后共同威胁的消失使得美欧之间安全利益的重合度变小，美国不愿意继续发挥"保护提供者"那种代价高昂的领导作用；欧洲在安全上对美国和北约的依赖度也大大降低了，且利益诉求发生了很大变化，欧盟寻求与美国建立"有效的平等伙伴关系"，这反映出其对"美主欧从"的跨大西洋关系传统模式的不满。总之，随着欧洲一体化的深入发展和欧盟的崛起，跨大西洋关系的重心逐渐从以北约为支柱的跨大西洋同盟向相对较为均衡的美国与欧盟关系转移，欧盟未来在美欧关系的演进中将扮演一个重要角色。也就是说，美欧关系由过去的保护与被保护的关系逐渐转变为欧盟谋求与美国建立更加平等的伙伴关系，这一点当是战后跨大西洋关系发展演变过程中最重要的变化。

毋庸讳言，跨大西洋关系的"重构"难以一蹴而就，不可能一帆风顺，而是会伴随着美欧之间持续的博弈和斗争。欧盟希望与美国建立一种较传统跨大西洋同盟更为平等的新型伙伴关系，前欧盟委员会主席普罗迪（Romano Prodi）曾明确地说，欧盟要成为"一个和美国平起平坐的欧洲大陆上的超级大国"①。但美国对此保持警惕，它虽然认同欧盟的国际地位和作用并与之建立了对话和磋商机制，甚至在诸多领域与欧盟进行了协调、合作和联合行动，却并不愿意将欧盟视为一个平等伙伴。归根结底，美国接触欧盟并与之发展关系的目的在于促使后者与自己合作，同时防止欧盟走独立路线，挑战美国在欧洲的主导地位。随着欧盟加强内部一体化尤其是共同防务建设，美欧争夺欧洲安全事务主导权的矛盾将更加凸显，势必会招致美国对欧盟更多的警惕与打压，由此进一步加剧双方关系的竞争性。但从中短期来看，欧盟因自身一体化的局限性特别是军事硬实力不足，尚不能同美国进行有效抗衡，美国也不会放弃北约及其通过北约确立的在跨大西洋同盟中的主导地位。因此，"重构"中的美欧关系将会介于传统战略盟友与平等伙伴之间，且北约的重要性仍较为突出。

　　长远来看，跨大西洋关系的"重构"趋势难以改变。2005 年，德国总理施罗德（Gerhard Schröder）宣称，已有 56 年历史的北约已经"过时"，需要重新整合，美国与欧盟的关系应当有新的发展。② 未来，美国与欧盟之间的"正常关系"过程将呈现平等性、竞争性和合作性三重特征。其中平等性是核心，它反映美欧关系"重构"的实质，意味着从冷战时期依附性质的"特殊关系"朝向后冷战时期趋向平等的"正常关系"转变。欧盟实力与外交自主性的增强，将推动美欧关系变得较以往更加均衡和平等。不过，由于双方之间仍存在实力差距（尤其在军事领域）以及欧盟内部政治整合的难度，实现真正平等的美欧关系将是一个充满复杂博弈的过程。在这一过程中，美国不会放弃使用以欧制欧、分化瓦解的策略，以限制欧盟的发展。由是而言，竞争性将伴随美欧"正常关系"进程始终，合作性仍将是美欧"正常关系"进程的主导面。

---

①　赵怀普：《从"特殊关系"走向"正常关系"——战后美欧关系纵论》，载《国际论坛》，2006 年第 2 期，第 48 页。

②　同①。

还应指出的是，冷战后美欧关系的"重构"及其"正常化"趋势客观上有利于世界多极化进程。尽管与其他国家相比，美国仍拥有超强实力，但多极化是当今世界不可阻挡的发展趋势。欧盟的崛起是世界多极化的一个积极因素。随着欧洲一体化的深入发展，欧盟未来将会变得更加强大，将会在国际政治中发挥更大的作用，从而对美国的霸权战略形成更大的制约。总之，美欧关系的"重构"进程虽不会一帆风顺，甚至会出现曲折和反复，但大趋势不大可能改变，一个更加强大和更加战略自主的欧盟势必会推动美欧关系朝着更加均衡、平等的方向发展。跨大西洋关系的"重构"构成了当今世界大变局的一部分，也为中欧关系的发展和中美欧三边互动拓展了空间。

第二节　国际变局下的欧盟"多事之秋"

一、欧债危机

欧洲一体化的发展与欧盟的崛起改变了传统的欧洲国际关系模式，提升了欧洲在世界事务中的地位与影响力，冲击了美国对欧洲的霸权。然而，作为一种新生事物和超国家治理模式的探索，欧洲一体化从来都不是一帆风顺的，欧盟及其前身欧共体也从来不乏危机。事实上，危机作为一体化的伴生物，间歇性地刺激和驱动了欧洲一体化进程及欧盟的发展。20世纪50年代，欧共体遭遇了欧洲防务共同体计划失败的危机；60年代的"空椅子危机"再使欧洲一体化进程遭遇严重挫折；70年代，欧共体经济一体化因受到石油危机和"滞胀"的影响而经历了一个较为困难的时期；在80年代前半期，英国与欧共体的摊款争端严重干扰了后者的发展。"马约"生效以后，欧盟建设进程也并不顺利，1992年丹麦否决"马约"一度使欧盟陷入危机之中。进入21世纪后，欧洲一体化的重心转向政治一体化，欧盟制宪和欧盟外交与安全政策机制改革是两大重要举措，但2005年法国和荷兰否决《欧盟宪法条约》以及爱尔兰2008年否决《里斯本条约》等事件，再使欧盟遭遇"批约"危机。

2008年全球金融危机加速了世界变局，使得欧洲一体化的外部环境变得更加严峻。尤其是全球金融危机触发了欧盟内部一些成员国的主权债务危机，由此对欧洲一体化进程及欧盟的发展构成严重挑战。欧债危机的本质原因是政府的债务负担超过了自身的承受范围，从而引发违约风险。2009年12月，希腊的主权债务问题凸显，至次年3月危机进一步发酵，并开始向"欧猪五国"（葡萄牙、意大利、爱尔兰、希腊、西班牙）蔓延。美国标准普尔、穆迪投资者服务公司和惠誉国际信用评级公司等三大评级机构"落井下石"，连连下调希腊等债务国的信用评级。希腊债务危机爆发之初，欧盟内外对其可能引发的一系列消极后果普遍感到担忧。一些分析人士警告，个别债务"高危"成员国或默认欧元解体或退出欧元区，由此引起的连锁反应将使"欧元和欧盟面临解体的威胁"。① 美国高盛集团的斯托尔珀（Thomas Stolper）于2009年年初称，货币联盟解体无疑仍是一个强大的贸易主题，许多投资者预计至少有一些国家会努力用回自己的旧货币。② 世界银行行长佐里克（Robert Zoellick）也称，欧洲面临丧失过去20年中取得的政治成就的风险。③ 影响更为深远的是，危机可能导致欧盟成员国之间渐行渐远。欧盟内部分歧不仅给欧盟内部的经济协调带来了困难，而且随着时间的推移，怀疑主义可能会渗透到所有的共同政策，并侵蚀欧盟的经济和财政纪律。这种趋势与欧盟领导力的缺失、成员国之间的相互指责叠加在一起，有可能导致欧洲的某种解构或欧盟的"软分离"（soft-partition）。④ 简言之，欧债危机与欧元危机俨然成为21世

---

① "Seen from America: The Implications of the Economic Crisis for the European Union", https://www.robert-schuman.eu/en/european-issues/139-seen-from-america-the-implications-of-the-economic-crisis-for-the-european-union.

② Peter Garnham, "Fear over Weaker States Hits Euro", *Financial Times*, January 17, 2009.

③ Justin Vaisse, "A Rebound, Not a Break-up: The Political Implications of the Economic Crisis for the European Union", http://www.brookings.edu/~/media/Files/rc/papers/2009/0520_europe_vaisse/0520_europe_vaisse.pdf.

④ 同③。

纪初欧盟遭遇的最严峻挑战。

单一市场和货币联盟是欧盟取得的重大一体化成就，堪称欧盟的基石。单一市场给欧盟成员国带来了巨大的经济利益，是对内最具凝聚力、对外（尚未加入欧盟的欧洲国家）最具吸引力的一项经济安排。单一市场与单一货币二者间关系紧密，若想使单一市场的效益得到充分发挥，就要求建立完整、全面的货币联盟，以最终达到稳定和完善单一市场的目的。鉴于此，欧元危机就威胁到了单一市场，若欧元垮掉，则单一市场无异于被釜底抽薪。不仅如此，单一市场尤其货币联盟对欧盟来说还具有更为深刻的政治意义，不仅为欧盟进一步的政治发展提供了基础和动力，也是实际支撑欧盟国际地位与影响力的重要支柱。欧盟成员国在通过参与单一市场和单一货币而获益的同时，也为欧盟的前途和未来投下了巨大的经济政治赌注，彼此成为高度相互依存的利益攸关者。一旦欧元崩溃并进而导致欧盟解体，其可能引发的连串后果（包括欧洲重新回到民族国家分离、国家货币复兴的时代）将是灾难性的，并极有可能使半个多世纪来取得的一体化成果化为乌有。这样的后果对所有欧盟成员国来说都是无法承受的，也正是因为认识到彼此间有着重大利害关系，德国等一些大国不敢坐视债务"高危"成员国破产和欧元解体，即便采取救助行动需要付出高昂的政治代价。

为了应对欧债危机，在德国等国的推动下，欧盟采取了一系列措施：一是紧缩财政。在应对危机的谈判中，欧盟强调削减财政赤字和公共债务的重要性。在欧盟以及所谓"三驾马车"（欧盟委员会、国际货币基金组织和欧洲中央银行）的反复要求下，欧洲国家相继出台了大规模财政改革措施，形成了全欧范围内的财政紧缩和福利制度改革风潮，包括大幅削减养老金及失业和医疗等多种补贴、提高退休年龄、放松劳动力市场管制等。二是向"问题国家""输血"。在具体救助濒临"破产"的"问题国家"如希腊、意大利等国方面，欧盟基本上采取了"走一步看一步"、被动应对的做法。欧盟通过建立临时性的欧洲金融稳定工具向希腊"输血",同时要求希腊大幅削减财政预算和公共开支以实现"止血"。三是"建章立制",试图用更严厉的法律条文规范成员国的预算政策。

毋庸讳言,欧债危机暴露出欧元机制本身的缺陷,对欧元区国家的经济发展和欧洲一体化进程是一次重大打击。为了应对挑战,欧盟除推出财政紧缩和出资救助等短期措施外,还谋求改进、强化欧元区运行机制,试图从根本上杜绝债务危机发生。2011年8月,德、法两国共同倡导成立"欧元区经济政府",以协调成员国经济和财政政策。同时,欧盟还尝试通过修改条约寻求更加彻底的解决方案。"马约"生效之后,欧盟条约的不断修改与完善是深化一体化和强化欧盟权力的一个重要途径。2009年生效的《里斯本条约》仅规定了欧盟成员国形成政治联盟的规范,并没有关于形成财政同盟的条款,以致欧盟缺乏可对欧元区国家采取强制行动的实质授权。2010年10月,欧盟领导人商议小幅修改欧盟条约的可行性,期盼建立一套长久机制以避免欧债危机蔓延扩大。2011年11月,德、法、意三国领导人举行会晤。德国总理默克尔提议修改欧盟条约,以开展更紧密的政治合作,整顿成员国财政纪律,最终形成财政联盟。法国总统萨科齐表示,德、法两国将就修改欧盟条约提出联合建议。在同年12月欧盟峰会召开前,德、法两国发表了关于修改欧盟条约的联合声明。欧盟委员会支持修改欧盟条约,以利于为欧元区成员国建立一种永久援助机制。进入2012年以后,除英国外的欧盟其他成员国都致力于推进和落实旨在加强财政纪律的《欧洲经济货币联盟稳定、协调与治理公约》的相关安排。几经谈判与修改公约草案,2012年1月,欧盟峰会通过了该公约,又称"财政契约"。"财政契约"的核心内容是成员国政府间签署具有法律约束力的经济货币联盟条约,强化财政纪律,加强经济稳定、协调和治理。欧洲理事会主席范龙佩指出,这部条约意味着更多的责任和更好的监管。①欧洲央行行长德拉吉（Mario Draghi）表示，"财政契约"是通向欧洲财政联盟的第一步，有助于增强市场对欧元区的信心。②这次峰会还达成了共识，总额为5000亿欧元的欧洲稳定机制最早拟于2012年7月正式生效。③在2012年3月初举行的欧盟峰会上，除英国、捷克之外的其他25个欧盟成员国正式签署了"财政契约"（捷克表示未来有可能签约）。

欧盟的上述举措虽然对遏制欧债危机蔓延和深化起到了一定作用，但并未完全达到预期效果，反而给欧元区、欧盟及欧洲一体化带来了一系列负面效应。首先，欧盟全面、持续加强的紧缩政策严重影响欧洲的经济增长，欧盟整体消费低迷，投资不振，经济发展停滞。其次，欧债问题冲击了欧盟的"民主"原则，弱化了欧盟"民主"的合法性。在债务危机冲击下，爱尔兰、葡萄牙、希腊、意大利、西班牙、斯洛文尼亚等欧元区国家先后发生了政权的非正常更迭，下台的政府均未完成任期。再次，欧债危机削弱了欧盟内欧盟委员会、欧洲议会和欧洲法院等超国家机构的地位。自全球金融危机和欧债危机爆发以来，自称为"欧盟政府"的欧盟委员会在应对危机中的作用非常有限，欧洲范围内的经济刺激计划以及救助银行的行动都是由成员国自行发起的，欧盟委员会和欧洲议会实际上形同虚设。在种种负面效应叠加的情况下，欧洲国家的"疑欧"主义、民族主义继续发展，从而进一步弱化了欧洲一体化的根基。

二、欧洲难民危机

欧债危机及其影响尚未消除，2015年爆发的难民危机再令欧盟雪

---

① 《欧盟签署"财政契约"指日可待》，http://zqb.cyol.com/html/2012-02/01/nw.D110000zgqnb_20120201_4-04.htm。
② 《欧盟通过"财政契约"草案》，http://news.cntv.cn/20120131/120426.shtml。
③ 2012年3月30日举行的欧元区财长会议上就欧元区金融"防火墙"扩容问题达成一致意见，同意将欧洲救助基金规模（欧洲稳定机制和欧洲金融稳定工具合并后）扩大至8000亿欧元。

上加霜。此次难民危机的源头可追溯至2010年爆发的"阿拉伯之春",这场运动席卷了西亚和北非,并很快波及整个阿拉伯世界,致使突尼斯、利比亚、埃及和叙利亚等国纷纷陷入内战,从而引发了该地区的持续动荡和纷争。欧洲由于与西亚和北非在地理上较为接近,加上经济发达并实行高水平的福利政策,还具有接收难民的传统与文化,以及有着较为完善的接收和安置难民的机制,成为难民的"首选目的地"。需要指出的是,作为西亚和北非地区持续动荡的余波,此次难民危机也是西方国家长期介入该地区事务的必然结果。

难民危机在2015年达到顶峰。在这一年,自西亚和北非通过地中海和巴尔干半岛等路线进入欧洲的难民的数量创下了历史新高,难民总数超过了150万人,与2014年相比增长了123%;其中叙利亚难民占难民总数的53%,阿富汗难民约占18%。[①] 由于危机初期欧盟内部未能就如何应对形成统一的意见,加上地中海沿线国家对难民放任自流,使得大量难民得以进入欧洲腹地,导致难民危机进一步加剧。直到2017年,难民申请的数量才相较于前两年有所回落,这主要是因为西亚和北非地区动乱局势有所平息,同时欧盟也采取了一定的限制政策,但难民数量依然维持在较高的水平。

相较于欧债危机,难民危机对欧盟的影响更为复杂和多面,因此成为欧盟最为紧迫也更难以治理的危机之一。欧盟难民治理的困境主要表现在三个层面:难民治理机制设计存在缺陷、欧盟内部成员国间的分歧和域外合作的艰难维系。其中,尤以欧盟成员国之间的分歧表现得最为突出。各成员国之间围绕难民危机产生诸多争议,在很长一段时间内无法达成一致。首先,应对难民危机花费巨大,给各国带来了巨大财政压力,这是导致成员国之间在接受难民问题上产生分歧的重要原因之一。虽然欧盟给予接收难民的成员国一定金额的补偿,但这种补偿相较于总花费无异于是杯水车薪。其次,成员国对难民危机

---

① 赵俊杰:《欧洲难民危机专题研究报告》,北京:中国社会科学出版社,2016年版,第7页。

的态度不同。欧盟的快速扩大导致了内部异质化增强，使得成员国在讨论欧盟难民政策时难以达成共识，从而加大了欧盟内部分化的趋势。面对此次难民危机，各成员国对难民配额方案持有不同态度：德国、瑞典、法国等西欧国家的经济实力较强且较有应对经验，因此对欧盟难民配额方案持支持的态度；而中东欧和南欧国家的经济基础较弱且位于难民冲击的最前线，对难民政策态度上比较消极，以自身落后的经济发展状况为由坚决反对难民配额方案，有些国家甚至明确表达不愿接收难民的意愿；其他欧盟成员国虽然愿意按照欧盟分摊的指标接收和安置难民，但总体上态度并不积极。显然，欧盟各成员国的利益难以协调，各国各行其道的做法阻碍了难民危机的解决，也给欧盟难民治理带来了很大的挑战。

从欧盟治理的视角来看，欧洲难民危机的出现是对欧盟治理能力的一次重大考验，暴露出其难民治理机制设计方面的缺陷。2003年欧盟修订实施的关于移民难民治理问题的《都柏林公约》（1990年首次签订）的核心在于，避难者只能在进入欧盟的第一个成员国提出避难申请，而这第一个成员国也要承担避难申请者身份资格审查的责任。表面上公约赋予了难民第一申请国一些权利，但实际上给难民第一申请国造成了压力。意大利、希腊等欧洲外陆国面对难民压力，放宽难民进入欧洲的标准有违《都柏林公约》的原则。① 此外，大多数难民根据《申根协定》在申根区内无序流动，这也引起了申根成员国的不

---

① 以"第一入境国原则"和"安全第三国原则"为基础的都柏林体系是欧盟解决难民责任分摊问题的法制化产物，但在2015年面对如此严重的难民危机时却陷入了失灵的困境。"第一入境国原则"规定避难者需要在入境的首个欧盟成员国申请难民身份并提出庇护申请，同时该国就须承担难民接待和资格审核等一系列责任，目的在于避免难民在欧盟境内的二次流动。但事与愿违，处于接收难民前线的希腊和意大利等地中海国家无法接收和安置如此大规模的难民，于是便抛弃了《都柏林公约》所规定的义务，开放边境放任难民进入欧洲腹地，无疑暴露出了欧盟制度设计的不完善。欧盟只允许难民向第一入境国主张其庇护权，不仅剥夺了难民自由选择庇护国家的权利，同时也对第一入境国造成了难以承受的负担。加上欧盟一直以来都缺少有效的危机预警机制和监管体制，使其无法保证各成员国庇护责任的公平分配和庇护机制的有效运转，致使某些成员国抛弃《都柏林公约》而各自为政，欧洲难民治理的核心工具最终陷入失灵困境。

满。于是申根成员国开始加强边境管控，禁止难民随意进入本国境内，这间接导致《申根协定》在具体实施过程流于表面形式。作为欧盟难民治理的两项重要成果，《都柏林公约》和《申根协定》遭到破坏对欧盟治理能力提出了挑战。还需指出的是，主权是一个国家最基本的权利，而解决难民问题的相关政策属于国家政治层面的主权问题。这意味着，即使欧盟形成了解决难民问题的相关决策方案，但是在具体措施实施过程中还要落实到国家层面上去，需要有关国家的积极配合。很显然，此次欧洲难民危机凸显出欧盟内国家主权与超国家主义之间的矛盾，各成员国出于本国利益对于应对难民的决策不能达成共识，它们接收和安置难民的不同态度和立场使欧盟内部陷入分裂，加大了欧盟难民治理的难度。

难民危机给欧洲各国带来深远影响。一方面，由于宗教信仰和生活习惯等问题，难民的涌入使得欧洲国家内部出现大量社会问题。在政治方面，面对大量难民无序涌入并挤占本国福利，欧洲各国民众陷入不安之中，并开始出现反难民潮倾向；一些国家的政局发生变化，民粹主义和右翼势力快速发展起来。在经济方面，难民大规模涌入扰乱了欧洲许多国家经济的发展，难民接纳国的劳动力市场承压，失业率不断上升，使尚未从欧债危机中恢复的欧洲国家雪上加霜，经济发展愈加艰难。同时，难民的涌入加大了难民接纳国的财政支出，难民接纳国在为难民建立难民营、提供教育、医疗以及各种生活必需品方面消耗了大量的财力。尤其是中东欧国家本身经济实力比较薄弱，它们加入欧盟更多的是为了寻求欧盟的经济援助，促进本国经济发展，但是难民的大量涌入对它们的经济发展造成沉重的负担，拉大了与老欧盟成员国之间的差距，这显然与它们加入欧盟的初衷相违背。在社会文化安全方面，涌入欧洲的难民大多属于穆斯林群体，这给属于传统基督教社会的欧洲带来了伊斯兰倾向，同时也带来了一定的宗教文化冲突。2004年法国国民议会通过了禁止学生在公立学校佩戴标志性宗教配饰的法律；2009年瑞士建造清真寺塔遭到了瑞士公民的反对。

一系列事件充分说明，随着穆斯林难民的涌入，欧洲国家内持续上演着文化上的冲突和摩擦，穆斯林难民难以融入欧洲社会。值得注意的是，欧洲不少地方因为难民问题而频繁爆发恐怖主义事件，由此对欧洲的稳定和安全造成了挑战。

另一方面，难民危机还严重影响到欧洲一体化进程。欧盟层面应对难民危机不力，加剧了各国民众的反欧盟情绪，使东欧和西欧、南欧和北欧、"新欧洲"和"老欧洲"之间的矛盾日趋尖锐。特别是欧洲难民危机使得欧盟内部"脱欧""疑欧"主义势力抬头。正是在欧洲民粹主义发展、国内"疑欧"主义抬头的刺激下，英国萌生了退出欧盟的念头。

难民危机带来的严重影响及后果促使欧盟进行反思。欧盟意识到，在难民治理问题上仅靠某一国家或某一组织机构的力量是不够的，化解难民危机需要难民输出国、中转国、接纳国和相关组织等的合作。因此，欧盟通过制定和修订相关难民治理法案、推行难民分摊配额方案和加强与第三国合作来改进难民治理。首先，欧盟修订了原有的相关庇护法案和调整了一系列政策架构。欧盟以《都柏林公约》为核心的一套难民治理体系曾经在应对历次难民潮的过程中发挥了一定的作用，因此当2015年难民危机爆发时欧盟起初仍以该公约为指导，但随着大量难民不断地涌入欧洲，加之通过地中海偷渡的难民事故频发，欧盟不得不思考新的改革方案和应对措施。欧盟在《都柏林公约》的基础上进一步建立了共同庇护体系，为成员国提供了统一的难民庇护标准和难民移交原则，在一定程度上保障了难民的基本权利。2015年5月出台的《欧洲移民议程》为欧盟提供了解决移民问题的宏观政策框架，其中包括与第三方进行合作，以及增加拯救难民、打击人口贩运网络的行动预算等内容。围绕这一议程，欧盟还发布了一系列政策指令：2016年7月建立欧洲边境及海岸警卫队作为新的边界警卫机构，统一协助地中海沿岸成员国应对难民潮；2018年6月设立难民控制中心和审核中心，有计划地遣返已经进入欧洲的非法移民，并在外部边界拦截偷渡移民等；对《申根协定》进行了有针对性的修订，加强了边境审查和边境监管。欧盟的这一系列举措有效地减少了进入欧洲的难民数量，进一步完善了欧盟难民治理机制，对解决难民问题具有一定的积极作用。

其次，欧盟提出了难民分摊的配额方案，规定了成员国须接纳的难民数量。为了解决愈演愈烈的难民危机和缓解地中海沿岸国家的难民压力，欧盟在《欧洲移民议程》中提出了旨在促进成员国合作安置难民的"十点计划"，包括在海上拯救偷渡者生命、加强外部边境管理、与第三国合作，以及完善难民审查制度等内容。其中，最引人关注的是涉及难民分摊的配额方案。欧盟难民配额方案的主要目标是将滞留在地中海沿岸国家的难民按照一定的比例分摊给各成员国，由各国负责难民的转移安置工作。欧盟起初并没有对成员国执行配额提出强制性要求，然而成员国对难民配额方案的反应却并不积极，这使得欧盟意识到需要更有约束力的手段才能推动难民配额方案的落实。2015年9月，欧盟公布了欧盟各国分摊难民配额的方案，规定欧盟各成员国需要在未来的两年内将滞留在意大利、希腊和匈牙利的12万难民以配额的形式转移安置，各国配额的具体分配标准包括人口数量、国内生产总值总额、已得到安置的难民人数及失业率。[①] 同时，欧盟还承诺将拨付资金作为转移安置难民的奖励。然而，由于难民配额方案的内容复杂，所牵涉的众多行为体的利益难以协调，最终还是陷入了实施困境。到2017年，除了配额最少的马耳他按时完成了接收难民的任务，其他国家均未完成欧盟所规定的难民收容指标。由此可见，欧盟成员国在难民治理方面的分歧难以完全消除。

最后，欧盟展开了一系列外交活动来推动难民治理的国际合作。欧盟创办了非洲紧急信托基金，投入18亿欧元来推动非洲国家的经济

---

① 赵萌：《欧盟公布分摊难民配额方案》，http://world.people.com.cn/n/2015/0910/c1002-27564867.html。

和就业，旨在强化与非洲国家开展的难民治理合作。① 欧盟还积极介入中东乱局，对极端恐怖组织秉持坚决抵制和打击的态度。同时，为了加强与难民中转国的合作，欧盟决定向中转国提供相应的资金援助，希望能够将难民安置于中转国。考虑到大量进入欧洲的难民都会途径土耳其，欧盟加强了与土耳其的沟通与合作。在2016年3月的欧洲难民峰会上，双方最终达成了《欧盟-土耳其难民协议》，主要内容为土耳其协助欧盟控制进入欧洲难民的规模和接受遣返在欧非法移民，而欧盟以简化土耳其公民赴欧签证手续、加快土耳其入盟谈判以及向土耳其提供60亿援助资金等一系列条件作为交换。② 欧土协议在签订后的一段时间里，确实在很大程度上缓解了欧洲面对的难民压力，可视为欧盟难民治理域外合作的一大进展。

总的看，欧盟在难民治理过程中采取的一系列措施和行动虽然取得了一定的效果，包括使难民数量减少，但并不意味着难民危机已得到解决。事实上，随着国际政治形势和中东地区国际关系的变化，加上2020年全球新冠疫情的暴发，难民问题在欧洲仍不断地引发新的矛盾与问题。尤其值得注意的是，欧盟难民治理的域外合作仍面临挑战。在2016年欧土协议实施以后，虽然进入欧洲的难民数量明显减少，但是协议的效果仍没有达到预期的状态，反映出双方在难民治理合作中存在诸多困难。一方面，土耳其对于欧盟没有兑现给予本国公民免签待遇的承诺而心生不满；另一方面，在新冠疫情冲击和经济低迷的情况下，欧盟可能无法继续向土耳其支付剩余的几十亿资金，这使得欧土协议面临着破裂的风险。虽然欧、土双方多次就继续难民治理合作进行协商，但双方并未达成任何实质性共识，一旦欧土关系恶化，势必会加剧难民危机对欧洲的冲击力度。令欧洲感到忧虑的是，新冠疫

---

① 《欧盟设18亿欧元援非基金》，http://news.sina.com.cn/o/2015-11-17/doc-ifxkrwks4048074.shtml。
② 《欧盟土耳其协约：解决欧洲难民问题的权宜之计》，https://www.thepaper.cn/newsDetail_forward_1829804。

情的暴发并没有阻挡住难民以各种方式和途径"闯入"欧洲的脚步，试图入欧的难民数量仍在急剧增长，2020年上半年进入欧洲的难民数量同比增长了四倍多。① 难民问题在政治、经济、社会和文化等方面持续对欧盟构成较大冲击，从而衍生出了许多政策危机并对欧洲一体化的发展造成了阻碍。

受多种因素的影响和制约，欧盟难民治理依然任重道远。欧盟委员会在2020年9月发布了一份难民政策的新蓝图，主席冯德莱恩（Ursula von der Leyen）表示，移民问题很复杂，欧洲处理这一问题的旧制度已经行不通了。② 随着不确定因素的增多，都柏林体系已经几近崩溃，共同庇护体系的制度缺陷也暴露了出来。只有对《都柏林公约》和庇护机制的设计进行有效改革，才能突破庇护责任分配不均的困境，进而缓解成员国利益和欧盟意志之间的紧张关系。未来，欧盟仍需继续促进各成员国达成关于难民治理的合作共识；在改革都柏林体系不合理之处的同时，也需要制定和实施新的预警系统和协调高效的应急机制，为成员国提供处理和收容难民的共同标准，从而促进和加强成员国之间的实质性合作。另外，欧盟还需要妥善安置及遣返境内难民，以便从根源上减少难民的产生；关键环节之一是要加强与难民输出国和中转国的合作。西亚和北非等地区持续战乱的局势作为难民产生的根源近年来仍无好转趋势，欧盟应致力于该地区冲突的解决和促进和平稳定秩序的重建，只有这样才能使欧洲的难民问题得到根本治理。

总之，2015年爆发的欧洲难民危机凸显了难民问题的复杂性，欧盟虽为缓解难民危机作出了很多努力，但却无法从根本上解决难民问题。不仅如此，难民危机引发的欧盟内部分歧仍在加剧，从而严重削弱了欧盟的凝聚力和领导力。难民危机所带来的影响至今仍然在困扰

---

① 崔洪建：《疫情使欧洲解决难民问题面临更大压力》，载《世界知识》，2020年第11期，第49页。
② 《难民政策行不通 欧盟绘制新方案》，https://m.gmw.cn/2020-09/24/content_1301601138.htm?source=sohu。

着欧盟及其成员国，并已经发展成为难以解决的治理难题。再加上新冠疫情在全球的蔓延、西亚和北非地区的持续动荡，以及2022年俄乌冲突带来的影响，难民问题还会持续发酵下去，这无疑会增加欧洲经济、安全和社会的不稳定性，进而影响到欧洲一体化进程。

三、英国"脱欧"

欧盟接连遭受欧债危机和难民危机的冲击，不仅导致自身实力和国际地位受损，而且对欧洲一体化进程造成严重负面影响。然而，与这两场危机相比，2016年启动的英国"脱欧"进程对欧盟的影响更加严重。英国"脱欧"有其自身原因，但欧债危机与难民危机的影响也是诱因。

从历史角度来看，英国"脱欧"具有一定的必然性。或者说，"脱欧"是英国历史上对欧"光辉孤立"政策的某种延续和回归，即旨在保护本国利益和政治决策的独立性不被外界侵犯。所谓"光辉孤立"是指在19世纪中后期，英国凭借其实力优势和通过利用欧陆矛盾来控制欧陆各国的分合关系，在拒绝结盟的条件下单独谋求本国的利益。虽然该政策在20世纪因为国际形势的变化和英国实力的下降而难以为继，但是其思想传统并未被彻底埋葬，而是以新的形式和内容表现出来，继续影响英欧关系。英国一以贯之的信念是：除非无路可走，英国坚决反对用任何形式的联盟关系来捆绑自己，从而保证本国在政治活动中的自由。① 丘吉尔（Winston Churchill）在20世纪30年代曾撰文指出，我们有自己的梦想和自己的任务，我们是和欧洲在一起的，但是并不属于它。我们同它联系在一起，但是并不包括在里面。我们与之命运攸关和息息相通，但是绝不能被吞掉。② 二战后英国曾在较长一段时间内抵制欧洲一体化，后来为形势所迫加入欧共体后，仍在方

---

① Christopher Howard, "The Policy of Isolation", *The Historical Journal*, Vol. 10, No. 1, 1967, pp. 77-88.

② 赵怀普：《英国与欧洲一体化》，北京：世界知识出版社，2004年版，第16页。

方面面保持着自己的"例外"身份,也对欧陆上的法、德等国始终保持着强烈的戒备心理。① 英国不赞成搞超国家主义的欧洲一体化,它只是把加入欧共体作为恢复英国国力的一个手段,同时谋求阻止欧洲一体化朝超国家主义方向发展。因此,英国入欧后始终不愿意交出自己的部分主权,一直希望欧共体(欧盟)仅仅是在特定领域展开政府间合作。"疑欧"主义与传统的孤立主义合成为一种强大的力量,长期影响和制约着英欧关系。无论是威尔逊政府要求与欧共体重新谈判抑或是撒切尔政府强硬阻碍欧洲一体化,还是个别时期(布莱尔政府时期)对欧盟采取相对缓和的政策,实际上都是基于特定的形势变化和国家利益作出的政策调整,都体现了"光辉孤立"传统思想观念的影响。英国随时都在为"改变不了欧盟就退出欧盟"作准备。在欧债危机和难民危机对英国造成强烈冲击之后,国内政界和民众对欧盟的疑虑情绪和不信任感不断升级,最终将英国推上"脱欧"之路。

从现实原因来分析,英国自加入欧共体(欧盟)以来,地位始终不如德国、法国,对欧盟始终不满意。欧债危机和难民危机的爆发成为英国"脱欧"的导火索,英国和欧盟围绕应对危机以及欧盟改革等问题上发生诸多不愉快。2011年12月,英国在欧盟峰会上对欧盟修约投下了否决票,除英国之外的其他26个成员国不得不在欧盟条约框架之外另立政府间的"财政契约"。在欧债危机深重、欧元亟待拯救的关键时刻,英国此举被认为是21世纪英国对欧外交的又一次"光辉孤立"。与19世纪的英国对欧政策是一种主动选择不同,这次是一种被动、不得已的"孤立",② 实际上反映了英欧关系愈益艰难。英国首相卡梅伦(David Cameron)是一个"实用主义的疑欧主义者",他为维护本国保守党的利益与内部团结首次作出了公投决定。2013年1月23

---

① Anthony Forster, *Euroscepticism in Contemporary British Politics: Opposition to Europe in the British Conservative and Labour Parties*, London and New York: Routledge, 2002, p. 2.
② 李靖堃:《会议综述:英国拒绝修改欧盟条约的原因及其影响》,http://ies.cass.cn/Article/xshd/lfxz/201112/4507.asp。

日,卡梅伦在第43届世界经济论坛年会上发表讲话时称,如果他所领导的政党在下次大选中获胜,最晚将在2017年举行全民公投,以决定英国是否继续留在欧盟。① 2014年11月28日,卡梅伦表示将"限制欧盟移民在英国和普通英国公民一样享受各种福利",并且坚称"如果欧盟拒绝对英国这一诉求作出回应,将不排除英国退出欧盟的可能性"。② 同年10月下旬,英国因欧盟会计规则发生改变而需向欧盟补交21亿欧元(约合26亿美元)预算"摊派"费(而法国和德国则将分别获得大约10亿欧元和8亿欧元"摊派"退款)一事与欧盟发生争吵,卡梅伦警告,欧盟这种做法可能威胁到英国留在欧盟的前景。③ 2016年6月23日,英国举行"脱欧公投","脱欧"派以51.9%的得票率胜出,随后卡梅伦宣布辞职。英国"脱欧公投"被称作"政治黑天鹅事件",但实际上这一结果有其复杂的历史与现实原因。"脱欧"之独善其身的观念和举措与"光辉孤立"时代的外交理念有极高的相似性,它表明英国始终以维护本国利益为首要考虑。国际舆论认为,"脱欧"标志着英国对欧外交重回"光辉孤立"路线。然而,与19世纪"光辉孤立"不同的是,英国难以完全割裂同欧洲的联系,同时也会更加注重拓展与欧洲以外地区的经济政治联系。

鉴于英国的实力及其在欧洲的地位与影响力,"脱欧"给英欧双方都造成了严重冲击。从英国方面看,"脱欧"将使其遭受巨大经济损失。首先,虽然退出欧盟后英国不必再为欧盟预算提供资金,也不必承担其他费用和开支,但英国对欧贸易额将面临大幅下降的风险,出口产品将受到欧盟出口关税的限制,而且还要达到欧盟的各种出口标准。如果双方陷入贸易争端,英国出口企业面临的损失将会更大。其

---

① 《联合早报:英国"脱欧"这回不再是喊口号》,https://finance.ifeng.com/a/20151119/14079153_0.shtml。
② 《卡梅伦宣布英国限制移民措施 向欧盟显示强硬》,http://world.chinadaily.com.cn/2014-11/29/content_18996555.htm。
③ 《欧盟要求补缴21亿欧元激怒英国 德法劝其遵守规则》,https://www.chinanews.com.cn/gj/2014/10-26/6717170.shtml。

次,伦敦作为世界金融之都的地位也会受到影响。进入英国的资本将会大幅减少,许多跨国银行可能会离开伦敦金融城,由此带来的损失将是不可估量的。再次,英国的国际地位以及国际影响力也会受到一定的冲击。正如有分析所指出的,"脱欧"后的英国就像是一个"有着安理会常任理事国头衔的瑞士"①。前英国首相布莱尔(Anthony Blair)称,如果英国不再是欧洲的一部分,就不会具有今天的分量与影响力。② 前欧盟委员会主席巴罗佐也曾表示,如果英国离开欧盟,政治影响力将变成零。③ 简言之,"脱欧"后的英国在欧洲可能会面临进一步被边缘化的风险。

从欧盟方面来看,英国"脱欧"给它带来的挑战同样不小。欧债危机和难民危机削弱了欧盟的整体实力和凝聚力,乌克兰危机、中东局势动荡,以及特朗普执政后欧美关系的新变化,使欧盟在对外关系方面面临诸多挑战,在业已严峻的形势下,英国"脱欧"令欧盟的境况雪上加霜。首先,英国"脱欧"削弱了欧盟的实力和国际影响力。欧盟之所以能够作为多极世界的"一极"和重要的全球行为体,不仅因为它联合了欧洲众多国家的力量,更重要的是它包含了英、法、德这样的大国。作为一个在世界范围内有着较大影响力的大国,英国对欧盟提供了重要的力量支撑。④ 同时,英国还是七国集团成员、北约创始成员国以及联合国安理会五个常任理事国之一,在世界银行和经济

---

① 苗红妮:《英国"退欧"风波背后的国家中心主义》,https://m.hswh.org.cn/wzzx/xxhq/oz/2015-12-22/35539.html。
② 《欧洲研究系学生笔谈:对欧洲一体化的看法》,http://ies.cass.cn/wz/yjsjy/xsbt/201410/t20141030_2458919.shtml。
③ 《卡梅伦:英国人民是时候考虑脱离欧盟了》,http://www.whb.com.cn/news/news/201411/20141108105838_562823_1.html。
④ 英国在"脱欧"前是欧盟内第二大经济体,占到欧盟市场规模的六分之一;投资存量在欧盟各国中居于首位,是欧盟预算的第二大出资国;英国的军事实力和防务开支在欧盟各国中也首屈一指。英国"脱欧"将使欧盟在 2021—2027 年的预算编制中留下 940 亿欧元的漏洞。参见 Alexander Nice, "Brexit and the Eastern Partnership-Opportunities as well as Risks?", http://edsn.css.ge/index.php/2018/11/01/brexit-and-the-eastern-partnership-opportunities-as-well-as-risks。

合作与发展组织中也有着重要影响力。英国"脱欧"使欧盟丧失了一个具有重要影响力的成员，无法再像以前一样享受到英国在国际组织中给欧盟带来的利益，这将使欧盟的实力和国际影响力遭到削弱，使其国际地位有所降低。其次，英国"脱欧"导致欧盟内部权力失衡。内部权力平衡历来是保障欧盟稳定的重要基础。英国加入欧盟后起到了"均衡器"作用，有效地制衡了法、德两国的权力：与德国联手制衡具有保护主义倾向的法国及南欧国家；与法国携手制衡在欧盟内日益坐大的德国。然而，英国"脱欧"使欧盟失去了英国这个重要的平衡砝码，虽然法德关系良好且在推进一体化方面目标一致，但在缺少英国制约与平衡的形势下，两国关系也面临考验。外界担心欧盟内部权力失衡会诱发法、德两国权力竞争，忧虑德国会谋求欧盟主导地位。此外，欧盟的权力失衡还表现在中小成员国与法、德两国权力差距进一步拉大方面，非欧元区国家在英国"脱欧"后也将变得更为弱势。所有这些都不利于欧盟的团结，使欧盟在决策过程中形成共识的难度增大。再次，英国"脱欧"还可能给欧盟带来分裂隐患。难民问题、欧债危机本就使得东西欧国家之间的鸿沟扩大，英国"脱欧"可能进一步引发"多米诺骨牌效应"，从而使欧盟分裂的风险增加。最后要特别指出的是，英国"脱欧"为欧盟史上第一次有成员国退出，这对欧洲一体化造成了不可估量的影响，它既表明了欧洲一体化存在着倒退甚至逆转的可能性，也暴露了一体化模式中隐藏的深层次问题。总之，英国"脱欧"打击了欧盟的实力，进一步印证了欧盟"多重危机"的国际形象，并使欧盟治理的合法性及权威性受到质疑。虽然英国"脱欧"尚未引发其他成员国跟风"脱欧"的连锁反应，欧盟内部也没有出现明显的动荡，但欧洲一体化进程却不可避免地受到了损害，其未来发展趋势亦受到影响。

2020年1月31日英国正式"脱欧"，结束了其长达47年的欧盟成员国身份。"脱欧"是英欧关系史上具有划时代意义的事件，未来双方关系将如何发展备受关注。根据英欧签署的"脱欧协定"①,双方需在过渡期内(2020年1月31日至12月31日)通过谈判对未来的双边关系进行安排,以实现英国有序"脱欧"。

重新安排"脱欧"之后的英欧关系既是双方的重大利益所在,同时对双方而言也都是一大挑战。对于英国来说,它必须通过谈判获得显著的利益,以证明其"脱欧"的合理性与正当性。欧盟同样需要确保不使自身利益受损,以维持内部团结和一体化继续前行的动力。虽然双方的诉求不同,但英欧出于各自的考虑力求达成协议,以避免"硬脱欧"给双方带来更大的、难以承受的后果。从当时的情况来看,英欧之间确实存在着一些利益重合之处。首先,英欧经贸关系的紧密度和重要性为双方谈判达成协议提供了物质基础和动力。欧盟是英国最大贸易伙伴和最大出口市场,英欧贸易占英国进出口贸易额的一半。英国金融业高度依赖欧盟市场,"金融通行证"是英国金融机构在欧盟单一市场内开展业务的保证。英欧之间相互投资的规模也非常大。其次,通过谈判达成协议是英欧双方的优先选项。对英国来说,只有先同欧盟达成协议,才能为英国与欧盟以外的国家的自贸协定谈判开辟道路。与美国、澳大利亚、新西兰等国签订自贸协定是英国未来经贸政策的重要抓手,而与欧盟谈判达成协议并与之保持尽可能密切的经贸关系,可以让绝大多数非欧洲国家更愿意与英国达成自贸协定。从这个意义上讲,贸易上的成功(尤其是与欧盟达成经贸协议)可以为英国"脱欧"提供充足的合法性,也是英国在后"脱欧"时代立足于世的关键。再次,英欧围绕"脱欧"议题进行的博弈和谈判也耗费了欧盟大量的时间和精力,妨碍了欧盟建设议程的推进。欧盟希望尽早完成英国"脱欧"事宜,移除横亘在欧洲一体化道路上的障碍,从而将更多精力用于自身的发展。与此同时,在"脱欧"谈判和重新安排未来英欧关系的问题上,英欧之间的利益分歧无法避免,这注定了谈

---

① "脱欧协定"的全称是《大不列颠及北爱尔兰联合王国脱离欧洲联盟及欧洲原子能共同体协定》。

判是一个复杂的、艰难的讨价还价过程。2020年3月英欧启动未来关系谈判后,双方认可的"最后期限"被一拖再拖地改了三次,其间英国不断地向欧盟发出"最后通牒",并以"硬脱欧"进行威逼,而欧盟则不失时机地抛出应对英国"硬脱欧"的后备方案。经过多轮艰难谈判,最终在2021年来临之前,一份超2000页的《欧英自贸协定》文件艰难落地,避免了"硬脱欧"可能给英国和欧盟产生的双重伤害。从协议内容来看,英国看似赢了当下,却未得胜于长远;欧盟虽暂时处于下风,却未失去未来操控权。英国离开后,欧盟一切照旧,既没有任何制度切换的成本,也没有对环境更新的担忧。英国则不同,很多事情需要另起炉灶,所面对的制度再造与转换成本定然不小,因此在"脱欧"后的转体与变轨过程中将不得不承受更大的痛苦。具体来说,英国虽然取得了零关税、无配额进入欧盟市场的自由,但这样的自由也仅限于产品本身,并不意味着英国还能像先前那样在贸易渠道中毫无障碍地来回穿行,毕竟"脱欧"之后英国处于欧盟之外的另一个物理空间,产品进入欧盟需要经过海关申报、检查等繁琐程序,清关时间势必会延长。另外,英国与欧盟进行的自由贸易仅框定在货物产品范围内,并不包括金融以及其他服务业,这意味着作为欧洲最大金融中心的伦敦金融城不能再向欧盟成员国销售金融产品,即便是获得了欧盟的许可,但也会存在市场准入门槛,由此可能显著减少英国的金融收入。同时出于成本考虑,不排除多达72家的国际金融服务企业中会有部分企业将办公地点从伦敦转移到巴黎、都柏林以及法兰克福等地。

除了已达成的经贸关系安排具有局限性,未来英欧之间的安全与防务关系走向也面临考验。总体而言,与经贸协议谈判的艰巨性与复杂性相比,未来英欧安全防务关系或许会相对明朗一些,竞争与合作并存将是其主要特点。英欧之间在欧盟防务以及欧盟与北约关系等问题上长期以来存在着分歧。如前所述,共同安全与防务政策是欧盟政治一体化的核心内容,但是其发展并不顺利;这一高政治领域的政策属于政府间范畴,以欧盟理事会为主导的运行机制导致在政策形成过程中对成员国的协调提出了很高的要求,其中尤以大国的态度最为关键。"脱欧"前,英国对欧盟安全与防务政策的影响表现出两重性:一方面,英国强大的经济和军事实力带给欧盟这一政策重要的硬实力基础,并且作战经验丰富的英国军队组成了欧盟军队中的重要力量,给予欧盟加强防务能力的可能性;但另一方面,英国始终认为欧洲的防务要依靠北约,坚决反对欧盟防务与北约"脱钩",反对欧洲建立独立的防务体系。因此长期以来,英国既是欧盟防务的主要支柱之一,更是欧盟防务发展的"阻挠者"。相应地,英国"脱欧"给欧盟的防务建设与政治一体化同样带来双重影响:一方面,受英国"脱欧"的刺激,同时也因为没有了英国的干扰,近年来欧盟防务建设取得了一些积极的进展,包括建立欧洲防务基金、启动"永久结构性合作"机制、加强防务工业一体化、扩大联合军事行动指挥中心,以及建立欧洲危机预防中心等。另外,法、德两国也希望利用英国"脱欧"推进双边及欧盟防务合作,这对于提振欧洲一体化信心、维护欧盟国际影响力意义重大。

但另一方面,英国"脱欧"也给欧盟防务带来了一系列冲击。首先,英国"脱欧"削弱了欧盟的军事力量。英国是欧洲军事强国,"脱欧"前,英国贡献了欧盟50%的军事力量,包括最高吨位的海军舰艇以及名列前茅的军费。此外,英国还具有较强的海外军事能力,曾领导了欧盟海军反海盗护航"亚特兰大行动",并在波罗的海与俄罗斯交界处长期驻有"宣示欧洲存在"的前哨部队。[①] 因此,英国"脱欧"并退出欧盟安全框架将会使欧盟失去重要的力量支持,同时也将加大欧盟与北约的实力差距,导致欧盟的自主权及在欧洲安全事务中的地位和作用进一步下降。其次,欧盟共同外交与安全政策因英国的退出而失去了重要的驱动力,这不仅将影响欧盟政治一体化的进程,

---

① 赵怀普:《正式"脱欧"背景下的英欧关系》,载《当代世界》,2020年第4期,第62页。

而且也会影响其力争成为世界一极的目标。再次，英国"脱欧"也将影响欧美关系。英国历来坚持大西洋主义，并且作为美国的盟友和欧美之间重要的安全沟通桥梁，一直以自己的影响力维系着欧盟与美国之间的关系。英国"脱欧"将导致欧美之间因观念差异产生冲突的可能性增加，进而影响美国对于欧盟的重视程度，以及双方在安全防务领域的合作。总的来看，未来的英欧安全防务关系将呈现既竞争又合作的特点。在退出欧盟安全政策平台后，英国在安全上将会更加倚重美国，其政策重心也将随之转向美国和北约。英国将会以英美"特殊关系"为基石，并借助北约平台发挥其在安全领域的作用，在维护北约的欧洲安全主导地位的同时，与欧盟争夺欧洲安全议程的话语权与影响力。同时，英欧在利益诉求与安全政策取向上的差异增多也将影响双方在全球安全领域的互动，英国将会努力扮演美国全球安全合作伙伴的角色，而欧盟则会更多致力于维护欧洲大陆的安全。

　　需要指出的是，尽管英欧安全防务关系具有竞争性的一面会更加凸显，但双方关系仍会以合作为主。这是因为英国和欧盟有着共同的价值观，也有着相似的利益与地缘政治目标，对全球事务的看法一致性较强。比如在伊核问题、叙利亚等问题上，英国往往与欧盟而不是美国立场一致。另外，英欧安全合作仍有可借助的平台。2018 年在法国倡议下诞生的"欧洲干预倡议"，是向欧盟和非欧盟国家开放的一个新军事机制，英国是该机制的参与者。同样值得注意的是，英法双边军事合作仍将继续保持并且会依然发挥重要作用，未来有可能成为英欧安全防务关系的重要纽带。此外，欧盟防务一体化的局限性客观上有助于英欧维持合作关系。"永久结构性合作"机制启动后虽然取得了一些积极进展，但在实施过程中仍面临诸多挑战，包括国家间的利益纠纷、防务开支不足、法国和德国在该机制发展模式上的分歧，以及来自美国的干扰和阻挠等等。所以，"永久结构性合作"虽然具有强化欧盟自主防务特性的强烈意愿和政策取向，但目前它依然无法取代北约在欧洲安全中的主导地位，而这意味着英欧仍将在欧盟与北约关系框架内保持一定的合作。

总之,在欧洲一体化与欧盟政治发展的语境下,英国"脱欧"具有划时代的影响,虽然英欧通过谈判达成了未来关系安排,但"脱欧"不可避免地对双边关系造成了严重冲击,使之难以回到从前。英国"脱欧"对欧洲一体化的负面影响尤其不可低估,欧盟短期内难以完全修复其带来的创伤。在英国"脱欧"的刺激下,欧盟于2020年1月宣布启动一场为期两年的关于欧洲未来的大讨论,以期通过改革使欧盟变得更加民主、更具凝聚力、运行更加有效。正如德国总理默克尔所指出的:"当前的问题不在于欧盟的扩大或缩小,而是能否建立一个让民众参与、认同并且从中受益的'成功的欧洲'。"① 从某种意义上讲,英国"脱欧"将欧洲一体化和欧盟带到了一个新的十字路口。

第三节 欧洲战略自主与欧盟对外政策调整

一、《欧盟外交与安全政策的全球战略》

欧盟的成立与发展为欧洲战略自主提供了组织条件与物质基础,虽然欧盟崛起的过程充满了挑战,但自主自强始终是欧盟不变的追求。在全球金融危机诱发大国间地缘政治竞争加剧、给欧洲带来的挑战日益增多的形势下,战略自主成为欧盟塑造其国际定位与目标的重要抓手。尽管"战略自主"在定义及内涵方面尚存争议,但显而易见已成为欧盟政治乃至国际政治中一个流行词。

作为一个概念,欧洲"战略自主"的提出可追溯至2016年发布的《欧盟外交与安全政策的全球战略》(以下简称《全球战略》)。而要理解其产生的背景,则要从2003年欧盟发布首份安全战略报告谈起。在2001年"9·11"事件凸显恐怖主义威胁的背景下,欧盟于2003年

---

① 《默克尔:需以"历史责任感"应对英国"脱欧"》,http://www.xinhuanet.com//world/2016-06/29/c_129098022.htm。

发布了《欧洲安全战略》，该报告分析了冷战后欧洲安全环境及全球安全环境发生的巨大变化，强调了非传统安全问题给欧盟带来的挑战，也评估了欧盟与俄美三角关系的变化。总体上看，欧盟当时对后冷战时期国际安全秩序的判断较为乐观，认为"全球经济一体化必将深化政治凝聚力"，"相互依存深化将自动带来和平并预防战争的发生"。① 报告对当时欧洲形势的判断是：欧盟即将大规模东扩，欧洲处于"前所未有的繁荣、安全和自由"时期，主要地缘威胁消失，安全环境优越。

然而，在上述报告发布十年之后，欧盟的内外环境已发生剧烈变化。从外部来看，美国战略重心东移给跨大西洋同盟带来压力，欧盟对美国可能脱离欧洲和全球事务表示担忧；2014 年乌克兰危机的爆发以及"大国竞争"回归使欧盟面临日益恶化的地缘政治环境；中东北非地区持续动荡以及由此产生的针对欧洲的恐怖主义袭击频发。从内部来看，欧盟面临欧债危机、难民危机以及民粹主义抬头等多重挑战。在内外挑战交织、欧盟国际影响力下降的形势下，欧洲战略界和政策研究界就欧盟安全战略的更新展开讨论，要求欧盟实现"战略觉醒"的呼声日益升高。尤其是乌克兰危机对欧盟形成强烈的刺激，加速了其安全战略的更新步伐。

2015 年 2 月，欧盟成员国国防部长会议就修改欧盟安全战略以"应对现实威胁"达成共识。随后，欧盟外交与安全政策高级代表莫盖里尼（Federica Mogherini）于同年 6 月向欧盟理事会提交战略评估报告，并受托于 2016 年 6 月向理事会提交新版欧盟外交与安全战略报告。② 难民危机的爆发以及英国"脱欧公投"，促使欧盟加快出台新的外交与安全战略。2016 年 6 月，莫盖里尼指导起草的《全球战略》报

---

① EEAS, "Shared Vision, Common Action: A Stronger Europe: A Global Strategy for the European Union's Foreign and Security Policy", http://europa.eu/globalstrategy/sites/globalstrategy/files/about/eugs_review_web_4.pdf.

② 同①。

告正式发布。① 该报告主题为"共享愿景，共同行动：一个更强大的欧洲"，这是欧盟在时隔近13年后面临诸多内外挑战的背景下，对其外交与安全环境、目标与原则、政策优先与行动路径等进行的重新评估和全面总结。莫盖里尼本人在报告序言中指出，欧盟《全球战略》出台的背景是欧洲地区的"不稳定和不安全"，"欧盟的目标甚至欧盟的存在本身都受到了质疑"，而且这种质疑"在英国公投'脱欧'之后尤甚"。② 因此，《全球战略》的目的是通过"提出并实践一个外向和富有远见的外交与安全政策"，在危机时期鼓舞起欧盟成员国的"自信和责任意识"，并回应欧盟内外关于欧盟"缺乏战略意识和能力"的质疑，以此在成员国之间促成共识并保持一体化的方向。③

欧盟《全球战略》是在全球新形势下为应对日益严峻的挑战而推出的。与2003年时相比，此时欧盟对所面临的安全环境与威胁的判断出现了根本性变化。欧盟认为当前的外交安全环境已经"退化"：大国博弈而非理想中的多边主义重新占据国际政治舞台，相互联系更加密切、更具竞争性和复杂性的当今世界非但没能"自动带来和平"，反而"面临更多冲突和危险"，国际体系的系统性风险上升，传统安全威胁与非传统安全威胁从内外两个维度同时构成挑战。④ 从实质意义上讲，2016年欧盟《全球战略》在某种程度上超越了2003年《欧洲安全战略》所设定的安全战略和外交理念。其具体表现为：其一，随着欧盟安全战略环境的深刻变化，欧盟安全战略的排序发生了重大变化，欧盟自身的安全被放在新安全战略目标的首位；其二，欧盟不再将在其周边乃至全球范围推进所谓"民主化"和政权更迭作为战略目标，而

---

① EEAS, "Shared Vision, Common Action: A Stronger Europe: A Global Strategy for the European Union's Foreign and Security Policy", http://europa.eu/globalstrategy/sites/globalstrategy/files/about/eugs_review_web_4.pdf.
② 同①。
③ 崔洪建、金玲、徐龙第等：《〈CIIS研究报告〉第18期：欧盟全球外交安全战略及其影响》，https://www.ciis.org.cn/yjcg/yjbg/202007/t20200716_4557.html。
④ EUISS, "A Changing Global Environment", http://www.iss.europa.eu/publications/detail/article/a-changing-global-environment.

是强调在欧盟的小周边和大周边建构有韧性的国家与社会来保障欧盟的安全；其三，欧盟新安全战略的核心指导思想转向了"有原则的务实主义"，从而实现了对国际政治现实主义的某种回归；其四，欧盟将通过提升自身的硬实力来实现自身的全球安全战略目标，并且在实现新安全战略目标过程中加强欧盟成员国之间的团结和欧盟机构之间的协调；其五，欧盟将更加强调加强美欧跨大西洋同盟，其中尤为重视北约的作用。简言之，欧盟对当前国际总体形势的基本判断是"退化"和"竞争"，阻止安全环境"退化"并管控大国"竞争"、维护有利于己的规则成为其在全球层面的外交和安全目标。

基于上述形势判断与设定的目标，欧盟《全球战略》规定了实施新战略的主要政策手段，它首次提出了"战略自主"概念，并特别将安全与防务能力建设作为其战略优先方向，认为欧洲必须拥有"适度的野心和战略自主权"来加强外部危机管理能力的建设，应对恐怖主义、网络和能源安全、有组织犯罪和外部边界管理挑战等外部危机，同时实现内部互助和团结。值得注意的是，欧盟《全球战略》中共九次提到"自主"，并且将"战略自主"定义为"在外交政策和安全问题上设定自己的优先事项并作出自己决定的能力"，以及在与第三方合作或单独执行这些事项时所需的制度、政治和物质资源。欧盟《全球战略》中指出："在不稳定的时代，仅仅拥有软实力是不够的。若欧盟想成为国际社会中一个可被信赖的行为体，就必须增强其在安全与防务方面的能力。"[①] 欧盟认识到，在当前"退化"的安全形势下，尤其是在内外安全威胁相互交织的复杂环境中，其自身在应对兼具传统安全与非传统安全特征的"混合威胁"方面的防务能力短板愈发明显，无法适应形势需要；而防务能力的缺陷将会严重制约欧盟的安全和外交行为，难以满足其周边维稳和全球作为的战略目标。

---

① EEAS, "Shared Vision, Common Action: A Stronger Europe A Global Strategy for the European Union's Foreign and Security Policy", http://eeas.europa.eu/archives/delegations/south_korea/documents/news/2016/eu-global-strategy-final_en.pdf.

由上可见，欧盟谋求战略自主的范围起初主要是外交与安全政策，其中共同防务是重点。当时，欧盟委员会暗示将为欧盟制定安全防务目标，并通过军事手段实现这些目标（不依赖北约或美国等其他行为体）。欧洲议会进一步指出，战略自主既包括危机管理、领土防御能力，还应包括应对能源依赖、网络空间与信息等领域威胁的能力。应强调指出的是，美国对欧洲安全"责任"意识下降，使得欧盟加强防务能力建设的任务更加紧迫。欧盟深刻认识到，即使在跨大西洋同盟内部，缺乏独立行动的能力也会严重损害欧盟自身的利益。因此在围绕新战略的讨论中，欧盟强调自身"尽管不是一个安全组织，但至少应当加强防务能力"[①]。欧盟《全球战略》以弥补欧盟防务能力缺陷、提升处理内外安全威胁的能力为目标，同时将能力建设的重点放在"防务"而非"安全"上，也反映出欧盟对其与北约在安全事务分工问题上的新认识：北约提供以战略威慑为后盾、以应对传统安全威胁为目标的集体安全，欧盟共同安全与防务政策则以危机处理和管控为手段、以应对传统安全与非传统安全"混合威胁"为目标。

总之，2016年欧盟《全球战略》的推出是欧盟对内部一体化进程、周边地区以及总体国际形势深刻变化作出的反应。欧盟在对国际形势与安全战略环境进行重新审视和评估的基础上，提出了新的战略目标和政策手段。其中，"战略自主"概念的提出可谓对欧盟外交与安全政策最具实质意义的贡献，标志着欧盟对外战略思维与反应模式开始发生改变，表明欧盟欲通过发展和增强自身硬实力更有效地维护其利益和更加主动地参与国际政治。

二、欧盟对外战略调整及政策措施

欧洲"战略自主"的提出是欧盟对自身国际地位及作用进行重新

[①] "The European Union in a Changing Global Environment: A More Connected, Contested and Complex World", https://edisciplinas.usp.br/pluginfile.php/2288520/mod_resource/content/1/EU%20strategic%20review%20executive%20summary.pdf.

评估的产物。在后全球金融危机时期国际力量对比变化和"大国竞争"所产生的巨大压力下，欧盟对自身在国际上的地位和作用感到悲观。从其全球战略的角度来考虑，欧盟最担心的是西方影响力的下降及其对二战后形成的所谓"自由"国际秩序的影响。2020年的慕尼黑安全会议将"西方的缺失"（Westlessness）作为主题，这反映出欧洲普遍认为西方影响力已经下降了。德国总统施泰因迈尔（Frank-Walter Steinmeier）称，大国之间竞争的观念正在日益塑造世界现实。参会的很多欧洲政要明确认为，"西方缺失"已然成为现实：一方面世界不再像西方了，另一方面西方本身也不像西方了。欧盟外交与安全政策高级代表博雷利（Josep Borrel）据此得出了"欧洲正处于战略性萎缩之中"的结论。① 2022年慕尼黑安全会议发布主题为"扭转乾坤，放下无助"的报告，认为在多重危机叠加作用下，西方社会普遍有一种"集体无助感"。②

　　欧洲民众对国际形势的看法也发生了变化。欧盟智库欧洲对外关系委员会于2021年5月和6月在12个欧盟成员国进行的一项大规模民调显示，近三分之二（63%）欧洲民众倾向于认为冷战已经重启，他们将中美之间日益加剧的竞争视为新的地缘政治现实。但有趣的是，大多数欧洲人并不认为他们自己的国家是"新冷战"的一部分，并不认为中国和美国之间日益加剧的竞争是他们所要参与的战争。他们进而认为，"新冷战"的想法更有可能使欧洲人和美国人分裂，而不是团结起来。新的西方是美国和北约之间的联盟，而不是美欧之间的联盟。③

　　面对国际变局加速演变，欧盟及其成员国的核心关切是如何确定

---

① 丁纯：《"后默克尔时代"的欧盟抉择》，https://fddi.fudan.edu.cn/72/a8/c21257a422568/page.htm。
② 《扭转乾坤，放下无助——2022年慕尼黑安全报告摘译（一）》，http://ciss.tsinghua.edu.cn/info/A_E_projects/4492。
③ Ivan Krastev and Mark Leonard, "What Europeans Think About the US-China Cold War", https://ecfr.eu/publication/what-europeans-think-about-the-us-china-cold-war。

和调整欧盟自身的定位，并拥有维护自身利益的能力和手段。2019年6月发布的欧盟《2019—2024年战略议程》指出："在一个不确定性、复杂性和变化越来越大的世界里，欧盟需要采取战略性行动，提高自主行动的能力，以维护自己的利益、价值观和生活方式，并帮助塑造全球的未来。"①欧盟委员会主席冯德莱恩表示，她将领导一个"地缘政治委员会"，积极利用欧盟各种外交和经济手段应对区域和全球挑战，使欧洲变为"大国竞争"的"玩家"而非"玩物"。总之，国际变局使得欧盟对外战略的地缘政治色彩凸显，促使欧盟加快追求战略自主，以便为一个"大国竞争"的新世界作好准备。

在推进欧洲战略自主方面，法国和德国扮演了重要角色。它们基于对本国及欧洲越来越强的危机感和焦虑感，积极推动对"战略自主"概念进行解释，不断倡导和强化战略自主理念，以内聚人心和力量、外抗压力和竞争。法国在欧洲大国中较早意识到世界格局正在发生历史性变化，认为中美两大力量都在强化自身的实力以及对世界的影响，因此法国和欧洲面临新的重大地缘政治挑战。在法国看来，国际格局的变革以西方霸权的衰落和中国的崛起为主要特征。2018年10月，法国国际关系研究所在一份有关共建"一带一路"的政策报告中提出，随着中国全球影响力的增强，未来很可能出现"中美两极"竞争共存、"中美两个全球治理体系"竞争的场景。②法国总统马克龙（Emmanuel Macron）公开承认："我们正在经历西方对世界霸权的终结。18世纪以来基于西方霸权的国际秩序正在发生变化。"③马克龙将欧洲所面临的国际战略困境概括为"三论"，即"西方霸权终结论"、"中美两极

---

① European Council, "A New Strategic Agenda 2019-2024", https://www.consilium.europa.eu/en/press/press-releases/2019/06/20/a-new-strategic-agenda-2019-2024.

② Alice Ekmandir, "La France Face aux Nouvelles Routes de la Soie chinoises", https://asiepacifique.fr/france-chine-routes-de-la-soie-chinoises-obor-alice-ekman.

③ Emmanuel Macron, "Discours du Président de la République à La conférence des Ambassadeurs et des Ambassadrices de 2019", https://www.elysee.fr/emmanuel-macron/2019/08/27/discours-du-president-de-la-republique-a-la-conference-des-ambassadeurs-1.

论"以及"欧洲边缘化论"。如果说起初法国自认为"地缘政治挑战"是中国权力增长带来的话，那么随着特朗普政府执政后蛮横地对待欧洲盟友，法国更为清醒地意识到，"地缘政治挑战"同时来自传统盟友美国。马克龙在2019年法国驻外使节会议的讲话中指出，中、美两国正在成为影响世界格局的主要"玩家"，印度等新兴国家也在赶超欧洲，法国和欧洲如果不能奋起维护自身的主权，将来可能被迫在中、美两国之间进行选择，成为它们其中一个的盟友或者"小伙伴"。[1] 2020年11月，马克龙在接受的一次专访中更加直接地表明，美国和中国都在增强自主权，这对欧盟是一项重大的"地缘政治挑战"。[2] 法国不甘心自身和欧洲在国际格局中地位的下降，也不愿意在所谓"中美两个体系"中作选择。马克龙认为，要在一个地缘政治竞争加剧的世界中增强法国和欧洲的主权和战略自主，就必须建设一个强大的政治化的欧洲，甚至认为这是避免"中美两极"形成的唯一途径；法国和欧洲不能被迫在中、美两国之间进行选择，成为任何一"极"的附庸；法国在其中发挥作用的强大的战略自主的欧洲对于实现国际关系再平衡、建设一个平衡的多极世界至关重要。[3]

需要指出的是，马克龙提出的欧洲战略自主不是局限于某个领域或某个方面的战略自主，而是全方位的战略自主，旨在将欧盟建设成国际政治中独立战略力量的战略自主。马克龙在论及欧洲战略自主时多次提到"欧洲主权"概念。2017年9月，马克龙在索邦大学的演讲中系统阐述了其欧洲构想：以一个"主权的、团结的和民主的欧洲"为目标，在六大关键方面建设欧洲主权，包括防务建设、应对移民挑战、聚焦重大的对外政策、可持续发展的榜样、数字化欧洲建设，以

---

[1] Emmanuel Macron, "Discours du Président de la République à Laconférence des Ambassadeurs et des Ambassadrices de 2019", https://www.elysee.fr/emmanuel-macron/2019/08/27/discours-du-president-de-la-republique-a-la-conference-des-ambassadeurs-1.

[2] "La Doctrine Macron: une Conversation avec le Présidentfrançais", https://legrandcontinent.eu/fr/2020/11/16/macron/.

[3] 同[2]。

及经济和货币力量。① 2020年11月，马克龙进一步发展了其建设欧洲主权的理念，不仅更为明确地提出欧洲主权、战略自主的体系，而且强调了这种主权和自主的针对性。他提出的欧洲主权体系包括防务主权、科技主权尤其是第五代移动通信技术（5G）主权、医疗和卫生领域的主权、欧元和预算主权（基于共同债务的转移支付联盟）、外交政策的主权等。他强调要实现不依赖美国的防务自主、不依赖美国和中国的技术自主、不从属于美国的外交政策自主。② 这个体系既涉及当前"大国竞争"中最为关键领域的自主，也包括由于新冠疫情冲击而凸显的医疗和卫生领域的自主，体现了法国的战略雄心。马克龙于2021年12月9日在欧盟理事会法国轮值主席介绍会上发言指出："我们必须从一个在内部合作的欧洲，转变为一个在世界上强大起来的欧洲，让欧洲拥有充分的主权、决策自由并能掌握自身命运。"

作为欧盟的另一核心成员，德国也积极推动欧洲战略自主，呼吁建立一个欧洲安全与防务联盟。然而，关于欧洲战略自主的讨论和推进在欧盟内部也面临阻力。东欧和波罗的海国家明确坚持以北约为中心的立场，担心欧盟大胆的国防合作议程会导致北约施加政治压力、盟军的防御与威慑被削弱，以及会破坏美国维护东欧安全的承诺。波兰和波罗的海国家认为，欧盟的所有国防计划都应"与北约兼容并相互补充"，主张改善欧盟与北约的合作。欧盟内部争议给欧洲战略自主蒙上了一层阴影，以至于有分析指出，欧洲战略自主目前仍然是一个目标，而不是现实，甚至是"海市蜃楼"。③

尽管仍存在不少问题，但欧洲战略自主毕竟是欧盟内力主导与外

---

① Emmanuel Macron, "Initiative pour l'Europe-Discours d'Emmanuel Macron pour une Europe Souveraine, unie, Démocratique", http://www.elysee.fr/declarations/article/initiative-pour-l-europe-discours-d-emmanuel-macron-pour-une-europe-souveraine-unie-democratique/.

② "La Doctrine Macron: une Conversation avec le Présidentfrançais", https://legrandcontinent.eu/fr/2020/11/16/macron/.

③ World Economic Forum and the Atlantic Council, "Why the Vision of European Strategic Autonomy Remains a Mirage", https://www.weforum.org/agenda/2019/03/why-the-vision-of-european-strategic-autonomy-remains-a-mirage/.

力推动相结合的产物,其目标和趋势已然确立,事实上已成为欧盟内外政策的行动指南。正如有分析所指出的那样,"战略自主"这一概念越来越受到成员国的青睐,欧盟谋求更多地依靠规则来塑造国际秩序。① 在战略自主的驱动下,欧盟内外政策将更加体现现实主义和务实性。在内部整合方面,欧盟将采取更多"灵活的一体化"或"差异性一体化"(differentiated integration)来强调多样性和有效性。在对外政策方面,欧盟将"有原则的实用主义"作为对外指导思想,在维持软实力的同时,更加重视自身硬实力建设并发挥其作用,塑造"地缘政治欧洲"形象。相较而言,欧洲战略自主对欧盟对外政策的影响更加突出。

实现战略自主的目标,要求欧盟具备战略自主能力。近年来,欧盟及其成员国围绕提升欧洲战略自主能力出台了一系列举措。防务一体化是欧洲一体化题中之义,提升欧盟防务能力是欧洲战略自主的关键内容。在动荡的国际形势下,发展欧盟自主防务能力尤其具有紧迫性。2014年乌克兰危机爆发以后,防务合作重新成为欧盟的主要议题。2015年,欧盟对外行动署发布了战略评估报告,提出欧盟应构建更高效的共同安全和防务政策。2016年欧盟《全球战略》强调欧盟成员国应当进一步加强防务合作,并具备在必要情况下实施独立军事行动的能力。《全球战略》将欧盟的战略自主目标纳入"永久结构性合作"承诺,② 从而为"永久结构性合作"的实施提供了重要推动力。《全球战略》公布后,欧盟力图证明其能够在北约和美国不参与的情况下部署军事行动。欧盟在非洲、亚丁湾和地中海部署特派团的实践表明,它可以在自主的政治和法律框架下部署军队,尽管这些行动完全依赖成员国的能力,并且在后勤等方面依然遵循北约的标准。

---

① "Mario Esteban and Miguel Otero-Iglesias Along with Una Aleksandra Bērziņa-Čerenkova", https://merics.org/en/report/europe-face-us-china-rivalry.

② EEAS, "Shared Vision, Common Action: A Stronger Europe", http://eeas.europa.eu/archives/docs/top_stories/pdf/eugs_review_web.pdf.

应指出的是，2016年英国"脱欧公投"对欧盟防务合作产生了复杂的影响。英国"脱欧"在一定程度上削弱了欧盟整体防务能力，但同时也促使欧盟加强防务合作以对冲其影响。英国"脱欧"意味着欧盟消除了防务建设的一个障碍，[①] 欧盟希望抓住由此带来的"新政治空间"机遇，赶在新的障碍或不稳定因素出现之前使欧盟防务建设更进一步。2016年7月，德国在近十年来发布的首部国防白皮书中提出适时重启"欧洲防务共同体"构想。9月初，欧盟外交与安全政策高级代表莫盖里尼提出了"在部分成员国组建永久性军事机构代表欧盟采取军事行动，并负责欧盟战斗群和18国军队部署工作"，以及"在布鲁塞尔成立欧盟军事策划和行动总部"等推动欧盟防务一体化的具体计划。[②] 当月的欧盟峰会深入讨论了"组建永久性欧盟军事指挥部"等建立"欧洲军队"的防务一体化"路线图"。[③] 11月，欧盟委员会发布欧盟防务行动计划，并决定建立一个规模为500亿欧元的"欧洲防务基金"（2017年启动），以支持欧盟联合防务技术研发合作。[④] 莫盖里尼还提出了旨在落实欧盟《全球战略》的《安全与防务实施计划》[⑤]，该计划得到了欧盟外长理事会的支持，后者"同意就实施具有包容性的'永久结构性合作'的可能性进行研究"[⑥]。在此后的磋商中，欧盟外长理事会决定，通过"永久结构性合作"获得的防务能力归属于成员国并由其独立运行，可以在其他安全合作框架中使用。经

[①] Nathalie Tocci, *Framing The EU Global Strategy: A Stronger Europe in a Fragile World*, Basingstoke: Palgrave Macmillan, 2017, p. 94.

[②] 许立群:《欧盟计划推动防务一体化》，载《人民日报》，2016年9月12日，第21版。

[③] 方晓志:《欧盟军事防卫合作拉美国入伙》，http://military.people.com.cn/n1/2021/0514/c1011-32103312.html。

[④] Nathalie Tocci, *Framing The EU Global Strategy: A Stronger Europe in a Fragile World*, Basingstoke: Palgrave Macmillan, 2017, p. 95.

[⑤] Council of the European Union, "Implementation Plan on Security and Defense", https://eeas.europa.eu/sites/eeas/files/implementation_plan_on_security_and_defence_2.pdf.

[⑥] Council of the European Union, "Draft Council Conclusion on Implementing the EU Global Strategy in the Area of Security and Defense", https://www.consilium.europa.eu/en/press/press-releases/2016/11/14/conclusions-eu-global-strategy-security-defence.

过进一步讨论，欧盟外长理事会又就"永久结构性合作"的目标、共同承诺与标准的确定方式、合作的治理架构、具体合作项目的确定方式，以及欧盟机构在合作中的作用达成了一致。①

特朗普当选美国总统进一步刺激了欧盟防务合作的发展。2016年11月9日，宣称"美国优先"的特朗普当选美国第45任总统。11月13日晚间，欧盟紧急开会讨论如何应对。会议通过了一项防务计划，首次使欧盟能够在联合国维和部队到来前派出快速反应部队，并强化了在美国不参与的情况下采取自主行动的意愿。另外，欧盟成员国政府也支持使用规模为1500人的欧盟战斗群。② 法国国防部长勒德里昂（Jean-Yves Le Drian）称，"这是欧洲迈向战略自主的重要一步"③。虽然欧盟防务计划中列举的许多任务和目标仍显得过于抽象且缺乏资金支持，但这是欧盟为应对特朗普当选可能给欧洲防务带来的冲击所作出的及时反应。为了避免美国产生疑虑，欧盟强调其防务计划不会同北约竞争，而只是作为北约的补充。莫盖里尼宣称，欧盟没有组建"欧洲军队"的计划，成员国仍将拥有对各自军队的管理权。尽管欧盟对美展示低调，但特朗普当选美国总统已开始让欧洲感到美国作为一个安全盟友已经变得不太可靠，因此必须加强自身防务能力建设。2017年9月，欧盟国防部长会议以法德提案为基础，就"永久结构性合作"的"共同承诺"的细节进行了磋商，并且很快敲定了最终文本。11月，法国、德国等23个欧盟成员国签署启动"永久结构性合作"的联合告知书。12月初，葡萄牙与爱尔兰宣布加入该合作机制。12月11日，欧盟理事会正式通过《关于建立"永久结构性合作"的

---

① Council of European Union, "Draft Council Conclusion on Security and Defense in the Context of the EU Global Strategy", http://data.consilium.europa.eu/doc/document/ST-9178-2017-INIT/en/pdf.

② "Europe Agrees to Defense Plan After Trump Victory Rattles Leaders", http://www.huffingtonpost.com/entry/eu-defense-plan-trump_us_582a0e39e4b060adb56f9c1f.

③ 成琭:《欧盟迈出"整体自主防御"第一步 达成安全和防务计划》，http://www.xinhuanet.com/world/2016-11/16/c_129365548.htm。

决定》，该合作机制被正式激活。

作为《里斯本条约》中唯一的实质性军事合作倡议，"永久结构性合作"寄托着欧盟的雄心抱负，其目标是通过整合成员国军事资源，增强欧盟整体防务能力，以便更有效地维护自身战略利益。欧盟防务一体化目标远大，但长期以来一直未能取得实质性进展。英国"脱欧"之前，欧盟 28 国共有 17 套坦克系统、29 套军舰系统和 20 套战机系统，这些系统因互不通用而造成各国防务能力的重叠和资源浪费——虽然合在一起防务开支达到美国的一半，但实际战斗力却仅为美国的十分之一。[①] 欧盟希望通过"永久结构性合作"实现成员国间武器和指挥系统的相互操作、整合研发系统、合并国防产业，以及通过采用统一的评估和认证系统、技术标准、融资等来促进欧盟防务一体化。同时，欧盟也希望借助防务一体化为自己争取更多对外战略自主权，尤其在欧洲安全事务上拥有更大话语权。冷战时期欧洲防务主要依靠北约，而美国通过北约维持其对欧洲的霸权，冷战后北约仍然是美国驻军欧洲、在政治和经济上控制欧盟的工具。欧盟不甘于现状，谋求通过实现更大的战略自主权减少对美国和北约的依赖。2016 年欧盟《全球战略》强调，欧盟需要更大的"战略自主"，"随时准备从事军事任务，如有需要就单独行动，这对于欧洲的和平安全至关重要"[②]。"永久结构性合作"文本中也宣称要加强"欧盟的战略自主"，即"欧盟必要时单独行动的战略自主"。考虑到欧盟文件长期以来言辞谨慎、在防务上唯美国马首是瞻，"单独行动"所传递出的意欲摆脱对北约、

[①] Anne Bakker, Margriet Drent and Dick Zandee, "European Defence Groups: The Why, What & How of Permanent Structured Cooperation", http://www.egmontinstitute.be/content/uploads/2016/11/Policy-Brief-European-defence-core-groups.pdf?type=pdf.

[②] European External Action Service, "Shared Vision, Common Action: A Stronger Europe: A Global Strategy for the European Union's Foreign and Security Policy", http://europa.eu/globalstrategy/sites/globalstrategy/files/regions/files/eugs_review_web_0.pdf.

美国完全依赖的信号已经十分明显。① 欧盟领导人的言辞则更为直接，欧盟委员会主席容克（Jean-Claude Juncker）说，"欧洲不能将安全和防务外包出去"；欧盟外交与安全政策高级代表莫盖里尼称，"'永久结构性合作'这个历史性决定会让欧盟成为可靠的全球安全提供者"，换言之，就是不再需要北约来为欧洲安全提供"安全"。②

"永久结构性合作"的重点在于通过引入合作项目来增强成员国的防务能力，其所开展的合作项目覆盖了欧盟能力发展计划提出的大部分能力需求，既涉及传统军事领域的训练、后勤、联合行动，也包括网络作战等新兴防务领域的合作。③ 该机制启动数年来已取得一些初步成果，包括制定了更明晰的防务产业政策，并开展了诸多合作行动项目。根据2019年5月欧盟理事会对该机制进展的评估结果，各参与国在提高防务预算以及防务领域的共同投资方面取得了一定进展，其中防务预算在2018年合计增长3.3%，2019年增长4.6%。在2017—2020年有限预算的试行阶段之后，2020年欧盟商定了2021—2027年欧盟防务基金框架，其中包括70亿欧元的预算，这些资金将用于国防技术创新和发展成员国军事能力研究。"永久结构性合作"参与国在合作中越来越多地利用欧盟工具、倡议和手段，包括启动能力发展计划、联合年度评估机制以及欧洲防务工业发展计划。④ 取得的另一进展是，该机制合作项目数量从最初的13项增至2020年的47项，合作内容也

---

① European External Action Service, "PESCO Factsheet", https://eeas.europa.eu/headquarters/headquarters-homepage_en/34226/Permanent%20Structured%20Cooperation%20(PESCO)%20-%20factsheet.

② Euractive, "'Bad News for Enemies': EU Leaders Officially Launch Defence Pact", https://www.euractiv.com/section/defence-policy/news/bad-news-for-enemies-eu-leaders-officially-launch-defence-pact.

③ Alice Billon-Gall and and Yvonni-Stefania Efstathiou, "Are PESCO Projects Fit the Purpose?", https://www.iiss.org/blogs/analysis/2019/02/pesco-projects-fit-for-purpose.

④ Council of the European Union, "Council Recommendation Assessing the Progress Made by the Participating Member States to Fulfil Commitments Undertaken in the Framework of Permanent Structured Cooperation (PESCO)", https://www.consilium.europa.eu/media/39353/st08795-en19.pdf.

逐渐深化，既有旨在开发创新防御技术的小型军事合作，也包含欧洲无人驾驶飞机和欧洲巡逻艇等大型军备项目，还包括"机载电子攻击""海上无人反潜系统"等一些海空军事合作项目。而且随着合作的深入，某些合作项目的参与国数量也有所增加，如2019年年底比利时、波兰加入了首批建设项目中的"欧盟医疗指挥中心"项目。

总之，"永久结构性合作"的启动和欧盟防务基金的成立标志着欧盟防务能力发展的某种飞跃，前者为欧盟的军事和国防合作建立了统一的框架，后者则为愿意共同投资新国防技术和能力的成员国提供财政援助机制。虽然欧盟防务一体化的发展以及"永久结构性合作"仍难以避免地受到各种因素的制约，包括防务合作问题上的主权敏感性与多元国家利益，以及由此衍生出的欧盟防务一体化与美国及北约之间的复杂关系，但不容忽视的是，战略自主进一步强化了欧盟防务一体化的内生动力，同时，来自外部的压力也产生了刺激作用，其未来发展前景不容小觑。

应指出的是，随着欧盟内外形势的变化，欧洲战略自主的内涵在不断地充实和丰富。欧盟认为欧洲战略自主是一种全方位的战略自主，因此除了致力于实现防务自主，近年来还提出了实现"经济自主""产业自主""数字自主"等一系列愿景，并寻求在数据保护和气候变化等问题上成为全球领导者。[①] 马克龙推崇"欧洲军事和技术主权"，认为这对确保欧盟在竞争日益激烈的世界中作为全球参与者的地位至关重要。马克龙提出的"欧洲主权论"集中地反映了他的这一想法。所谓"欧洲主权"，最重要的就是要增强欧盟自身的实力，包括在欧元、人工智能、数字经济、能源、网络以及军事防务方面深化成员国间的合作。欧盟希望能够有能力与数字时代的地缘政治大国美国、中国等进行竞争。2019年年底欧盟新一届领导层上任之际，即提出了"绿色新政"和"数字欧洲"两大目标，将其视为优化欧盟内部生产

[①] Lili Bayer, "Meet von der Leyen's Geopolitical Commission", *Politico Europe*, December 9, 2019.

要素配置、提升欧洲对外经济竞争力的主要途径。

近年来肆虐全球的新冠疫情对欧盟造成严重影响，但并没有中断其战略自主的进程。在世界变局背景下，尤其是在"特朗普冲击波"以及英国"脱欧"的影响下，欧盟意识到自己在科技创新浪潮中的落后，察觉到美国的领先与敲打，也担忧中国的赶超，因此加紧了追求战略自主的步伐。尤其是新冠疫情使欧洲意识到需要在多个领域加强适应能力，以预防、保护和抵御未来的冲击。欧盟强调减少依赖和加强供应安全的必要性，认为必须集中精力增强其战略自主性、保障经济安全以及创造就业机会。2020年，欧盟委员会连续出台了《建设欧洲的数字未来》《欧洲数据战略》《人工智能白皮书》《欧洲新产业战略》等科技和产业政策文件。另外，欧盟还设立了7500亿欧元的复苏基金，以重建遭受新冠疫情打击的欧盟经济体。以上这些举措无不强调欧盟应汇集更多经济资源，掌握更大决策权力，把控欧洲绿色转型与数字转型的方向与节奏，引导整个欧洲提升自身的国际竞争力，从而在人工智能技术带动的新一轮尖端技术与前沿产业国际竞争中抢占先机，占领针对中美等世界大国的"制高点"。

总之，在国际格局深度调整、"大国竞争"加剧的背景下，欧盟明确了战略自主的新定位及其实现途径。然而，欧盟追求战略自主的过程不会一帆风顺，除了受到美国和北约的制约，还面临内部领导力不足等牵制因素。近年来"法德轴心"的作用面临挑战：一方面，后默克尔时代德国政治的不确定性以及新总理的权力与威望可能弱化，将对德国在欧盟内的领导地位产生不利影响，加上德国对外战略思想总是介于欧洲主义和大西洋主义之间，这种摇摆在后默克尔时代可能会变得更加明显，从而对德国参与并领导欧洲形成一定制约。另一方面，法国实力有限且国内政治复杂，也使其领导欧洲战略自主面临不少困难。事实上，法、德两国对欧洲战略自主的认知并不完全一致，尤其在欧盟与北约的关系问题上存在一定分歧，这在一定程度上会影响双方合作。拜登执政后，欧洲是否还会坚定推进战略自主成为欧盟内部讨论的一个焦点话题。法国总统马克龙曾与德国国防部长卡伦鲍尔（Annegret Kramp-Karrenbauer）爆发激烈争执，后者称欧洲必须"放弃战略自主的幻想"，依赖美国这一事实无法改变，马克龙则对这一看法持"根本性反对"立场，主张继续推进欧洲的战略自主建设。另外，欧盟成员国在加强欧盟战略自主能力（包括防务能力）的方式方法等方面也意见不一。欧盟内许多国家坚持认为美国在欧洲安全中的作用仍不可或缺，尤其是在中东欧国家对美国的忠诚度远多于对欧盟的背景下，更凸显了欧盟的战略自主以及试图在美中之间搞地缘政治"等距"想法的局限性。[1]

虽然存在不少牵制因素，但欧盟继续推进战略自主的努力不会停止。"战略自主"的提出对欧盟意义重大，其影响也具有全球性和战略性。欧盟在过去较长一段时期内一直缺乏推动一体化发展的新动力，而战略自主为欧洲一体化提供了新的动力来源。更为重要的是，战略自主为欧盟提供了新的国际角色定位，促使其采取更加积极进取的对外政策，更加注重提升各领域的自主能力。马克龙在接受《经济学人》采访时坦言：在美国背弃欧洲和与中国、俄罗斯对抗的风险日益增大的情况下，欧洲需要不仅作为一支经济力量还要作为战略力量进行思考并采取行动，以实现其"军事主权"，"如果我们不觉醒将面临相当大的风险，从长远来看，我们将从地缘政治上消失，或至少将不再能控制我们的命运"[2]。过去数年来，从"多速欧洲"的提出到构建"地缘政治委员会"，从实行"绿色新政"、出台《数字服务法》《数字市场法》《人工智能法》到发布《欧洲新工业战略》，从修改《反倾销法》、制定《外资审核条例》、酝酿出台《外国政府补贴法》到通过关于企业尽职调查的立法建议，从促进亚欧互联互通到启动"全球门户"

---

[1] Luis Simón, "What Is Europe's Place in Sino-American Competition?", https://isnblog.ethz.ch/uncategorized/what-is-europes-place-in-sino-american-competition.
[2] Andrés Ortega, "The U.S.-China Race and the Fate of Transatlantic Relations: Part II: Bridging Differing Geopolitical Views", https://www.jstor.org/stable/pdf/resrep24245.pdf.

全球基建计划，从启动欧洲"永久结构性合作"联合防务机制到推进欧盟《安全与防务战略指南针》进程，以及从对中国"伙伴""经济竞争者""制度性对手"的重新定位到美欧关系竞争与合作的两面性日益凸显等，均可见欧洲战略自主的架构正逐步丰实。

三、不"选边站"：欧盟应对中美博弈的策略选择

欧洲战略自主对欧盟的影响最突出地体现在对外政策方面，尤以对"大国竞争"背景下欧盟与大国关系的影响为甚。事实上，就其实质而言，欧洲战略自主的主要考虑就是如何应对"大国竞争"，特别是美国对华战略竞争背景下的国际变局。战略自主促使欧盟更加主动地参与大国间地缘政治博弈，这表明其战略思维模式开始发生变化。与冷战时期与美国结盟、寻求美国保护的战略依赖不同，如今欧盟希望通过战略自主寻求在既竞争又合作的大国博弈中找到其自主和独立的空间。

在冷战结束后的大部分时间期，欧盟一直将中、美两国视为其在国际体系中两个最重要的合作伙伴，但近年来中欧摩擦增多和"特朗普冲击波"导致欧盟对中、美两国的看法发生了变化。欧盟对中国的认知变化早有端倪。2016年欧盟《全球战略》对国际及地区形势相对悲观的判断，源于欧盟对经济全球化与世界多极化发展态势的不适应。尤其令欧盟感到不适应的是，因受到欧债危机、难民危机以及其他内外挑战的影响自身实力有所下降，而中国经济却继续保持较高速度的增长，国际影响力持续扩大。实力对比上的"中升欧降"导致欧盟对华心态发生变化，其对华态度亦渐趋强硬，强调要从现实主义视角看待中欧关系，包括在经贸及其他一些领域与中国进行竞争。2016年出台的欧盟对华政策文件提出，欧盟与中国打交道需要坚持"有原则的现实主义"，此后欧盟不断强调所谓"市场开放的对等性和经济竞争的公平性"，并越来越把中国视为其在经济和科技领域的重要竞争者。2019年欧盟发布《欧中战略展望》报告，认为当前中国给欧盟带来的

挑战和机遇之间的平衡已经发生变化，同一时刻、在不同的政策领域中，中国既可以是与欧盟有着一致目标的紧密"合作伙伴"，是欧盟需要与其寻求利益平衡的"谈判伙伴"，也可以是在追求技术领导地位方面的"经济竞争者"，或是提倡其他治理模式的"制度性对手"。"制度性对手"的提法在中欧关系中首次出现，它重点强调的是欧盟"社会市场经济模式"与欧盟认知的"由国家主导的中国经济模式"之间的对立，反映出意识形态因素对欧盟对华政策的影响增大。正是在此背景下，欧盟开始重新思考中欧关系，谋求实现双方关系的再平衡。

欧盟对美国的认知变化更加显著。在欧盟对自身外部战略环境的评估中，美国始终是最重要的因素和最大变量。特朗普执政后奉行"美国优先"并大幅度调整对北约和欧盟的政策，使得欧盟对欧美关系的前景感到担忧。欧盟意识到自己在影响美欧关系特别是跨大西洋同盟的发展趋势方面是客体而非主体，并认为特朗普领导下的美国对欧洲表现出的战略矛盾心态短期内难以消失，美欧之间单边主义与多边主义之争不会止息。同时，特朗普政府蔑视基于规则的多边国际秩序，并且把政策重点放在对中国和俄罗斯的竞争上，这也令欧盟感到不适应。虽然欧盟对中国的崛起也感到担忧，但特朗普政府对欧洲盟友表现出的"意识形态敌意"促使欧盟寻求战略自主性。简言之，欧盟认为，自2016年以来，其在安全、贸易和科技领域面临的来自中、美两国的压力显著增加，国际协议和多边机构的权威与合法性受到了挑战，美国单边关税的竞争使得多边贸易体系遭受不可逆的破坏，贸易正在被"武器化"，成为获得战略影响力和安全收益的工具。基于此，欧盟对其与中、美两国的关系进行重新评估，一方面认为，自己与中、美两国的关系正处于一种不断变化的状态，与两国关系的长期确定性正在消失；另一方面认为，美国对华竞争的加剧使欧洲成为中、美两国的关键伙伴和争夺对象，因此欧盟面临来自中、美两国在诸多议题和政策领域越来越大的压力。欧盟甚至认为，美国对华竞争已成为21世纪国际政治的结构性特征，且竞争具有长期性，这使自己面临难以回避的重大挑战。中美之间日益激烈的竞争将影响欧洲在美国全球战略中的地位,亦迫使欧盟思考自身在中美之间的位置。

如何应对美国对华竞争成为近年来欧盟内部争论最激烈的问题之一。在对中美战略竞争的前景感到忧虑的同时,欧盟从维护自身利益出发,希望在美国(长期的战略和经济伙伴)与中国(欧盟的第二大市场及潜在的下一个经济超级大国)之间寻求平衡。由于难以割舍来自中、美两方面的利益,欧盟寻求采取一种被称之为"蛋糕主义"(Cakeism)的平衡策略,即在美国对华竞争中想要鱼与熊掌兼得,或者说与中、美两国都做朋友,保持某种可能演变为中间人角色的矛盾立场。① 正如有分析指出,面对美国对华竞争,欧盟在与美国合作解决令中国反感的问题和与中国合作解决令美国反感的问题之间摇摆不定。② 从地缘政治的考虑出发,欧盟基于战略自主谋求成为国际权力的平衡者,以避免在新的"两极化"世界中被边缘化。欧盟不想成为大国博弈的棋盘,而是要力争成为一个战略参与者和"现象"。有分析指出,"大国竞争"的回归和特朗普执政后美国对欧洲承诺的不确定性增加,促使欧洲谋求成为全球政治中的一个"自治极"。③ 欧盟不再视美国为一个可靠的伙伴,进而谋求中立或走一条"中间路线",在美国、俄罗斯和中国之间寻求战略和经济利益的平衡;④ 一些人还提出了在日益被美国对华竞争所定义的全球背景下欧洲的"等距"概念。⑤ 更加

---

① Mario Esteban and Miguel Otero-Iglesias, et al. "Europe in the Face of US-China Rivalry", https://merics.org/en/report/europe-face-us-china-rivalry.

② Bruno Hellendorff and Tim Nicholas Rühlig, "The EU'S Reactive Approach to Rising Tension Between the US and China", https://merics.org/en/report/europe-face-us-china-rivalry.

③ Sven Biscop, "1919-2019: How to Make Peace Last? European Strategy and the Future of the World Order", https://www.jstor.org/stable/resrep21905.

④ Erik Brattberg and David Whineray, "How Europe Views Transatlantic Relations Ahead of the 2020 U.S. Election", https://carnegieendowment.org/files/Brattberg_Whineray_2020_EU.pdf.

⑤ Luis Simón, "What Is Europe's Place in Sino-American Competition?", https://isnblog.ethz.ch/uncategorized/what-is-europes-place-in-sino-american-competition; Luis Simón, "EU-NATO Cooperation in an Era of Great-Power Competition", https://brussels-school.be/sites/default/files/EU-NATOCooperation_0.pdf.

引人关注的是,马克龙在2020年慕尼黑安全会议上表示,尽管跨大西洋同盟具有重要性,但欧洲必须在美国面前显得更加独立。① 德国总理默克尔也坦言:"在某种程度上,我们完全依赖别人的日子结束了,欧洲需要掌握自己的命运,与美国建立自然的伙伴关系。"② 很显然,欧盟希望通过战略自主来对冲特朗普政府不连贯、充满不确定性的对外政策,以此使欧洲在既竞争又合作的大国博弈中找到立身之处。

总之,在世界大变局加速演出的新形势下,欧盟的应对方案和策略是拥抱战略自主,主动参与大国博弈,发挥战略平衡者的作用。面对美国对华竞争,欧盟试图通过战略自主化解其居于中美之间的尴尬地位。战略自主意味着欧盟不会完全屈从或倒向任何一方,而是会根据自己利益和形势变化、依据议题设定情况作出灵活调整。③ 尤其是欧盟在对外政策中不盲从美国,避免作为美国推行其对外战略的工具,也包括不被美国当作对付中国的工具。欧盟或许会在某些利益重叠领域寻求与美国合作应对"中国挑战"(比如数字技术与贸易),但不大可能"一边倒"加入美国领导的旨在全面遏制中国的反华同盟。欧盟不相信美国会在同中国竞争中优先考虑欧洲的经济利益,因此主张继续走自己的战略自主之路,以确保始终能够捍卫自己的利益。正如有欧洲学者所指出的,即使在与美国的联盟中,欧盟也要重视依靠自己。④ 欧盟外交与安全政策高级代表博雷利曾撰文提出"坚持欧美中三角态势"的理念,称欧美之间不会存在针对中国的跨大西洋同盟,欧盟不会在中美对抗之中"选边站"。他主张欧盟应学会"使用权力的

---

① 陈新:《深析当前欧洲的地缘政治焦虑》,载《人民论坛·学术前沿》,2020年第10期,第32页。
② "Angela Merkel: Europe Must Take 'Our Fate' into Own Hands", https://www.politico.eu/article/angela-merkel-europe-cdu-must-take-its-fate-into-its-own-hands-elections-2017/.
③ 吴白乙、周弘、陈新:《欧洲蓝皮书:欧洲发展报告(2019—2020)》,北京:社会科学文献出版社,2020年版,第28—29页。
④ Sven Biscop, "Act as if It Does Not Matter Who Wins", https://www.egmontinstitute.be/act-as-if-it-does-not-matter-who-wins/.

语言",在中美对抗中找准自己的位置。① 针对欧盟拒绝在中美间"选边站"的策略,国外有分析认为,欧盟是在尝试走"第三条道路",即欧盟对外战略将既不同于美国,又不同于中国;既与美国携手,又保持独立性;既对华防范,又对华合作,以此体现出欧盟在全球的独立地位和影响力,彰显出其是作为参与角逐的一方而不是作为角逐场而存在。

---

① Josep Borrell, "Green Light to EU's New Foreign Policy Chief", https://www.forbes.com/sites/anagarciavaldivia/2019/10/09/josep-borrell-green-light-to-eus-new-foreign-policy-chief/?sh=a7b7f9811171.

第四章 "特朗普冲击波"重创跨大西洋同盟与美欧关系

后全球金融危机时代,世界政治经济发展面临的一个重大挑战是西方民粹主义和保守主义抬头,其后果之一是加剧了大国之间的竞争。特朗普是美国乃至西方民粹主义政治力量的主要代表人物之一,其当选美国总统是美国政治的一场革命性事件,也是美国外交政策和国际政治的一个重大转折点。特朗普政府奉行"美国优先"外交和单边利己主义,将美国与世界其他国家的关系带入了一个充满不确定性的时代,美欧盟友关系也是如此。特朗普政府在加速推进美国战略重心东移并实施"印太战略"的同时,大幅度地调整了对北约和欧盟的政策,激化了美欧在安全、经贸和全球治理等领域的矛盾,致使跨大西洋同盟"退化",美欧关系出现"结构性危机"。尤其是特朗普政府的对欧压迫式"交易型"政策和以利益而非价值观或意识形态来界定威胁、以利益交换来维系跨大西洋同盟的做法,严重损害了北约安全保障的可信度以及美国在北约的领导地位。跨大西洋同盟与美欧关系跌入历史低点,陷入自伊拉克战争以来更大的危机,面临前所未有的挑战。跨大西洋同盟与美欧关系的深刻变化成为加速世界大变局的一个重要因素,同时也对中美欧关系的演进具有潜在重大影响。

第一节　特朗普当选美国总统与欧洲的反应

一、特朗普主义

2015年6月17日，特朗普宣布决定参加2016年总统大选；7月21日，特朗普正式接受美国共和党总统候选人提名；11月8日，特朗普击败民主党总统候选人希拉里。当地时间2017年1月20日，特朗普宣誓就职，正式成为第45任美国总统。

特朗普当选美国总统被认为是2016年继英国"脱欧"之后又一个重大国际"黑天鹅"事件。作为美国乃至西方民粹主义政治力量的主要代表人物之一，特朗普从竞选伊始就显得与美国传统建制派政客截然不同，他对奥巴马政府多个领域的政策提出尖锐批评，并提出激进的改革方案。值得关注的是，特朗普无任何政府和军队工作经历，缺乏政治与行政经验，他竞选时自称将会是一名打破常规的总统，不会惧怕任何规则、机构，甚至宪法原则。[1] 作为"政治素人"的特朗普当选美国总统并继而采取一系列非常规的内外政策改革，由此给美国和世界带来巨大冲击，这一现象被称为"特朗普冲击波"。

特朗普政府将其外交政策理念界定为"有原则的现实主义"（Principled Realism），其实质便是打着"美国优先"旗号的特朗普主义。[2] "美国优先"是特朗普主义最显著的标签，对美国外交政策的影响极为深刻。"美国优先"的对外政策理念之核心要义是：维护美国的安全和繁荣应不受国际制度的约束，应将美国利益作为衡量外交决策的唯一准绳；有利于美国利益的就坚决支持，有损于美国利益的就坚决反对；不顾忌是敌是友，不顾忌是否有违美国传统价值观，不顾忌是否有违国际规范。换句话说，以"美国优先"为底色的特朗普主义，是"以结果

---

[1] 爱德华·卢斯：《2016FT年度人物：唐纳德·特朗普》，http://www.ftchinese.com/story/001070613。

[2] The White House, *National Security Strategy of the United States of America*, Washington D. C. : The White House, 2017, p. 1.

为导向"而非"以意识形态为导向",主张为达目的可以不惜使用一切手段。

"美国优先"与单边利己主义相伴而生,或者说单边主义是实现"美国优先"目标的途径和手段。单边主义在美国历史上早已有之,其核心观点是"美国在危险的世界中应该保持警醒并作好充分准备,愿意使用所有手段维护其利益,并不应受到任何限制其单边行动自由的制度性约束"①。冷战结束后,单边主义对美国外交思想的影响日渐突出。作为霸权力量,美国日益将现有多边机制视为实现自我利益最大化的羁绊。正如有分析所指出的,多边机制对美国仅具有工具性价值,"没有人认为美国应该服从约束性规则,美国只是急于让其他国家遵守"②。"美国优先"强调外交政策要以国内政治为依据。美国历史上的杰克逊主义强调美国民众物质安全和经济富足优先,其最大特点是内顾性极强,无法忍受切身利益的丧失。③ 作为杰克逊主义的支持者,特朗普的"美国优先"对外理念也以国内政治为依据,其让美国更加安全和繁荣的政策起点始于国内。特朗普政府在经贸、全球治理和集体安全上的"自私自利""退群主义""甩包袱"都折射出其国内汹涌的民意和需求。④

特朗普主义的产生是美国全球霸权衰落的产物。自受到伊拉克战争和全球金融危机的沉重打击后,美国唯恐单极时代终结的噩梦成真。作为先后两任美国总统,特朗普和奥巴马在很多方面差异极大,然而他们对美国在世界上地位的分析却有着不少共同点。两人都明白,美

---

① Daniel S. Hamilton, "Trump's Jacksonian Foreign Policy and Its Implications for European Security", https://www.ui.se/globalassets/butiken/ui-brief/2017/hamilton-ui-brief.-05-23.pdf.

② Anthony Dworkin and Mark Leonard, "Can Europe Save the World Order?", http://www.ecfr.eu/publications/summary/can_europe_save_the_world_order.

③ Daniel S. Hamilton, "Trump's Jacksonian Foreign Policy and Its Implications for European Security", https://www.ui.se/globalassets/butiken/ui-brief/2017/hamilton-ui-brief.-05-23.pdf.

④ 张蓓、孙成昊:《特朗普执政以来美欧关系的变化、动因及影响》,载《国际展望》,2018年第6期,第66—67页。

国维持世界唯一超级大国地位的雄心是不可持续的,他们都承认地缘经济学在21世纪的中心地位,也都认识到需要与那些不认同美国价值观和规范的政权合作。但是,两人在具体做法上却截然不同。奥巴马确信,维持美国领导地位的最佳方式是将美国纳入一个多样化的、发展良好的军事和贸易联盟网络,这就是奥巴马政府在谈判"跨大西洋贸易与投资伙伴关系协定"的同时,寻求缔结"跨太平洋伙伴关系协定"的原因。奥巴马希望通过使用这些工具压制住中国,并重塑美国在未来的角色。特朗普的做法则是,如果国际秩序不再对美国有利,那么美国就应充当搅局者,利用与其他大国的不对称双边关系来重塑符合美国利益的世界。简言之,奥巴马认为美国的力量在于其拥有网络化的联盟,而特朗普认为这些联盟是压制美国的枷锁。①

总之,特朗普主义主导下的"美国优先"外交理念与单边主义体现了国际变局背景下美国政治和外交的极端化发展,也折射出美国与欧洲在国际秩序理念和多边主义问题上日益严重的分歧,而这正是导致跨大西洋同盟及美欧关系出现危机的症结所在。欧洲议会议长舒尔茨(Martin Schulz)认为,特朗普的右翼民粹主义政治思想以及对现有国际规则体系的藐视对当前面临各种挑战的欧盟与世界具有强烈的冲击。② 美国对外关系学会会长哈斯(Richard Haass)称,特朗普上台后所采取的反全球化和单边主义政策是造成自由世界秩序日渐崩塌的最重要的一个因素。特朗普以"国家安全"为由限制产品进口的做法,进一步把整个世界都推向贸易战争的危险之中,看起来,所谓的"美国优先"和自由世界秩序应该是彼此不兼容的。③

---

① Ivan Krastev and Mark Leonard, "The Crisis of American Power: How Europeans See Biden's America", https://ecfr.eu/publication/the-crisis-of-american-power-how-europeans-see-bidens-america/.

② Spiegel Online, "EU Parliament President: 'Trump Is a Problem for the Whole World'", http://www.spiegel.de/international/europe/eu-parliament-president-trump-a-problem-for-the-whole-world-a-1112505.html.

③ 理查德·哈斯:《安息吧,"自由世界秩序"》, https://www.thepaper.cn/newsDetail_forward_2041537。

二、特朗普贸易保护政策与"交易型"方式

特朗普政府的"美国优先"外交理念不是凭空产生的,而是有着深刻复杂的现实原因,同时也与特朗普的零和思维密切相关。特朗普政府的贸易保护政策是最能够体现其"美国优先"底色的一项对外政策。

自20世纪90年代开始,经济全球化和贸易自由化快速发展,促进了资本、技术、劳动力、人员等生产要素在全球范围内的自由流动和有效配置。在这一过程中,高新技术、金融等日益成为西方发达国家的主导性跨国产业,发达国家的传统制造业等低端产业则逐渐转移至发展中国家。产业结构的失衡导致西方国家失业率上升、社会贫富差距加大。受2008年全球金融危机的影响,美国经济增长和就业增长进一步放缓(尤其是制造业就业人数大幅减少),贸易逆差和贫富差距加大,国防开支被迫缩减。在此背景之下,美国等一些西方国家内反全球化的民粹主义势力抬头,他们将本国的贸易逆差和失业率上升等问题归咎于全球化,并支持采取贸易保护政策。特朗普作为美国民粹主义的主要代表人物,凭借其极端民族利己主义的理念与主张赢得总统选举,继而在上台后大力推行反全球化的贸易保护政策。

特朗普执政后大幅度调整了美国的贸易政策,并对欧盟和世界多边贸易体系表示了极大的怀疑。与奥巴马政府对多边贸易的关注以及开启美欧"跨大西洋贸易与投资伙伴关系协定"谈判形成对比的是,特朗普政府诉诸完全不同的单边主义、重商主义和"交易型"方式,其确定的2019年贸易政策议程充分地体现了这一点。特朗普政府的贸易政策议程突出了三个要点:首先,特朗普认为全球贸易体系存在"严重缺陷",现有的"过时和不平衡的贸易协定"(例如北美自贸协定)阻碍了美国的经济增长和市场竞争,从而损害了美国工人和企业的利益。此外,他还认为世界贸易组织框架下的国际贸易法是"失败的"和低效的,旨在推动多边自由贸易的多哈回合谈判已经失败,因此必须按照美国的意愿重建世界贸易组织的架构。基于此,特朗普政

府通过阻止任命争端解决机制上诉机构新法官来瘫痪世界贸易组织，大有架空乃至拆解世界贸易组织现有架构的势头。其次，特朗普主张修订美国的对外贸易协定，并"使用所有可用工具"对美国贸易法进行更严格甚至更激进的修改，以防止其他国家（尤其是中国）采取"不公平"的贸易做法，从而损害美国工人和企业的利益。再次，特朗普政府公开宣布其最终目标是重新平衡美国的所有贸易关系，以使它们更好地为美国利益服务。具体做法中包括退出被认为对美国不利的贸易协定，如"跨太平洋伙伴关系协定"。概言之，特朗普认为，贸易是基于"以牙还牙"协议的交易，而不是基于规则的多边贸易体系。在他看来，美国在同其他国家的贸易中出现逆差的主要原因在于他国没有遵守规则，因此他指控包括一些欧盟成员国在内的许多国家使用"不公平"的贸易做法，从而损害了美国的经济利益，并进而决定对某些外国产品实施高关税，以此作为平衡美国贸易赤字的补救措施。这种贸易保护主义和经济民族主义战略被认为可以保护美国工业并振兴美国经济，特朗普甚至在推文中写道"贸易战是好的，而且容易取胜"①。

由上不难看出，特朗普贸易保护政策带有明显的单边主义和霸权主义色彩。其动因和目的主要有以下几点。首先，特朗普企图通过增加出口以实现贸易顺差（且顺差越大越好），同时限制进口以规避和缩减贸易逆差。其次，考虑到在全球化背景下难以实行全面的贸易保护主义，特朗普更多的是对某些特定产业和产品采取保护政策，这些政策往往打着保护就业、公平竞争和国家安全的旗号，但实际上代表着相关利益集团的利益。② 特朗普政府关税保护计划的一个重要目的是保护国内缺乏国际竞争力的传统产业，特朗普希望籍此讨好支持他的蓝领选民。再次，特朗普视贸易为国家之间全面竞争的领域，将贸易保

---

① "Trump Tweets: Trade Wars Are Good and Easy to Win", *Reuters*, March 3, 2018.
② 方晋：《特朗普式贸易保护主义的逻辑及中国的对策》，http://finance.sina.com.cn/roll/2018-03-23/doc-ifyspqci0499131.shtml。

第四章 "特朗普冲击波"重创跨大西洋同盟与美欧关系

护政策作为确保美国在竞争中获胜的有力武器,试图靠贸易施压攫取利益。历史经验表明,经济工具在和平时期常被优先应用于国际关系,通过使用或威胁使用经济制裁或贸易与金融限制措施,来削弱竞争对手的经济实力,进而弱化对手的政治和军事权力,破坏竞争对手与其他国家发展正常关系的能力。历史上法国的拿破仑(Napoléon Bonaparte)就曾经建立对英国禁运的"大陆体系",希望在经济上"绞杀"对方,以获得在战场上难以取得的胜利。特朗普贸易保护政策同样有着国家竞争的动因与考虑,它不仅仅针对中国,也针对任何有可能与美国竞争的其他国家或国家集团,包括德国和欧盟。美国学者亨廷顿曾指出,"如果欧洲共同体的政治一体化真的发生,将会出现一个极其强大的实体,而这肯定会被视为对美国利益的一个主要威胁"①。正因如此,美国既防范欧元对美元霸权的挑战,又不时利用经济工具对欧盟的发展施加限制。

为了更便于推行贸易保护政策,特朗普将一些与他的理念相同的"鹰派"官员请进白宫。有着"贸易沙皇"称号的美国贸易代表莱特希泽(Robert Lighthizer)多次抨击世界贸易组织,指责该组织不公正地对待美国。执掌白宫国家贸易委员会的纳瓦罗(Peter Navarro)被称为"鹰派中的鹰派",他指责中国和全球化是造成美国制造业衰落的重要因素。另外,财政部长姆努钦(Steven Mnuchin)、商务部长罗斯(Wilbur Ross)等也支持强硬贸易政策。这几个强硬派人物有一个共同特点,即无视国际规则和世界的变化,有着非常强势的自我中心论,特朗普推出的一系列贸易保护举措(包括钢铝关税计划和对中国的"301"调查)都与他们脱不了干系。

特朗普强硬的贸易政策理念所影响的不仅仅是美国的对外贸易关系,也影响到美国的安全政策以及美国与盟国的安全关系。特朗普用经济成本来计算美国对海外事务的卷入成本,认为如果美国的付出和

---

① Samuel P. Huntington, "America's Changing Strategic Interests", *Survival*, Vol. 33, No. 1, 1991, pp. 12f.

享受的权利不对等,那么就要减少美国的卷入。特朗普的这一理念是与冷战后美国大战略日趋"内向"、国内民众要求减少对外安全承诺的诉求相一致的。在冷战后美国外交政策大辩论中,对欧政策是焦点之一。新孤立主义者认为,对外扩张削弱了美国的实力和国际地位,主张减少对欧承诺,包括减少美国在欧洲的军事存在,以便更多地关注和解决国内问题。而冷战后美国大多数民众对外交政策也日益冷淡,甚至反对美国的对外行动,这表明美国外交政策面临的国内环境发生了重要变化。全球金融危机以后,美国外交政策中的孤立主义倾向更趋明显。奥巴马政府虽然发表了许多有关共同价值观和多边主义的言论,但全球实力的重新分配导致其外交政策趋于"内向",对国际事务的参与更具有选择性。"亚太再平衡"战略是美国全球战略收缩的标志,表明美国要集中使用有效的资源,而这意味着美国将减少在欧洲及其他地区承担的国际责任和盟友义务,奥巴马政府决定从伊拉克和阿富汗撤军以及"从幕后领导"利比亚战争的做法就是具体体现。与奥巴马相比,特朗普的安全政策理念与盟友责任观显得更加极端,而这也与历来主张干预国际事务的美国共和党理念的变化有关。在特朗普执政之前,共和党的外交政策就已进入明显的方向转型时期,但这一时期并不是由单一观念主导的,而是三种观念——保守的反干涉主义(conservative anti-interventionism)、保守的世界主义(conservative internationalism)、保守的民族主义(conservative nationalism)——相互竞争、妥协的过程。在奥巴马执政后期,保守的反干涉主义开始兴起,它针对美国过重的对外保护负担,要求美国政府实施离岸平衡策略,以减少履行对外义务的费用投入。特朗普的外交政策恰是对保守的民族主义和保守的反干涉主义的结合。[①] 在他未胜选之前,西方政界与学界多认为特朗普的政治理念与政策设想仅代表美国社会少部分边缘人群的观点,但随着其在选举中胜出,政界与学界开始承认特朗普所代

---

① Giovanni Grevi, "Lost in Transition? US Foreign Policy from Obama to Trump", http://www.epc.eu/documents/uploads/pub_7240_lostintransition.pdf.

表的政治理念在美国社会中并非无足轻重。① 由此可见，除去特朗普在对外方面的极端言论，美国外交政策也是朝战略收缩的方向发展，以期着力解决国家内部问题。特朗普执政后继续将政策重点收缩到国内，不愿再承担许多美国过去承担的国际责任。

不难理解，特朗普贸易保护政策对美国的跨大西洋同盟政策及美欧关系构成了挑战。特朗普从重商主义角度看待跨大西洋同盟，认为外交关系应是简单的互动，美国对这种互动的贡献远远高于盟友，而从盟友以及从全球秩序中得到的却是不公平的交易成果。特朗普认为，欧洲盟国利用了美国的"天真"和对欧洲安全的承诺，因此必须与欧洲重新谈判交易，通过施压获得盟友的让利。应当说，这种压迫式"交易型"的做法既符合特朗普作为"交易型"总统的施政特点，也与冷战后美国降低其霸权护持成本的战略目标一致。总之，特朗普政府在"美国优先"和单边利己主义理念驱动下大力推行贸易保护政策和"交易型"安全政策，对世界政治经济以及国际关系带来严重消极影响，同时也是导致跨大西洋同盟"退化"和美欧关系出现危机的重要原因。

三、欧洲对特朗普当选美国总统的反应

特朗普当选美国总统很大程度上出乎欧洲人的预料，并令后者感到不安。特朗普在竞选期间声称，北约已经"过时"，美国应重新审视北约存在的合理性与价值。② 特朗普还指责欧洲盟国"搭便车"、占美国的便宜，称如果欧洲不增加防务支出，美国将放弃北约和欧洲。在欧洲人看来，特朗普的这些言论俨然是对一直作为美国外交政策基石的跨大西洋同盟政策的严重质疑和挑战。他们同样震惊于特朗普提出

---

① Sven Biscop,"Has Trump Reshuffled the Cards for the Europe?", http://www.egmontinstitute.be/wp-content/uploads/2016/11/SPB79.pdf.

② Philip Bump,"Donald Trump Is Just About over This Whole NATO Thing", https://www.washingtonpost.com/news/the-fix/wp/2016/03/21/donald-trump-is-just-about-over-this-whole-nato-thing/?utm_term=.8c98818b44a0.

的极端的国际贸易理念。由于特朗普在竞选期间口无遮拦、政策设想极端,欧洲起初并不看好特朗普,法国总统奥朗德称,特朗普的极端言论让他感到反胃。① 美国大选前,欧盟智库欧洲对外关系委员会针对两位总统候选人(特朗普和希拉里)在欧盟十个成员国中作了一项调查,当被问及什么是当今世界最大的不稳定因素时,一个成员国认为若希拉里当选,美国将是世界最不稳定的因素,而有九个成员国认为若特朗普胜选,美国将超越俄罗斯或叙利亚成为最大的导致世界不稳定的因素。② 欧洲人对特朗普的不信任感可见一斑,他们同时担心,特朗普若当选美国总统将会给欧洲的安全和贸易利益带来损失,甚至所谓的"大西洋共同价值观"也会受到损害。

由于上述原因,特朗普胜选令欧洲人备受打击。"老欧洲"国家的反应具有代表性,法国总统奥朗德称欧美关系进入了一个不确定的时代。③ 德国总理默克尔在致贺时强调:"民主、自由以及尊重法律和人类尊严、出身、肤色、宗教、性别、性取向或政治观点的价值观将德、美两国联系在一起。我愿意在这些价值观基础上同美国新总统密切合作。"④ 由于特朗普对欧洲民粹主义者持鼓励和支持态度,默克尔似乎有理由怀疑特朗普对大西洋价值观的忠诚与坚定程度。另外,特朗普对俄罗斯态度的变化以及美俄修好前景令东欧和波罗的海国家感到恐惧,它们对特朗普是否认同北约的理念和目标表示怀疑。北欧国家则对美国可能走向孤立主义感到忧虑,它们借致贺的机会表达了对特朗

---

① "Francois Hollande Says Donald Trump 'Makes You Want to Retch'", https://www.theguardian.com/world/2016/aug/03/francois-hollande-says-donald-trump-makes-you-want-to-retch.
② Samuel Morgan, "'Dangerously Complacent' Europe Unready for Trump or Clinton", http://www.euractiv.com/section/global-europe/news/dangerously-complacent-europe-unready-for-trump-or-clinton-says-ecfr/.
③ "Trump Message to Europe: 'Era of Free-Loaderism Is Over'", https://www.rt.com/op-edge/366308-us-trump-policy-protests/.
④ Ian Bremmer, "Clouds of Uncertainty Hover over Trump's Foreign Policy", http://www.hindustantimes.com/columns/clouds-of-uncertainty-hover-over-trump-s-foreign-policy/story-ttjIbsYJvOlAOtFwyZuXqK.html.

普处理未来双边关系的期望,以尽可能避免双方互动中的冲突。相比之下,作为美国在欧洲最亲密的盟友,英国的反应较为温和一些,首相特蕾莎·梅(Theresa May)希望特朗普依旧能重视"英美特殊关系"这一历史纽带,保持双方的价值观共识,继续在经济、安全、防务领域加深合作。①

如果说欧洲国家的反应主要是着眼于对美双边关系考虑的话,那么,欧盟机构的回应则更多反映了对欧美关系前景的关切。欧洲议会议长舒尔茨一直对特朗普的政治理念及其参选持否定态度,认为其右翼民粹主义政治思想以及对现有国际规则体系的蔑视对当前面临各种挑战的欧盟与世界具有强烈的冲击。②舒尔茨认为,特朗普的胜出意味着美国人对未来感到恐惧与焦虑,不过,他仍坚信美国的政治制度会保证美国与欧盟关系继续处于稳定发展的态势之中。③欧洲理事会主席图斯克(Donald Tusk)和欧盟委员会主席容克的回应显得委婉一些,两人对特朗普虽抱有疑虑,但同时也清楚,他们作为欧盟领袖无法回避与特朗普的互动。他们联名致信祝贺特朗普当选,在信中强调了美国与欧盟战略伙伴关系的基础是双方对所谓"自由、人权、民主"等共同价值观的认可以及对市场经济理念的支持,重申了美国与欧盟紧密合作对于世界的重要意义,希望特朗普能够继续支持美国与欧盟在世界贸易自由化和全球治理诸多领域(反恐、气候问题、移民问题、乌克兰危机等)进行深化合作。④欧盟外交与安全政策高级代表莫盖里

---

① "Trump Wins US Election: How World Leaders Have Reacted", http://www.bbc.com/news/election-us-2016-37919394.

② "EU Parliament President:'Trump Is a Problem for the Whole World'", http://www.spiegel.de/international/europe/eu-parliament-president-trump-a-problem-for-the-whole-world-a-1112505.html.

③ "Europe Reacts to Trump:'The World Is Crumbling in Front of Our Eyes'", http://www.spiegel.de/international/europe/european-leaders-and-politicians-react-to-trump-victory-a-1120478.html.

④ European Commision, "Letter from Presidents Tusk and Juncker to Congratulate Donald Trump on His Election as the Next President of the United States", http://europa.eu/rapid/press-release_STATEMENT-16-3640_en.htm.

尼表示，跨大西洋关系是稳定的，不会因特朗普的上台而产生剧烈的变动，但事实上她作为欧盟外交掌门人，对未来欧美关系不确定性的增加感到担忧。莫盖里尼过去一直强调，加强欧盟防务不是要复制北约的作用，但如今面对特朗普"拆台"欧盟，她更强调加强欧盟的团结以发挥更大自主性作用。莫盖里尼于 2016 年 11 月 10 日发表讲话称："当今世界越来越需要一个信奉多边主义和合作的、有原则的全球安全提供者，欧盟应响应这一呼吁并承担起责任来。我相信，如果我们团结成一个真正的联盟，就可以做到这一点。欧盟正成为世界和平不可或缺的一个'超级大国'"。①

特朗普当选美国总统对北约同样具有挑战意味。面对特朗普要求改革北约的压力，北约秘书长斯托尔滕贝格（Jens Stoltenberg）承认北约防务责任分担存在不公的问题，但强调目前北约正在改善这一不公情况，欧洲成员国正在增加对北约的费用投入。他还表示，战后至今美欧之间一直保持着亲密的盟友关系，这种关系不仅对欧洲安全有利，对美国的安全也有重要意义，相信特朗普会继承北约集体防务义务。② 作为北约掌门人，斯托尔滕贝格的回应是以维护北约的团结为主要目标，以加强与特朗普的沟通为主要方式，积极评价美国与北约关系，以确保美国在北约中依旧发挥可靠的作用。

总之，欧洲各有关方面对特朗普当选美国总统总体上反应较为谨慎。正如有分析所指出的，特朗普完全符合欧洲人对美国人粗鲁、贪财、没有文化这一负面评价的形象。③ 这种或许带有一定偏见的评价使得欧洲国家难以将特朗普视作一个合格的国家领导人，从而将在一定

---

① "Mogherini Calls EU a Peace 'Superpower', in Wake of Trump Win", http://www.euractiv.com/section/security/news/mogherini-calls-eu-a-peace-superpower-in-wake-of-trump-win/.

② NATO, "NATO Secretary General Congratulates US President-Elect Donald Trump", http://www.nato.int/cps/en/natohq/news_137500.htm? selectedLocale = en.

③ Nicholas Vinocur, "Europeans Are Obsessed with Donald Trump", http://www.politico.com/story/2015/08/trump-europe-213141.

程度上对欧美高层互动构成障碍。此外，特朗普在欧洲民众中非常不受欢迎，这从一个方面反映出美欧关系的民众基础弱化。在欧洲民众看来，特朗普作为美国民粹势力的代表人物当选美国总统的事实表明，孤立主义、保守主义和民粹主义在美国社会获得了更多支持。伊拉克战争后，美国的单边主义以及小布什政府的"先发制人"和颠覆别国政权等做法，逐渐消磨了欧洲对美国政治智慧和维护安全方法的信任，关塔那摩监狱的虐囚事件以及美国监听欧洲盟友和欧洲领导人的"棱镜门"事件等更加破坏了美国在欧洲人心目中的形象。[1] 在欧洲民众对美国的价值观、经济模式以及安全和情报活动的不满日益累积的形势下，特朗普当选美国总统进一步加剧了大西洋两岸社会的分裂。欧洲民众认为，特朗普政府试图掀起动摇欧洲政治的民粹主义浪潮，他们尤其不满特朗普在政治上和贸易上对欧盟表现出的敌意。2017年6月，美国皮尤研究中心发布的一项调查显示，西欧国家民众对美国总统的信心急剧下降，与奥巴马相比，德国民众对特朗普的信心度从84%下降到11%，法国从84%下降到14%，英国从79%下降到22%。[2] 2017年9月进行的另一项民意测验显示，特朗普在欧洲的受欢迎程度甚至低于俄罗斯总统普京。[3]

欧洲国家政府和民众对特朗普的负面印象将不可避免地影响美欧关系的走向。在特朗普当选美国总统后的最初一段时间里，欧洲的一些战略精英曾倾向于认为其执政后不大可能将竞选时发表的言论付诸实践。但欧洲对外关系委员会在其调查报告中对这一危险认识提出了警告：特朗普对欧洲的看法和观点并非竞选期间的突发奇想，而是源

---

[1] Liam Stack, "Charlottesville Violence and Trump's Reaction Draw Criticism Abroad", https://www.nytimes.com/2017/08/17/world/charlottesville-trump-world-reaction.html.

[2] Jacob Poushter and Kristen Bialik, "Around the World, Favorability of the U.S. and Confidence in Its President Decline", http://www.pewresearch.org/fact-tank/2017/06/26/around-the-world-favorability-of-u-s-and-confidence-in-its-president-decline/.

[3] Jeremy Shapiro, "What 'America First' Will Cost Europe", https://fbkfinanzwirtschaft.wordpress.com/2018/06/14/what-america-first-will-cost-europe/pdf.

于其长期坚持的信念。由于美国总统拥有较大的外交权,现职总统的愿望"从来都离政策不远"。欧洲国家的政府也普遍认为,美国的制度将最终阻止特朗普实施其竞选时宣布的政策,但美国国内的反对者和批评者则确信特朗普上任后将带来一场"大灾难"(apocalyptic)。① 与那些夸夸其谈的政治人物不同的是,特朗普是一个"实践家"(man of action)。② 正如有分析所指出的那样,特朗普上台后将会以更加现实而非意识形态的、以商人惯用的"交易型"方式处理对外事务;"他不是一个谋求以美国方式改造世界的空想者,不喜欢在不清楚目标是什么的情况下胡乱作为,而是会谋求达到他希望实现的那些有限的、具体的目标"。③ 在对欧政策上,特朗普更有可能选择性地参与欧洲事务,这符合其美国利益优先的执政理念。

第二节 跨大西洋同盟的"交易型"方式与松散化趋势

一、美欧防务责任分担问题的缘起与特点

作为一个以集体防务为目标的军事集团,北约自成立之日起内部就存在防务责任分担问题。由于该问题对跨大西洋同盟的运行及美欧关系具有重要影响,因此历来受到学术界的重视。冷战时期美欧学界对美欧防务责任分担问题的研究聚焦于其成因,一些学者运用集体行动理论和联盟的经济理论分析美欧在该问题上采取不同行为的原因,

---

① Samuel Morgan, "'Dangerously Complacent' Europe Unready for Trump or Clinton", http://www.foxnews.com/politics/2016/11/10/ryan-says-trump-is-man-action-after-capitol-hill-meeting.html.

② "Ryan Says Trump Is a 'Man of Action' After Capitol Hill Meeting", http://www.foxnews.com/politics/2016/11/10/ryan-says-trump-is-man-action-after-capitol-hill-meeting.html.

③ "Trump Message to Europe: 'Era of Free-Loaderism Is Over'", https://www.rt.com/op-edge/366308-us-trump-policy-protests/.

第四章 "特朗普冲击波"重创跨大西洋同盟与美欧关系

强调欧洲盟国的"搭便车"行为是导致美欧之间产生矛盾的主要原因。① 冷战结束后，随着北约转型和跨大西洋同盟的持续调整，美欧学界对美欧防务责任分担矛盾的成因研究进一步深化，视角更加多样化。桑德勒（Todd Sandler）和奥尼尔（John Oneal）等学者从集体行动视角分析跨大西洋同盟内部的"搭便车"现象，强调集体行动的逻辑是美欧分歧的主要原因。② 杜克（Simon Duke）、马特拉里（Janne Matlary）和彼得森（Magnus Peterson）等学者则从实力对比角度展开研究，强调美欧分歧是由双方的处境和实力对比差异，以及彼此间保护与被保护的不平等关系所决定的。③ 还有一些学者强调心理因素（包括威胁认知）的作用，认为冷战后美欧之间的威胁认知差异和强弱心理差异是双方在防务责任分担问题上矛盾加剧的原因。④ 除了研究其成因，还有学者对不同时期的美欧防务责任分担的内容，以及如何缓和美欧之间的矛盾等进行研究。⑤ 另外，相关案例研究也日渐增多，包括北约的利

---

① 相关研究可参见 Mancur Olson and Richard Zeckhauser, "An Economic Theory of Alliances", *The Review of Economics and Statistics*, Vol. 48, No. 3, 1966, pp. 266-279; John R. Oneal and Mark A. Elord, "NATO Burden Sharing and the Forces of Change", *International Studies Quarterly*, Vol. 33, No. 4, 1989, pp. 435-456; John R. Oneal, "The Theory of Collective Action and Burden Sharing in NATO", *International Organization*, Vol. 44, No. 3, 1990, pp. 379-402。

② Todd Sandler and James C. Murdoch, "On Sharing NATO Defense Burdens in the 1990s and Beyond", *Fiscal Studies*, Vol. 21, No. 3, 2000, pp. 297-327; John R. Oneal and Paul F. Diehl, "The Theory of Collective Action and Defense Burden: New Empirical Tests", *Political Studies Quarterly*, Vol. 47, No. 2, 1994, pp. 373-396.

③ Simon Duke, *The Burdensharing Debate: A Reassessment*, London: Palgrave Macmillan, 1993, pp. 24-107; Simon Duke, *Europe as a Stronger Global Actor: Challenges and Strategic Response*, New York: Palgrave Macmillan, 2017, pp. 78-98; Janne Haaland Matlary and Magnus Peterson, *NATO's European Allies*, New York: Palgrave Macmillan, 2013, pp. 82-110.

④ 相关研究可参见 Terry Terriff, "Fear and Loathing in NATO: The Atlantic Alliance After the Crisis over Iraq", *Perspective on European Politics & Society*, Vol. 5, No. 3, 2004, pp. 419-446;罗伯特·卡根著，刘坤译：《天堂与权力：世界新秩序中的美国与欧洲》，北京：社会科学文献出版社，2013年版，第37—57页。

⑤ 相关研究可参见 Peter Kent Forster and Stephen J. Cimbala, *The US, NATO, and Military Burden-Sharing*, New York: Frank Cass, 2005, pp. 32-152; Jonathan Stevenson, "How Europe and America Defend Themselves", *Foreign Affairs*, Vol. 82, No. 2, 2003, pp. 75-90; Anders F. Rasmussen, "NATO After Libya: The Atlantic Alliance in Austere Times", *Foreign Affairs*, Vol. 90, No. 4, 2011, pp. 2-6; Bastian Giegerich, "NATO's Smart Defense: Who's Buying?", *Survival*, Vol. 54, No. 3, 2012, pp. 69-77。

比亚行动、巴尔干冲突中的美欧防务责任分担研究等。① 总的来看，美欧学界对美欧防务责任分担问题与矛盾的关注和研究较多、成果较为丰富。

根据传统的安全理论，责任分担是指在一个集团内集团成员完成共同目标所承担的风险和成本的分配，这个风险和成本涉及经济、政治、军事和其他各方面。② 理论上来讲，责任分担产生于实现共同目标的集体行动，正如奥尔森（Mancur Olson）所指出的那样，即使集团成员采取集体行动寻求共同目标，但成员间对行动成本分担的意见并不一致。③ 从内容上讲，责任分担包括分担成本和风险两个方面，成本主要是来自经济方面的，包括为实现共同目标所付出的人力、物力和财力；风险则主要是来自政治、军事方面的，比如行动失败导致的政治威望和政治信誉的损失、军事行动的风险等。在国际政治领域，责任分担主要存在于国家间的联盟，如北约、欧盟、美日同盟等。

北约是美欧之间跨大西洋同盟集体防务组织，防务责任是北约责任分担的重要方面，因此可称之为"北约防务责任分担"或"美欧防务责任分担"。④ 美欧防务责任分担主要是指美欧之间为实现北约集体防务目标而采取的集体防务行动所产生的成本和风险的分担，包括在防务行动中部署军队和维持军事存在、在海外驻军以及在战争和维和行动中使用军事力量的成本。使用军事力量的成本并非只源于经济上的，战争和其他军事行动也会影响国家和联盟的声望与信誉（例如北

---

① 相关研究可参见 Ellen Hallams and Benjamin Schreer, "Towards a 'Post-America' Alliance? NATO Burden-Sharing After Libya", *International Affairs*, Vol. 88, No. 2, 2012, pp. 313-327; Peter Kent Forster and Stephen J. Cimbala, *The US, NATO, and Military Burden-Sharing*, New York: Frank Cass, 2005。

② Peter Kent Forster and Stephen J. Cimbala, *The US, NATO, and Military Burden-Sharing*, New York: Frank Cass, 2005, pp. 1-11.

③ Mancur Olson, *The Logic of Collective Action: Public Goods and the Theory of Groups*, New York: Harvard University Press, 1965, p. 21.

④ 冷战期间，北约防务责任分担问题主要发生在北约内部美国与其欧洲盟国之间，而冷战后随着欧盟的成立及其军事能力的发展，北约防务责任分担不再局限于北约内部，也逐渐将欧盟牵扯进来。

约在科索沃战争中的轰炸行动就遭到很多国家的谴责),亦即军事行动会带来政治后果和影响。此外,上述所提到的成本和风险中还包括缔造和平行动后的"功能性"内容,如战后重建工作、监督战争双方停战等。

美欧防务责任分担问题自北约成立后就一直存在。1949年签署的《北大西洋公约》第五条规定:任何一个成员国的领土和政治完整性受到威胁时,成员国之间协商并认为对一国的攻击就是对所有成员国的进攻,成员国将采取集体行动抵制这种进攻。[①] 北约的成员国为实现共同防务和集体安全的目标采取行动自然而然要产生成本和风险,而成本和风险由谁来承担和承担多少,就是存在于美欧之间的责任分担问题。然而上述条约只规定了北约集体防务的宗旨和范围等内容,却未对成员国承担的责任进行量化划分。由于缺乏明文规定,美欧双方无法对某一次集体防务行动的责任作出明确划分,这就使得在行动中谁来承担责任、承担怎样的责任和承担多少责任成为跨大西洋同盟面临的突出问题。

1950年朝鲜战争爆发后,美国为应对军事力量的分配问题,要求重新武装联邦德国以减轻自身承担的防务压力。为迫使对联邦德国重新武装抱有疑虑的法国"就范",美国表示要将其对欧洲的军事援助同法国接受联邦德国的重新武装联系起来,最终法国不得已提出了关于建立欧洲防务共同体的"普利文计划"。20世纪60年代,美国推动修改北约军事战略,以加强北约的常规军备建设。当时深陷越南战争泥潭的美国为减轻自身的经济和防务负担,[②] 要求欧洲盟国承担更多的防务费用。在美国的压力之下,西欧国家最终同意了美国提出的"灵活反应战略",联邦德国也增加了对驻德美军的补偿费用。[③] 1973年,美

[①] NATO,"The North Atlantic Treaty", https://www.nato.int/cps/ic/natohq/official_texts_17120.htm.

[②] 1960年,美国承担了北约全部费用的74%。

[③] 赵怀普:《当代美欧关系史》,北京:世界知识出版社,2011年版,第150—152页。

国国务卿基辛格（Henry Kissinger）提议订立一个新的大西洋关系宣言，并特别强调了美国信守对欧洲安全的承诺与西欧对美国作出经济补偿以及在军事领域与美国分担负担之间的联系。① 次年 6 月，在北约首脑会议上正式签署的大西洋声明重申了美国对西欧的安全保障义务，但强调这一义务是同欧洲盟国承担合理的防务负担相联系的。20 世纪 70 年代末至 80 年代中期，由于西欧盟国增加了防务支出，跨大西洋同盟的团结表面上看似乎加强了，但实际上西欧对美国核保护伞不可靠的担忧正在日益加剧。从 20 世纪 80 年代初开始，美欧之间就开始围绕北约的防御目标产生了争论，美国出于维护其全球安全利益的考量，主张北约应更多地参与全球事务，而西欧则强调北约的防务重点在欧洲，反对扩大防务责任。这一争论体现了美欧在北约防务责任范围上的矛盾，实质上反映了双方安全利益的分歧。由于担心美国从欧洲撤军或大幅削减驻军，西欧开始酝酿发展自身独立的安全防御体系。1984 年，沉寂多年的西欧联盟"复活"，开始承担欧洲安全防务和与之相关的社会职能。西欧联盟在 1987 年 10 月发布的"欧洲安全利益纲要"中指出，西欧国家的安全只有与北美盟国密切合作才能得到保障，联盟是不可分割的；美国对欧安全承诺对欧洲国家的安全至关重要，一个独立、自由、更加统一的欧洲对美国的安全也至关重要。② 该报告强调了美国的常规力量和核力量在维护欧洲安全方面的不可替代的作用，也强调了"欧洲军队"在维持威慑和战略防御方面的关键性地位。从美欧防务责任分担的角度分析，这份报告表达了西欧国家愿为跨大西洋同盟承担更多责任进而维护西方安全利益的决心，也强调了欧洲在联盟防务中的支柱作用。从实质上看，西欧联盟"复活"不仅为西欧国家提供了提升自身安全防务水平的平台，也使美国获得了重新分配防务责任的抓手，即支持跨大西洋同盟欧洲支柱的建设，这

---

① Henry A. Kissinger, *Memoiren*, Munich: Bertelsmann Verlag, 1982, Vol. 4, pp. 218ff.
② G. Howe, "The Atlantic Alliance and the Security of Europe", *NATO Review*, No. 2, 1987, p. 8.

在一定程度上有助于缓和美欧防务责任分担矛盾。需要指出的是，由于这一时期西欧联盟的防务能力较为有限，并不影响美国和北约在欧洲安全事务中的主导地位，因此美国对西欧加强防务建设是持欢迎态度的，美国国防部长温伯格（Caspar Weinberger）表示："我们的盟友继续为共同防务作出贡献，虽然美国要比几乎所有伙伴加起来做的都要多，但这表达了他们承担联盟责任的更为积极的态度。"[1] 尽管如此，冷战后形势的发展表明，美欧防务责任分担争议，以及深层次的美欧之间争夺欧洲安全事务主导权的矛盾是难以根本消除的。总之，冷战期间美欧在北约防务支出问题上的分歧根本上是源于双方的处境与实力对比差异，以及保护与被保护的不平等关系，正由于此，美国多次以威胁拒绝提供对欧洲盟国的防务保护相威胁来实现自身改革北约的期望。

冷战结束后，随着国际形势的变化和美欧对外战略的调整，跨大西洋同盟进入了调整期。在美国国内掀起的外交政策大辩论中，北约的存续以及如何定义冷战后北约的防务责任等成为重要议题。新孤立主义者认为，苏联威胁的消失使得美国继续承担欧洲防务义务失去了必要性。在这些人看来，北约已经完成其使命，接下来应该由欧洲人自己建立安全体系，但出于安抚德国邻国的考虑，这一安全体系应该与美国保持联系。[2] 由此可见，德国统一对美国欧洲政策产生一定影响，美国将北约视为约束德国权力、对欧洲施加政治军事影响的战略工具。总之，美国需要重新定位其在欧洲的角色，调整并制定新的跨大西洋同盟战略。虽然美国并未像新孤立主义者主张的那样完全"撤出"北约，但减少所承担的防务负担则是其对欧政策调整的主基调。20世纪90年代，美国削减了在欧洲的军事基地及海外行动相关支出。

---

[1] C. Weinberger, "Secretary of Defense's Report on the Allied Contribution", Washington D. C. : Department of Defense, 1987, p. 4.

[2] Ted Galen Carpenter, "US Must Shake Its NATO Habit", *The Christian Science Monitor*, June 19, 1991, p. 18.

1991年的国防预算包含了停用一些军事基地或减少军事力量的内容，其中包括35个国内基地和13个海外基地。[①] 同年度的财政预算也提出了包括削减驻得克萨斯州第二装甲师在内的国内兵力削减计划，以便为从欧洲撤回的军队腾挪空间。除了白宫的上述决策外，美国国会在衡量军事资源的配置时也更倾向于考虑军事基地和军事设施对美国自身外交目标的意义，而且其采取单边手段重新分配美欧防务责任的意愿越来越明显。

需要指出的是，美欧防务责任分担随着美国与欧盟关系的"重构"变得更加复杂化。1990年美国和欧盟联合发表《跨大西洋声明》，决定建立包括定期首脑会议在内的政治对话机制。1995年，美欧又发表了《新跨大西洋议程》，进一步明确了双方关系的总目标，即通过美欧合作促进大西洋两岸的和平、经济繁荣和所谓"民主价值观"的传播；同时也涉及美欧之间的责任分担问题：美国希望欧盟承担更多责任，以减少自身的霸权护持成本，而在欧盟看来，合作和责任分担则意味着与美国平等地分享领导地位。欧盟成立之初一度认为冷战后的欧洲将不再需要美国的保护，但后来其在巴尔干冲突中的无力表现击碎了这一幻觉。北约干预波黑内战使欧盟重新认识到了北约继续存在的价值。巴尔干冲突还使得美欧防务责任分担问题不再局限于北约内部，而是扩展到了北约和欧盟之间；冲突的解决过程还使防务责任分担增添了战后重建、维和等"功能性"内容，欧盟主动承担更多责任使得美欧矛盾得到一定的缓和。1997年通过的《阿姆斯特丹条约》规定，欧盟应加强其共同外交与安全政策，包括提升执行人道主义和危机处理任务（"彼得斯堡使命"）的能力。总之，欧盟的成立为美欧防务责任分担问题注入了新的复杂因素。虽然美欧在应对巴尔干冲突和推进北约转型过程中进行了协调与合作，但由于欧盟致力于发展独立防务，以及美国仍希望北约在欧洲防务中发挥关键作用，美欧之间控制与反

[①] Simon Duke, *The Burdensharing Debate: A Reassessment*, London: Plagrave Macmillan, 1993, p. 94.

控制的矛盾变得更加深刻。就防务责任分担问题而言，美欧矛盾加剧的风险在积聚，只不过由于冷战后初期双方的政策调整尚未完全到位而暂时没有爆发出来。

进入21世纪以后，随着国际形势的深刻变化和美欧对外战略的进一步调整，美欧防务责任分担矛盾更加突出地暴露了出来。"9·11"事件发生后，反恐成为北约军事行动的主要方向。然而在美国看来，从伊拉克战争到北约在阿富汗的行动，欧洲盟国并没有投入足够的财力和军力，致使美国认为北约未在反恐过程中发挥有力的作用。① 全球金融危机和欧债危机爆发后，经济滞胀使得欧洲各国纷纷减少了对北约防务的支出，这令美国颇为不满。美国兰德公司于2012年的一份研究报告显示，受到全球经济危机的影响，英国、法国和德国等主要北约成员国均在削减国防预算，并预测未来十年内北约的欧洲成员国还将继续削减军费。② 2011年，美国国防部长盖茨（Robert Gates）称，如果欧洲盟国继续削减军费，将会促使美国国会重新考虑维护全球安全的支出问题。③ 他呼吁欧洲在跨大西洋安全事务中公平承担自身的政治和经济责任，并警告欧洲，未来美国的领导人如果没有冷战记忆，便会质疑美国在北约框架下对欧洲巨额投资的意义。④

总的看，在2017年特朗普入主白宫之前，美欧防务责任分担问题总体上呈现出矛盾性、长期性和变化性三个特点。矛盾性是指由于美欧承担不相等的防务责任而引起的不公平问题，这是双方矛盾的本质及核心症结。北约成员国无一例外地承担集体防务责任，但承担份额

---

① Joyce P. Kaufman, "The US Perspective on NATO Under Trump: Lessons of the Past and Prospects for the Future", *International Affairs*, Vol. 93, No. 2, 2017, pp. 251-266.

② F. Stephen Larrabee, Stuart Johnson and John Gordon IV, et al, "NATO and the Challenges of Austerity", https://www.rand.org/pubs/monographs/MG1196.html.

③ Scott Wilson, "Where Gates Criticizes, Obama Celebrates", https://www.washingtonpost.com/national/national-security/where-gates-criticizes-obama-celebrates/2011/06/10/AGerPEPH_story.html?utm_term=.127bfea34f3a.

④ Olaf Wientzek and Leonie Arzberger, "The Security Policy Dimension of Transatlantic Relations in the Context of the Ukrainian Crisis and the Strengthening of the CSDP", http://www.kas.de/wf/doc/kas_41574-544-2-30.pdf?150608113142.

多少则各有不同：美国实际上承担了大部分的责任，而在美国看来欧洲盟国却无法或不愿承担相应的防务责任。美国认为这样的分担不公平，因此不断要求欧洲盟国承担更多的防务责任。长期性是指美欧防务责任分担问题自北约成立以来持续存在，尽管在不同历史阶段其内容和重点有所不同。从早期的重新武装联邦德国的争议到后来北约常规军事力量分担矛盾，再到特朗普执政后北约军费争议升级，美欧防务责任分担问题始终存在且呈现不断激化的趋势。变化性是指虽然美欧防务责任分担总体上是美国多、欧洲少，但每个历史阶段的问题和矛盾都各有特点，其内容和重点也各有不同，美欧防务责任分担问题处于变化之中。

与上述几个特点相关，美欧防务责任分担问题对跨大西洋同盟及美欧关系具有重要影响。有三点值得强调：首先，美欧在该问题上的矛盾从本质上反映了双方之间控制与反控制的矛盾，这在冷战结束后表现得尤为明显。其次，美国利用其与欧洲国家的不对称相互依存及保护与被保护关系，以减少或威胁放弃对欧洲安全的承诺为筹码，迫使欧洲国家承担更多防务责任或者为实现美国的其他经济、政治利益目标提供支持。最后，冷战时期由于双方在遏制苏联和维护欧洲-大西洋安全方面存在共同利益，美欧防务责任分担问题对跨大西洋同盟的影响相对较小。美国出于遏制苏联和控制西欧的战略考虑，甘愿承担了北约的大部分防务责任和绝大部分防务支出，对欧洲盟国不愿承担防务责任的行为表现得较为容忍和迁就。欧洲盟国则明白，接受美国的领导是欧洲得以安心发展经济的基本条件。美国学者卡根将美欧之间的这种默契称为"大交易"①。然而冷战结束后，随着欧洲安全环境的改变和欧盟的发展，美国对于欧洲"消费安全"而不"提供安全"的不满日渐突出。美欧安全利益和安全战略的重合度降低，使得双方

---

① Robert Kagan, "Trump's America Does Not Care", https://www.washingtonpost.com/opinions/donald-trumps-america-the-rogue-superpower/2018/06/14/c01bb540-6ff7-11e8-afd5-778aca903bbe_story.html?noredirect=on&utm_term=.7f4e04a8fd02.

在美欧防务责任分担问题上的矛盾加剧,由此对跨大西洋同盟及美欧关系带来更加严重的影响。

二、特朗普挑动北约军费争议升级

美欧防务责任分担不平衡问题自 2008 年全球金融危机以后变得愈发严重,原因是欧洲国家普遍减少了防务支出。冷战结束以后,大多数欧洲国家开始减少防务支出。有观点认为,二战后长达 70 多年的和平使得欧洲人在潜意识中认为战争已经远离自己的生活,不知不觉中忽略了防务危机问题。正如有学者所指出的那样,欧洲防务危机不再被欧洲人视为一种实际的、直接的危机,结果是产生不了足够的社会动力来触发政治行动。这一方面是因为当前防务危机的政治和社会代价尚未完全显现,另一方面是因为欧洲还没有面临对其领土完整或其民众生存直接的威胁。[①] 在这种情况下,增加防务开支对欧洲国家来说是一个非常大的挑战。全球金融危机和欧债危机使这一挑战变得更加严峻。高失业率、高财政赤字、银行不良贷款成为欧洲各国关注的主要议题,而增加军费必然要以缩减社会福利、教育、医疗等领域的开支为代价,这对欧洲民众来说是难以接受的。美国德国马歇尔基金会于 2012 年的一项跨大西洋趋势调查结果显示,在 12 个[②]选定的欧盟国家中,只有 35% 的欧洲人认为战争有时是获得正义所必需的手段,而美国则有高达 74% 的人这样认为。以上事实表明,欧洲人虽然不是和平主义者,但他们一般不希望也不愿主动对外使用军事力量。然而,欧洲国家不增加甚至削减防务开支,会加剧北约军费分担不平衡问题与美欧矛盾。

[①] Henrik Heidenkamp and Ferdi Akaltin, "Confronting the European Defence Crisis: The Common European Army in Germany's Political Debate", https://www.rusi.org/explore-our-research/publications/rusi-journal/confronting-european-defence-crisis-common-european-army-germanys-political-debate.

[②] 调查对象国包括保加利亚、法国、德国、意大利、荷兰、波兰、葡萄牙、罗马尼亚、斯洛文尼亚、西班牙、瑞典和英国。

为了解决北约军费分担不平衡问题，2014年北约威尔士峰会作出决定：各成员国停止防务支出的削减；增加军费开支，在十年内使军费达到国内生产总值2%的水平；将防务预算的20%用于主要装备的研发。① 这是在北约各成员国财政紧缩的背景下，各国为弥补北约军事力量不足而提出的军费标准和防务计划，表明北约愿意促进防务责任分担的公平性。然而，上述决定事项的落实情况并不理想，大多数欧洲盟国的军费仍"不达标"。2016年的北约防务数据显示，成员国中只有爱沙尼亚、希腊、波兰、英国和美国的军费达到国内生产总值2%的标准，其他多数成员国军费占国内生产总值的比例为1%—2%。② 除了军费支出不足，多数成员国的装备研发投入也未达标，2016年只有9个成员国的装备研发投入达到军费支出的20%。③ 欧洲主要大国中，只有英国的防务支出达到国内生产总值2%的标准、装备研发经费占军费比例达到20%，法国和德国军费均未达到国内生产总值2%的标准，德国甚至"双不达标"。④ 美国批评德、法两国在防务上的消极应对，但德国却不以为然，德国外长、副总理加布里尔（Sigmar Gabriel）表示："军费并不是安全的全部内容。按照北约制定的国内生产总值2%的目标，将德国的防务支出从350亿欧元提升到700亿欧元，这完全是不现实的。"⑤ 2017年美国军费投入占北约军费总额的71.7%，支出比例占国内生产总值的4.2%。在全球金融危机余波未平的形势下，军费支出加重了美国的经济负担，美国对此深感不满。

特朗普执政后决定采取强硬态度，迫使欧洲盟国增加北约军费支出。特朗普认为，北约的存在实际上是在用美国的军队与防务开支为

---

① "Wales Summit Declaration", https://www.nato.int/cps/en/natohq/official_texts_112964.htm?mode=pressrelease.
② NATO, "Defence Expenditure of NATO Countries (2010-2017)", https://www.nato.int/nato_static_fl2014/assets/pdf/pdf_2018_03/20180315_180315-pr2018-16-en.pdf.
③ 同②。
④ 同②。
⑤ Arthur Beesley, "German Foreign Minister Hits out at Tillerson's Demand for More NATO Spending", https://www.ft.com/content/0f90d14d-474b-3290-ab96-561e4c61a5e1.

欧洲盟国提供保护并维持该地区的和平，这一义务是在美国经济繁荣时期确定的，而在目前经济衰退的背景下已成为美国脱困的障碍之一，因此需要对北约进行改革，重新分配各国所需承担的防务开支。① 特朗普竞选期间抛出"北约过时论"，称美国为保护欧洲的安全花费了大量的金钱，美国需要重新考虑北约的价值。② 他还多次抨击北约，称北约对美国来说是一项"糟糕的协议"，其对美国纳税人来说是个骗局。③ 入主白宫前夕，特朗普在接受德国《画报》和英国《泰晤士报》采访时再次称"北约已经过时了"，北约是在60多年前筹划成立的，未能有效地打击恐怖主义，而且盟国没有承担相应的责任。特朗普要求欧洲盟国尽快兑现军费开支占各自国内生产总值2%的目标，否则美国将不再履行对欧洲的军事承诺。特朗普尤其表达了对德国的不满，认为德国的国防开支仅占国内生产总值的1.24%，明显没有对欧洲防务尽到应有的义务，因此是不能被接受的。为了对欧洲国家施压，特朗普执政初期一直未对《北大西洋公约》第五条表示明确支持，此举引起了欧洲国家的极大忧虑。

面对特朗普政府在北约军费问题上的强硬态度与施压，欧洲各方就北约反恐和责任分担问题表现出了积极沟通的姿态。北约秘书长斯托尔滕贝格承认北约军费分担存在不平衡的问题，但也强调欧洲成员国正在通过增加国防支出来改善这一状况，并表示欧洲成员国将在增加军费的同时更好地参与北约的行动。④ 德国总理默克尔于2017年3月会见特朗普时强调，德国正在努力增加军费支出并力求达到国内生

---

① Philip Bump, "Donald Trump Is Just About over This Whole NATO Thing", https://www.washingtonpost.com/news/the-fix/wp/2016/03/21/donald-trump-is-just-about-over-this-whole-nato-thing/? noredirect=on&utm_term=.0d4680bb3f65.

② 同①。

③ Keith Jonson, Dan De Luce and Emily Tamkin, "Can the U. S. - Europe Alliance Survive Trump?", https://foreignpolicy.com/2018/05/18/can-the-u-s-europe-alliance-survive-trump/.

④ 2015年，北约欧洲成员国停止削减军费，其中15个国家增加了国防支出。至2016年，23个欧洲成员国增加了军费，总数达100亿美元。参见NATO, "Press Conference by the NATO Secretary General Jens Stoltenberg at the Launch of his Annual Report for 2016", https://www.nato.int/cps/en/natohq/opinions_142141.htm? selectedLocale=en。

产总值2%的水平,但德国也将和美国共同协商去寻求一个互利的方案。① 欧洲国家希望通过释放积极信号,争取特朗普支持《北大西洋公约》第五条。一位北约高级外交官说:"我们必须让特朗普满意,并提醒他坚守美国对盟国的承诺。"② 然而在2017年5月举行的布鲁塞尔北约峰会上,特朗普不但对《北大西洋公约》第五条只字不提,反而严厉指责多数盟国的军费支出未达到标准,并称盟国欠了美国"一笔巨债",强调每个成员国必须承担应有的份额。特朗普的强硬态度促使欧洲各国领导人就北约将更积极地参与反恐行动达成一致,会后斯托尔滕贝格确认:北约将加入"全球反恐联盟"(Anti-IS Coalition);在北约总部建立一个新的反恐情报机构,促进反恐情报的交流;并任命一名协调官员,监督北约的反恐行动。③ 同时,峰会重申了北约的军费目标,促使北约各国为实现更平衡的责任分担作出努力。

从欧洲的角度讲,布鲁塞尔峰会达成的目标是对北约现有承诺的重新包装,目的是安抚美国。④ 但不可否认,特朗普的施压策略起到了一定效果。欧洲国家虽然对特朗普一味施压的做法感到不满,但由于仍需依赖美国所提供的安全保障,不得不采取措施以缓解来自美国的压力。北约的年度报告显示,2017年欧洲防务支出增加了5%,⑤ 预计

---

① David Jackson, "Trump Tells Germany's Merkel He Backs NATO if Others Contribute", https://www.usatoday.com/story/news/politics/2017/03/17/donald-trump-angela-merkel/99295936/.
② Robin Emmott, "NATO's Feel-Good Meeting Aims to Impress Trump", https://www.reuters.com/article/us-usa-trump-nato/natos-feel-good-meeting-aims-to-impress-trump-idUSKBN18J1QP.
③ "NATO to Join Anti-ISIS Coalition", https://www.wilsoncenter.org/article/nato-to-join-anti-isis-coalition.
④ Ian Davis, "Alliance Rebrands Counter-Terrorism Role and Burden Sharing Commitment in Attempt to Appease President Trump", http://www.natowatch.org/2017/alliance-rebrands-counter-terrorism-role-and-burden-sharing-commitment-attempt-appease.
⑤ Martin Banks, "NATO Annual Report: Most Member States Have Increased Defence Spending", https://www.theparliamentmagazine.eu/articles/news/nato-annual-report-most-member-states-have-increased-defence-spending.

到 2024 年达到国内生产总值 2% 标准的北约成员国将增加到 15 个。① 此外，欧洲国家还承诺为美国领导的在阿富汗的行动提供更多的军队，并扩大了北约在伊拉克的反恐训练任务范围。在欧洲国家采取上述行动之后，特朗普缓和了对北约的批评态度，他在会见斯托尔滕贝格时说："北约已经在反恐活动中作出了改变，北约不再'过时'了。"② 2017 年 6 月 9 日，特朗普在与到访的罗马尼亚总统约翰尼斯（Klaus Iohannis）会谈中公开表态，他领导下的美国将遵守对《北大西洋公约》第五条的承诺，当盟国受到军事进攻时，美国将采取行动。2017 年年底白宫出台的《美国国家安全战略报告》点明了美欧同盟及北约的重要性，并重申对北约的安全承诺。③ 另外，特朗普还在多个场合表态支持北约的集体防御条款。美国甚至加大了对欧洲安全的投入，继 2018 财政年度国防授权法案中要求用于支持"欧洲安全保证倡议"的资金增至 48 亿美元后，2019 财政年度国防授权法案将该项投入增至 65 亿美元。④

实际上，特朗普并非真正意图解散北约或者让美国退出北约。作为一位"商人总统"，特朗普很清楚北约对美国仍然具有重要的战略价值，尤其是可以帮助美国实现关键的战略利益，即向盟友和潜在的对手推广美国的价值观。根据 2018 年的"世界自由"指数，北约成员国中有 26 个被认为是"自由的"；而全世界只有 39% 的国家符合"自由

---

① Jonathan Steanrs, "NATO Salutes Europe's Defense Budget Increases", https://www.bloomberg.com/news/articles/2018-02-14/nato-salutes-europe-s-defense-budget-rise-amid-trump-pressure.

② NATO, "Joint Press Conference by NATO Secretary General Jens Stoltenberg and the President of the United States, Donald Trump", https://www.nato.int/cps/en/natohq/opinions_143135.htm? selectedLocale=en.

③ The White House, "National Security Strategy of the United States of America", https://trumpwhitehouse.archives.gov/wp-content/uploads/2017/12/NSS-Final-12-18-2017-0905.pdf.

④ Jen Judson, "Funding to Deter Russia Reaches $6.5b in FY19 Defense Budget Request", https://www.defensenews.com/land/2018/02/12/funding-to-deter-russia-reaches-65b-in-fy19-defense-budget-request/.

的"标准。① 北约将原华约国家吸纳进来，实现了美国在冷战后的一大价值目标。此外，在美国主导下，北约欧洲成员国也为跨大西洋同盟的安全作出了重要贡献，尤其是在遏制俄罗斯的核力量方面。数据显示，英国和法国贡献了北约近30%的弹道导弹潜艇，法国还有两个核动力战斗机中队。② 而且，欧洲盟国在情报、常规军事力量方面也作出了诸多努力。另外，北约对于保障美国的经济利益意义重大。欧盟是美国最大的贸易伙伴，2015年美国与欧盟的双边贸易额高达6190亿美元，而这与北约对一些关键港口和空域的安全保障密切相关。③ 美国若退出北约，虽然会减少一部分军费支出，但也会造成更大的经济损失。总之，北约不仅对美国有着不可替代的战略价值，还对美国的经济利益有着重要意义，特朗普的"北约过时论"及其对《北大西洋公约》第五条的多变态度更多是为了敦促欧洲盟国增加军费、承担更多北约防务责任。

特朗普在北约军费问题上采取的强硬态度与"交易型"方式折射了美国跨大西洋同盟政策的新变化。特朗普当选总统之前，美国国内就已经出现越来越多要求调整美国在欧洲安全中的角色和所承担的北约义务的声音。前美国国务院官员夏皮罗（Jeremy Shapiro）认为，欧洲不应该继续请求美国保护而应当自保。④ 沃尔特（Stephen Walt）、米尔斯海默和波森（Barry Posen）等学者也认为，美国应该结束其在欧洲的军事存在，把北约移交给欧洲人。在他们看来，苏联解体使得美

---

① Hans Binnendijk and Magnus Nordenman, "NATO's Value to the United States: By the Numbers", http://www.atlanticcouncil.org/images/NATO_s_Value_WEB.pdf.
② International Institute for Strategic Studies, "Military Balance 2017", https://www.iiss.org/en/publications/military%20balance/issues/the-military-balance-2017-b47b.
③ Office of the US Trade Representative, "European Union", https://ustr.gov/countries-regions/europe-middle-east/europe/european-union.
④ Jeremy Shapiro and Dina Pardijs, "The Transatlantic Meaning of Donald Trump: A U.S.-EU Power Audit", https://www.ecfr.eu/page/-/US_EU_POWER_AUDIT.pdf.

第四章 "特朗普冲击波"重创跨大西洋同盟与美欧关系

国继续承担欧洲安全责任的主要理由不复存在。① 波森甚至呼吁，美国应在十年内逐步从北约撤军，而如果欧洲人不接手北约，那么北约就应该被解散。② 然而，由于北约对美国仍具有重大战略价值，特朗普并不打算让美国真正"撤出"北约，美国官方文件（《美国国家安全战略报告》和《美国国防战略报告》）也都明确重申了美国对欧洲的承诺，美国国会两院甚至通过立法强调美国对北约的支持。但是，特朗普政府在北约军费问题上的一些极端做法很大程度上改变了美国处理跨大西洋同盟事务的方式。交易观念主导了特朗普的跨大西洋同盟观，他将美国的北约义务当作对欧洲施压与交易的工具。在特朗普的观念中，美欧之间保护与被保护的关系是一种交易行为，而非义务行为，只有当北约内的欧洲盟国向美国支付了相关费用，美国才将履行自己对其相应的保护职责。特朗普直言："搭便车"的时代已经结束了，除非欧洲方面的情况有所改变，否则美国不会再像冷战期间那样致力于欧洲防务。③ 这种交易观念与美国传统的军事同盟义务观念存在明显的差别，但却与特朗普偏执于商业目的和注重交易式讨价还价的执政风格相吻合。在特朗普的"商人观念"中，美国保障下的欧洲安全就像一种商品，欧洲人需要为此付出金钱，并遵循"一手交钱、一手交货"的原则。特朗普曾反复强调："如果欧洲人想得到美国的保护，他们必须付钱。"④ 特朗普强调国内生产总值2%的军费标准，这种"明码标价"的做法体现了他作为一名"商人总统"的处事原则。虽然特朗普后来声称北约不再"过时"并明确支持《北大西洋公约》第五条，但他对北约军费的要求从未改变。特朗普政府对外政策的一个显著特点

---

① Jolyon Howorth , "Strategic Autonomy and EU-NATO Cooperation: Squaring the Circle", EGMONT Royal Institute for International Relations, No. 85, 2017, p. 2.

② John Mearsheimer and Stephen Walt, "The Case for Offshore Balancing: A Superior US Grand Strategy", *Foreign Affairs*, Vol. 95, No. 4, 2016.

③ 赵怀普：《特朗普执政后美欧同盟关系的新变化及其影响》，载《当代世界》，2019年第3期，第5页。

④ Thomas Wright, "Trump's NATO Article 5 Problem", https://www.brookings.edu/blog/order-from-chaos/2017/05/17/trumps-nato-article-5-problem/.

就是有意制造和利用不确定性来施压对手以获取利益。据美国媒体报道，特朗普于 2018 年曾私下威胁说要将美国从北约撤离，试图以此施压欧洲增加军费支出。①

特朗普政府的压迫式"交易型"政策和以利益交换来维系联盟的做法，损害了北约安全保障的可信度以及美国在北约的领导地位。欧洲感受到，特朗普领导下的美国不会因为欧洲是自己的盟友和伙伴就在交易时手下留情。如果说伊拉克战争引发的美欧同盟危机主要是欧洲不满美国霸权的过度扩张所致，那么特朗普领导下的跨大西洋同盟危机则是因为欧洲担心美国不再关注欧洲事务、降低对欧洲安全的承诺，以及从战后建立的欧洲安全机制中全面后撤。尤其是交易成分增多冲击了跨大西洋同盟的情感基础，使之有滑向"交易型"联盟的风险，即从情感和价值领域的"天然盟友"向实用主义的"交易型"联盟"退化"。跨大西洋同盟"退化"从根本上反映了美欧同盟关系的某种结构性失衡，即欧洲在安全上仍对美国具有强烈的战略和心理依赖，而美国却以此来要挟欧洲承担更大责任。双方不融洽的互动展现了一个自私的美国，也折射出一个不安的欧洲。正如有分析所指出的，对欧洲大陆未来深感不确定的欧洲人丧失了信心，而美国人则对欧洲失去了兴趣。② 正是这种结构性失衡（或者说美欧在军事安全领域的不对称相互依存）构成了特朗普政府对欧洲施压的一个重要权力来源，而自身硬实力不足加上近年袭来的各种危机则削弱了欧洲集体应对美国施压的能力。

特朗普任内北约军费争议升级再一次深刻暴露了美欧之间的结构性矛盾。在当今全球政治中，"安全"是军事联盟集体防务的公共产品，"搭便车"则是联盟中存在的普遍现象。北约作为一个典型的军事

---

① 《美媒：特朗普曾在 2018 年多次私下提议美国退出北约》，http://news.china.com.cn/2019-01/17/content_74380541。
② 菲利普·斯蒂芬斯：《美国与欧洲渐行渐远》，http://www.ftchinese.com/story/001053002。

联盟，其组织运行中也存在"搭便车"的现象，这正是美欧防务责任分担问题的症结所在。跨大西洋同盟迄今70多年的历程表明，美欧防务责任分担的不平衡长期存在且难以解决。美国作为矛盾的主导方，其对欧洲的军事承诺（以及具体形式的责任承担）既是维护大西洋同盟稳定的重要因素，也是其与欧洲盟国进行谈判甚至施压的重要砝码。特朗普上台后对欧洲的施压变本加厉，尤其在北约军费问题上持强硬态度，使得美欧防务责任分担矛盾空前激化。虽然不同历史阶段的美欧防务责任分担问题的内容和重点各有不同，但贯穿始终且保持不变的是美欧之间控制与反控制的矛盾，以及双方争夺欧洲安全事务主导权的斗争。对美国而言，追求"公平分担"除了有助于减轻自身防务负担，更重要的是可以借此操纵北约和控制欧洲，为维护自身在欧洲安全事务中的主导地位提供助力。或者说，美欧防务责任分担的长期不平衡表面上损害美国的经济利益，但实质上美国却借此谋求实现其更大的政治和战略利益。对欧洲来说，由于美国承担的北约义务减少或日益变得不确定，欧洲必须致力于实现战略自主，从而导致美欧之间控制与反控制的矛盾进一步凸显。特朗普政府坚持"责任分担"的政策立场，令美国与其欧洲盟国之间的安全信任和合作面临更多的不确定性。全球最大的政治风险咨询公司——美国欧亚集团公布的《2016年全球十大风险》报告中，曾将"欧盟和美国的战略同盟关系变得脆弱"列为2016年全球最大的挑战。[①] 2018年2月第54届慕尼黑安全会议发布的年度报告更是明确指出，特朗普政府奉行的"美国优先"政策正在拉大美国与其传统盟友的距离。[②]

三、跨大西洋同盟的松散化趋势及其影响

特朗普政府调整对欧政策是与其收缩美国全球战略、加速战略重

[①] 《美报告预测今年世界十大风险 欧美同盟弱化被列首位》，http://www.xinhuanet.com/world/2016-01/06/c_128599320.htm。

[②] 《国际观察：美欧分裂加剧 同盟何去何从》，http://www.xinhuanet.com/world/2018-05/21/c_1122863362.htm。

心东移相辅相成的，或者说前者是后者的必然产物。特朗普政府延续了奥巴马时期开启的美国战略重心东移，提出并实施以遏制中国为主要目标的"印太战略"。这一新动向使得美欧之间的安全利益差异与安全战略分歧更加凸显，导致跨大西洋同盟呈现松散化趋势。

"印太战略"概念最早源于日本。2016年8月27日，日本首相安倍晋三（Abe Shinz）在第六届非洲开发会议上提出了"自由开放的印太战略"。① 这一政策被认为是日本外交新战略的开始，且与美国特朗普政府寻求在亚太地区增强影响力的外交政策不谋而合。2017年11月，特朗普在访问亚洲国家期间首次使用"印太"这一概念替代"亚太"的传统说法，提出要打造"开放、自由的印太"。② 2017年12月和2018年1月，特朗普政府分别发布《美国国家安全战略报告》和《美国国防战略报告》，正式将"印太"从官方话语提升为国家战略，并将"印太"作为美国国家安全战略中的最重要地区，③ 在国家总体安全与国防安全层面确立了相应政策。2018年5月30日，美军太平洋司令部正式更名为印太司令部。由此，"印太战略"成为特朗普政府的标志性战略。④ 2019年6月，美国国防部发布了专门的《美国"印太战略"报告》。

"印太战略"与奥巴马政府提出的"亚太再平衡"战略并无本质区别，二者都以中国为主要针对目标，只不过"印太战略"的指向和目的更加明确。在上述2019年版《"印太战略"报告》的简介部分，美国代理防长沙纳汉（Patrick Shanahan）特别指出，中国正"寻求重置地区秩序使其有利于自己"，因此美国的"印太战略"就是为专门

---

① 孟晓旭:《日本"印太战略"探析》,http://ijs.cass.cn/xsyj/xslw/rbwj/202101/t20210126_5249122.shtml。
② 《特朗普亚洲之行后 美国"新亚太战略"半清晰半模糊》,http://world.people.com.cn/n1/2017/1117/c1002-29651284.html。
③ 杨晓萍:《特朗普时期美国印太战略回顾》,载《军事文摘》,2021年第4期,第13页。
④ 王鹏:《"对冲"与"楔子":美国"印太"战略的内生逻辑》,载《当代亚太》,2018年第3期,第5页。

应对中国而推出的。而这一点与特朗普政府推动的对华政策转型是相一致的,特朗普政府发布的《美国国家安全战略报告》《美国国防战略报告》《美国"印太战略"报告》《美国对华战略方针》等一系列官方文件中均将中国列为"主要战略竞争对手",这表明,随着美国将更多军事资源移往印太,其战略目标锁定中国态势愈加明显。如果说"印太战略"和"亚太再平衡"战略有所区别的话,除了上面提到的差异,区别还在于二者使用的策略和工具手段有所不同。"印太战略"强调在战略上联合日本、澳大利亚、印度等地区国家重塑两洋地区安全架构,突出政治协同和军事安全合作,其核心是要在印太地区构建一个针对中国的美日澳印四国非正式联盟。美国从奥巴马到特朗普以及从"亚太再平衡"到"印太战略"的演进轨迹,始终贯穿了一个中心思想,即推动美国战略重心东移以遏制中国,这同时表明战略重心东移和对华战略转型已成为美国两党共识和基本国策。

  从根本上讲,美国战略重心东移是由美国在世界上的利益变化所决定的。随着中国的崛起及影响力的扩大,美国认为印太正在成为其战略利益最集中的地区,而且其利益受到中国的"威胁"与"挑战";美国在欧洲的利益虽仍很重要,但是受到的威胁程度相对较低。美国还认为,由于俄罗斯的经济实力有限且经济发展依赖欧美,因此来自俄罗斯的威胁是可控的。特朗普政府尤其想淡化美俄纷争,将重点转向遏制中国,而这给跨大西洋同盟带来了压力。特朗普的总统国家安全事务助理博尔顿(John Bolton)在回忆录中指出,威胁美欧关系的是一些不可阻挡的趋势,其中最重要的一个趋势就是美国"转向亚洲"的战略。博尔顿认为,美国转向亚洲并强化与中国的竞争加剧了跨大西洋同盟的危机。[1] 美国转向与中国竞争意味着它必须重新分配军事资源,即加强在印太地区针对中国的军事部署,而与此同时在欧洲进行战略收缩。这正是欧洲人的担忧所在,欧洲基于自身的威胁认知与安

---

[1] John Robert Bolton, "The Room Where It Happened: A White House Memoir", https://onlinelibrary.wiley.com/doi/epdf/10.1111/mepo.12541.

全利益考量，更多关注俄罗斯构成的威胁，并希望美国继续维持对欧洲安全和跨大西洋同盟的承诺。美国近年来不断将更多军事资源转移至印太地区，虽然美国声称仍将保持对欧洲安全的承诺，但这种承诺的可靠性已经无法令欧洲信服。美国学者沃尔特坦言，美国仍然会留在北约，但它的贡献比例将逐步下降。① 美欧与俄罗斯的关系因乌克兰危机再度紧张后，北约重新加强了"集体防御"，但是这并不意味着美国的战略重心又回到了欧洲。比利时智库学者比斯科普（Sven Biscop）指出，美国的战略重心已转向中国，而不再是欧洲优先，这一趋势在未来若干年内不可逆转，也不以美国总统的更迭为转移。② 从中美欧三边关系的视角观之，在美国专注于遏制中国的态势下，欧洲既忧虑美国因关注中国而更加忽视欧洲安全，同时也担心因欧美对华政策分歧而进一步丧失其在美国对外战略中的重要性，更担心卷入中美对抗损害自身的国际利益，尤其是在中国的经济利益。

总之，特朗普政府实施"印太战略"使得美欧双方的安全利益更加分离，从而进一步稀释了跨大西洋同盟的内聚力。特朗普政府向欧洲发出了强烈的信号：欧洲应该对其周边地区承担主要的安全责任，美国将不再自动代替欧洲发挥作用。未来在美国不完全"撤出"欧洲和北约的情况下，美欧之间的安全责任分担或将呈现新模式，欧洲将不得不更多承担其对欧洲及周边的安全责任，而美国则继续其战略东移，将更多资源转向印太地区。如此一来，一个更加"内向"、关注自身和周边安全的欧洲与战略上以遏制中国为主要目标的美国，将逐渐转向追求更加松散、责任分担型的安全伙伴关系。跨大西洋同盟的紧密程度与美欧之间的合作水平将根据双方在不同地区安全利益的重合度而呈现差异化。在欧洲，由于美欧在联合抵御俄罗斯安全威胁方面仍存在较大利益一致性，因此同盟紧密程度和合作水平会相对较高；

---

① 斯蒂芬·沃尔特：《如果把北约看作一支股票，那么现在是做空它的好时机吗?》，https://www.guancha.cn/StephenMWalt/2019_02_09_489572.shtml? s=zwyzzwzbt。

② Sven Biscop, "Trump First", http://www.egmontinstitute.be/trump-first.

而在印太乃至中东地区，由于双方安全利益差异较大，同盟紧密程度和合作水平则会相对较低。美欧之间安全重点差异、安全利益分离，以及安全责任分担模式的变化，既是跨大西洋同盟趋向松散化的表征，也是加速其"退化"的重要诱因。

值得关注的是，跨大西洋同盟的松散化趋势刺激了欧盟自主防务的发展，从而进一步加剧了美欧争夺欧洲安全事务主导权的矛盾。建立欧洲独立防务乃至"欧洲军队"是欧盟的夙愿之一。20世纪50年代初法国就曾提出过建立欧洲防务共同体的"普利文计划"，但由于当时不具备条件，该计划以失败告终。欧盟成立并确定共同外交与安全政策机制后，欧洲防务再次被提上议程，但此后较长一段时间里进展较为缓慢。2007年通过的《里斯本条约》增加了"永久结构性合作"条款，允许欧盟成员国在安全防务领域不断深化合作，但该合作机制并未立刻启动。特朗普执政后大搞"美国优先"并大幅度调整对欧政策，最终促成欧盟对美新认知的形成。面对特朗普执政后美欧关系的变化，欧洲战略自主的紧迫性增强。虽然多数欧洲人仍相信美国不会"抛弃"欧洲，但也有越来越多的人认为美国没有能力和意愿担当欧洲的稳定器和保护者，因此主张欧洲应追求一个以自身战略自主为基础的"后大西洋主义"政策。① 法国总统马克龙提出"北约脑死亡论"，指责美国背弃欧洲，并警告欧洲加强自身防务。② 比斯科普分析指出，为应对美国战略重心东移，欧洲人必须把欧洲放在首位、界定自身利益、确定自身优先事项，并将欧洲政治、经济和军事等各领域的资源整合起来。实现防务一体化不仅能使欧盟在必要时以更加经济和有效的方式独立采取行动，而且也有助于改善和加强欧洲在北约内的地位。在北约峰会上特朗普仍会站在第一排，但他将被联合起来的欧洲人包

---

① Sven Biscop,"Trump First",http://www.egmontinstitute.be/trump-first.
② 《马克龙称美国背弃盟友 警告北约已"脑死亡"》,http://news.cctv.com/2019/11/08/ARTISZQ7yF9E53FUPPmutNnB191108.shtml。

围，欧洲人根据自己的意愿表达诉求。①

如前所述，欧盟于 2017 年正式启动了"永久结构性合作"机制，允许成员国在特定领域逐步开展军事合作，并以防务合作项目形式运作，包括成立地区性的共同作战部队、建立共同的后勤保障体系等。应当说，该机制的启动很大程度上是欧盟对特朗普调整对欧政策的回应，目的是通过增强欧洲自身的防务力量，减轻北约军费争议对欧洲安全和美欧关系的冲击。该机制的启动也被认为是欧洲独立安全防务政策的巨大进步，德国国防部长冯德莱恩表示："这是欧洲向建立欧洲联军迈进的又一大步。"② 为了支持这一合作机制，欧盟宣布设立欧洲防务基金，用于扩大各成员国防务研发投资及军事装备采购。欧盟委员会委员别恩克夫斯卡（Elżbieta Bieńkowska）表示："欧盟的防务合作是看得见、摸得着的事实。"③ 值得一提的是，英国"脱欧"使得法、德两国成为推动欧盟深化防务合作的主要推动力量。马克龙多次提出重建欧洲独立军事力量的主张，比如提议建设一支"欧洲军队"。④ 他的这一提议得到默克尔的支持，后者认为欧洲在防务安全上依靠别人的时代已经过去。⑤ 法德合作对于加强欧洲战略自主具有重大意义。2019 年，法、德两国签署了《亚琛条约》，以加强双边合作，同时致力于以双边促多边、推动欧盟深化防务合作。2021 年 5 月，法、德等 14 个欧盟成员国首次提议组建欧洲快速反应部队，并着手草拟《安全与防务战略指南针》，寻求就建设联合军事力量问题达成一

---

① 《马克龙称美国背弃盟友 警告北约已"脑死亡"》，http://news.cctv.com/2019/11/08/ARTISZQ7yF9E53FUPPmutNnB191108.shtml。

② 汪莉：《欧洲向建立欧洲联军"迈进又一大步"》，http://news.cyol.com/yuanchuang/2018-11/21/content_17803015.htm。

③ European Commission, "European Commission—Daily News 22/12/2017", http://europa.eu/rapid/press-release_MEX-17-5421_en.htm.

④ 黄昊：《"欧洲军队"设想绕不开"美国优先"》，载《光明日报》，2018 年 11 月 23 日，第 12 版。

⑤ 《特朗普要放弃北约第五条 默克尔：欧洲只能靠自己》，https://news.ifeng.com/a/20170531/51185233_0.shtml。

致。同年11月15日，欧盟各国外长和国防部长在布鲁塞尔就《安全与防务战略指南针》有关内容进行辩论，并宣布将于2022年3月敲定最终内容。另外，欧盟还考虑在2025年前组建一支由5000人组成的快速反应部队，以应对各种危机，并摆脱对美国的军事依赖。根据计划，这支部队由陆海空三军组成，可根据危机情况进行交叉部署。

应指出的是，欧盟深化防务合作虽然有助于减轻美国在欧洲安全上的责任和负担，但同时也会加剧美欧安全关系的竞争性。目前欧洲的安全仍主要依靠北约，而北约的主导权被美国牢牢把握，服务于美国的战略利益，欧洲往往是被动配合。军事独立性不够导致欧洲在政治上矮了美国一头，欧盟对这种状况当然不满意，因此谋求通过提升自主防务能力来增强在欧洲安全事务上的发言权。美国对欧盟发展自主防务一直持矛盾态度，既希望借此减轻自身负担，又担心欧盟独立防务会影响北约在欧洲安全中的地位和美国在欧洲的影响力。特朗普尤其对欧盟建立"欧洲军队"的设想表示不满，称"欧洲军队"在两次世界大战中没有体现太多效果，没有美国的援助，欧洲难以应对；但是美国曾站在欧洲一边，今后也永远如此，美国要求的只是大家在北约各自支付"公平"的份额。[①] 特朗普政府不希望看到欧盟强大并发展独立防务，目的是要继续维护美国对欧洲安全事务的主导权和对欧盟的控制，这既符合冷战后美国的霸权护持和维持全球主导地位的总目标，也与特朗普所宣称的"让美国再次伟大"的对外政策目标相一致。对于欧盟来说，由于短期内组建"欧洲军队"难度较大，又鉴于维护欧洲安全仍离不开美国和北约，因此它明面上不直接反对特朗普，表示不打算变成与北约竞争的军事联盟。然而这并不意味着欧洲防务一体化就此止步，"欧洲军队"争议导致美欧双方争夺欧洲安全事务主导权的矛盾加剧是不争事实。

综上所述，特朗普政府实施"印太战略"加速了跨大西洋同盟的

---

① 《特朗普再批建欧洲军队：二战没美国欧洲就垮了》, http://m.xinhuanet.com/mil/2018-12/10/c_1210012132.htm。

松散化趋势，使得美欧之间围绕欧洲安全事务主导权的竞争进一步加剧。在跨大西洋同盟框架下，北约和欧盟在欧洲安全领域仍保持既合作又竞争的基本态势，一方面，双方就建构冷战后欧洲安全秩序形成了诸多共同安全理念，也进行了一定程度的互补性合作，除了联手抵御来自俄罗斯的安全威胁，也在应对各种非传统安全威胁、维护美欧安全与稳定等议题上保持协调与合作；另一方面，双方在合作过程中也存在利益矛盾和竞争，北约的许多改革性设想实际上体现了美国安全战略和对欧政策的需要，而这有别于欧盟谋求与美国构建更为平等的伙伴关系，以及在欧洲安全秩序构建中扮演中心角色的目标。长远来看，美国和北约在欧洲安全领域继续与欧盟保持合作的同时，美欧之间对未来欧洲安全事务主导权的争夺也将加剧，由此推动跨大西洋同盟向美欧之间的某种新型联盟关系转化，即从北约机制内"美主欧从"的不平等同盟，向美欧关系框架下既围绕欧洲安全进行协调合作又围绕欧洲安全事务主导权进行竞争的模式转变。

第三节　美国与欧盟关系的危机

一、特朗普敌视欧洲一体化

支持欧洲一体化是二战后美国对欧政策的要素之一。在特朗普执政前，历届美国政府均支持欧洲一体化及其扩大进程，认为这对于促进维护美国的利益和安全至关重要。尽管冷战后美国对欧盟的崛起保持警惕，但是为了促使欧盟分担美国在欧洲的安全责任，原则上仍支持欧洲一体化。但特朗普执政后，美国对欧洲一体化的态度出现了明显变化。面对陷入多事之秋的欧盟，美国本应予以抚慰并帮助后者脱困，但特朗普却对欧盟的命运漠不关心，甚至欲借助欧洲民粹主义分化欧盟。

欧洲民粹主义和反欧盟势力的崛起是近年来困扰欧盟的一个突出问题。英国"脱欧公投"之后，欧盟对民粹主义和极端民族主义更加警惕。由于美国总统选举所具有的政治导向意义,欧盟对特朗普势力的兴起十分关切。特朗普竞选期间公开支持英国"脱欧",称赞"脱欧公投"的结果是"巨大胜利",英国选民行使了他们的"神圣权利",重新获得了独立,并重申了对国家、边界和经济的控制。[1] 在特朗普看来,英国之所以选择"脱欧"是由于国家仍更倾向于自己掌握货币政策、边境管理等,英国"脱欧"明显推进着再国家化进程。[2] 特朗普胜选后主动与英国首相特蕾莎·梅通电话,表示美英特殊关系十分重要。[3] 为了支持英国"脱欧",特朗普甚至许诺在英国离开欧盟后,美国将与之谈判达成自贸协定。欧盟对特朗普支持英国"脱欧"极为不满,担忧这可能会在欧洲产生"激励效应"。特朗普在竞选中所善用的"尖锐的俏皮话远比无聊的政策主张引人注意"方法正被欧洲国家极端民粹主义领袖所模仿,消遣政治的倾向也开始在欧洲显现。[4] 除了支持英国"脱欧",特朗普还积极地为欧洲右翼保守势力和民粹势力挑战本国建制派和欧盟打气助威。当时有分析指出,特朗普对欧洲一体化漠不关心的态度至少给整个欧洲的民粹主义者带来了希望:即使威胁到欧洲一体化,他们也能得到美国的支持。[5] 2018年12月,美国国务卿蓬佩奥(Mike Pompeo)在布鲁塞尔发表外交政策演讲时,敦促欧洲各国对欧盟重申国家主权。总之,特朗普政府的民粹主义主张对欧洲产生了重要影响。法国、意大利、奥地利等国的民粹主义政党为特朗普当选美国总统欢呼,并表示愿意同特朗普建立联系。欧盟担忧这些对欧盟抱怀疑态度的极端民粹主义政党一旦执掌政

---

[1] Ewen Mac Askill, "Donald Trump Arrives in UK and Hails Brexit Vote as 'Great Victory'", *The Guardian*, June 24, 2016.

[2] "Donald Trump on Foreign Policy", http://ontheissues.org/Celeb/Donald_Trump_Foreign_Policy.htm.

[3] "Donald Trump Tells Theresa May: UK Is Special Place", http://www.bbc.com/news/uk-politics-37941737.

[4] Nicholas Vinocur, "Europeans Are Obsessed with Donald Trump", http://www.politico.com/story/2015/08/trump-europe-21314.

[5] Liam Stack, "Charlottesville Violence and Trump's Reaction Draw Criticism Abroad", https://www.nytimes.com/2017/08/17/world/charlottesville-trump-world-reaction.html.

权，将会严重制约和危害欧盟一体化的发展。

特朗普执政伊始还对法、德等国的难民政策横加指责，称法、德的难民政策是欧洲动荡不安的最主要原因，接纳中东难民进入欧洲就是在引入恐怖主义。特朗普批评默克尔"在移民问题上犯了一个悲剧性的错误"，其接纳大量难民的政策是"欧洲的末日"。他还表示，应对访问美国的德国人与法国人进行严格审查，以确保美国的安全。[①] 特朗普针对法、德两国难民政策的言论与其在美国国内提出的关于限制移民的政策主张相呼应，更多的是为了增强其国内政策主张的外部合法性，尽管不存在主观上对法、德两国的敌视，但客观上对美国与法、德两国的关系产生了消极影响。一言以蔽之，特朗普的极端民粹主义思想对欧盟的理念与价值观产生了破坏性的冲击力。

从美欧关系的角度去观察，特朗普对欧洲一体化的敌意尤其令欧盟感到担忧。事实上，特朗普支持英国"脱欧"以及欧洲民粹主义就是源于其对欧洲一体化的敌视态度。美国国内包括特朗普在内的一些强硬保守人士认为欧盟可能会使欧洲变成美国的重要竞争对手。[②] 因此，敌视欧洲一体化成为特朗普旨在搞垮欧盟的一部分，特朗普希望看到欧盟失败，并为此竭力削弱支持"全球主义"叙事的欧洲行为体和机构。[③] 特朗普之前也有美国总统不支持欧盟，例如，小布什就曾有过批评、贬损欧盟的言辞，国防部长拉姆斯菲尔德更是在伊拉克战争期间就提出"新老欧洲论"，[④] 试图对欧盟分而治之。2005 年《欧盟宪法条约》遭否决也被一些美国人视为搞垮欧盟的一个大好时机，新保守主义分子弗拉姆（David Frum）和佩尔（Richard Perle）在合著的

[①] "'End of Europe': Trump Slams Merkel's Refugee Policy, Wants Good Relations With Russia", https://www.rt.com/news/331981-trump-merkel-putin-refugees.

[②] Nathalie Nougayère, "A Chaotic Brexit Is Part of Trump's Grand Plan for Europe", The Guardian, March 14, 2019.

[③] Alexandra de Hoop Scheffer and Martin Quencez, eds. Transatlantic Security Cooperation Toward 2020, Washington D. C.: GMF, 2019, p. 3.

[④] 《"老欧洲"对伊拉克战争说不 大西洋两岸裂痕加大》，https://news.ifeng.com/c/7fYvJjno5Iv。

《邪恶的终结》一书中建议美国"迫使欧洲各国政府在法国和美国之间作出选择",其战略的要素之一就是将英国从欧洲大陆挖出来。① 但彼时,小布什政府并未采取分裂欧盟的更多具体行动。与小布什相比,特朗普对欧盟的反感显然要深得多,他认为跨大西洋关系对美国来说是一项"糟糕的协议",因为美国人会被他们所谓的"朋友"欺骗。② 在行动上,特朗普政府打压、分化欧盟可谓不遗余力。对欧盟进行政治打压的一个具体事例是,2018年年底特朗普政府单方面调低了欧盟驻美国代表机构的外交级别,将其外交地位从"盟国"降级为"国际组织"。欧盟认为此次事件具有明显的政治动机,降级行为"和特朗普政府的反欧盟立场一致"③。小布什时期的副国务卿伯恩斯(Nicholas Burns)则指出,"这与特朗普政府将欧盟视为竞争者而非盟友、试图非法化国际组织以及欧盟等超国家组织的行为一致"④。虽然后来美国又恢复了欧盟的外交级别,但此事件对欧盟造成的心理打击短期内难以恢复。

二、钢铝关税与美欧经贸分歧

特朗普政府在经贸领域对欧盟的打压更加突出,其零和思维与重商主义做派显露无遗。正如有分析所指出的那样,与之前的历届美国政府不同,如果特朗普政府认为美国与欧盟各成员国谈判双边贸易协定更符合美国的利益,那么它可能会对欧盟的崩溃无动于衷。⑤ 特朗普

---

① David Frum and Richard Perle, *An End to Evil: How to Win the War on Terror*, New York: Random House, 2005, pp. 247-250.
② Alexandra de Hoop Scheffer and Martin Quencez, eds. *Transatlantic Security Cooperation Toward 2020*, Washington D. C.: GMF, 2019, p. 4.
③ 《美曾单方面降低欧盟外交级别:从盟国到国际组织》, http://yn.people.com.cn/n2/2019/0109/c378441-32507881.html。
④ 《美国悄悄将欧盟外交降级 不想要这个盟友了?》, http://www.bjnews.com.cn/news/2019/01/09/537899.html。
⑤ Congressional Research Service, "Transatlantic Relations: U. S. Interests and Key Issues", https://crsreports.congress.gov/product/details?prodcode=R45745.

甚至声称，欧盟在贸易上所做的事堪称美国的"敌人"①，其对欧盟的敌视态度由此可见一斑。

特朗普执政后对欧盟和多边贸易体系表示出极大的怀疑，并据此调整了美国的贸易政策。在特朗普看来，美国在同其他国家的贸易中出现逆差的主要原因在于他国没有遵守规则，他指控包括一些欧盟成员国在内的多个国家使用"不公平"的贸易做法，从而损害了美国的经济利益，并决定对某些外国产品实施高关税，以此作为平衡美国贸易赤字的补救措施。这种贸易保护主义和经济民族主义战略被认为可以保护美国工业并振兴美国经济，特朗普甚至声称"贸易战是好的，而且容易取胜"②。

特朗普的贸易保护政策与欧盟倡导的多边主义和自由贸易理念明显是相悖的。欧盟注重自由贸易，将自由贸易视为促进自身经济增长和提高就业率的重要手段。欧盟进口的商品中有三分之二是欧盟制造商所需要的原材料、半成品以及零部件等，限制这些商品的流动或进口成本的增加将降低欧盟公司在世界市场上的竞争力，因此，保持对这些商品的市场开放对欧盟来说至关重要。从现实来看，自由贸易是欧盟走出欧债危机阴霾、重振欧洲经济的重要手段。此外，欧盟也将贸易自由主义视为促进科技创新和提高生产力的重要方式。因此，欧盟一直重视世界贸易组织，并认为其发挥着保持全球贸易体系公正且可预测的重要作用。特朗普则认为世界贸易组织妨碍美国回击"不公平"贸易，并表示如果世界贸易组织的规则有损美国国家主权，美国将无视这些规则。总之，特朗普的贸易保护政策削弱了自由贸易以及以世界贸易组织为核心的多边贸易体制的权威性，使得美欧在自由贸易、全球多边贸易体系问题上的分歧进一步加大。

---

① "'I Think the European Union Is a Foe,' Trump Says Ahead of Putin Meeting in Helsinki", https://www.cbsnews.com/news/donald-trump-interview-cbs-news-european-union-is-a-foe-ahead-of-putin-meeting-in-helsinki-jeff-glor/.

② "Trump Tweets: Trade Wars Are Good and Easy to Win", *Reuters*, March 2, 2018.

针对特朗普政府的单边主义和贸易保护政策，欧盟进行了必要的反抗与斗争。在2017年二十国集团财长与央行行长会议上，美国财政部长姆努钦表示拒绝接受二十国集团联合声明中关于自由贸易重要性的措辞。欧盟对此不以为然，警告美国不应沉迷于贸易保护主义。同年4月，德国总理默克尔与国际货币基金组织、世界贸易组织等机构领导人发表联合声明，呼吁全球加强贸易合作、捍卫自由贸易。① 然而，欧盟的反对未能阻止特朗普政府推行其关税计划。2018年年初，美欧双方因特朗普政府批准对进口大型家用洗衣机和太阳能电池与电池板征收保护性关税一事产生摩擦。从当时的情况来看，美国从欧洲进口的太阳能电池板约占美国进口太阳能电池板总量的2%。欧盟官员表示，倘若特朗普政府的征税措施在未来显著地影响了欧洲对美国的太阳能电池板出口，欧盟将会对美国的贸易制裁进行审查，并予以回击。此后美欧双方就上述争端进行了磋商，但是未能达成消除分歧的协议。

2018年3月，特朗普政府以国家安全为由，对从欧盟进口的钢材和铝分别征收25%和10%的关税（后来美国声明将暂时豁免对欧盟的钢铝关税，豁免期到2018年5月1日结束）。美国的这一征税决定对欧盟的钢铁和铝产品出口具有严重不利影响。在经济不振的形势下，钢铁业在欧盟已成为一个具有敏感性的政治问题，有关国家政府迫于选民的压力很难在这个问题上作出根本性的妥协。因此欧盟发表声明，对美国决定加征钢铝关税表示遗憾，指责美国以国家安全为由采取这些措施是不公正的，表示欧盟将根据世界贸易组织的规定，以适当的方式对美国作出回应。德国钢铁协会、瑞典政府官员等呼吁欧盟在美国开始征收钢铁关税后实施反制措施。在双方多次协商未果后，欧盟上诉至世界贸易组织，并出台了反制措施，决定对总值达64亿欧元的摩托车、牛仔裤和波旁威士忌等美国标志性商品加征关税，最高税率

---

① 《默克尔与国际组织联合声明捍卫自由贸易》，http://www.xinhuanet.com/world/2017-04/11/c_1120790239.htm。

可达25%。德国总理默克尔还表示，德、法两国政府将共同推出一套联合企业税制以应对特朗普政府的贸易保护主义举措。① 面对欧盟的反制姿态，特朗普政府并未退缩，反而变本加厉地进行威胁：如果欧盟对美国进行关税报复，美国将提高欧盟出口到美国的汽车的关税。② 很明显，特朗普政府欲将矛头指向欧盟最大的经济体德国。特朗普认为，美德之间的汽车贸易是"不公平的单向贸易"，他2017年首次以总统身份出访欧洲时就威胁要对德国采取行动，称美德之间的巨大贸易差额对美国非常不利，将着手对此进行改变。鉴于美国是欧盟汽车最大的出口市场，特朗普政府实施汽车新关税，势必严重打击欧盟特别是德国的汽车工业。

客观而论，欧盟比美国更依赖全球贸易，因此双方之间的贸易战注定会使欧盟遭受比美国更大的损失。2017年，欧盟与美国的商品贸易总额达6309.42亿欧元，占欧盟所有对外商品贸易总额的16.9%；其中，欧盟向美国出口的比重（按价值计算为20%）要高于其从美国进口的比重（按价值计算为13.8%）。③ 另据统计，2018年美欧双边商品和服务贸易总额达到1.3万亿美元；④ 美国对欧盟国家的商品贸易逆差为1690亿美元，比2017年增长11.8%，比2008年增长77.1%。⑤ 其中，美国对德国商品贸易逆差占美国对欧盟商品贸易逆差的近三分之二。正因为如此，特朗普在贸易上对德国尤为不满。总之，

---

① 《特朗普钢铝关税引发全球反应 欧盟制定严厉报复措施》，http://news.sina.com.cn/c/2018-03-06/doc-ifyrztfz8815762.shtml。

② 《外媒：欧盟警告美国汽车关税将致美出口遭巨额报复》，http://www.xinhuanet.com/world/2018-07/02/c_1123066097.htm。

③ European Commission, "Client and Supplier Countries of the EU28 Merchandise Trade (value %) (2017, Excluding Intra-EU Trade)", http://trade.ec.europa.eu/doclib/docs/2006/september/tradoc_122530.03.2018.pdf.

④ Congressional Research Service, "Transatlantic Relations: U.S. Interests and Key Issues", https://crsreports.congress.gov/product/details? prodcode=R45745.

⑤ Anna Dimitrova, "The State of the Transatlantic Relationship in the Trump Era", https://www.researchgate.net/publication/339029226_The_State_of_the_Transatlantic_Relationship_in_the_Trump_Era_Policy_paper_n5452020_Fondation_Robert_Schuman.

特朗普政府的钢铝关税计划令欧盟感到担忧,担心这会引发新一轮贸易战,进而伤及欧洲经济。

应指出的是,钢铝关税争端在加剧美欧贸易摩擦的同时,也使得双方完成"跨大西洋贸易与投资伙伴关系协定"谈判并签署协定变得更加遥遥无期。如前所述,"跨大西洋贸易与投资伙伴关系协定"谈判未能如期在奥巴马执政期间完成。特朗普执政后美国在国际贸易中全面收缩,试图通过取消或重审自贸协定减轻全球化对美国本土经济的影响,由此给"跨大西洋贸易与投资伙伴关系协定"谈判蒙上了阴影。欧盟意识到,在特朗普任期内,双方完成谈判已不可能。欧盟委员会负责农业事务的委员霍根(Phil Hogan)认为,2018年前很难达成最终协议。① 实际上,特朗普任期内美欧"跨大西洋贸易与投资伙伴关系协定"谈判完全被搁置了。

从政治角度看,钢铝关税计划损害了美欧互信与伙伴关系。特朗普政府在钢铝关税问题上恫吓、胁迫欧盟的做法,尤其是以国家安全为由对自己的盟友征税,这在欧盟看来是一种冒犯。正如有分析所指出的,美国的征税决定以所谓"威胁美国国家安全"为理由,这已经让盟友们质疑他们与美国的友谊是否可靠。② 欧洲国家批评特朗普政府暂缓对欧盟制裁的做法,是一边用枪指着欧盟的头,一边进行谈判。法国总统马克龙强调,当我们的额头被枪顶着时,原则上是不会谈论任何事情的。比利时首相米歇尔(Charles Michel)称,这种和盟友谈判的方式很奇怪。③ 欧盟贸易委员马尔姆斯特伦表示,美国的做法将有损欧美一同构建的跨大西洋伙伴关系和建立在秩序基础上的全球规则

---

① Sam Morgan, "'Dangerously Complacent' Europe Unready for Trump or Clinton", http://www.euractiv.com/section/global-europe/news/dangerously-complacent-europe-unready-for-trump-or-clinton-says-ecfr/.

② 《白宫或许没想到,与中国打贸易战还将使美国失去盟友》,http://www.thepaper.cn/newsDetail_forward_2041633。

③ 《欧盟及其成员国呼吁美国永久性豁免对欧盟钢铝关税》,http://news.cri.cn/20180324/35637a56-4262-611d-3a42-8c8e89809dc8.html。

体系。① 美国经济学家克鲁格曼（Paul Krugman）撰文指出，发动贸易战可能使美国成为这场贸易战的输家，除了将造成经济损失这一后果，贸易战还将会使得美国进一步失去原本与自己关系牢靠的盟友。文章还称，大多数经济学家认为，美国在推进关税问题上，通过威胁与盟友的持久关系，制造了让美国遭受真正国家安全打击的风险。② 英国《金融时报》的社评指出，凸显特朗普贸易政策在经济上错误、在政治上无能的证据是，即使他很有道理，他的行为也会疏远美国的天然盟友。③ 此外，一些欧洲政策制定者也表达了对特朗普政府可能寻求将美国未来对北约的支持与欧盟在贸易领域让步联系起来的担忧。④

值得一提的是，在美欧因钢铝关税而关系紧张时，有外媒报道称，特朗普或许会考虑对欧盟"永久豁免"钢铝关税，但交换条件是欧盟加入所谓的"贸易资源联盟"来对抗中国。从欧盟的做法来看，欧盟委员会确实发布了公告，决定对进口钢铁产品发起保障措施调查。这或许表明，美欧作为盟友的确在许多问题上协调配合，例如乌克兰危机爆发后共同对俄罗斯实施经济制裁和外交制裁等；面对特朗普政府的"勒索"压力，欧盟在涉华问题上也不得不与美国进行某种程度的配合。但欧盟同时也清楚地认识到，对华进行贸易战将可能进一步加剧美国贸易保护措施所引起的国际贸易混乱和恐慌局面，从而对正常的国际贸易秩序造成更加严重的破坏性冲击，最终导致欧洲自身经济利益受损。因此，欧盟不可能完全同美国站在一起反对中国，何况美欧在对华经贸问题上的利益并不完全一致。中国与欧盟作为全面战略

---

① European Commission, "Statements by Vice-President Katainen and Commissioner Malmström at the European Parliament Plenary Debate: US Decision to Impose Tariffs on Steel and Aluminium", http://europa.eu/rapid/press-release_SPEECH-18-1961_en.htm? locale=EN.

② 《白宫或许没想到，与中国打贸易战还将使美国失去盟友》，http://www.thepaper.cn/newsDetail_forward_2041633。

③ 《特朗普备忘录一签，反制中国的联盟凉了》，http://opinion.haiwainet.cn/n/2018/0323/c353596-31285432.html。

④ Valentina Pop and Daniel Michaels, "NATO Allies Bristle over U.S. Tariffs Pinned to Security Concerns", *Wall Street Journal*, June 6, 2018.

伙伴，双方在诸多全球事务包括贸易问题上有着共同点，如都坚持自由贸易、致力于维护全球多边贸易体系、主张在世界贸易组织框架内通过谈判解决贸易争端等。正如美国康奈尔大学教授普瑞萨德（Eswar Prasad）所指出的那样，美国的钢铝关税计划似乎是为针对中国的贸易争端组建统一阵线，但鉴于美国即将被视为一个靠不住、不值得信赖的合作伙伴，这种逻辑过于牵强。[1]

三、全球治理与多边领域分歧加深

在全球治理与多边领域，特朗普政府的"美国优先"外交理念对以自由主义、多边主义为基础的传统美欧关系框架形成强烈冲击，激化了双方在国际秩序理念和大西洋价值观上的矛盾，导致双方在全球治理与多边事务中的分歧加深。

进入21世纪以后，随着国际形势的变化和双方对外战略的调整，美国和欧盟在国际秩序与全球治理理念方面的分歧日益凸显。美国"踢开"联合国发动伊拉克战争的单边主义行径，导致跨大西洋同盟内部发生分裂，也暴露出美国和欧盟在多边主义与国际秩序等问题上的分歧。特朗普政府的"美国优先"外交理念旨在减轻美国因为领导和维护国际秩序所产生的负担，并为达此目标不择手段。一方面，特朗普政府谋求用双边关系代替多边关系，以更好发挥在双边关系中实力不对称给美国带来的优势；另一方面，通过频频"退群"破坏和削弱现有的多边秩序。美国对外关系学会会长哈斯将特朗普政府在经贸、集体安全和全球治理领域的频繁"退群"行为概括为特朗普的"退出主义"外交。[2]

在全球治理领域，特朗普政府对欧盟主要参与的两项全球治理议

---

[1] 艾斯瓦尔·普瑞萨德：《多边贸易体系面临威胁》，载《人民日报》，2018年3月28日，第23版。
[2] 参见袁野、姚亿博：《美国对外政策新特点影响几何》，载《瞭望》，2017年第48期，第44—45页。

程：气候变化《巴黎协定》[①]和伊核问题全面协议[②]都持消极态度。特朗普对全球变暖的事实及可能产生的危害持怀疑态度，他在竞选期间声明，若当选总统将会考虑使美国退出全球气候公约，此外他还支持美国企业继续使用化石燃料作为主要能源供给，以提升美国工业竞争力。[③] 2016 年美国大选后，在美国国会中变得更为强大的共和党与特朗普对待多边气候行动的轻视立场相结合，使得美国的气候政策更趋消极。2017 年 6 月 1 日，特朗普宣布美国退出 2015 年签署的气候变化《巴黎协定》。根据规定，美国政府必须在该协定生效三年后才能正式开始退出程序。2020 年 11 月，美国正式启动退出气候变化《巴黎协定》程序。美国的退出使欧盟推动达成的气候变化《巴黎协定》遭受重创，并对未来国际气候变化谈判带来消极影响。

2015 年 7 月达成的伊核问题全面协议是国际安全治理的一个重要成果，同时也有利于维持欧盟历来重视的南部周边区域的稳定。然而，特朗普执政后对伊朗是否会依照该协议履行相关义务表示怀疑，称该协议是奥巴马政府所签署的一份灾难性协议，并威胁要推翻协议。[④] 2018 年 5 月 9 日，特朗普政府宣布退出伊核问题全面协议。欧盟对美国这一无视欧洲安全利益的单方面行为极为不满，担忧此举会触发伊朗的反制，从而加剧地区不稳定，也担心美国重新对伊朗实施制裁会威胁到欧盟的经济利益。从实质上讲，美欧在伊核问题全面协议问题上的分歧反映了双方在中东地区安全利益的错位。与欧盟对中东地区

[①] 2015 年 12 月 12 日，第 21 届联合国气候变化大会在法国巴黎举行，195 个与会国家和欧盟代表一致通过了气候变化《巴黎协定》。

[②] 2015 年 7 月，伊朗与伊核问题六国（美国、英国、法国、俄罗斯、中国和德国）达成《联合全面行动计划》（伊核问题全面协议），并于 2016 年 1 月生效。根据协议，伊朗承诺限制其核计划，国际社会解除对伊制裁。

[③] Milan Elkerbout, "Climate Policy in 2025-Following Eight Years of Trump in White House", https://www.ceps.eu/publications/climate-policy-2025-%E2%80%93-following-eight-years-trump-white-house.

[④] Don Melvin and Nick Thompson, "Trump's Foreign Policy Speech: What's the World Say About Him", http://edition.cnn.com/2016/04/27/politics/donald-trump-foreign-policy-reaction/index.html.

第四章 "特朗普冲击波"重创跨大西洋同盟与美欧关系

稳定的关切相比，美国自身安全利益似乎并不直接受中东乱象影响。因此，美国单方面撕毁伊核问题全面协议之举触发了又一场"跨大西洋关系危机"。美国学者库普坎（Charles Kupchan）评论说：对于欧美关系而言，"美国退出伊核问题全面协议是压垮骆驼脊梁骨的最后一根稻草"①。退出伊核问题全面协议后，特朗普政府变本加厉，谋求联合国重新对伊朗实施制裁。但这一举措未得到欧洲的支持。2020年1月，法、德、英三国基于自身及欧洲利益的考虑启动了伊核问题全面协议的争端解决机制，一方面警告伊朗，停止遵守该协议可能导致联合国重新对其实施制裁，一方面表示愿意将通过"建设性的外交对话"维护该协议作为首要目标。三国还表示不会加入美国对伊朗施加"最大压力"的行动。② 欧洲此举旨在为紧张局势降温，防止伊核问题全面协议彻底破裂，但是却遭到美国的反对。特朗普政府威胁称，若欧洲三国不正式指控伊朗违反协议并配合美国对伊制裁，将对欧洲汽车征收25％的关税。这一被视为等同于"勒索"和"黑手党式"的威胁策略，凸显了特朗普政府对美国盟友采取的"交易型"方式，反映了美欧关系的恶化程度。③ 2020年1月，美国在未预先通知欧洲盟国的情况下"处决"了伊朗"圣城旅"指挥官苏莱曼尼（Qasem Soleimani）少将，这令欧洲担忧此举会导致美伊军事对抗，并使欧洲国家在中东地区的军队处于危险之中。④

---

① Keith Jonson, Dan De Luce and Emily Tamkin, "Can the U. S. – Europe Alliance Survive Trump?", https://foreignpolicy.com/2018/05/18/can-the-u-s-europe-alliance-survive-trump/.

② Ellie Geranmayeh, "Europe's New Gamble: Dispute Resolution and the Iran Nuclear Deal", https://ecfr.eu/article/commentary_europes_new_gamble_dispute_resolution_and_the_iran_nuclear_deal/; David M. Herszenhorn and Rym Momtaz, "Prayers and Pixie Dust as EU Powers Try to Save Iran Deal", *Politico Europe*, January 18, 2020.

③ John Hudson and Souad Mekhennet, "Days Before Europeans Warned Iran of Nuclear Deal Violations, Trump Secretly Threatened to Impose 25％ Tariff on European Autos if They Didn't", *The Washington Post*, January 15, 2020.

④ French Ministry for Europe and Foreign Affairs, "Joint Statement by the Foreign Ministers of France, Germany, and the United Kingdom on the Joint Comprehensive Plan of Action", https://www.diplomatie.gouv.fr/en/country-files/iran/news/article/joint-statement-by-the-foreign-ministers-of-france-germany-and-the-united.

特朗普政府先后退出气候变化《巴黎协定》和伊核问题全面协议，等于否定了欧盟于 2015 年在全球治理领域取得的两项最显著的成就，从而对美欧在全球治理中的互动产生了消极影响。另外，特朗普政府在中东地区采取的其他一些行为也受到欧洲的质疑和批评，尤其是在未与欧洲盟国协商的情况下单方面从叙利亚撤军一事引起了较大争议。① 欧洲对美国作为外交政策伙伴的可靠性和可信性越发感到焦虑。法国就美国从叙利亚撤军向美方表达关切，法国欧洲事务部长卢瓦索（Nathalie Loiseau）说："这说明我们之间的优先考虑不同，我们首先得靠自己。"②

同样，特朗普政府在军控领域采取的一系列"退约"行为引发了美欧之间的争议。2019 年 8 月，美国正式退出 30 年前与苏联签署的《苏联和美国消除两国中程和中短程导弹条约》（以下简称《中导条约》）。作为全球军控的重要支柱，该条约的终止引发了国际社会的担忧。欧洲尤其担心美国"退约"可能会引发新的军备竞赛，从而损害欧洲的安全；而在没有新的军备控制替代方案的情况下，若美国未来寻求在欧洲部署导弹，将可能造成北约内部分裂。欧洲还担心，美国退出《中导条约》可能对美俄续签 2010 年《新削减战略武器条约》带来负面影响；法国总统马克龙等一些欧洲国家领导人敦促并希望美俄延长《新削减战略武器条约》。除了退出《中导条约》，特朗普政府还于 2020 年 5 月宣布，将在六个月后退出《开放天空条约》，这被欧洲视为美国继退出《中导条约》之后的又一破坏欧洲军事平衡的举动。《开放天空条约》是军备控制架构的关键部分，它由美国、俄罗斯和大部分北约成员国于 1992 年联合签署，并于 2002 年正式生效。该条约的核心内容是，签约国可按条约规定对彼此领土实施非武装空中侦察，

---

① 自 2014 年以来，欧洲国家一直支持美国领导的国际联盟在叙利亚和伊拉克打击"伊斯兰国"恐怖组织，一些欧洲国家还在该地区部署了军队，帮助训练库尔德部队。
② 《美国"突然"从叙撤军 法国称还得"靠自己"》，http://www.xinhuanet.com/world/2018-12/22/c_1210021475.htm。

第四章 "特朗普冲击波"重创跨大西洋同盟与美欧关系

以便提升军事透明度,降低冲突风险。作为建立信任和安全至关重要的举措,该条约对欧洲和全球安全具有重要作用。欧盟外交与安全政策高级代表博雷利发表声明,专门强调了这一点。① 针对特朗普政府的一系列"退约"行为,法国总统马克龙表示了强烈不满,他严词批评北约正在走向"脑死亡","美国和其北约盟友之间在战略决策方面没有任何协调"。② 具体来说,马克龙称北约正在走向"脑死亡"有两个原因:一是《中导条约》的废除使欧洲面临潜在的核军备竞赛,二是美国决定放弃叙利亚,默许土耳其对叙境内的库尔德人采取军事行动。在马克龙看来,虽然北约的军事实力仍然强劲,但政治和战略联盟的"大脑功能"却不运行了。③

肆虐全球的新冠疫情对美欧在全球卫生治理领域的互动构成了新挑战。新冠疫情暴发后,欧盟曾寄希望于美国在协调全球抗疫中发挥重要作用,但特朗普政府却继续推行单边主义,以至于"美国没有通过领导力测试",美国的这一表现令欧盟产生怀疑,并对美国丧失信心。更令欧洲震惊的是,特朗普政府还采取了截留欧洲国家订购的防疫物资、单方面禁止欧盟公民入境美国、意图收购德国疫苗生产企业、垄断抗疫药物瑞德西韦产能、断供并退出世界卫生组织等一系列措施。针对特朗普在新冠疫苗方面也延续"美国优先"的做法,马克龙予以谴责,并强调疫苗是全球公共产品。④ 当时有分析指出,应对新冠疫情方面的分歧进一步加剧了美欧关系的紧张。⑤ 法国《世界报》刊文指出,新冠疫情为本就矛盾重重的跨大西洋关系开辟了一个"新战场",

---

① 《美国决定退出〈开放天空条约〉引发欧洲关切》,http://www.xinhuanet.com/world/2020-05/24/c_1210630646.htm。

② "Transcript: Emmanuel Macron in His Own Words", *Economist*, November 7, 2019.

③ Michal Baranowski, Martin Quencez and Jan Techau, "NATO After "Brain Death": The View from France, Germany, and Poland", The German Marshall Fund of the United States, February 14, 2020.

④ 《国际述评:新冠疫苗应成为全球公共卫生产品》,https://news.sina.com.cn/w/2020-05-21/doc-iircuyvi4332020.shtml。

⑤ Congressional Research Service, "Transatlantic Relations: U.S. Interests and Key Issues", https://crsreports.congress.gov/product/details? prodcode=R45745.

令"民族自私主义"暴露无遗,而多边主义则完全被抛到一边。①

综上所述,特朗普政府在全球治理与多边领域采取的一系列"退群""毁约"行为都与欧盟长期以来所坚持的基于多边主义的原则和立场背道而驰,进一步暴露出美国单边主义行径对美欧全球治理合作的破坏力。与奥巴马政府"撤出"欧洲相比较,特朗普版本的"撤出"对欧洲的观感冲击及影响更为猛烈。欧盟尤其忧虑特朗普领导下的美国战略收缩和"退群"会在欧洲、中东等地区造成新的战略真空,从而加剧欧洲周边地缘政治的不确定性。正如有分析所指出的,美国政府的政策正在危及数十年来促进美欧在关键地缘战略和经济利益领域的磋商与合作。特朗普政府的本国利益至上、无视盟国利益的倾向使得欧洲人越来越怀疑,在应对国际挑战的长期过程中,美国是否以及在多大程度上仍将是一个可信和可靠的伙伴。②

四、特朗普的跨大西洋关系遗产

特朗普执政的四年间,美欧同盟关系降至二战后最低点。首先应指出的是,跨大西洋同盟的"退化"与美欧关系的危机源自冷战后美国对外政策的变化。二战后建立的跨大西洋同盟被认为是美欧关系以及西方主导的"自由国际秩序"的基础。然而,"自冷战结束以来,美国优先的趋势一直在增长",共和、民主两党关于"美国应扮演全球安全维护者角色"的共识已经瓦解。③但也应该看到,特朗普执政加速了美国对外政策的这种变化趋势。特朗普政府放弃了"自由主义"国际政策,大搞保守主义和"美国优先"政策,认为美国承担了过多的维持国际秩序的义务,强调要减少海外承诺。从其行为来看,特朗普政府破坏"自由国际秩序"的基础,蔑视多边组织,对美国的传统盟

---

① 《"口罩战争"加大美国与盟友离心力》,http://www.xinhuanet.com/world/2020-04/06/c_1125818901.htm.

② Congressional Research Service, "Transatlantic Relations: U. S. Interests and Key Issues", https://crsreports.congress.gov/product/details? prodcode = R45745.

③ Robert Kagan, "'America First' Has Won", *New York Times*, September 23, 2018.

第四章　"特朗普冲击波"重创跨大西洋同盟与美欧关系

友极不信任，在安全和贸易问题上采取单边主义和"交易型"做法。① 应当说，美欧关系历史上从未有过哪位总统像特朗普这样公然质疑大西洋安全和经济体系的基本原则，并在北约军费分担问题上持如此强硬态度，甚至将欧盟视为贸易上的"敌人"。特朗普的这些做法与奥巴马政府更具包容性的"在多伙伴世界中""更新美国领导地位"② 的构想相悖，由此引发了欧洲对美国在北约中领导地位及其对欧洲安全承诺的严重质疑。在2020年慕尼黑安全会议上，美国国务卿蓬佩奥称，美国没有放弃其全球领导角色，但欧洲官员和评论人士则认为他过分强调了"主权"的重要性，这表明美国对国际合作和磋商（特别是通过多边机构）的兴趣有所下降。③ 这种趋势可能会对大西洋两岸的关系以及二战后美国领导的全球秩序产生持久影响。④

毋庸置疑，特朗普政府为跨大西洋关系留下了负面遗产，主要体现在两个方面。首先是跨大西洋同盟"退化"，美欧裂痕扩大，盟友关系褪色。伊拉克战争后，美欧双方曾尝试修复关系，但是却无法改变美欧矛盾具有结构性、内生性和必然性的特征。⑤ 特朗普政府在处理跨大西洋同盟事务方面坚持利益当先、责任置后，导致美欧围绕北约军费分担、美国战略东移和伊核问题全面协议等问题陷入一系列冲突。虽然美国宣称仍将保持对维护欧洲安全的承诺，但欧洲对美国作为安全盟友的信任降到了历史最低点。全球金融危机以后，美国参与国际

---

① Anna Dimitrova,"The State of the Transatlantic Relationship in the Trump Era", *Fondation Robert Schuman/European Issues*, No. 545, 2020, p. 1.

② Barack Obama,"Renewing American Leadership", *Foreign Affairs*, 2007.

③ Michael Birnbaum, John Hudson and Loveday Morris,"At Munich Security Conference, an Atlantic Divide: U. S. Boasting and European Unease", *The Washington Post*, February 15, 2020; Matthew Karnitschnig,"Trump Camp Finds No Appeasement at Munich", *Politico*, February 16, 2020.

④ Ronald O'Rourke and Michael Moodie,"U. S. Role in the World: Background and Issues for Congress", https://crsreports. congress. gov/product/pdf/R/R44891.

⑤ Jeanne Metivier, Mattia Di Salvo and Jacques Pelkmans,"Transatlantic Divergences in Globalization and the China Factor", http://aei. pitt. edu/87756/1/PI2017 - 19 _ Transatlantic DivergencesGlobalisation. pdf; Robin Niblett,"Europe: Transatlantic Relations Still Drifting", https://www. chathamhouse. org/sites/default/files/public/Research/Americas/us0510_niblett_europe. pdf.

事务的意愿和能力下降就曾令欧洲担忧，但当时欧洲仍倾向于相信基于共同价值观的美欧盟友关系能够延续下去。正如有分析所指出的，尽管过去美欧双方在与国际安全、贸易争端和外交紧张有关的问题上时常出现分歧，但这种以价值观为基础的跨大西洋关系证明可以抵御危机。① 而特朗普执政后情况发生了变化，他将美国的北约义务作为对盟国施压与交易的工具，不仅削弱了北约安全保障的可信度以及美国在北约的领导地位，而且使跨大西洋同盟有滑向实用主义的"交易型"联盟的风险。前德国总统顾问、德国马歇尔基金会柏林办事处主任布罗克霍夫（Thomas Brockhoff）称："如果一个联盟变成单方的，且仅仅只是为了交易，那么它就不再是一个联盟。"② 欧洲人批评特朗普政府从德国撤军的决定，认为美国在欧洲的驻军是体现美国对维护欧洲安全承诺以及衡量跨大西洋同盟稳定性的一个重要指标，而不应被用作向同盟施压与交易的手段。德国国防部长卡伦鲍尔表示："北约不是贸易组织，安全也不应当被看作是商品。"③ 实际上，欧洲并不认同特朗普宣称的欧洲"搭便车""占美国便宜"等说法，强调冷战后欧洲盟国在全球范围内参与了北约领导的一系列军事行动。德国总理默克尔称，美国在德国的驻军关乎德国及北约在欧洲部分的利益，同时也是在保护美国自身的利益。简言之，特朗普政府以利益而非价值观或意识形态为标准来界定威胁、以利益交换来维系联盟的做法，使得跨大西洋同盟的性质发生了某种变化。德国《时代周报》评论说，特朗普只知道数字，没有价值观，也无法区分朋友和敌人。④ 长远来看，虽然跨大西洋同盟仍将延续，但同盟的互信水平降低和交易成分增多将

---

① Anna Dimitrova,"The State of the Transatlantic Relationship in the Trump Era", *Fondation Robert Schuman/European Issues*, No. 545, 2020, p. 1.
② 《美媒：欧洲人认为欧美再也回不到过去 对中俄信任度上升》，http://www.cankaoxiaoxi.com/world/20190219/2372065.shtml。
③ 《国际观察：驻德美军大幅减员 跨大西洋同盟再受冲击》，http://m.xinhuanet.com/2020-06/17/c_1126126661.htm。
④ 青木：《美曾单方面降低欧盟外交级别：从盟国到国际组织》，http://yn.people.com.cn/n2/2019/0109/c378441-32507881.html。

会不断侵蚀和削弱同盟关系的共同利益基础。

其次是美国与欧盟的关系呈现"结构性危机"。冷战期间跨大西洋同盟不仅维护欧洲安全稳定，同时也促进和保障了欧洲一体化的发展，而美国在其中发挥了不可或缺的领导作用。特朗普执政后改变了美国支持欧洲一体化的两党外交政策，他将欧盟视为"敌人"，甚至指控欧盟的成立主要是为了损害美国。他在一次政治集会上说："它的成立是为了占我们的便宜。"① 正是由于敌视欧洲一体化，特朗普对处于多事之秋的欧盟表现出漠不关心的态度，并竭力对其进行分化打压。特朗普政府支持英国"脱欧"、以国家安全为由对欧盟加征关税，以及威胁扩大对俄欧"北溪二号"天然气管道项目参与方的制裁等行为，都体现出了这一点。针对美国对"北溪二号"天然气管道项目的制裁，欧盟外交与安全政策高级代表博雷利发表声明称，欧盟对此深表关切。欧盟成员国联合向美国发出抗议信，明确指出美国政府制裁"北溪二号"天然气管道项目违反国际法，并禁止美国进一步干涉该项目。② 更有甚者，特朗普政府在全球治理与多边领域大搞单边主义和频频"退群"，使得欧盟所依赖的多边主义、大西洋合作机制和全球化理念均遭受冲击。欧盟深感自身缺乏实力和工具以有效应对大国博弈、零和思维、全球贸易保护主义、政治保守主义等带来的挑战，因此担忧这些挑战将不仅给自身的生存和发展环境带来不利影响，也将使得欧盟在塑造自身利益、寻找伙伴的过程中面对更加不确定的国际大环境。

总之，特朗普将"美国优先"作为美国对欧政策的主导原则，由此使得二战后美国一直奉行的欧洲大战略的两个核心要素发生了显著变化。从实质上讲，无论是美国的北约政策还是欧盟政策，都要服务于"美国优先"目标。特朗普淡化美欧曾长期共同坚持的观念和机制，

---

① 《特朗普把欧盟当敌人？美媒："美国优先"正让美被孤立》，http://www.xinhuanet.com/world/2019-03/03/c_1210071727.htm。
② 《欧盟24国联合抗议美国：制裁"北溪-2"天然气管道项目违反国际法》，https://news.cctv.com/2020/08/15/ARTIuv437tZZvgoz3zULUIJV200815.shtml。

强调从狭隘的经济得失角度看待美欧关系。为降低美国的霸权护持成本，特朗普寻求减少因保持对欧洲安全承诺和支持欧洲一体化而遭受的经济损失，要求把美国"失去的"财富和机会夺回。欧洲则批评特朗普对北约同盟"交易型"的做法并将盟国的国防支出作为唯一衡量同盟价值的标准，以及他对欧盟的敌视态度。① 广泛存在的美欧对立情绪对欧盟的一体化方向和信心产生不可忽视的消极作用。美国亦有政界人士指出，大西洋两岸的安全和防务关系正面临着自1949年北约成立以来最严重的信任赤字。②

诚如上述，特朗普政府对欧政策的调整是冷战后美国对外战略调整的延续。随着苏联的解体，美欧双方的对外战略差异日益明显，跨大西洋同盟赖以建立和维持的基础开始发生动摇。美国学者沃尔特称，"'深层次的结构性力量'正在促使欧洲和美国渐行渐远，大西洋安全合作的高潮已成为过去"③。美欧新一代领导人对跨大西洋同盟明显缺乏情感和信念，他们对大西洋合作的支持更多是出于冷酷的实用主义考虑。④ 特朗普政府的对欧政策调整是全球金融危机后美国全球战略收缩的结果，也是美国战略重心东移的产物。特朗普执政前，美国国内一种较为流行的观点是，北约已经进入"后美国时代"，虽然北约仍是美国外交和安全政策的有力工具，但美国未来在与自身利益弱相关的行动中领导北约的意愿将不断下降。⑤ 美国学者沃尔特认为，尽管特朗普执政后将本就棘手的跨大西洋同盟关系搞得更糟，但特朗普本人并

---

① Congressional Research Service, "Transatlantic Relations: US Interests and Key Issues", https://crsreports.congress.gov/product/details?prodcode=R45745.

② Nicholas Burns, et al. "Stronger together: A Strategy to Revitalize Transatlantic Power", https://www.hks.harvard.edu/publications/stronger-together-strategy-revitalize-transatlantic-power.

③ Stephen Walt, "The Ties That Fray: Why Europe and America Are Drifting Apart", *National Interest*, No. 54, 1998/1999, pp. 3–11.

④ Geir Lundestad, "Toward Transatlantic Drift?", in David M. Andrews, *The Atlantic Alliance Under Stress: US-European Relations After Iraq*, Cambridge: Cambridge University Press, 2005, p. 15.

⑤ Ellen Hallams and Benjamin Schreer, "Towards a 'Post-American' Alliance? NATO Burden-Sharing After Libya", *International Affairs*, Vol. 88, No. 2, 2012, pp. 313–327.

非北约真正的问题所在。北约真正的问题从苏联解体之日起便开始了,因为苏联解体使美国深度承担欧洲安全责任的主要理由不复存在。他进一步指出,由于美国将中国视为未来主要的竞争对手,美国希望欧洲能够负责自身的防务,这样美国就可以把更多资源投向亚洲。① 前美国国务院官员夏皮罗也认为,特朗普只是跨大西洋关系的病症而非病因,因为在特朗普执政前美国就已经变得愈发自私和遥远。② 特朗普的总统国家安全事务助理博尔顿在回忆录中指出,威胁美欧关系的是一些不可阻挡的趋势,而不只是特朗普;最重要的一个趋势就是美国"转向亚洲"的战略,奥巴马政府启动了这一战略,但共和党人向亚洲倾斜表现得更为明显。③ 另外,美国和欧洲的人口结构都发生了很大变化,对大西洋两岸的年轻人来说,二战和冷战早已成为过去式。年轻一代的政策制定者和公众在对于建立紧密稳定的跨大西洋关系必要性的认知上,可能不像前几代人那样抱有同样的信念。④ 从美国人口特征的变化来看,北约初建时大多数美国人的"故乡"是欧洲,而现在的美国人拥有亚洲或拉丁美洲血统的可能性要大得多,美国的年轻一代对冷战没什么记忆,更不用说对构成跨大西洋同盟情感基础的两次世界大战了。博尔顿还认为,重提真正将大西洋同盟凝聚起来的价值观,也并不管用。如果民主党总统候选人拜登在2020年大选中获胜,美国可能会在气候变化方面与欧洲合作,并缓和贸易分歧,但美欧关系并不会变得更亲密,因为这些修补措施并不能从根本上解决症结性问题,跨大西洋同盟的裂痕不是始于特朗普,也不会终结于他。跨大西洋同

---

① 斯蒂芬·沃尔特:《如果把北约看作一支股票,那么现在是做空它的好时机吗?》,https://www.guancha.cn/StephenMWalt/2019_02_09_489572.shtml?s=zwyzzwzbt。
② Jeremy Shapiro and Dina Pardijs, "The Transatlantic Meaning of Donald Trump: A US-EU Power Audit", https://www.ecfr.eu/page/-/US_EU_POWER_AUDIT.pdf.
③ 参见 John Robert Bolton, *The Room Where It Happened: A White House Memoir*, New York: Simon & Schuster, 2020。
④ Congressional Research Service, "Transatlantic Relations: US Interests and Key Issues", https://crsreports.congress.gov/product/details?prodcode=R45745。

盟要生存下去，需要一个比选出一位新总统更加深刻、可信的理由。① 有观点认为，美欧领导人不应沉溺于怀旧情绪，而应诚实地评估和应对导致他们陷入当前危机的缘由，这是建立更成熟、更有远见的跨大西洋伙伴关系的第一步。②

同样不容忽视的是，特朗普作为一个反建制的政治人物，其极具个性的执政理念与领导风格也给美国的对欧政策及美欧关系打下了个人烙印。根据国际关系分析中的领导人人格与决策理论，领导人因素对外交决策与国际关系具有重要影响。作为一个"交易型"总统，特朗普在对欧政策中采取"交易型"方式，不再以价值观或意识形态界定威胁，而是转变为以利益界定威胁、以利益交换维系同盟，由此对跨大西洋同盟与美欧关系的"退化"起到了推波助澜的作用。与小布什政府时期美欧关系的调整相比，特朗普任内的美国单边主义外交显得"更为纯粹"，这是因为特朗普不再认可美欧共同认定的"公序良俗"和双方战略合作基础，也毫不在乎美国应当为欧洲盟友承担的责任，甚至企图将美国承担的责任作为其从欧洲盟友身上获取利益的筹码。在特朗普主义的驱使下，美国从欧洲经济、政治、外交事务中"撤离"的态势更加清晰可见，美国对欧洲的安全承诺虽得以保留，但其可靠性也已无法令后者信服。欧洲长期寄予美国作为安全盟友的信任降到了历史最低点。欧洲理事会主席图斯克在推特上公开质问特朗普：有美国这样的朋友，谁还需要敌人？并称，特朗普让欧洲人丢掉了幻想，欧洲必须作最坏的准备。③ 美国《外交政策》网站发表评论认为，在特朗普政府所有外交政策遗产中，没有什么比削弱美国几十

---

① John Robert Bolton, "The Room Where It Happened: A White House Memoir", https://onlinelibrary.wiley.com/doi/epdf/10.1111/mepo.12541.

② Alina Polyakova and Benjamin Haddad, "Europe Alone: What Comes After the Transatlantic Alliance", *Foreign Affairs*, 2019, p. 109.

③ Keith Jonson, Dan De Luce and Emily Tamkin, "Can the U. S. - Europe Alliance Survive Trump?", https://foreignpolicy.com/2018/05/18/can-the-u-s-europe-alliance-survive-trump/;《欧洲理事会主席吐槽特朗普：有这种朋友谁还要敌人》, https://world.huanqiu.com/article/9CaKrnK8wHV。

第四章 "特朗普冲击波"重创跨大西洋同盟与美欧关系

年来建立和依赖的伙伴和联盟体系、损害美国在世界上的地位和影响力更严重的了。① 法国《世界报》则以《美欧之间的"严寒"》为题刊文,揭示了特朗普任内不断恶化的跨大西洋关系。② 欧洲新闻电视台网站亦称,欧美之间近年来龃龉不断,跨大西洋传统盟友出现前所未有的裂痕。③

关于特朗普因素对跨大西洋同盟及美欧关系的影响,美欧学术界和战略界存在两种不同的看法。一种看法认为,特朗普处理跨大西洋同盟事务的方式对北约构成了"生存威胁",这与其说是因为其前后矛盾的政策立场,不如说是因为他固守零和思维。另一种看法则认为,特朗普个人因素对跨大西洋同盟的影响不应被夸大,因为同盟关系一直都是动荡的,包括伊拉克战争引起的美欧分裂在内,当前跨大西洋同盟出现危机或者"退化"主要是美欧之间权力不对称的结果。④ 美欧双方长期以来都接受甚至培育了这种不对称,即欧洲依附于美国以换取后者提供的军事保护。然而冷战的结束、"9·11"事件和遏制中国的意图最终将美国的安全重点转移到了其他地方,由此使欧洲陷入了被"遗弃"的担忧之中。⑤ 以上两种看法看似都有一定道理。美欧权力不对称是主要原因,但特朗普的零和思维、激进执政风格和压迫式"交易型"做法刺激和加速了美欧关系变化的大趋势。2018年10月,美国《外交事务》杂志披露了一项调查,调查对象是一些美欧关系专家,调查问题是,特朗普执政使"跨大西洋同盟受到了不可弥补的损害吗?"调查结果是,大多数专家认为特朗普执政后跨大西洋同盟受到

---

① "Trump Has Destroyed America's Power and Influence", https://foreignpolicy.com/2020/07/14/trump-biden-foreign-policyalliances.

② 《国际观察:欧美分歧呈现"加速度"》,http://www.xinhuanet.com/world/2020-06/30/c_1126178518.htm。

③ 《欧美关系裂痕持续加深》,http://www.xinhuanet.com/world/2020-07/03/c_1210687239.htm。

④ Alina Polyakova and Benjamin Haddad, "Europe Alone: What Comes After the Transatlantic Alliance", *Foreign Affairs*, 2019, p. 109.

⑤ 同④, p. 110。

了严重损害,特别是在安全和贸易方面,尽管并非所有人都将这种损害定义为"不可弥补的"。

第五章　拜登执政后美欧关系修复的空间及限度

在大变局时代，跨大西洋同盟的"退化"与美欧关系的"重建"是难以阻挡的趋势，并不以美欧双方的意志为转移。然而，作为现行国际秩序的既得利益者，美欧仍然拥有许多共同利益，并因此继续维系同盟关系。在经历了"特朗普冲击波"的重创之后，大西洋两岸都期待美欧关系迎来转圜之机。2020年美国总统选举被认为是美欧关系的一个关键时刻，欧洲期待建制派民主党人拜登胜选，以便将美欧关系带回理性与合作轨道。拜登入主白宫后确实为美国外交带来了一些"新气象"，尤其是重拾大西洋主义、重视加强美欧同盟关系。双方短期利益的汇合为美欧关系的修复打开了"机会之窗"，美欧在双边及多边领域的合作有所加强。俄乌冲突的爆发为跨大西洋同盟注入"强心剂"，也似乎"激活"了北约及各个领域的美欧关系。尽管如此，美欧关系的修复仍是有限度的。在国际形势复杂多变、世界格局加速演进的态势下，美欧之间深层次的结构性矛盾与障碍难以简单地被平抑。拜登政府或许会用其他表述替代"美国优先"，但其外交及对欧政策中本国利益优先的本质不会改变。欧盟寻求与拜登政府合作以"重建"欧美关系，但是不会放弃欧洲战略自主与多边主义外交。在大变局时代，美欧双方的战略目标与利益诉求存在明显错位，这决定了跨大西洋传统盟友关系难以回到过去。

第一节　2020年美国总统选举的跨大西洋政治

一、选举前大西洋两岸关于美欧关系走向的讨论

"不确定性"是特朗普时期美国外交政策的突出特征之一。在对欧政策上，除了特朗普政府有意制造并利用"不确定性"对欧施压以外，白宫与国会之间的意见分歧更加使得美国对欧政策充满了不确定性。可以说，特朗普领导下的美国缺乏一个清晰连贯的对欧政策或战略，这令欧洲感到困惑。2020年美国总统选举被认为是美欧关系的一个关键时刻，因此颇受欧洲人关注。欧洲希望通过此次选举来验证以反自由主义和保护主义为特征的"特朗普效应"究竟只是一种暂时现象，还是反映了美国政治中一种更深层次的变革趋势。在欧洲人看来，此次选举结果很大程度上会影响今后一个时期的美国内政外交，也将决定美欧关系的未来走向。

欧洲人普遍认为，若特朗普连任成功，美欧关系将难有改观。在这一假设性认知的基础上，美欧一些战略精英和智库学者对未来双边关系的走向进行预测，并提出了若干可能。第一种可能的情况是，特朗普政府进一步强化既有对欧政策，但并不会导致美欧关系严重破裂。特朗普将会继续批评欧洲国家和欧盟，并质疑北约的作用，以此作为施压手段迫使欧洲进一步分担防务责任，减少美国对欧盟贸易的逆差。另外，特朗普政府可能会更多从美国与中国（以及某种程度上与俄罗斯）竞争的角度来看待美欧关系，其重视欧洲是为了借此加强美国在与中国竞争中的战略地位，而且会不断加大对欧施压力度以促其在美国对华竞争中站在美国一边，并配合美国的对华遏制战略。在这种情况下，尽管特朗普的言论让欧洲感到不安，但美国对欧盟和北约的政策不会发生根本性变化，美国不会从欧洲彻底撤军和放弃对欧洲的核保护。由于欧洲国家在安全上对美国的政策仍然存在分歧，欧盟很难

建立起有效、可信的自主防务力量。正如前美国国务院官员夏皮罗所指出的那样,即便在特朗普执政期间,大多数欧洲国家"仍然更愿意依靠美国来保障自己的安全,而不是相互依赖"①。欧洲国家或许希望取代特朗普的下一任美国总统重拾大西洋传统价值观,并继续承担欧洲安全的大部分重任。但这种前景的风险在于,维持现状而缺乏建设性的议程可能会使美欧关系走向空洞化,而寄希望于特朗普之后的新总统也可能被证明是没有根据的。②

第二种可能的情况是,出现所谓"后美国时代"的欧洲。根据这种看法,特朗普被国内政治和个人丑闻所困扰,在外交政策上放弃美国的"塑造力量"角色,选择孤立欧洲而不是与其合作,甚至公开威胁"撤出"北约(以欧洲盟国不能达到预定的国防开支目标为由),由此使得美欧之间的"自由国际秩序"共识遭到彻底破坏。在这种情况下,美国接受中国、俄罗斯等国在制定国际议程方面拥有更大影响力,并填补美国留下的权力政治真空。美国的外交政策仅限于寻求与其他国家保持"交易型"关系,经济政策中的重商主义、民族主义和单边主义色彩与浓厚。美欧关系进一步受到损害,双方保持可接受程度的合作,但不再有能力决定共同的议程或协调各自的行动。欧洲国家将被迫在没有美国参与的情况下谋求维护自身安全和多边秩序,这实际上意味着欧洲将失去影响力,包括影响事态发展的能力,即便欧洲与日本、澳大利亚等国加强合作也不足以弥补这一损失。"后美国时代"的欧洲在军事能力上或许仍无法取代美国,当然这在很大程度上取决于欧洲是否能够真正拥有一个强大的共同外交与安全政策,并具备更强的军事行动能力。如果能够做到这一点,或将有助于欧盟维持其国际地位与全球影响力。但事实上美国从全球撤退可能会进一步冲

---

① Jeremy Shapiro, "Why Trump Can Safely Ignore Europe", https://thecsspoint.com/why-trump-can-safely-ignore-europe-by-jeremy-shapiro/.
② Alexandra de Hoop Scheffer and Martin Quencez, eds. *Transatlantic Security Cooperation Toward 2020*, Washington D. C. : GMF, 2019, p. 5.

击欧洲团结与欧盟稳定,因为欧洲一体化并不完全是一个内部驱动的进程,二战后,正是美国的安全保障使欧洲一体化成为可能,并促进了欧洲的政治团结。如果美国不再支持欧洲一体化,欧盟的结构将会变得不稳定。而从欧盟内部来看,在经历了"十年危机"模式之后,欧洲国家在一体化的方向和目标等基本政治问题上暴露出严重分歧,并且缺乏搁置分歧、谋求共同利益的精力和政治意愿。同时,英国"脱欧"、法国的"黄背心"运动以及德国的政党制度改革等也反映出欧洲的"内向"趋势以及领导力的缺失。

第三种可能的情况是,欧盟发生分裂。特朗普政府不仅对欧盟漠不关心,而且将其视为一个需要消除的"敌人"。特朗普政府认为欧盟是官僚主义的独裁统治,因此同情并支持欧盟内部的"疑欧"势力,对欧盟成员国奉行分而治之的政策。特朗普执政期间的一系列对欧行为已经证明了这一点。未来在与欧盟成员国的互动中,特朗普政府可能会抛开跨大西洋机制,转向支持美国与欧洲国家的双边关系和特殊协议,甚至可能会与支持美国的国家结成反自由主义的政治联盟,由此将对大西洋关系和欧盟造成破坏。[1] 特朗普政府会更加将"美国优先"作为美国外交政策的指导原则,并以资产和负债为标准来确定盟友,把经济政策和安全政策联系起来,对欧洲国家不断加大施压力度,例如要求它们购买美国的武器系统或液化天然气。这种政策将产生巨大的分裂效应,因为欧盟成员国将被迫在美国的安全保障与欧洲的经济联系之间作出选择。特朗普的反欧盟思想得到了一些欧洲国家的支持,这些国家希望建立一个由民族国家组成的更松散的联盟,其中一些国家更有可能接受特朗普对安全联盟采取的"交易型"方式。例如,波兰总统杜达(Andrzej Duda)为了得到特朗普的支持,呼吁美国在波兰建立一个军事基地并命名为"特朗普堡",并愿意向美国提供20亿美元的费用。这种前景的可能性虽然不大,但也未必不可能发生。而

---

[1] Alexandra de Hoop Scheffer and Martin Quencez, eds. *Transatlantic Security Cooperation Toward 2020*, Washington D. C. : GMF, 2019, p. 7.

且，如果美国把贸易问题与安全保障挂钩，欧洲此前与特朗普"切割"关系的策略将可能失败。

以上欧美战略界提出的关于美欧关系走向的三种可能性实际上代表了特朗普执政后美国对欧政策变化的趋势：对抗、孤立主义和分而治之。① 这三个因素并非相互排斥，而是在特朗普任期内共同发挥作用。对欧洲来说，以上三种可能的情形都不理想，无论在哪种情况下，都需要欧洲国家共同行动以维护自身的利益，但现实却是欧盟成员国难以形成一个统一的政策来应对特朗普领导下的美国。内部分歧使欧盟陷入困境之中：美国参与欧洲事务的不确定性促使欧洲国家谋求实现更大的战略自主权，但由于各国对威胁的认知存在差异，它们对欧洲"战略自主"的定义尚未达成共识。因此，欧盟在短期甚至中期内都无法在不依赖美国的情况下具备自卫能力，即便欧盟加强了"永久结构性合作"，这种情况也不会立即改变，反而可能给美国留下欧洲人自行其是的印象，从而进一步破坏美国对欧洲安全的承诺。② 此外，没有一个欧盟成员国拥有力量、信誉和政治意愿来团结其他国家。波兰和波罗的海国家不大可能支持由法国和德国领导一个脱离跨大西洋同盟的欧盟。如果美欧关系进一步恶化，欧洲国家可能不得不面对一个行动上不一致的欧盟——由于行动能力上存在差异，某些成员国可能被迫与"一些"愿意共同行动的"志同道合的伙伴"（而非全部欧盟国家）一起前行，并谋求实现"现实的"而非"过于理想化"的目标。③ 换言之，欧盟差异性一体化的趋势将会更加明显，而这样一个欧盟在处理与美国的关系时仍将处于被动的地位。

总的来看，大西洋两岸特别是欧洲的一些战略精英认为，在 2020 年美国大选前，美欧双方的决策者应当降低对跨大西洋同盟及美欧关

---

① Alexandra de Hoop Scheffer and Martin Quencez, eds. *Transatlantic Security Cooperation Toward 2020*, Washington D. C. : GMF, 2019, p. 7.

② Hans Kundnani and Jana Puglierin, "Atlanticist and 'Post-Atlanticist' Wishful Thinking", https://dgap.org/en/research/publications/atlanticist-and-post-atlanticist-wishful-thinking.

③ 同①, p. 8。

系的预期。因为对于美国来说，欧洲在其全球战略中已不再处于核心地位，因此美国减少其承担的欧洲安全责任的趋势难以避免。对于欧盟来说，在实现其全球抱负前，首先必须更多地依靠自己来确保生存。美国或许会在一定程度上给予欧洲一些帮助，但这种帮助也不会是无条件的，比如美国会要求欧洲配合美国的战略。即便特朗普之外的某位美国新总统不会像特朗普那样给欧盟贴上"敌人"的标签，但仅仅口头承诺维护共同的价值观和共同的历史，不太可能转化为保护欧洲利益的更大意愿。虽然美国国会对特朗普政府的对欧政策多有批评，但许多国会议员也对欧洲的国防开支水平过低不满意，并且长期以来反对欧盟的任何旨在建立与北约竞争的欧洲防御能力的倡议。此外，他们也反对俄欧"北溪二号"天然气管道项目，认为这将增加欧洲对俄罗斯天然气的依赖，同时也坚持认为，任何新的美欧贸易谈判都必须包括农业。特别需要指出的是，美欧关系的未来发展会越来越受到第三方因素的影响：中、美两国之间日益激烈的竞争将深刻影响欧洲国家在美国全球战略中的地位，同样，美欧之间的紧张关系也会受到美俄关系变化的影响。总之，变量的多样性凸显了当今跨大西洋关系的脆弱性及其进一步弱化的风险。[1]

总之，无论是特朗普成功连任抑或是被拜登取代，欧洲人对2020年美国总统选举后美欧关系走向的判断总体上较为审慎，这背后反映出他们对美欧关系的信心在降低。尽管如此，欧洲人仍高度期待拜登能够在选举中击败特朗普，以便为在一定程度上"重建"欧美关系提供机会和可能。另一方面，即使特朗普在美国总统选举中落败，他事实上已经给美国的外交政策打下了深深的"美国优先"烙印，其留下的美欧关系遗产难以完全消除。加上特朗普有可能参加2024年美国总统选举，其获胜的可能性仍不能排除，上述有关特朗普任内美欧关系走向的分析判断仍具有一定的前瞻性意义。

---

[1] Alexandra de Hoop Scheffer and Martin Quencez, eds. *Transatlantic Security Cooperation Toward 2020*, Washington D. C. : GMF, 2019, p. 3.

二、拜登政府的外交理念

2020年美国大选是美国选举历史上引起极大争议的一次选举，引发了美国民主、共和两党的巨大分歧以及美国民间的广泛争议。2020年11月3日，美国总统选举投票正式开始，然而结果却并未像通常那样很快明朗。11月5日，选举结果仍未揭晓；11月7日，美国媒体预判拜登赢得大选。但由于特朗普拒绝承认败选，并试图以拜登选举"作弊"为由起诉后者，选举结果在美国国内引发了严重争议和骚乱。2021年1月7日，在美国国会参众两院联席会议上拜登获得306张选举人票、特朗普获得232张选举人票，拜登获得的选举人票超过当选总统所需的270张选举人票，因此被正式确认为2020年美国总统选举的获胜者。2021年1月20日，拜登宣誓就任美国第46任总统。

拜登入主白宫后，其外交理念与对外政策主张备受国际社会尤其欧洲各界的广泛关注。与特朗普缺乏从政经历与外交经验不同，拜登的内政与外交经验丰富。在专业外交领域，拜登是熟谙外交政策的专家，以通晓国外政策以及国际安全事务而知名；当选总统之前，拜登关注全球各地人权、种族歧视、减贫、裁军等议题，并在多个关键外交决策中发挥重要作用。总统竞选期间，拜登对如何处理美国的对外关系有着成熟的想法。拜登认识到美国的优势正在减少，因此要利用软实力来吸引国际合作，通过所谓"多边主义"和国际制度来保持美国的霸权。竞选期间，拜登于2020年3月在《外交事务》杂志上发表了一篇题为《美国为何必须再次领导世界》的文章，从中不难窥见其外交理念与目标。拜登在文中称，下一任总统将面临"收拾残局"的艰巨任务，这表明拜登及其顾问可能认识到单极时代已经结束，美国不可能单独解决所有全球问题，但他们仍然想竭力维持美国的全球领导地位。拜登自信地断言，他的外交政策"将使美国重新坐上谈判桌的首位"，使其能够与盟友和伙伴合作，动员针对全球威胁的集体行动。拜登宣称，新一任总统必须挽救美国的声誉，重建国际社会对美国领导作用的信心，动员美国及其盟友迅速应对新的挑战。"若能当选总统，我将立即采取措施更新美国的民主和联盟，保护美国经济的未来，让美国再次领导世界。"① 拜登还宣称将邀请世界各地的所谓的"民主"领导人把加强民主重新提上全球议程；在其就职的第一年，美国将组织和主办一次所谓"全球民主峰会"，以重振"自由世界"各国的精神和共同目标。拜登在文章中严厉批评特朗普，称 70 年来美国在民主党和共和党总统的领导下，在制定规则、缔结协议、激活指导国家间关系和促进集体安全与繁荣的机制方面发挥了主导作用，但特朗普灾难性的外交政策破坏了这一切。特朗普将从加拿大和欧盟这些美国最亲密盟友进口的商品列为国家安全威胁，以便对其征收破坏性和不计后果的关税；通过切断美国与合作伙伴的经济联系，特朗普削弱了美国应对真正经济威胁的能力。拜登批评特朗普政府采取的一系列不平衡和不连贯做法削弱和贬低了外交的作用，表示如果他当选总统将把外交提升为美国外交政策的主要工具，将重新投资被特朗普政府掏空的外交使团，并将美国外交重新交到真正的专业人士手中。拜登还表示，外交也需要信誉，而特朗普已经破坏了美国的信誉，通过退出一个又一个条约，反悔一个又一个政策，逃避美国的责任，在大大小小的事情上撒谎，特朗普已经让美国在世界上的信誉破产，并且疏远了美国最需要的民主盟友。总之，拜登承诺当选总统后将改变特朗普的外交政策，希望通过外交来挽救美国的声誉，重视联盟对实现美国外交政策目标的重要性。正如有分析所指出的，与特朗普厌恶联盟和多边组织不同，拜登一直是联盟人，他清楚外交的重要性，知道联盟可以增加美国的力量。② 还有分析认为，新的拜登政府在外交政策的制定和执行上将恢复"一切正常"，这意味着将终结一个通过推特治

---

① Joseph R. Biden, Jr., "Why America Must Lead Again—Rescuing U. S. Foreign Policy After Trump", https://www.asiascot.com/news/2020/10/22/why-america-must-lead-again-rescuing-u-s-foreign-policy-after-trump/.

② Graham Allison, "Biden Presidency Will Not Be a Third Obama Term Administration", https://www.globaltimes.cn/content/1207739.shtml.

国的古怪、个性化、冲动的政府。①

　　欧洲在拜登的外交政策构想中占据重要位置。拜登在其上述文章中批评特朗普对北约联盟的"猛烈攻击",认为北约是现代史上最有效的政治军事联盟,它是美国国家安全的核心。拜登表示,美国对联盟的承诺是神圣的,而不应是交易性的;北约是一个捍卫所谓"自由民主"理想的"价值观联盟",这使它比通过胁迫或金钱建立的伙伴关系更加持久、可靠和强大。② 他表示,执政后不仅仅将恢复历史上的美欧伙伴关系,还将努力为当前所面对的世界重新设想双边关系。拜登在总统竞选结果仍存争议的情况下接连同英、法、德等欧洲盟国领导人通话,表现出了希望与欧洲盟国重修旧好的姿态,同时也借此向特朗普表明,他当选美国总统得到了西方盟国领导人的普遍认同和肯定。

　　为了更好地贯彻和推行自己的外交理念,拜登非常重视外交团队建设。自 2020 年 11 月 7 日美媒预判拜登赢得大选后,拜登就开启了组阁之路。此后的一个月间,拜登先后宣布了国安与外交团队、经济团队、卫生与抗疫团队中的高级职务人选。11 月 23 日宣布的内阁成员名单中,拜登提名布林肯(Antony Blinken)担任国务卿,马约卡斯(Alejandro Mayorkas)担任美国国土安全部长,海恩斯(Avril Haines)担任情报总监,沙利文(Jake Sullivan)担任白宫国家安全顾问,格林菲尔德(Linda Thomas-Greenfield)担任美国常驻联合国代表。此外,拜登还提名前国务卿克里(John Kerry)担任总统气候特使,并将其纳入国家安全委员会。

　　拜登任命的一些关键内阁成员不仅熟悉外交业务,而且大都同欧洲关系深厚,这被欧洲观察人士视为积极信号。国务卿布林肯的特殊家族背景和童年经历使他成为坚定的"多边主义者",并一直对欧洲保

---

① Graham Allison, "Biden Presidency Will Not Be a Third Obama Term Administration", https://www.globaltimes.cn/content/1207739.shtml.

② Joseph R. Biden, Jr., "Why America Must Lead Again—Rescuing U.S. Foreign Policy After Trump", https://www.asiascot.com/news/2020/10/22/why-america-must-lead-again-rescuing-u-s-foreign-policy-after-trump/.

持着不一般的情感。布林肯的父亲曾在克林顿政府时期出任美国驻匈牙利大使，他的叔叔艾伦·布林肯（Allen Blinken）曾任美国驻比利时大使。布林肯本人九岁时曾到巴黎求学，能说一口流利的法语。在2021年6月访问德国期间，布林肯和德国外长马斯（Heiko Maas）一起追忆学生时代与德国友人共组乐队的经历，两人都参加过美德教育交流项目。布林肯在外交理念上支持美欧同盟，强调美国应该加强与欧洲的联系，并重视对北约的承诺。白宫国家安全顾问沙利文也属于亲欧派，他主张美国应重返全球领导地位，再塑美国联盟体系和伙伴关系网络，通过参与多边治理，与盟友紧密合作来制定国际规则、规范与制度，让盟友承担更多国际责任，必要时动用武力作为外交的延伸。沙利文曾在《大西洋月刊》撰文阐述对美国外交战略的宏观构想，认为应在明确深化美国独特国家属性的基础上，重新构建"美国例外论"，以维护其外交政策的核心目标——"保护和捍卫美国的生活方式"以及维持世界霸权。沙利文强烈反对特朗普政府的单边主义和孤立主义，认为美国应当重新加入并加强在全球事务多边领域的合作，重构并加强联盟体系和伙伴关系。

综上所述，拜登入主白宫对美国外交政策以及美欧关系而言都是一个重要时刻，尤其是拜登的外交理念意味着美国将在一定程度上回归国际制度、联盟和所谓"多边主义"，回归"以国际合作确保美国领导地位""以制度保霸权"的战略轨道。从拜登的外交理念及任命的内阁成员可以窥见其重视对欧政策、加强美欧联盟的基本导向，这意味着将给美欧关系的修复带来机遇；但同时也孕育着新挑战，因为对拜登政府而言，重回联盟与国际合作仅仅是手段，其根本目的是要维持领导地位和霸权。

三、欧洲对拜登当选美国总统的反应

在经历了特朗普时期的美欧关系"梦魇"之后，拜登当选美国总统符合欧洲人的期待。但确切地说，欧洲国家和欧盟对拜登执政既满怀期待又忐忑不安。拜登竞选期间宣示的加强盟友关系和回归所谓"多边主义"等理念,使得欧洲人对修复欧美关系抱有希望,并相信拜登政府能够为美国的外交政策带来一些变革之风。拜登胜选的消息宣布后,德国总理默克尔甚至在四天内三次向拜登表示祝贺。法、德两国外长也在美国《华盛顿邮报》发表共同署名文章,向拜登及其团队主动示好,表示:"欧美间需要跨大西洋'新政'(New Deal),以使我们的伙伴关系适应全球各种动荡,这一'新政'也会同我们之间的纽带、共同价值和共同利益保持一致。"①

在欧盟机构层面,欧洲理事会主席米歇尔(Charles Michel)和欧盟委员会主席冯德莱恩在拜登当选和就职后也都在不同的场合表示要重启特朗普破坏掉的跨大西洋关系,强调"深化和振兴欧美关系的承诺",并表示希望欧盟和美国"携手应对共同挑战"。在这些宣讲中,他们反复强调密切的欧美历史渊源、共同价值观以及"志同道合的国家"等概念。欧洲议会议长萨索里(David Sassoli)发推文称,世界需要欧洲同美国保持一种强有力的关系,特别是在这样的困难时刻;欧洲期待合作应对新冠疫情、气候变化和日益突出的不平等等难题。欧盟外交与安全政策高级代表博雷利表示,大西洋两岸需要抓住这个机会,"重建"欧美合作;既然美国新的领导准备重塑双边伙伴关系,欧盟也应作好作出贡献的准备;这个世界需要一个愿意倾听的美国和一个能够行动的欧洲。

总之,欧盟将拜登当选美国总统视为一个修复欧美关系、推进自身外交议程的重要机遇。正如有分析指出,欧盟必须以平等的身份积极与美国接触;拜登获胜令欧洲人感到幸运,欧盟不应破坏自己的运气,浪费推进自身议程的机会。② 拜登尚未正式宣誓就职,欧盟方面就于 2020 年 12 月 5 日发布了《全球变局下的欧美新议程》,称欧盟和美

---

① 陈润泽:《欧美航空补贴争端或迎来转机》,载《法制日报》,2021 年 1 月 25 日。
② Sven Biscop,"Biden's Victory and Europe's Strategic Autonomy",https://www.egmontinstitute.be/bidens-victory-and-europes-strategic-autonomy/.

国的关系是独一无二的,它建立在共有的历史、价值观和利益之上。该议程提出以欧美关系为中心,"重建"紧密、开放的跨大西洋伙伴关系,提出新的跨大西洋合作议程"路线图",将医疗健康、气候变化、贸易与技术,以及国际安全列为重点关注领域。具体来说,该议程提出要设定"欧盟-美国联合技术议程",建议美国推动建设安全的第五代移动通信技术基础设施,并且双方就第六代移动通信技术(6G)展开对话。欧盟还提议启动《跨大西洋人工智能协议》,制定区域和全球人工智能标准蓝图。在数据治理方面,欧盟提出就在线平台责任展开跨大西洋对话,进一步加强数字市场反垄断执法部门的合作。在增进贸易方面,欧盟向美国提出建立跨大西洋贸易与技术理事会(Transatlantic Trade and Technology Council),以提升跨大西洋技术和产业在全球的领导地位,扩大欧美跨大西洋贸易与投资。欧盟表示,2021年上半年举行的欧美峰会应启动这一雄心勃勃的议程,这将对新的全球领导地位和两个独立的、不可或缺的伙伴和同盟的合作发出明确信号。当跨大西洋伙伴关系强大时,欧盟和美国都将更加强大。现在正是为今天的世界重新制定跨大西洋和全球合作新议程的时候了。① 冯德莱恩发推文称,这是欧盟和美国全球伙伴关系的新篇章,双方可以在合作、多边主义、团结与共同价值观方面共同塑造全球议程。②

值得注意的是,欧盟试图以共同应对"中国挑战"为抓手,推动欧美合作。上述《全球变局下的欧美新议程》特别关注"中国问题",提出应当搁置欧美之间的争议,采取一致的立场并展开新一轮针对"中国问题"的欧美对话。欧盟提议成立跨大西洋贸易与技术理事会,

---

① European Commission and High Representative of the Union for Foreign Affairs and Security Policy, "Joint Communication to the European Parliament, the European Council and the Council: A New EU – US Agenda for Global Change", https://ec.europa.eu/info/sites/info/files/joint-communication-eu-us-agenda_en.pdf.
② 南博一:《拜登与欧盟和北约领导人通电话,期待修复美欧关系》, https://www.thepaper.cn/newsDetail_forward_10120211。

意欲防止中国在一些高附加值行业建立经济主导地位。① 欧盟宣称这将是双方的重大目标之一,即加强欧美在技术和产业方面的领导地位,扩大双边贸易和投资。作为其中的一部分,双方应该在投资审查、知识产权、强制技术转让和出口管制上进行更紧密合作。② 英国《金融时报》刊文指出,欧盟提出的《全球变局下的欧美新议程》中列出了从数字监管到应对新冠疫情等各个领域的建议,称这是"一代人难得"的可以结成新联盟来对抗中国崛起的机会。

尽管欧盟对拜登执政后欧美关系重回正轨抱有乐观期待,并主动提出了深思熟虑的欧美合作议程,但欧盟同时对欧美合作存在的困难也有着冷静的认识。就在拜登于2021年2月4日发表就职以来新政府的首个外交政策演讲前几个小时,默克尔、马克龙、欧洲理事会主席米歇尔、欧盟委员会主席冯德莱恩联合塞内加尔总统尤南(Munib Younan)和联合国秘书长古特雷斯(António Guterres)集体发表了一篇题为《多边合作推动全球复苏》的文章,指出应对全球疫情、气候变化、世界经济衰退和不均衡发展,以及实现包容性技术进步是紧迫挑战。同时强调,"疫情之后的世界回不到从前,应对这些挑战,多边主义不仅仅是另外一种外交手段";在形成世界格局和组织国际关系进程中,需要依赖合作、法治、集体行动和共同原则,而不是以文明和价值观的不同来相互指责和对垒;需要建设更加包容的多边主义,向尊重《联合国人权宣言》所包含的共同价值观一样尊重差异。③ 这是一篇在当时没被引起重视的文章,但从集体撰文作者的分量和发表的时间看,有明显向拜登喊话的意味。如果说这种喊话意味显得较为含

---

① Jakob Hanke Vela and David M. Herszenhorn, "EU Seeks Anti-China Alliance on Tech with Biden", https://www.politico.eu/article/eu-seeks-anti-china-alliance-on-tech-with-joe-biden/.

② 同①。

③ European Council, "Multilateral Cooperation for Global Recovery", https://www.consilium.europa.eu/en/press/press-releases/2021/02/03/rebuilding-consensus-for-an-international-rules-based-order-through-multilateral-cooperation/.

蓄的话，那么，欧盟对拜登政府提出的另外一些要求则更为直接。欧盟在其《全球变局下的欧美新议程》中要求拜登政府立即取消对钢铝征收的进口关税，并努力解决有关飞机补贴的长期争端。此外，在欧盟实现数字转型和"数字十年"战略的过程中，也将美国作为竞争对手，提出要在技术创新和规制塑造方面提升竞争力。

欧盟对拜登执政后的欧美关系依然忐忑的根本原因在于其对美国的信任度已然下降。自 2008 年全球金融危机到特朗普执政以后，西方的衰落导致欧洲态度的深刻转变。迅速发展的重大事态不仅没有加强跨大西洋同盟关系，反而削弱了欧美间的纽带，欧洲意识到世界已经发生了深刻变化，并由此进一步增强了欧洲需要更加独立的意识。欧盟智库欧洲对外关系委员会在拜登执政后不久发布的针对欧洲 11 个国家的民调报告称，多数欧洲人认为，美国的政治体制已经破裂，经过特朗普四年执政后的美国已不可信任。大多数人希望他们的国家在中美之间的任何冲突中保持中立。大多数德国人认为，美国人在 2016 年投票支持特朗普之后，已不再值得信任。在整个欧洲，赞同这一说法的人超过反对的人。该项调查把受访民众分为四类，其中仅有 9% 的受访者认为欧洲已经崩溃，美国将会反弹；20% 的人认为，美国和欧盟都将继续繁荣；29% 的人认为，美欧都已经衰落或崩溃；35% 认为，欧盟还是健康的，美国已经崩溃。①

总之，2020 年美国总统选举成为美欧关系走向的一个重要风向标。从总体上讲，拜登胜选对于美欧关系具有积极影响。比较分析拜登的《美国为何必须再次领导世界》和欧盟的《全球变局下的欧美新议程》可以发现，美国和欧盟的外交议程确实存在不少重合点，这为双方关系的修复提供了一定基础。但仔细分析拜登政府的外交理念与对欧政策主张，以及欧盟对拜登政府的期待与反应，应当说美欧关系的修复

---

① Ivan Krastev and Mark Leonard, "The Crisis of American Power: How Europeans See Biden's America", https://ecfr.eu/wp-content/uploads/The-crisis-of-American-power-How-Europeans-see-Bidens-America.pdf.

也将面临挑战。拜登政府希望修补美欧关系，而不是像特朗普那样严厉批评欧洲，因此可能会取得一些成果，但美欧关系无法简单地回到从前。

第二节 对欧政策调整与美欧关系的改善

一、拜登政府回归所谓"多边主义"与"返群复约"

美国总体外交政策调整是其对欧政策调整的前提和基础。拜登执政后，美国外交政策出现的最大变化就是回归所谓"多边主义"与"返群复约"，这符合欧洲人的期待。欧洲人认为，特朗普政府的单边主义与"退群弃约"行为是导致欧美关系恶化的重要原因，因此欧美关系的修复依赖于美国新政府改弦易辙。对于拜登政府而言，其外交政策能否成功将取决于美国能以多快的速度重新汲取国际制度层面的经验与教训，因为美国需要一个与其他国家建立多层次合作关系的网络。美国总统选举结束后不久进行的一项本国民意调查显示，70%的美国人希望推行外向型合作的外交政策。①

拜登竞选期间就以"多边主义者"自居，批评特朗普的"美国优先"造成了"美国孤立"，并提出"重建更好未来"（Build Back Better）和"美国回来了"（America Is Back）等口号，胜选后在回应那些致电祝贺他的外国领导人时也反复提及"美国回来了"。② 2021年2月4日，拜登在美国国务院发表就任后的首次外交政策演讲中指出，美国缔结的联盟是我们最宝贵的财富。通过外交发挥领导作用意味着与我们的盟国和重要伙伴再次并肩站在一起。③ 2月19日，拜登通过视频

---

① Joseph S. Nye, Jr., "Can Joe Biden's America Be Trusted?", https://www.belfercenter.org/publication/can-joe-bidens-america-be-trusted.
② Graham Allison, "Biden Presidency Will Not Be a Third Obama Term Administration", https://www.globaltimes.cn/content/1207739.shtml.
③ 《拜登总统关于美国世界地位的讲话》，https://china.usembassy-china.org.cn/zh。

形式参加了慕尼黑安全会议,成为历史上首位参加该会议的美国现任总统。在会上,拜登向欧洲国家伸出了橄榄枝,表示在过去的几年跨大西洋伙伴关系遭受了考验,但现在"美国回来了,跨大西洋同盟回来了",公开表达出对修复跨大西洋伙伴关系和"与欧洲重新接触"的决心。[①] 简言之,拜登想以上述姿态表明他是一个"多边主义者",其领导的新政府将以回归"多边主义"开启美国对外政策的"新篇章"。

一些观察人士认为,拜登时代的美国将在全球治理、地区安全和自由贸易三个领域重新回到多边的舞台。对拜登政府而言,重回国际组织和多边协定既是紧迫的挑战,同时也是美国重建国际社会对其信任的重要方式之一。对于欧洲来说,拜登政府回归"多边主义"和"返群复约"将为欧美关系的改善与"重建"提供动力来源,因此是值得欢迎的。首先,在全球治理与多边领域,拜登较为重视气候变化问题,正式就任总统后首日,拜登就签署了重返气候变化《巴黎协定》的行政令。另外,拜登政府还将气候政策与新冠疫情后经济复苏计划结合起来,其提出的疫情后经济复苏计划中的一项关键内容就是投资两万亿美元建设友好型基础设施。一般认为,拜登在其总统任期内会就气候政策制定及其执行问题与其他国家展开合作,这其中最重要的合作方之一就是欧盟。欧盟历来支持多边合作解决全球性气候问题,因此它欢迎拜登政府的气候政策。双方在气候问题上的政策协调与合作成为美欧关系改善的一个重要抓手。

除了重返气候变化《巴黎协定》,拜登在就职首日还宣布将重返世界卫生组织,并表示将撤销前任总统特朗普关于美国暂停每年向世界卫生组织缴纳四亿美元会费的决定。此外,拜登政府还表示有意加入世界卫生组织主导的新冠疫苗实施计划。该实施计划是一个争取公平分配疫苗的全球项目,包括向最贫穷的国家分配疫苗。美国重返世界

[①] 《拜登总统在2021年网上慕尼黑安全会议发表讲话》,https://china.usembassy-china.org.cn/zh。

卫生组织并支持其新冠疫苗实施计划,受到了欧盟的欢迎,世界卫生组织对此也给予了肯定。还有,特朗普执政期间曾于2018年6月宣布美国退出联合国人权理事会,① 拜登执政后表示将推翻这一"退群"政策。2021年2月8日,美国宣布将以观察员的身份重返联合国人权理事会,并着眼于争取选举成为正式成员。2022年1月1日,美国再次成为联合国人权理事会成员国。

其次,军控和核不扩散是拜登政府实现对地区安全治理承诺、修复美欧盟友关系的一项重要日程。拜登执政后重视开展双边和多边涉核议题谈判,在核不扩散和核安全问题上,批评特朗普加剧了核扩散风险、企图挑起新的核军备竞赛,甚至动用核武器威胁。拜登在其《美国为何必须再次领导世界》一文中提出,在核不扩散和核安全问题上,美国如果放弃自己谈判达成的协议,就不可能发出可信的声音。重回伊核问题全面协议是拜登政府对外政策的一个重要议题。伊核问题全面协议是奥巴马-拜登政府时期重要政治遗产,拜登曾竭力促成该协议落地,因此他当选总统后自然希望重新拾起伊核问题全面协议的政治遗产。拜登认为,特朗普政府退出伊核问题全面协议后,伊朗在核研发和弹道导弹方面都取得了长足发展,美国有必要尽快返回伊核问题全面协议,并与盟友合作,加强和扩大该协议,以限制伊朗核研发。当选总统后,拜登在接受采访时多次表示,他已准备好重返伊核问题全面协议,并结束特朗普政府对伊朗的制裁。2021年6月12日起,伊核问题全面协议相关方第六轮会议在奥地利首都维也纳召开。在军控与核不扩散领域,除了对重返伊核问题全面协议进行表态外,拜登政府经过与俄罗斯的谈判,还同意将美俄《新削减战略武器条约》(该条约是美俄之间仅存的一项军控条约,是美俄之间战略稳定的支柱)延长五年,并将其作为美俄新的军备控制安排的基础。拜登政府在军控和核不扩散方面改变了特朗普政府时期的做法,并且重视与欧

---

① 特朗普政府宣布美国退出联合国人权理事会的理由是:联合国人权理事会对以色列"存在偏见"及"无法有效保护人权"。联合国对美国作出该决定感到失望。

洲进行协商，所有这些都受到了欧洲的欢迎。

再次，在贸易问题上，与特朗普政府采取的保护主义有所不同，拜登政府比较重视贸易规则，并希望与欧盟合作重组世界贸易组织。围绕世界贸易组织的改革，近年来美国主要关注的问题是发展中国家的特殊与差别待遇、市场经济以及成员是否履行通报义务等，其主要目的在于取消部分发展中国家特别是中国和印度在世界贸易组织中享受的特殊与差别待遇。欧盟关于该问题的立场与美国一致，加上欧美之间较为密切的政治和经贸往来，欧盟在世界贸易组织改革问题上作出了迎合美国的姿态。于欧盟而言，部分地迎合美国在世界贸易组织改革问题上的政策主张，是确保其自身不至于站在美国对立面的基础；与此同时，迎合美国能够为欧美之间正常的经贸往来续航，这在全球经济陷入低迷的整体态势下，有利于欧盟自身的经济发展。

与欧美不同，中国、印度等发展中国家在世界贸易组织改革问题上关注的焦点问题是特殊与差别待遇以及国有企业补贴的合法化问题。面对分歧，欧盟在涉及世界贸易组织规则框架下国家之间经贸往来问题上倾向于和美国保持一致，坚持以市场为导向发展国家之间的经贸关系；而在涉及世界贸易组织机构本身的改革问题上则更倾向于与发展中国家站在同一立场，支持对世界贸易组织现有机构进行改革。这表明欧盟在世界贸易组织改革问题上较为务实，同时兼顾了美国和发展中国家，也为自身在全球经济低迷时期与各方之间的经贸往来奠定了政治基础。然而，特朗普政府的贸易保护政策及其诋毁世界贸易组织的一系列作为，包括瘫痪世界贸易组织争端解决机制的运作等，使得欧盟在世界贸易组织改革问题上作为联系美国和发展中国家的"桥梁"作用难以发挥。

总之，在经历了特朗普政府对世界贸易组织的破坏性举措后，世界贸易组织成员特别期待拜登政府能够作出改变，为世界贸易组织恢复活力发挥引领作用。从其表现来看，拜登政府确实为世界贸易组织改革带来了一些积极因素。特朗普执政时阻挠了世界贸易组织总干事伊维拉（Ngozi Okonjo-Iweala）的任命，而拜登上台后很快促成了伊维拉的当选。2021年3月12日，美国副总统哈里斯（Kamala Harris）与伊维拉进行了通话，除了对后者给予大力支持，还强调美国支持世界贸易组织及推动全球经济增长。美国贸易代表戴琪（Katherine Tai）也与伊维拉进行了定期的对话沟通，伊维拉公开表示美国政府和国会对世界贸易组织工作的大力支持使其备受鼓舞。另外，拜登政府还高调支持疫苗等抗疫物资的知识产权义务豁免，宣布加入服务贸易国内规制联合声明倡议。

但同时也要看到，因特朗普阻挠而陷入停摆的世界贸易组织上诉机制并未随着拜登上台而得到解决。拜登政府多次表示，美国对上诉机制运行的关注是长期存在的，愿意就有关问题开展讨论，但现在不会同意重启上诉机制成员遴选。不仅如此，拜登政府还将民主党执政理念纳入世界贸易组织议程的问题。在渔业补贴谈判中，美国已经将所谓"渔船上的强迫劳动问题"纳入谈判，认为这是谈判取得成功的重要评估因素。考虑到多数发展中成员的强烈反对态度，拜登政府的这一做法给本就艰难的谈判蒙上了一层阴影。此外，拜登政府还延续了特朗普政府时期提出的将环境标准纳入反补贴调查考量因素，这也让很多成员对贸易救济规则谈判开展的可能性有所怀疑。从目前拜登政府对世界贸易组织的政策来看，美国对世界贸易组织的态度是复杂的：一方面，世界贸易组织没有再像以前那样去服务美国的利益，美国在世界贸易组织不再是只手遮天、众星拱月，"世界贸易组织伤了美国的心"；另一方面，美国想与世界贸易组织"分手"并不容易，毕竟美国与中国、欧盟等主要贸易伙伴的关系还要在世界贸易组织框架下进行，而且世界贸易组织毕竟是当前唯一最具普遍性和代表性的全球性贸易组织，美国还是离不开世界贸易组织的。拜登政府试图通过在世界贸易组织改革问题上与欧盟合作，以塑造美国重视多边贸易机制的形象，同时体现美欧"团结"，对其他国家施加压力。拜登政府对世界贸易组织的政策虽然不能完全令欧盟感到满意，但毕竟比特朗普时期的消极态度和不作为要好一些,因此在一定程度上有助于美欧关系的改善。

总之,有选择地回归所谓"多边主义"和重返部分多边制度是拜登政府对外政策调整的一个重要内容,其在全球治理与多边领域采取的一些新做法有助于改善因特朗普政府"退群弃约"而受损的美国形象,同时也为美欧关系的改善提供了动力。当然,对拜登政府而言,重返不只是参与,更重要的是要"领导","以国际合作确保美国领导地位"是拜登政府外交行动指南。

二、美欧经贸争端缓解与数字技术合作

钢铝关税是特朗普时期引发美欧贸易摩擦的一个突出问题,双方围绕该问题展开了关税战。拜登执政后,欧盟抛出欧美合作新议程,同时要求美国立即取消钢铝关税,并解决有关飞机补贴的长期争端。为了缓和紧张的美欧经贸关系,拜登政府改变了特朗普时期的极端做法,寻求将美欧贸易摩擦保持在一个"更清晰、可预测、易于管理"的双方可接受的范围内。布林肯批评特朗普对欧征收关税是"假强硬",伤害的是美国民众,称拜登政府将结束特朗普政府发起的对欧"人造贸易战"。

为了促进问题的解决,欧盟在2021年5月率先暂停对美国实施的报复性关税,此后美欧成立了一个旨在解决钢铝关税问题的联合工作组。经过双方的磋商和谈判,美国和欧盟于2021年10月达成协议,① 决定缓解始于特朗普政府时期的贸易争端。根据美欧之间的新协议,美国仍将维持关税,但允许有限数量的欧盟进口产品免关税进入美国,欧盟则以降低报复性关税作为回报。美国商务部长雷蒙多

---

① 2021年10月,美欧双方同意启动《全球可持续钢铝协议》工作,美国希望通过这份协议与欧盟合作,应对非市场经济行为。该协议被视作2018年特朗普政府征收钢铝关税(232关税)相关的更广泛协议的一部分。美国和欧盟同意采取关税配额的办法,并承诺谈判以脱碳为基础的部门协议,用于应对产能过剩和气候变化问题。

(Gina Raimondo)称,新协议将缓解供应链压力,降低成本增长,对在产品中使用钢和铝的美国制造商也有好处。路透社评论称,该协议消除了美欧关系中的一大摩擦点,有利于双方重启"跨大西洋贸易与投资伙伴关系协定"谈判。

波音公司和空中客车公司之间的航空补贴争端也曾长期困扰美欧经贸关系。这项争端始于2004年,彼时美国在世界贸易组织内向欧盟提起诉讼,指控后者为空客提供了巨额补贴,从而使空客在新飞机研发等领域获得了远超正常市场条件下的支持力度。而作为回应,欧盟则是在2005年同样对美国提起诉讼,指控美国政府通过类似的方式对波音提供了支持。2018年,世界贸易组织裁定美国可以对欧洲出口的部分商品征收75亿美元的关税,这些商品不仅包括飞机,还包括酒类、奶酪制品等。而欧盟同样在2020年获得世界贸易组织的裁决,支持其对美国出口产品征收近40亿美元的关税。拜登执政后,希望通过协商谈判解决航空补贴争端。2021年3月,美国与欧盟宣布双方暂停因波音和空客飞机补贴争端而相互施加的报复性进口关税四个月;美国取消75亿美元欧盟输美商品关税,欧盟取消近40亿美元美国输欧商品关税。在2021年6月举行的美欧领导人峰会上,美国和欧盟就这一持续17年的航空补贴争端达成"休战协议",双方同意在五年内暂时停止对双方贸易往来中涉及的部分商品征收总价值高达115亿美元的关税。另外,在德国总理默克尔的坚持下,拜登政府还改变了特朗普时期反对建设"北溪二号"天然气管道的立场。2021年7月,美国与德国达成协议,宣布豁免对德国天然气管道运营公司及其负责人的制裁。

拜登执政后,美欧经贸关系面临的更大挑战是如何缓解双方之间的数字税争端。当前第四次产业革命不断发展,由数字科技支撑的数字经济正在成为综合国力的组成部分;谁在数字技术方面取得领先,谁就可能在未来国际经济结构的重塑中抢占先机、打造国家实力优势。作为世界上两个最大的发达经济体,美国和欧盟在数字领域的发展极不平衡，欧洲的数字市场长期被美国的科技巨头公司垄断，欧盟在制定市场规则、鼓励本土企业竞争、保护公民数据安全方面缺位已久。这种不平衡在一定程度上导致欧洲在第五代移动通信技术、人工智能、云计算等数字科技领域中处于相对劣势。2019年，全球70个最大的数字平台市值中欧洲仅占4%的份额。技术劣势导致欧洲的优质数据长期被美国公司利用并创造利润，美欧在数字经济的利益分配上呈现不对称状态。因此，欧盟希望加强对美国科技巨头在欧洲开展数字业务的合规化要求，规范数字市场秩序，借此提升自身在国际数字规则制定方面的话语权，同时为本土企业参与数字经济创造更加公平的竞争环境，在数据安全、战略自主的基础上促进数字技术的创新发展，为未来在数字经济格局中占据优势地位打下基础。2020年6月以来，欧盟通过废除隐私盾协议、加强对数字技术巨头的反垄断监管、征收数字税等方式规范本土数字市场秩序，这诱发了美欧之间在数字领域的一系列博弈。应当说，美欧在如何征收数字税以及如何保障网络数据安全等问题上的分歧是比较显著的：欧盟主张加强对脸书、谷歌等美国数字技术巨头公司的审查和监管，并将征收数字税作为欧美经贸关系中一个优先议题；美国则质疑欧盟的做法是为了保护欧洲企业免受国际竞争的影响，而非真正为了保护消费者的权益。特朗普执政期间对数字和技术问题上的美欧合作不太重视，双方在数字税及大型数字技术巨头监管问题上的分歧难以得到解决。

拜登执政后较为关注数字和技术领域的政策，将把对在线平台的监管和对数字技术巨头的反垄断规则视为更重要的国内事务，从而为弥合美欧在数字领域的分歧甚至促进双方合作带来了机会。欧盟也期待与拜登政府在数字和技术问题上进行合作；欧盟委员会主席冯德莱恩呼吁形成一个共同的跨大西洋"规则手册"来控制数字技术巨头的权力，并打击虚假信息的传播。2020年12月，欧盟和美国分别发布了《全球变局下的欧美新议程》和《应对中国崛起的跨大西洋"路线图"》，双方表示应在数字技术、贸易投资等领域加强政策协调。

2021年1月，美国贸易代表办公室宣布，暂停对法国奢侈品征收25%关税（此项征收是作为对法国实施数字税的制裁）。改善双边关系的意愿和共同利益诉求促使美欧双方寻求解决数字税争端，并加强数字技术领域的合作。欧盟在这方面表现出更为强烈的意愿，欧盟外交与安全政策高级代表博雷利和欧盟竞争事务专员维斯塔格（Margrethe Vestager）宣称有必要与美国建立"技术联盟"。

为了推动关于数字问题的高级别对话，欧盟建议成立一个跨大西洋贸易与技术理事会，以促进新兴技术的联合创新和标准制定，同时也试图借此推动美欧数字税争议和贸易争端的解决。在2020年12月举行的美欧布鲁塞尔峰会上，欧盟正式提出了建立欧盟-美国贸易与技术理事会的建议。经过数月的讨论，美国接受了欧盟关于成立贸易与技术理事会的建议。在2021年6月举行的美欧峰会上，双方宣布正式成立欧盟-美国贸易与技术理事会。2021年9月29日，欧盟-美国贸易与技术理事会在匹兹堡举行首次会议并发表了共同声明，主要包含匹兹堡声明、匹兹堡成果，以及未来工作范围三部分，特别是在该理事会框架下设立了十个工作小组。[①]

经过成立后一段时间的酝酿与发展，欧盟-美国贸易与技术理事会的基本架构和工作重点已初步成型，并呈现出以下三点特征。第一，协调机构层级高、范围广。欧盟-美国贸易与技术理事会形成了由政治层面的部长级会议和操作层面的工作小组组成的制度框架，双方参与该理事会的机构级别高、范围广、涉及内容丰富。该理事会成为一个高级别、全政府形式的跨大西洋协调机制，欧盟方面的参会者包括欧盟委员会负责贸易政策和数字战略与竞争政策的执行副主席，美方则派出国务卿、商务部长、贸易代表参加；在必要的情况下，双方其他部门的代表也将被邀请参会。为了便于开展工作，欧美还建立了与欧盟-美国贸易与技术理事会相关但独立运行的联合技术竞争政策对话机

---

① European Commission, "EU-US Trade and Technology Council Inaugural Joint Statement", https://ec.europa.eu/commission/presscorner/detail/en/STATEMENT_21_4951.

制，旨在加强执法行动的协调。另外，该理事会也强调大西洋两岸不同类型利益相关者的重要性，向商业界、环境界、学术界、非营利组织等开放参与该理事会磋商的机会。在具体操作层面上，欧盟-美国贸易与技术理事会设立了十个工作组，包括技术标准；气候与清洁技术；安全供应链；信息与通信技术服务、安全及竞争力；数据治理与技术平台；威胁安全和人权的科技滥用；出口管制；投资筛选；促进中小企业获得和使用数字工具；全球贸易挑战。这十个工作组不仅涉及诸如人工智能、半导体供应链等关键技术领域，其主要任务也涵盖了从技术的研发和使用，到技术标准的制定，再到包括技术的投资审查、出口管制、市场监管等安全保障在内的整个产业链，形成了对经贸技术领域上下游产业的全方位合作机制。

第二，以经贸和技术为双支柱，其中技术是核心内容。欧盟-美国贸易与技术理事会保持并加强了美欧以往对经贸合作的重视，其设立的"全球贸易挑战"工作组，就以确保美欧贸易政策支持其作为"民主市场经济体"的核心价值观、抵制非市场经济国家的贸易政策为目标，并决定就与第三国的贸易问题建立一个早期预警对话。此外，该工作组的工作内容还包括通过双边信息交换与合作，避免对新兴技术的产品和服务贸易产生新的和不必要的贸易壁垒；在全球产业链中共同促进对基本劳工权利的保护，提高贸易和劳工参与的有效性，防止强迫劳动和雇佣童工的贸易政策与做法；将与贸易有关的气候和环境问题纳入工作计划，使贸易在应对环境挑战中发挥积极作用；与利益攸关方开展对话，建立三方贸易和劳工对话。在2022年俄乌冲突爆发的背景下，应对"经济胁迫"被纳入工作内容，同时也增加了对粮食安全的关注，以促进农业商品和投入的贸易更加多样化，促进全球粮食安全。[①] 但相比于以往"跨大西洋贸易与投资伙伴关系协定"所强调的农业、服务业、政府采购等领域的传统经贸合作，欧盟-美国贸易

---

① European Commission, "U. S. - EU Joint Statement of the Trade and Technology Council", https://ec.europa.eu/commission/presscorner/detail/en/IP_22_3034.

与技术理事会的合作重点显然是在技术领域，最终目标是在数字时代建立一个跨大西洋技术联盟。新冠疫情暴露出美欧在半导体领域的脆弱性，尤其是芯片短缺冲击了汽车制造等重要行业，俄乌冲突导致的氖气短缺迫使双方加强半导体供应链的协作。① 半导体成为美欧合作的重点领域，欧盟-美国贸易与技术理事会的早期预警系统被用来寻找美欧半导体供应链的薄弱环节和潜在风险点，以防止出现产业补贴竞赛。此外，新冠疫情也加速了人工智能系统的推广，美欧关注人工智能应用可能带来的风险。2022年5月举行的欧盟-美国贸易与技术理事会第二次会议启动了一个新的人工智能工作组，以制定"值得信赖的人工智能"的标准。除半导体、人工智能等关键技术外，美欧还强调在特定技术上的国际标准制定权，并启动了"欧盟-美国战略标准化信息机制"以塑造国际科技规则；建立跨大西洋半导体投资方法，通过投资审查和出口管制措施以防止尖端技术流向他国；强调信息和通信技术如第五代移动通信技术和第六代移动通信技术、海底电缆、云基础设施的安全性和网络安全。总之，以技术合作为核心是欧盟-美国贸易与技术理事会最为重要的特征。俄乌冲突爆发后，该理事会在技术领域的磋商和行动率先被用于对俄罗斯的制裁。

第三，欧盟在新一轮欧美协调中表现出更多主动性。尽管在跨大西洋关系中美国始终占据主导地位，但就欧盟-美国贸易与技术理事会的发展历程来看，欧盟在欧美关系中的地位和作用明显提升，突出表现在欧盟在该理事会的建立发展过程中话语权的增强。2020年8月，欧盟贸易专员霍根向美国贸易代表莱特希泽提议"成立一个贸易与技

---

① Center for Strategic and International Studies, "Opportunities and Pitfalls for U. S. - EU Collaboration on Semiconductor Value Chain Resilience", https://www.csis.org/analysis/opportunities-and-pitfalls-us-eu-collaboration-semiconductor-value-chain-resilience.

术理事会，深化欧美贸易伙伴关系"①。随后，欧盟委员会主席冯德莱恩于2020年正式发起倡议，并在《全球变局下的欧美关系新议程》的文件中提出对欧美数字技术合作的七点建议。拜登政府就职之后，冯德莱恩于2021年3月5日正式向拜登提议建立一个部长级贸易与技术理事会，以及跨大西洋技术联盟对话机制。②之后，在2021年美欧领导人峰会上欧盟又率先提出在欧盟-美国贸易与技术理事会下设立十个工作组，由此形成了美欧经贸技术合作的基本框架。应当说，寻求该理事会机制中更为平衡的关系体现了欧盟寻求战略自主的努力。长期以来，欧洲在安全上依赖以美国为核心的北约，难以摆脱对美国的从属地位。随着欧洲战略自主意识的增强，欧盟希望借助经贸和技术这些非传统安全议题上的合作来"重塑"跨大西洋关系，把握更多发展的自主权而非盲目追随美国。

值得注意的是，欧盟-美国贸易与技术理事会带有明显的遏制中国的色彩。具体来说，美国和欧盟将该理事会合作的重点放在三个核心领域：一是通过在国际贸易和技术标准方面的跨大西洋合作来遏制中国，尤其是双方在关键供应链问题上开展合作。该理事会为此设立了一个美欧专项小组，围绕人工智能、网络安全、竞争力等建立所谓的"跨大西洋标准"。二是集中在数字领域内促进所谓的西方"民主价值观"。双方同意重点加强在科技行业竞争政策方面的协调，包括成立一个专门研究数字反垄断问题的政策工作组。三是双方在"难以与中国开展'经济模式竞争'的领域"推动合作，促进美国和欧盟之间更大的创新与投资，包括建立特定的美欧合资企业，专注于量子计算等新

---

① Hugh O'Connell, "Phil Hogan 'Very Anxious' to Continue Talks on EU-US Trade Deal as Doubts over His Future Continue", https://www.independent.ie/irish-news/politics/phil-hogan-very-anxious-to-continue-talks-on-eu-us-trade-deal-as-doubts-over-his-future-continue-39480956.html.

② European Commission, "Statement by President Von Der Leyen Following Her Phone Call with President of the United States Joe Biden", https://ec.europa.eu/commission/presscorner/detail/en/statement_21_1048.

兴技术领域的研发合作。简言之，建立贸易与技术理事会的一个重要目的是给美欧合作奠定"更强大的基础"，以便"组建一个技术联盟以对抗中国的快速崛起"。美国尤其急于利用在上述几个领域的新举措来对抗中国，如白宫国家安全顾问沙利文就声称，拜登和他的欧盟伙伴将把重点放在"调整贸易和技术方法"，使得"民主国家"可以阻止"非民主国家"制定21世纪的贸易和技术规则。相较之下，欧盟在这方面的期望则要低一些，正如一名欧盟外交官所说，对跨大西洋关系来说，这是一个好的迹象，但对于双方的贸易而言，关税谈判才是最重要的。①

总之，拜登执政后美欧在经贸领域就解决钢铝关税问题达成协议，有助于双方关系的改善，尤其是贸易与技术理事会的成立，有助于加强美欧在贸易和技术领域的双边合作，以及政治层面美欧关系的"重建"。然而，拜登政府在新冠疫苗知识产权保护、阿富汗撤军等问题上未能与欧盟充分进行沟通，尤其是在未向欧洲盟友通报的情况下与英、澳两国悄悄建立名为"奥库斯"（AUKUS）的三边安全伙伴关系，建立了"盟中盟"，这些都加重了欧洲方面的疑虑，乃至产生信任危机。② 在这种情况下，欧盟-美国贸易与技术理事会的建立在一定程度上有助于平息美欧争端、建立信任和开展一致行动。同样不容忽视的是，以欧盟-美国贸易与技术理事会为代表的跨大西洋经贸和技术协调机制具有重要国际影响，尤其是将重构全球贸易和技术秩序。与过去失败的"跨大西洋经济伙伴关系"（1998年）、跨大西洋经济理事会（2007年）和"跨大西洋贸易与投资伙伴关系"（2013年）等机制设计不同，欧盟-美国贸易与技术理事会并非着眼于通过弥合美欧分歧从而实现更深程度的融合，而是要通过利益捆绑、合作应对外部挑战来

---

① 《美国拉帮结派打压中国能得逞吗？外媒：与欧盟利益背道而驰》，http://www.hkcna.hk/docDetail.jsp?channel=2810&id=900050。
② 戴丽娜、郑乐锋：《新一轮美欧技术经贸协调进程》，载《现代国际关系》，2022年第2期，第12—19页。

增强美欧在国际经贸和技术事务中的影响力。① 拜登政府试图以所谓"民主价值观"为基础，以"小团体主义"构建由美国主导的排除所谓"非市场经济国家"的贸易体系，加速推动全球贸易重点从商品向技术转变。美欧试图加强在人工智能、数字技术和信息通信领域国际标准制定上的合作，而一旦双方通过兼容新技术掌握新标准，将意味着多边主义规则将会被美欧的价值观所代替，势必降低其他国家在国际分工产业链中的地位，阻碍技术创新向发展中国家和落后国家扩散。另一方面，欧盟-美国贸易与技术理事会的对华、对俄指向性冲击了地缘政治平衡。美国将该理事会作为其对华战略竞争机制的一部分，利用该理事会贯彻其政策主张，将该理事会的协调成果向全球生产体系拓展，以强化对中国的投资审查，限制中国获取关键信息和关键技术，将中国排除在全球经贸和技术体系之外。欧盟若不能在该理事会中获得与美国平等的地位，可能会被迫追随美国对华竞争的优先事项及其具体政策，如此将使该理事会的影响不仅限于经贸和技术领域，而是带有浓厚的地缘政治博弈色彩。俄乌冲突爆发后，俄罗斯成为该理事会协调的直接对象国。2022年5月15日至16日举行的欧盟-美国贸易与技术理事会第二次会议主要围绕俄乌冲突展开，会议公报中美欧对俄协调的指向性更为明显。美欧"谴责俄罗斯对乌克兰的入侵"，并将对俄出口管制和制裁提升到前所未有的合作水平。美欧不仅决定打击俄罗斯的"虚假宣传"和"黑客行为"，同时禁止向俄罗斯和白俄罗斯出口"不受多边控制且可能有潜在军事用途"的先进军事设备，力图将俄罗斯排除在全球经济体系之外，以达到在政治上孤立俄罗斯的目标。2023年5月底，美国国务卿布林肯、欧盟竞争事务专员维斯塔格和其他高级官员于瑞典吕勒奥举行欧盟-美国贸易与技术理事会第四次会议，双方就解决"非市场行为和经济胁迫"问题进行会谈，还

---

① 张薇薇：《美欧贸易技术联手背后有角力》，https://opinion.huanqiu.com/article/483HZsBnfsP。

将协调对包括具有军事用途的物品和半导体在内的"敏感物品"进行出口管制,其针对中国的意味浓厚。

三、"中国问题"成为美欧关系的"粘合剂"

在近年来"东升西降"以及大国地缘政治博弈加剧的形势下,中国因素对美欧关系的影响日益突出。尤其是在中国提出并实施共建"一带一路"倡议以后,中国的综合实力与影响力有了大幅提升,这使得美欧对华战略焦虑感进一步加剧。应当看到,尽管美欧之间存在诸多分歧,但双方基于共同价值观在应对"中国挑战"方面存在合作需求。从行动来看,美欧近年来明显加强了涉华战略互动。但在特朗普时期,由于美欧关系持续紧张,双方在涉华议题上难以实现真正的合作。

拜登执政后,将国际规则之争与地缘政治角逐作为美国外交的主题。与特朗普主要从"实力地位"角度宣扬"美国伟大"有所不同的是,拜登更加注重从所谓"民主"、价值观和"美国灵魂"的层面界定美国的"伟大"。拜登在其《美国为何必须再次领导世界》一文中强调,美国需发挥"榜样的力量",强化美国自身的"民主"基础,从而为其他国家提供引导,重新找回"西方"。国务卿布林肯表示,拜登政府将把价值观置于其外交政策的中心,深化"自由世界"成员之间的合作,建立更加紧密的"民主国家联合体"。在捍卫"以规则为基础的自由国际秩序"的旗帜下,拜登政府把应对中国和俄罗斯的"挑战"纳入美欧关系的"重建"议程中,以此作为凝聚大西洋共识、加强美欧伙伴关系的抓手,并筹划建立针对中俄的新的联盟形式。拜登政府对俄罗斯怀有浓厚的敌对心理,称必须让俄罗斯为其"违反国际准则的行为付出真正的代价"。欧洲在应对大国"挑战"方面也有与美国加强合作的需求。近年来,欧盟与俄罗斯的关系因乌克兰危机一直较为紧张,欧盟希望拜登政府加强对欧洲安全的关注。欧盟在其发布的《全球变局下的欧美关系新议程》中强调,在俄罗斯问题上的跨大西洋合作仍将是关键,尤其是在维护国际法方面。拜登执政后美欧加强了针对俄罗斯的安全合作，北约也强化了在欧洲东翼的军事部署。

美欧之间的对华协调联动更加引人注目。拜登政府延续了特朗普时期的对华战略调整，对华强硬仍是主基调，甚至将中国视为美国"最大的竞争对手"。拜登在其《美国为何必须再次领导世界》一文中指出，中国代表着一个"特殊的挑战"。"中国正在通过扩大其全球影响力来打一场持久战。"因此，美国确实需要对中国采取强硬态度。① 与特朗普政府有所不同的是，拜登政府非常重视联合盟友对华进行施压。白宫国家安全顾问沙利文认为，相比于苏联，中国崛起可能给美国带来更大的"意识形态挑战"；美国应在全球范围内形成针对中国的整体力量，联合盟友对中国施加压力；美国最大的优势之一是基于所谓"民主自由价值"所建构的"坚不可摧"的盟友体系。拜登强调要把加强"民主"重新提上全球议程，宣称要在其执政的第一年内组织和主办一次所谓的"全球民主峰会"，推动"民主国家"建立一个针对所谓"非民主国家"的共同议程。总之，中国因素是拜登政府考量美欧关系的一个重要议题，拉拢欧洲盟友遏制中国成为美国与欧洲合作的重要目的。而且在拜登政府看来，加强美欧协调是压制中国、保持美国世界霸权地位的低成本策略。

从欧洲方面看，出于修复和"重建"欧美关系的需要，欧盟也表现出与拜登政府合作应对"中国挑战"的强烈意愿。欧盟认为，其2019年在《欧中战略展望》中提出的对华政策为捍卫大西洋共同利益和价值提供了坚实的路径，其提议建立的关于"中国问题"的新的欧美对话将为维护欧美利益和解决双方分歧提供关键性机制。拜登正式就职前，欧盟在其发布的《全球变局下的欧美关系新议程》中进一步提出，作为"开放的民主社会"和市场经济体，欧盟和美国都认同中

---

① Joseph R. Biden, Jr., "Why America Must Lead Again—Rescuing U. S. Foreign Policy After Trump", https://www.asiascot.com/news/2020/10/22/why-america-must-lead-again-rescuing-u-s-foreign-policy-after-trump/.

国日益增长的国际自信所带来的"战略性挑战",尽管双方并不总是能够就解决这一问题的最佳方式达成共识。《全球变局下的欧美关系新议程》是一份欧盟寻求同美国"重建"跨大西洋伙伴关系的计划,它提出了新的跨大西洋合作议程"路线图",将医疗健康、气候变化、贸易与技术以及国际安全列为重点关注领域。除了提出要设定"欧盟-美国联合技术议程"、建议美国推动建设安全的第五代移动通信技术基础设施以及双方就第六代移动通信技术展开对话外,尤其引人关注的是,欧盟认为这是"一代人难得的"可以结成新联盟来对抗中国崛起的机会,现在正是为今天的世界重新制定跨大西洋合作和全球合作新议程的时候了。①

毋庸讳言,在美欧各自在对华政策中均强调竞争的背景下,双方之间的"民主、人权和全球规则"共识为双方关系的"重建"提供了一定空间。或者说,就"中国问题"进行对话和共同应对"中国挑战"成为美欧关系的"粘合剂"。拜登政府的价值观外交尤其具有强烈的现实主义色彩,主要表现在将意识形态因素全面融入经贸、技术、安全、发展援助等政策的制定,为美国推进"竞争性多边主义"提供理念基础。从其对华政策来看,拜登政府力图通过"民主国家联合体",恢复美国对国际机制和国际规则的主导力,包括在第五代移动通信技术、人工智能等产业和技术领域建立所谓"符合西方价值观的规则体系",以有效应对来自中国等国的竞争。由于美欧在诸多涉华领域拥有共同利益,例如制定关键技术的全球标准和应对所谓"中国经济模式"带来的"挑战",因此当拜登政府强调了深化和重振跨大西洋同盟的承诺并重申维护《北大西洋公约》第五条之后,欧盟亦呼吁"重建强大的欧盟与美国联盟",共同塑造全球议程,包括加强与美国

---

① European Commission and High Representative of the Union for Foreign Affairs and Security Policy, "Joint Communication to the European Parliament, the European Council and the Council: A New EU - US Agenda for Global Change", https://ec.europa.eu/info/sites/info/files/ joint - communication-eu-us-agenda_en. pdf.

在"中国问题"上的协调与合作。2021年6月，拜登赴欧洲参加七国集团峰会、北约峰会和美欧峰会，与欧洲领导人密切互动。美欧发布《建立新跨大西洋伙伴关系的欧美峰会声明》，计划就安全与防务展开专门对话，并在这一领域开展更密切的合作。双方通过频繁互动加强了共同应对"中俄挑战"的政策协调。2022年4月，美欧在布鲁塞尔举行首次安全与防务对话。按照欧盟对外行动署的说法，此次对话是欧盟和美国在安全和防务领域建立更紧密伙伴关系的重要里程碑。

总之，拜登执政后美欧重启"中国问题"对话并建立带有对华竞争色彩的欧盟-美国贸易与技术理事会，以及加强在经贸、科技、价值观乃至安全等相关领域的涉华合作等动向，表明中国因素对美欧关系的影响日益增大。值得注意的是，除了加强涉华双边互动与合作外，美国和欧盟在联合国、世界贸易组织、七国集团、二十国集团和北约等多边组织和机构中的涉华互动也在加强。

第三节 俄乌冲突对美欧关系的影响

一、俄乌冲突原因

2022年2月24日爆发的俄乌冲突是二战后欧洲发生的最严重的军事冲突，其短期影响已经显现，长期影响将更为深远，且随着时间的推移将更加明晰。

从地缘政治博弈的角度观之，俄乌冲突可以说是俄罗斯与美欧之间地缘政治矛盾和利益冲突所导致的必然结果，是双方关系危机的总爆发。具体来说，俄乌冲突与冷战后北约持续东扩、俄与美欧之间的安全困境日益加深有着直接关系。美国主导的北约和苏联主导的华约这两大军事集团在欧洲对峙与对抗，是冷战时期欧洲安全格局的基本特征。苏联解体、华约解散以后，北约不仅未消失反而存活了下来，并且开始了自身的转型，欧洲安全格局由此失去了平衡。在冷战后欧洲安全架构重建与安全秩序重塑过程中，俄罗斯的角色是长期缺失的，主因是俄罗斯遭到美国和北约的排斥。冷战刚结束时，围绕着后冷战时期欧洲安全架构的重建，各相关方曾经讨论过一些方案，其中一种方案是以包含俄罗斯和其他独联体国家在内的欧洲安全与合作组织作为基础，但是该组织比较弱、内部分歧多，并不具有稳定欧洲安全局势的能力。更重要的原因是，美国不愿意让欧洲安全与合作组织发挥作用，而是希望继续维系北约的存在，并因此大力推动北约的改造，赋予北约更多功能，以使之在欧洲安全架构重建中扮演中心角色，同时作为维护美国对欧洲事务影响力、牵制欧俄关系和限制欧盟发展的战略工具。北约持续东扩不断压缩俄罗斯的安全与战略空间，反映出以北约为中心、美欧为主导的欧洲安全架构是排他性的而不是包容性的，因此具有潜在的不稳定性。由于俄罗斯被排除在外，其安全关切一直遭忽视，这就导致美欧与俄罗斯之间的安全困境不断加深。在北约经历了多轮东扩之后，乌克兰成为俄罗斯与西方激烈争夺的核心焦点和中心地带，双方都不接受乌克兰倒向对方一边。随着乌克兰危机的持续和加深，美欧与俄罗斯之间仅有的一个联系机制俄罗斯-北约理事会也陷入停摆。因此，从根本上讲，俄乌冲突爆发是冷战后欧洲安全架构重建和欧洲安全秩序重塑过程中美欧与俄罗斯之间的结构性矛盾，以及地缘政治困境长期得不到解决所导致的必然结果。

还应指出的是，俄乌冲突与美国战略重心东移也存在某种联系。与冷战时代美苏矛盾是世界主要矛盾不同，美国将中美战略竞争视为当今世界的主要矛盾。美国在经历 2008 年全球金融危机之后国力下降，一方面收缩战线，从阿富汗、伊拉克等泥潭抽身；另一方面将战略重心转向印太地区，集中精力对付自认为有潜在实力全面"挑战"美国世界霸主地位的中国。对于欧洲，美国希望以北约为框架，捆绑欧盟、挤压俄罗斯。因此，美国利用乌克兰危机树立敌人、挑动俄欧矛盾，借此达到捆绑欧盟的目的。从俄罗斯方面看，它把握住美国力量衰落和战略重心东移的总体态势，在北约不断东扩的持续压力下奋起一击，试图用军事手段打出一个战略缓冲区。俄罗斯赌的是美国不敢将主要资源从印太地区转移，搏的是美国国力无法在东西两线同时开战。从这个意义上讲，俄乌冲突背后折射了美俄之间日益加剧的地缘政治竞争。值得一提的是，欧盟和北约虽未直接卷入俄乌冲突，但是却被这场冲突所裹挟，尤其是北约通过向乌克兰提供军事、情报等各方面的援助表明它客观上成为俄乌冲突的参与方，成为美国用以同俄罗斯进行博弈的战略工具。正因如此，俄乌冲突的结局主要不是取决于俄乌两方如何互动，而在根本上取决于俄罗斯与北约和美国关系的本质及其互动状况。在一些人看来，美国并不愿看到俄乌冲突很快结束，而是希望通过不断给予军事援助和其他各方面支持的方式让乌克兰成为一个给俄罗斯造成持久致命性消耗的棋子。这是乌克兰的悲剧，也是俄罗斯和整个欧洲的悲剧。

从其后果来看，俄乌冲突进一步加剧了欧洲安全格局的不稳定，对世界和平与稳定也有不利影响。不管这场冲突最终结果如何，只要俄罗斯在欧洲安全架构中的角色继续被忽视抑或不明确，欧洲安全问题就很难得到根本解决。构建一个均衡、有效、可持续的欧洲安全架构仍将是一个艰难的过程。

二、俄乌冲突"激活"了欧盟和北约？

俄乌冲突对欧洲是一个极大的震动，在一些人看来，这场冲突的直接后果是似乎"激活"了欧洲的团结，使得此前的各种内部纷争得以缓和或被抑制。欧洲人曾长期认为，基于既有的国际法规范、多边机制、各国经济相互依存的现状，加之美国提供的安全保障，欧洲大陆不可能发生大规模战争。俄乌冲突打破了欧洲人的安全幻觉，进而促成了欧洲的"地缘政治觉醒"。与2014年的克里米亚危机不同，欧洲人将俄乌冲突视为一场真正的欧洲危机。这场冲突爆发前，欧洲对外关系委员会曾于2021年年底进行过一项民意调查，当时大多数欧洲人都认为未来的任何冷战都将是美国与俄罗斯或中国之间的对抗，欧洲人将是冲突的旁观者，而不是参与者。俄乌冲突极大地改变了欧洲人对自身安全的看法，令他们感到似乎重新回到了冷战时代。欧盟外交与安全政策高级代表博雷利称，俄乌冲突是欧洲几十年来面临的最严重的安全危机，"现今每个人都相信，欧洲正处于危险之中"①。

从某种程度上讲，俄乌冲突对欧盟起到了"粘合剂"的作用。长期以来，由于成员国众多且利益差异较大，欧盟在外交上难以统一立场。但俄乌冲突似乎改变了这种局面，欧洲国家认为，捍卫乌克兰即意味着捍卫冷战后的欧洲安全秩序。近年来一直对俄罗斯疑虑最重的波兰、波罗的海三国冲在反俄第一线；捷克总统、匈牙利总理等亲俄领导人不得不调整对俄罗斯的立场；塞尔维亚等"亲俄国家"也面临前所未有的压力；冷战时期未加入北约的芬兰、瑞典均已成为北约成员国。应当说，对乌克兰危机的感同身受以及反俄援乌的"政治正确"，在一定程度上有助于淡化欧洲内部矛盾和提升欧洲一体化的向心力。欧洲国家除了表明反俄立场，还希望北约和欧盟都采取行动。欧盟认为俄罗斯对乌克兰"无理的军事侵略"，严重违反了国际法和《联合国宪章》原则，对欧洲安全秩序、全球安全与稳定构成了严重威胁。

随着欧盟倒向反俄援乌，欧盟与俄罗斯的关系逐步恶化。俄乌冲突爆发后，欧盟27个成员国一致对俄罗斯实施了一系列空前严厉的经济制裁，突出地表现在金融和能源两大领域。在金融领域，禁止俄罗斯政府、国有企业和主要银行，以及俄罗斯直接投资基金通过欧盟资本市场融资，其中受制裁银行占俄罗斯银行资产的70%；禁止欧盟实体和个人购买俄罗斯政府和三家主要银行的企业债或向其提供信贷；将多家俄罗斯银行逐出环球银行金融电讯协会（SWIFT），以确保这些银行与国际金融体系脱节，并损害其在全球运营的能力。在能源领域，由于许多欧洲国家高度依赖俄罗斯，起初对能源制裁比较谨慎，但随着俄乌冲突不断升级，欧盟决定加速摆脱对俄罗斯的能源依赖，包括

---

① 冯仲平：《俄乌冲突对国际政治格局的影响》，载《国际经济评论》，2022年第3期。

转向从中东和美国进口石油、液化天然气以补足缺口，以及缩短向可再生能源进行过渡的时间。后来，欧盟又配合美国及其他西方国家对俄罗斯石油进行限价。此外，在交通领域和高科技领域，欧盟与俄罗斯的合作也陷入停滞，例如欧盟禁止俄罗斯航空公司飞机在欧盟成员国领土降落、起飞，或飞越欧盟领空，禁止向俄罗斯的航空公司出口飞机和设备，全面停止与俄罗斯的研发及创新合作，并在半导体和先进软件等关键技术领域对俄罗斯实施限制措施。总之，随着欧盟明确将俄罗斯作为其最大安全威胁，加上欧盟与俄罗斯的能源和经贸关系受到严重冲击，欧盟与俄罗斯的关系陷入空前激烈的全面对抗。

值得关注的是，作为俄乌冲突外溢效应的体现，欧洲防务一体化获得了新动力。欧洲国家加强自身防务能力的意愿增强，欧盟在欧洲防务和安全上扮演重要角色的决心更加坚定。与北约不同，欧盟及其前身欧共体长期以来以"民事力量"和"规范性力量"（normative power）自居。自20世纪50年代"欧洲防务共同体"计划夭折以来，欧盟一直专注于欧洲经济一体化建设；冷战结束后，欧盟曾数次试图组建防务力量，但因受制于美国以及内部意见不统一而未取得实质性进展。近年来，随着美国战略重心东移大势已定以及英国"脱欧"，欧盟在防务一体化方面迈出了一系列重大步伐，包括设立欧洲防务基金、启动"永久结构性合作"机制等。在此背景下，俄乌冲突进一步刺激了欧盟加强防务能力建设的决心。针对俄乌冲突，欧盟作出了两项重大决定。一是启用五亿欧元的所谓"欧洲和平基金"为乌克兰提供包括防御性致命武器在内的军事援助。这是欧盟有史以来首次决定向一个处于战争状态的国家提供武器。后来随着冲突持续并升级，欧盟不断增加对乌克兰的军事援助。二是承诺打开大门，接纳乌克兰加入欧盟。2022年3月1日欧洲议会以绝对多数票通过决议，呼吁欧盟给予乌克兰成员国资格。在同年6月举行的欧盟峰会上，欧盟批准乌克兰为欧盟候选国。

2022年3月，欧盟正式推出《安全与防务战略指南针》，明确了欧盟2030年前的安全与防务政策。这是欧盟各成员国首次就安全与防务方面的共同愿景和详细目标达成一致意见。文件指出,日益恶化的安全环境,尤其是俄乌冲突,更加凸显了加强欧盟安全与防务的必要性,为应对共同面临的广泛威胁和挑战,欧盟需要提高从战略角度进行思考和行动的能力,谋求成为更强大、更有能力的安全提供者,以增强欧盟的战略自主权,以及与合作伙伴共同维护其价值观和利益的能力。为此,《安全与防务战略指南针》围绕以下四个方面明确了欧盟在未来五到十年需开展的具体行动:一是在面对危机时迅速开展行动,包括组建兵力5000人左右的"欧盟快速部署能力"部队、在陆地和海上定期开展实弹演习等;二是保护公民免受快速变化的安全威胁,包括提高情报分析能力、制定欧盟网络防御政策、制定欧盟太空安全与防务战略等;三是加强对所需能力和技术的投资,包括在欧洲防务署内设立防务创新中心以协调各成员国的国防创新投资等;四是寻求与其他行为体合作以实现共同目标,包括加强与北约、联合国、欧洲安全与合作组织、非盟、东盟等多边组织的合作,促进与美国、加拿大、挪威、英国、日本等的双边合作关系等。值得一提的是,由于《安全与防务战略指南针》早在俄乌冲突爆发前就已着手制定,因此欧盟外交与安全政策高级代表博雷利在文件中增加了一个更新的前言,称俄罗斯对乌克兰的"全面入侵",凸显出"欧盟安全和防务发生巨变"的迫切需要;欧盟需要更多的投资,"以合作的方式,而不是分散的、单个国家的方式"。总之,欧盟《安全与防务战略指南针》的出台标志着欧洲国家就在欧盟框架内开展防务合作已达成新的高度共识。博雷利称,启动制定《安全与防务战略指南针》是"欧盟在安全和防务政策领域迈出的非常重要的一步"。[①]

俄乌冲突背景下,欧洲内部团结对于重新"激活"北约和强化跨大西洋同盟具有促进作用。冷战结束后,欧洲与美国的矛盾不断累积,

---

① 冯仲平:《俄乌冲突对国际政治格局的影响》,载《国际经济评论》,2022年第3期。

跨大西洋同盟内部凝聚力减弱，北约的重要性下降。究其原因，首先，冷战后欧洲国家对美国以及北约的安全依赖大幅下降，欧洲国家追求平等的意识增强，欧美双方在经贸等领域的摩擦和冲突增多。其次，欧美在伊拉克战争问题上产生分歧，小布什政府公开将欧洲分裂为所谓的"新欧洲"和"老欧洲"，欧美在冷战后世界秩序问题上的分歧暴露无遗。再次，美国战略重心东移，以及特朗普政府推行"美国优先"政策，使得欧美关系不断疏远，法国总统马克龙曾宣判北约正经历"脑死亡"。最后，拜登入主白宫后虽极力改善与盟友的关系，但欧洲国家对于美国和北约还能否靠得住的疑虑并未被消除。然而，俄乌冲突的爆发使得裂隙横生的跨大西洋关系顿时找到了高效"黏合剂"，让几乎"脑死亡"的北约在某种程度上被重新"激活"——芬兰、瑞典等非北约国家申请加入北约或提出加强与北约的合作，北约的现有欧洲成员国也强调有必要进一步强化北约在欧洲的军事存在。

2022年3月24日，北约特别峰会发表《北约成员国元首和政府首脑联合声明》，作出三个方面的决定。一是继续对乌克兰提供军事援助，包括反坦克武器、防空武器和无人机，以及防生化武器和防核武器及装备。此外，还将向乌克兰提供保证网络安全的技术装备。二是加强北约部队在波罗的海沿岸、东欧和巴尔干半岛的军事部署，使北约在东欧和巴尔干地区的总兵力达到八个战斗群，约四万人，同时还包括空中和海上的军事部署。三是北约成员国同意增加军费，这将使各国的军费开支达到或接近各自国内生产总值2%的标准。① 德国、比利时等国在会议前已经宣布增加军费。2022年2月27日，德国总理朔尔茨（Olaf Scholz）宣布德国国防军将获得1000亿欧元的专项资金用于国防现代化；同时，从2022年开始，德国每年用于国防的开支将超

---

① 《北约峰会发表联合声明：决定增加对乌援助、军事部署、成员国军费》, https://www.guancha.cn/internation/2022_03_25_631793.shtml。

过本国国内生产总值的2%。① 这意味着德国的国防开支增加了一倍多，从2021年的470亿美元增长到2022年的1127亿美元。② 值得注意的是，为了在俄乌冲突中援助乌克兰，德国在二战后首次对外援助致命性武器。为了应对俄乌冲突带来的挑战，法国也宣布增加军费。总之，在北约看来，俄乌冲突已经彻底改变了欧洲的安全局势，北约因此需要作出的战略调整是长期和持久的。针对北约上述决定和行动，英国智库欧洲改革中心的防务问题专家斯卡齐里（Luigi Scazzieri）认为，俄罗斯出兵乌克兰"再次确认了北约的重要性，重振了北约，强化了其作为硬安全提供者的主导地位"③。在北约成立70余年、冷战结束30余年之际，北约价值重新焕发和美欧"联手制俄"意味着后冷战时期欧洲安全形势趋缓态势发生了逆转，北约与俄罗斯的军事对峙或成为今后欧洲安全新格局的显著特征。

在俄乌冲突延宕的背景下，2022年6月举行的北约马德里峰会批准了《北约2022战略概念》，这是冷战后北约推出的最新版战略概念。该文件对北约所处安全环境进行评估并设定任务，以指导北约未来十年的发展。文件指俄罗斯对西方构成"最大和直接威胁"，并提出北约在未来十年有三大核心任务：威慑与防御、危机预防与管理，以及合作保障安全。文件还指出，强大独立的乌克兰"对欧洲-大西洋地区的稳定至关重要"，因此，北约同意为乌克兰提供长期财政支援和军援。④ 北约秘书长斯托尔滕贝格称，北约各成员国已同意扩充北约快速反应部队，将兵力至少增加到30万人，以更好地保护北约东翼地

---

① 《德国路线重大转变？德总理：将国内生产总值2%用于国防开支》，https://www.thepaper.cn/newsDetail_forward_16886512。
② 《德国国防政策的重大转变》，https://user.guancha.cn/main/content?id=728081。
③ 冯仲平：《欧洲安全格局面临重大变化》，http://ies.cass.cn/cn/work/comment/202205/t20220505_5406860.shtml。
④ NATO, "NATO 2022 Strategic Concept", https://www.nato.int/nato_static_fl2014/assets/pdf/2022/6/pdf/290622-strategic-concept.pdf.

区。① 美国也随即宣布一系列新的军力部署，强化北约对抗俄罗斯的防御力量，包括在波兰设立一个永久军事总部，即美军第五军总部。按照美军部署，一个约 5000 人的陆军旅将轮替进驻罗马尼亚，两个 F-35 战斗机中队将部署在英国，并在德国和意大利设置防空系统，在西班牙的美军驱逐舰将从四艘增至六艘。②

2023 年 7 月 11—12 日，北约在维尔纽斯举行峰会，峰会首日通过的公报谈及北约计划设立多个新机构。一是建立北约-乌克兰理事会。在北约-乌克兰理事会框架下，北约成员国与乌克兰地位平等，以促进实现政治对话、接触、合作以及乌克兰"入约"的欧洲-大西洋愿望。该理事会负责保障联合磋商、决策和活动的进行，并将作为北约和乌克兰之间的危机磋商机制。二是设立北约海事中心。在北约海事司令部内建立北约海事中心，负责维护关键海底基础设施的安全。三是设立常态化的北约网络防御会议。2023 年 11 月在柏林举行首届北约网络防御会议，汇聚政治、军事和技术层面的决策者。四是在法国设立北约航天卓越中心，提高北约的情报、监视和侦察能力。五是在加拿大蒙特利尔设立北约气候变化与安全卓越中心。六是与约旦政府探讨在安曼设立北约联络处的可能性。七是探讨在瑞士日内瓦设立北约联络处的可能性，以进一步加强北约与联合国和其他相关国际组织的接触。值得注意的是，此次北约峰会联合公报中不仅大肆宣扬北约要协同起来应对俄罗斯，而且其中 15 次提到中国，妄称"中国的雄心和胁迫性政策""挑战"北约的利益、安全和价值，以及中国对北约构成"系统性挑战"。③

随着欧洲内部团结的加强以及北约重新被"激活"，北约与欧盟在

---

① 《北约秘书长：北约各成员国已同意扩充北约快速反应部队到 30 万人以上》, http://www.news.cn/mil/2022-06/30/c_1211662427.htm。

② 《北约峰会指俄构成"最大和直接威胁" 美宣布增加欧洲美军部署》, https://www.yzaobao.com/world/20220701/120315.html。

③ 《北约峰会 2023 联合公报中英文 NATO 2023 Summit Communiqué》, http://www.kunlunce.com/e/wap/show2022.php?classid=176&id=170605。

安全防务领域的矛盾暂时有所缓和，双方合作有所加强。欧盟的《安全与防务战略指南针》计划早在2020年就被提出，但之后遭到了亲北约的一些东欧国家和中立国爱尔兰的批评，直到俄乌冲突爆发后才得以批准。根据《安全与防务战略指南针》，欧盟将组建一支5000人的快速反应部队；虽然对欧盟来说这是史上第一次，但总体上要比法国总统马克龙提议建立的欧盟军队更温和一些。马克龙本想将《安全与防务战略指南针》计划作为加强欧盟防务自主、减少对美国和北约依赖的工作指南，但俄乌冲突使他的期望降低。欧盟外交与安全政策高级代表博雷利坦言，《安全与防务战略指南针》不是对俄乌冲突给出的答案，但它是答案的组成部分。因为在俄乌冲突背景下，尤其对东欧国家而言，北约"仍是其成员国集体防御的基础"。① 这句话在《安全与防务战略指南针》中被多次提到，实际上表明，至少在短期内，欧盟的军事能力将局限于有限的危机行动。事实上，5000人的快速反应部队不大可能成为一支常备军，因为那将触动北约的利益。马克龙也承认，俄罗斯"入侵"乌克兰的行动给北约实施了"唤醒电击"——他也借此收回了2019年对北约作出的"脑死亡"诊断。②

就欧盟与北约的关系而言，通过其《安全与防务战略指南针》计划，欧盟接受了欧洲防务自主建设对于北约的辅助地位，这有助于减轻北约和美国的疑虑，同时也有助于加强欧盟与北约的合作。从本质上讲，欧盟《安全与防务战略指南针》计划的目的是改进成员国军队之间的合作，促进欧盟与北约的合作，加强网络防御能力，推动联合研发投入。拉脱维亚外长林克维奇斯（Edgars Rinkevics）说，《安全与防务战略指南针》计划为"欧盟成为一个与北约共存的真正地缘政治防务与安全角色提供了必要的工具箱"，而且这只是欧盟军事未来的

---

① 《外媒：欧盟"战略指南针"强化共同防务》，http://www.cankaoxiaoxi.com/world/20220323/2473439.shtml。

② 同①。

"征程起点"。①《安全与防务战略指南针》强调,欧盟应在防御和安全领域"成为对北约的补充",并认为包容性与合作性是深化欧盟和北约伙伴关系的关键,下一步将进一步扩大与北约在既往领域的合作,并增强在欧盟政治与安全委员会-北大西洋理事会高级别政治对话、信息共享、危机管理、防务能力发展以及军事机动等方面的具体行动。2023年1月,欧盟和北约发布《欧盟-北约合作联合宣言》,进一步强调了《北约2022战略概念》与欧盟《安全与防务战略指南针》中确定的优先事项——二者在援乌抗俄以及应对中国崛起上加强共识与团结,并且明确了北约是欧洲盟国集体防御的基础,北约与欧盟在维护和平与安全方面发挥着互补、协调和相辅相成的作用。此外,《欧盟-北约合作联合宣言》也提出了继续强化双方在新兴和先进技术研发、关键基础设施保护、太空和信息通信等领域合作的未来规划,以保持对竞争对手的相对优势;同时也体现了双方试图建立更为牢固的价值观共同体、在捍卫西方"普世价值"的旗号下沆瀣一气的对外政策趋势。应当说,《欧盟-北约合作联合宣言》的内容回应并接受了2022年版《美国"印太战略"报告》及2022年版《美国国家安全战略报告》等多份官方战略文件中提出的诉求。

  总之,俄乌冲突加剧了美欧与俄罗斯之间的对立,并对跨大西洋同盟及美欧关系产生了重大影响。面对严重的安全危机,欧洲内部表现出了多年未见的团结,这有助于促进欧盟防务一体化的发展。在俄乌冲突的强烈刺激下,美欧同盟关系在各个领域也似乎被重新"激活",体现为双方之间频繁的外交协调、军事部署、对外经济制裁。2022年3月,美欧在华盛顿举办首次针对俄罗斯的高级别对话,重点讨论双方旨在结束俄罗斯对乌军事行动的战略目标和政策协调。同年3月和6月,拜登两访欧洲参加北约峰会,推动美欧在安全与防务领域

---

① 《外媒:欧盟"战略指南针"强化共同防务》,http://www.cankaoxiaoxi.com/world/20220323/2473439.shtml。

的协作。当前,美欧对俄态度激进、反应激烈,既有经济、金融领域的极限施压与制裁,又有政治围攻和外交孤立,手段无所不用其极,对乌克兰军援力度以及在北约欧洲东部盟国军事部署的规模在冷战后亦属空前。一度沉醉于后现代主义的欧洲发现自己仍需面对"战争与和平"的传统安全问题,并且仍然需要高度依赖美国的安全保护。由于美国主导的北约成为欧洲安全的必需品,美欧同盟关系因此得到了加强,至少短期内如此。

三、俄乌冲突难掩美欧矛盾

影响美欧关系的因素复杂多元,俄乌冲突作为一场外部危机,短期内虽然有助于跨大西洋同盟与美欧关系的加强,但却难以逆转跨大西洋关系结构性调整的大趋势。事实上,俄乌冲突对美欧关系的影响本身也具有复杂性。欧洲是俄乌冲突主要受损方,虽然欧美团结得到某种程度的加强,但双方存在利益差别,结构性竞争和矛盾不会消失。具体来说,一是俄乌冲突给美国和欧洲带来的影响并不对等,欧洲所受到的影响远大于美国;二是美国和欧盟应对俄乌冲突的战略意图并不完全相同,甚至存在一定冲突。

关于俄乌冲突对欧洲的影响,首先,冲突给欧洲安全带来严重风险,使得欧洲安全环境恶化。俄乌冲突爆发后,欧盟和欧洲国家对俄罗斯敌意陡增,对俄制裁力度空前,其目的是尽可能地遏制、孤立俄罗斯,最终促使俄政权更迭。如果这样发展下去,欧俄可能会陷入长期对抗,很多人甚至认为双方将再次陷入冷战,且"新冷战"相比以往可能更为严峻。也有不少人认为俄乌冲突终会结束,但是欧俄军事对抗难以停止。俄乌冲突爆发后,欧洲国家和北约大大增加了在波兰、罗马尼亚等中东欧国家的驻军,甚至可能打破以往禁忌形成常驻军队,由此使得欧洲重现"铁幕"的可能性明显加大。值得注意的是,北约除了升级与俄罗斯的对抗,还以各种形式对俄罗斯展开威慑行动,包括军事演习等,而这必然会招致俄罗斯的对等反应。总之,以军事对抗为诱因，欧俄对峙似乎已成难以化解的死结。长期来看，这对双方都非常不利。许多欧洲国家与俄罗斯是近邻，相互间的敌意、对立和对抗很容易被激化，这不仅限制了欧洲自身发展，也可能因为意外、误判导致新的冲突或战争。

其次，俄乌冲突使欧洲国家承受巨大的经济压力，并可能进一步加剧欧洲政治、社会分化。一方面，欧盟与俄罗斯地理上相连，经济和能源上彼此依赖，相互关系对于双方而言均至关重要。冷战结束后，欧盟曾长期是俄罗斯最大和最重要的经贸伙伴。2021年，俄欧贸易额达2575亿欧元，占俄罗斯进出口总额的比例超过三分之一；而同年俄罗斯与美国的贸易额为371.5亿美元，仅约为俄欧贸易额的七分之一。尤为重要的是，俄罗斯是欧盟最大的天然气和原油供应国。欧盟进口天然气中约40%、进口原油中约30%来自俄罗斯。芬兰、拉脱维亚、波黑、摩尔多瓦等国进口天然气中，俄罗斯天然气占比超过90%；保加利亚进口俄罗斯天然气的占比接近80%；德国、意大利和波兰都超过40%；法国接近25%。2020年，俄罗斯出口的石油近一半流向了欧洲。2014年克里米亚危机发生之后，欧盟对俄罗斯实施了经济制裁，不过由于在经济和能源上相互需求大，欧俄始终保持"斗而不破"。但随着俄乌冲突的爆发，这一局面越来越难以为继。欧盟对俄罗斯的制裁和俄罗斯的反制裁对欧洲经济造成很大冲击，欧洲多国物价飞涨，使得本已受疫情冲击的供应链问题更加突出，经济复苏势头受到重挫。尤其值得关注的是，俄乌冲突对欧俄投资关系造成严重冲击。欧盟在天然气、石油等领域对俄投资巨大，俄乌冲突使其投资利益严重受损，包括德俄之间的"北溪二号"天然气管道项目被中止。长期来看，欧俄关系恶化将重创双方之间高度相互依存的能源关系，欧洲国家可能面临长期能源短缺的风险。尤其是欧盟在能源领域实施"脱俄"政策，增大对价格更高的美国液化天然气的依赖，这不仅会使得欧俄双边经贸关系发生结构性和根本性的变化，最终走向经济上的相互隔绝，而且将大幅增加欧洲企业生产成本，削弱欧洲工业长期竞争力，甚至会打乱欧洲能源转型和气候治理的节奏,还可能再次推升欧洲财政赤字和债务水平。

另一方面,俄乌冲突可能会加剧欧洲政治、社会分化。其一,欧洲各国在与俄罗斯的亲疏程度、对俄能源资源依赖的轻重、对安全关切和可持续发展目标的侧重、对处理与俄关系的战略思路、对援乌代价和反俄成本的平衡等方面存在诸多差异,从长期来看,各国的异质性和由此产生的一体化离心力可能会增加。过去十多年来,欧洲在经济低迷的同时,社会层面和政治层面的分化、极化问题日益突出,这在很大程度上是经济状况不佳和民众生活水平下降的反映。欧洲在全球金融危机后已经失去一个十年,如果因为俄乌冲突再失去一个十年,欧洲各国政治、社会将难以承受。如果俄乌冲突持续,被政治正确绑架的民众正义和道德优越感恐将被民怨沸腾所替代,或将进一步助长民粹主义。其二,欧盟的整体发展也将受到影响。为了应对俄乌冲突,欧盟原本引以为傲的全球化、规范性力量及绿色可持续发展和数字化等一体化重点发展目标,有可能在一段时间内不得不为军事硬实力、地缘政治和安全议题让路。

再次,俄乌冲突短期内使欧洲战略自主在一定程度上受挫。对于欧盟及法、德等欧洲大国而言,俄乌冲突是一场极大的考验。法国是欧洲战略自主的倡导者和推动者,德国国内对战略自主虽然有意见分歧,但总体上还是希望通过与法国合作,扩大欧盟的整体实力以减少对美国的安全依赖。俄乌冲突爆发前,法、德两国在回应俄罗斯的安全诉求问题上并未发挥积极作用。当冲突一触即发时,两国意识到俄罗斯的耐心很可能已经耗尽,于是开始进行外交斡旋,而在外交手段失败后,又旋即转向对俄实施制裁。在法、德两国的推动下,欧盟在俄罗斯宣布承认乌克兰东部两个"共和国"独立的第二天便宣布制裁,措施比美、英两国还严厉。俄乌冲突的爆发还宣告了法、德两国力促的关于乌克兰问题的"诺曼底模式"及两个"明斯克协议"的彻底破产,也宣告了两国领导人莫斯科斡旋的失败,加上俄乌冲突强化了欧洲在安全上对美国和北约的依赖，多重因素叠加使得欧洲战略自主在一定程度上受挫。

与欧洲相比，由于存在地理、实力以及对俄政策方面的差异，美国受俄乌冲突的影响远比欧洲要小。从双方受影响程度不同以及彼此战略意图的差异，可以窥见美欧之间的矛盾。美国的战略目标始终是维护其全球霸权地位，俄乌冲突并未改变这一点。从实质上看，俄乌冲突严重损害了欧洲的经济与安全利益，却有利于实现美国的战略意图，比如欧俄能源"脱钩"将让本无竞争力的美国能源快速占领欧洲市场。此外，欧洲国家大幅增加的军费中很大一部分也将流向美国，从而助推美国军工企业的研发和生产能力，进一步强化欧洲对美国的军事依赖。随着欧俄对立加深，美国既可借所谓"安全保障"进一步强化对欧洲的控制，也可借欧洲达到遏制俄罗斯的战略目标。相关分析指出，美国应对俄乌冲突有着多方面目的：一是削弱甚至摧毁俄罗斯作为一个欧洲大国的物质、声望及合法性基础；二是将欧洲更加牢固地绑在北约和美国战车上，通过美国的主导地位，以一种制造更高强度危机乃至战争的方式，迫使欧洲国家站队美国和北约，确保可以持久控制欧洲；三是再次向欧洲各国以及世界其他国家表明，欧洲安全离开美国将会处于一种难以保证的局面，企图利用俄乌冲突强化美国对欧洲事务的主导地位，包括利用俄乌冲突制约欧盟战略自主、遏制俄罗斯。在美国看来，俄乌冲突使欧洲不得不更多地将有限资源用于应对"俄罗斯威胁"，而在这个过程中，也将不得不依赖美国的军事保护。鉴于此，欧盟认识到：一个与俄罗斯形成对峙的欧洲不大可能获取真正的战略自主，而美国的欧洲战略就是利用欧洲牵制、遏制俄罗斯；一个虚弱的俄罗斯、一个屈从的欧洲最符合美国的战略利益。从理性和长远角度看，欧洲需要基于自身利益处理与俄罗斯的关系，包括与后者进行积极、成效的对话，构建能真正实现欧洲持久和平稳定的新安全框架。

总的看，美欧围绕俄乌冲突暴露出的矛盾将会延续下去，进而对美欧关系产生持久的压力。对欧洲来说，俄罗斯是其近邻，无论喜欢与否，都是一个无法绕过的重大课题；何况欧洲国家对俄罗斯能源、粮食和原材料还有着天然的高度依赖，人为地摆脱这种依赖既非常困难，更有损欧洲利益。欧洲对俄罗斯实施的制裁与遏制只会加深相互敌意，也有损自身利益。美国对外关系委员会副主席、高级研究员奥尼尔（Shannon K. O'Neil）认为，美国及其盟国对俄罗斯实施了前所未有的经济和金融制裁，然而即使是大规模的制裁也没有带来明显的胜利成果。西方国家将发现，制裁非但不会带来成果，制裁引起的物资短缺与物价飙升反而将对欧美经济造成困扰。① 另据欧洲对外关系委员会在德国、法国、意大利和芬兰等国所做的调查，多数受访者认为，如果支持乌克兰会导致经济衰退，那么就不值得这么做。他们似乎主要支持会伤害俄罗斯但不会伤害他们自己的制裁。② 由于对俄制裁伤及欧洲自身且受影响程度远超美国，这种负面影响的累计无疑将会给美欧团结带来压力。而在战略和安全层面，长期来看，一个新欧洲安全架构的形成或将助力欧洲战略自主。辩证地看，俄乌冲突一方面凸显了欧洲欠缺战略自主的现实，另一方面强力刺激了欧盟，使其更加深刻地认识到加强战略自主的必要性。在反思战略自主的挫折之后，欧洲精英基于对俄欧关系及历史教训的认知，不仅不会放弃既定目标，反而可能更加坚定地追求欧洲战略自主。欧洲战略自主提出后，一直遭到美国或明或暗的掣肘和反对。美国试图借助俄乌冲突背景下所谓"民主、正义"等政治正确和道德绑架，让欧洲对抗并拖垮俄罗斯，并努力让欧盟更加依赖美国。美国的这一图谋完全不符合欧洲战略自主的目标。

---

① Anne-Marie Slaughter, Kishore Mahbubani and Stephen M. Walt, et al. "U. S. Grand Strategy After Ukraine", https://foreignpolicy.com/2022/03/21/us-geopolitics-security-strategy-war-russia-ukraine-china-indo-pacific-europe/.

② Ivan Krastev and Mark Leonard, "The Crisis of European Security: What Europeans Think About the War in Ukraine", https://ecfr.eu/publication/the-crisis-of-european-security-what-europeans-think-about-the-war-in-ukraine/.

俄乌冲突的事实证明，美国推行的霸权主义、强权政治、阵营对抗，只会损害欧洲利益，一个以联合国为核心、恪守多边主义的稳定国际体系，才真正符合欧洲利益。近年来，欧洲有识之士强烈认识到，美国并不是可靠的盟友。特朗普政府的"美国优先"政策损害了欧洲的利益；拜登政府的对外政策虽变换了说辞，而"美国优先"的实质并未改变。俄乌冲突进一步激发了欧洲寻求战略自主的意愿，并推动欧盟下定建设自主防务的决心。随着欧洲防务一体化的发展，欧盟与北约的裂痕将会加深。从这个意义上讲，美国表面上是俄乌冲突的获利者，但长期看则可能遭受重大战略损失，其盟国信誉、美元信用、地缘战略将受到打击，其国内政治裂痕也将通过俄乌战争不断加深。尤其是欧盟自主防务能力的增强，意味着欧盟在未来新的欧洲安全格局中的作用将增大，从而对北约在欧洲安全中的地位构成更大挑战。美国的全球战略也可能出现矛盾，"印太战略"和北约东扩二者间相互牵制，难以两全。如果美国继续集中力量部署到印太，则欧洲防务和欧洲对盟国体系的信任将受到削弱。反之，如果减少"印太战略"的力量部署，那么"印太战略"就受到削弱。

值得关注的是，俄乌冲突对美欧涉华互动也将产生复杂的影响。大国间互动增多、相互影响增大是当前国际关系发展的一个重要趋势和特点。俄乌冲突不仅直接冲击了俄美欧关系，而且也使得中美欧关系出现不同程度的动荡。对于美国来说，俄乌冲突可能会在两方面助其提升联欧制华的能力：一方面，冲突加剧了欧盟及其成员国与俄罗斯的对立，重新强化了北约的价值，这使得美国在军事安全领域对欧洲的控制力进一步增强。另一方面，美国在意识形态领域拉拢欧洲共同应对中国的理由似乎更加充分。俄乌冲突爆发后，美国自认为站在道义制高点，其塑造的价值观同盟在欧洲更有市场。中国以谈促和的声音被美欧故意忽略，反而被美欧指责与俄罗斯共同"破坏"国际秩序与规则。美欧对中俄所谓的"联盟绑定"认知走向固化，可能进一步形成美欧与中俄的对抗态势。但对于欧洲而言，俄乌冲突的爆发也可能会削弱其与美国联手对华的意愿和能力。这主要体现在俄乌冲突下欧洲自顾性的一面大大加强，欧洲成为西方与俄罗斯冲突的主战场，欧盟在经济和安全上的短板暴露无遗，因此其在安全上的关注点是在欧洲。应当看到，俄乌冲突放大了美欧在对华问题上业已存在的分歧，进一步固化了双方的安全认知错位。欧洲将俄罗斯视为最紧迫威胁，认为"新冷战"仍有可能由俄罗斯挑起，而美国则认为中国是西方面对的"最关键挑战"，更可能会与中国跌入"修昔底德陷阱"。美国声称拥有开辟"两个战场"的能力和处理大西洋、印度洋-太平洋的"两洋"战略艺术，但实际上无法解决美欧在"中国问题"上的结构性矛盾，而这也将很大程度上制约美欧联手制华的走向。

第四节 《通胀削减法》对美欧关系的影响

一、《通胀削减法》的出台

美国在遭受 2008 年全球金融危机的打击之后，经济优势减弱，国际地位下降。但美国不甘霸权旁落，遂调整其国际战略与经济政策，以适应国际格局的变化。特朗普实施"美国优先"的经贸保护政策，是逆全球化抬头背景下美国经济政策转向的标志。特朗普抨击全球贸易体系存在"严重缺陷"，主张"使用所有可用工具"，更严格甚至更激进地执行美国贸易法，以维护美国工人和企业的利益。[①] 从行动来看，特朗普政府采取了极为激进的经济政策，包括退出诸多全球性组织和被认为对美国不利的贸易协定，并向欧洲、中国、日本、印度等多方挑起贸易争端，试图重塑全球产业链，吸引美国制造业回流本土以增加本国就业率、提振美国经济。特朗普将经贸保护政策作为确保美国在国家间竞争中获胜的有力武器，这种贸易保护主义和经济民族

---

① 《美国贸易政策调整 将对全球经济产生深远影响》，http://www.rf.hk/news/1044.shtml。

主义战略不仅仅针对中国，也针对任何有可能与美国竞争的国家或国家集团，包括欧盟。

拜登执政后虽然为美国外交带来了一些变革之风，但却难以改变"美国优先"的经济政策逻辑。如前所述，拜登是在2020年总统选举引起极大争议、国内政治出现严重极化、疫情应对失当诱发一系列经济民生医疗问题之际上台的。面对尖锐的国内政治分裂和疫情后经济恢复等挑战，拜登政府坚持国内优先，将抗击疫情、恢复经济、化解种族分歧、应对气候变化确定为四项核心要务，这些要务无一不是与消解美国的政治经济文化对立紧密相关。在国际层面，拜登认识到美国的优势正在减弱，他批评特朗普"灾难性"的外交政策破坏了美国的世界领导作用和国际形象，主张回归"以国际合作确保美国领导地位"、以"制度保霸权"的战略轨道。[①] 就其经济政策而言，面对国内深刻的分裂及日益激烈的国际政治经济竞争，拜登政府推行国内扩大支出、促进经济增长的政策，重拾国家干预主义，通过新产业政策形成新的竞争力，以产业振兴为支点构建新国际经济治理及控制体系，借此重塑美国长期经济增长基础和重构美国长期竞争优势。简言之，拜登政府经济政策以民族主义为底色，以扩张性为特色，服务于美国的所谓"大国竞争"新全球战略，致使国际多边关系的不确定性增加。

拜登上台后在对外经济政策上降低了一些保护主义的调门，表示重视国际贸易规则和世界贸易组织的作用，在一定程度上缓和了特朗普时期陷入紧张的美欧经贸关系。但实际上，拜登政府靠拢世界贸易组织和缓和美欧经贸关系的目的主要是借此塑造美国重视多边贸易机制的形象，同时争取更大国际合作，尤其是美欧合作。可见在特朗普主义阴影笼罩之下，拜登政府经济政策仍难以避免地受到国内因素制约，所宣称的回归多边主义与国际合作的根本目的仍是要维持美国领导和霸权。而这也正是拜登政府对外经济政策的根本出发点和落脚点，

---

① 赵怀普：《拜登政府与美欧关系修复的空间及限度》，载《当代世界》，2021年第2期，第19—20页。

虽然具体政策及措施与特朗普时期相比有所变化，但是其隐含的"美国优先"本质并未改变。《通胀削减法》的推出就证明了这一点。

2022年8月，美国国会通过了一项涉及领域广泛的税收、健康和气候法案，其内容是未来10年投入约4300亿美元应对气候变化、发展清洁能源以及强化医疗保障，其中包括创纪录的3690亿美元气候和能源政策支出。这项一揽子计划被称为《通胀削减法》，旨在通过减少赤字、提高联邦医疗保险的可承受性以及增加对国内可持续能源生产的投资来遏制美国的通胀。同月17日，拜登将该法案签署成法。《通胀削减法》虽以削减通胀为名，却被认为是美国历史上最大的气候立法。[①] 据估计，到2030年，该法可将美国国内温室气体排放量在2005年的水平基础上减少40%左右。为助推这一目标的实现，拜登政府还推动国会通过了另外两项在气候方面进行重大投资的立法，即《芯片和科学法》和《基础设施投资与就业法》。拜登政府希望将这三项立法与行政部门的规定和州一级的行动结合起来，以实现巴黎气候协定下的国家自主贡献目标。《通胀削减法》被认为对美国的绿色转型具有成败攸关的影响，拜登政府欲借此成为美国历史上应对气候变化"最积极的政府"。[②]

表面上看，《通胀削减法》似乎是美国和世界急需的、积极的立法，但仔细观察就会发现，其造成的问题可能比它解决的问题更加严重。依据该法，美国政府将为主要生产环节在美国境内完成的绿色产业提供高额补贴。其中，为本土电动汽车产业提供高额补贴是重点内容。美国政府以电池和组装等基本部件在国内完成为条件，向购买电动汽车的消费者提供7500美元的补贴（税收抵免），而进口的电动汽车不在补贴范围之内。拜登政府希望借此推动电动汽车和绿色技术在

---

① Sarah Jackson and Mary Hellmich, "The Inflation Reduction Act & the EU: The Need to Strengthen the Transatlantic Trade Relationship", https://www.e3g.org/publications/the-inflation-reduction-act-ira-and-the-eu/.

② 同①。

美国的生产和应用，并获得相对于他国的产业竞争优势，提振美国经济。值得注意的是，《通胀削减法》强调了民主、共和两党对美国能源转型所需关键原材料过度依赖中国供应链的"严重关切"，并希望通过该法减少美国对中国原材料和供应商的依赖。

《通胀削减法》是拜登政府迄今推出的力度最大的经济政策，虽然是一项国内立法，但却在国际上引发了很大的争议。原因在于《通胀削减法》意图通过保护主义措施打造一个有利于美国的竞争环境，以期缓解美国的高通胀等经济困境。然而，经济民族主义和贸易保护主义并不能解决美国问题，而只会扰乱国际经济贸易秩序。鉴于美国庞大的经济体量及其在国际经济格局中的重要地位，其保护主义的国内经济政策势必会在全球范围内产生系统性影响。

二、欧盟对《通胀削减法》的反应

《通胀削减法》推出后，在国际社会引发了极大争议。美国的欧洲和亚洲盟友（日本、韩国）批评该法违背世界贸易组织规则，是贸易保护主义的体现。世界贸易组织总干事伊维拉警告，各国需要"非常小心，无论采取什么政策，都不应带有歧视性，不应偏袒本国产品"。[①]《通胀削减法》尤其受到了欧盟的强烈质疑和反对，欧盟委员会主席冯德莱恩表示，美国的这一法律在欧洲以及世界其他地区受到了如此多的额外审查，是因为它会导致不公平竞争、市场封闭，并分裂全球供应链。[②]

欧盟对《通胀削减法》表示质疑和反对的原因主要有三。一是认

[①] CNBC, "US Inflation Reduction Act: EU Raises Concerns, Risks WTO Dispute", https://www.cnbc.com/2022/11/07/us-inflation-reduction-act-eu-raises-concerns-risks-wto-dispute.html.

[②] 《欧盟委员会主席：美国〈通胀削减法案〉会导致不公平竞争》, https://content-static.cctvnews.cctv.com/snow-book/index.html?toc_style_id=feeds_default&share_to=copy_url&item_id=1025677913775824625&track_id=4F056AAB-E7B3-4058-A9CE-B191A6A7E843_691897037125。

为该法通过政府补贴方式扶持美国的清洁能源行业，是在搞歧视和不正当竞争，损欧利美。根据该法规定的对清洁能源和电动汽车补贴的国内含量要求（domestic content requirements），补贴资金只能用于在美国国内或与美国有自贸协定的国家（加拿大和墨西哥）组装或采购的电动汽车和清洁能源技术。美国辩称，这一要求对于克服国内政治障碍并通过法案来说是必要的。欧盟则认为，该法是对外国生产商及从其他国家进口的同类产品的歧视，将使欧洲在争夺电动汽车市场的竞争中处于劣势，体现了"美国优先"的逻辑。欧盟还担心该法的国内含量要求可能会导致欧洲电动汽车企业（包括汽车电池公司）转移至美国。由于美国推出了补贴和歧视性措施，在美投资对欧洲企业的吸引力越来越大。德国工商大会的调查结果显示，其39%的会员企业计划在美增加投资，汽车供应行业中每五家企业就有一家计划在国外建立生产厂；[①] 宝马汽车公司2022年10月宣布，将投资17亿美元在美国生产电动车。[②] 除了质疑其国内含量要求，欧盟还批评《通胀削减法》缺乏与补贴相关的支出或生产上限，这也可能引发投资从欧洲转向美国。欧盟共列出了该法中九项有争议的税收抵免条款（从清洁航空燃料到绿色电力生产的各种支持计划），认为这些要求是"不必要的、破坏性的新贸易壁垒"，是对竞争规则的重大扭曲，美国应"从该法中删除这些歧视性元素"。[③] 欧盟经济专员兼执行副主席东布罗夫斯基斯（Valdis Dombrovskis）称："《通胀削减法》包含了许多对向美国出口的欧洲公司构成歧视的因素，使其产品难以在第三国与美国进行

[①] 《综述："美国再工业化不应以欧洲去工业化为代价"——欧盟工商界忧心美国保护主义危害》，http://world.people.com.cn/n1/2022/1213/c1002-32586337.html。
[②] 《宝马公司将投资17亿美元在美国生产电动汽车》，https://finance.sina.com.cn/tech/it/2022-10-20/doc-imqqsmrp3158806.shtml。
[③] Sarah Jackson and Mary Hellmich, "The Inflation Reduction Act & the EU: The Need to Strengthen the Transatlantic Trade Relationship", https://www.e3g.org/publications/the-inflation-reduction-act-ira-and-the-eu/.

公平竞争。"① 法国总统马克龙指责该法是在"损欧利美",相关补贴措施对欧洲企业"极具攻击性,将扼杀欧洲大量就业机会"。②

二是《通胀削减法》将加剧欧洲"去工业化"风险,并影响欧盟绿色转型和经济与战略自主。在该法通过之前,俄乌冲突爆发已使欧盟面临一系列危机,包括能源价格高企和通货膨胀加剧,由此使得欧洲制造业面临困境,欧盟内对欧洲"去工业化"的担忧上升。《通胀削减法》的推出令欧盟雪上加霜。由于欧洲工业前景黯淡,许多欧盟企业原本就已开始将美国作为下一个投资目的地,《通胀削减法》进一步为新能源等领域的企业赴美设厂提供优惠,势必将引发制造业虹吸效应。欧盟担心欧洲企业在非市场因素刺激下作出投资美国的决策,从而使欧洲的绿色技术失去竞争力。值得一提的是,欧盟为促进绿色氢生产已启动多项倡议,目标是到2030年生产1000万吨可再生燃料,成为世界氢技术领导者。但《通胀削减法》为在美国生产的每公斤清洁氢气提供三美元的税收抵免,如此大的补贴将使欧盟面临来自美国廉价氢气竞争的风险。由于欧盟难以推出同样具有吸引力的计划,欧洲的氢生产商可能会被吸引到美国建立生产基地。欧盟担忧《通胀削减法》可能导致"未来投资和生产的重大转移,威胁欧洲和其他地区的就业和经济增长",尤其是美国的补贴将"在氢气行业的投资决策方面对欧盟产生负面影响,并有可能对欧盟的利益产生不利影响"。③欧洲对外关系委员会高级政策研究员格尔克(Tobias Gehrke)表示,氢能源是欧盟的梦想,而美国《通胀削减法》的国内含量要求就是要把

---

① Thema Newsroom, "US Inflation Reduction Act Could Lead to US-EU Trade War, Some Fear," https://en.protothema.gr/us-inflation-reduction-act-could-lead-to-us-eu-trade-war-some-fear/.

② 《马克龙访美批美:〈通胀削减法〉"损欧利美"》,https://m.gmw.cn/baijia/2022-12/01/1303211792.html。

③ David Matthews, "US Inflation Reduction Act Could Torpedo EU Green Hydrogen Ambitions," https://sciencebusiness.net/news/Hydrogen/US-Inflation-Reduction-Act-could-torpedo-EU-green-hydrogen-ambitions.

制造业的工作机会带到美国,这绝对是症结所在。① 不难看出,随着美国推出一系列刺激制造业和绿色能源产业发展的措施,美欧之间产业竞争的天平正在向美国倾斜。欧盟近年来将绿色新政视为优化其内部生产要素配置、提升对外经济竞争力的一个重要途径,所推出的一系列举措旨在推动欧洲的绿色转型,引导欧盟提升自身的国际竞争力,加强欧洲战略自主。在此背景下,美国《通胀削减法》的推出无疑将对欧盟的绿色转型与产业发展造成冲击,并使欧洲战略自主与经济自主面临挑战。

三是美国无视盟友担忧,乘人之危。法国《观点》周刊网站刊文称,俄乌冲突爆发后,美国坐收渔利,在能源上有自主权,在技术和军备领域占据主导地位。② 欧洲则因追随美国对俄制裁而遭受能源危机的痛击,正面临产业、就业机会和资本流向美国的重大威胁。在此情况下,美国却利用其能源价格优势及政府补贴,吸引欧洲企业赴美投资,甚至以高价向欧洲出售美产液化天然气,这令欧洲人感到难以接受。欧盟官员表示,当前欧盟进口美国液化天然气的价格是美国国内价格的四倍;2022 年第二季度和第三季度,在美国运营的上市油气公司的净利润总额高达 2002.4 亿美元,是美国油气行业有记录以来最赚钱的六个月。其中,美国液化天然气运营商 2022 年盈利有望达到 590 亿美元,同比增长超过一倍。③ 欧洲理事会主席米歇尔抱怨,欧洲的工业为能源支付了更多费用,而且面临着来自美国的工业竞争。④

总之,《通胀削减法》是基于"美国优先"推出的一项带有明显

---

① David Matthews, " US Inflation Reduction Act Could Torpedo EU Green Hydrogen Ambitions", https://sciencebusiness.net/news/Hydrogen/US-Inflation-Reduction-Act-could-torpedo-EU-green-hydrogen-ambitions.
② 《欧盟要反制美"通胀削减法案"》,载《人民日报(海外版)》,2022 年 12 月 17 日,第 6 版。
③ 《欧盟考虑对美"通胀削减法案"采取报复措施》,https://m.gmw.cn/baijia/2022-11/14/36156754.html。
④ 《欧洲理事会主席米歇尔:欧盟比美国更受俄乌冲突之苦,美国却只顾自己经济利益》,https://kan.china.com/article/3105194_all.html。

保护主义色彩的经济政策，拜登政府通过该法将气候与贸易结合起来，试图以不公平竞争谋求私利，因此受到欧盟及国际社会的质疑和反对。2023 年 4 月，法国国际关系研究所发表了题为《中/美：失衡的欧盟》的报告，认为拜登政府实施的保护主义政策，无论是对在美工厂的补贴（如《通胀削减法》和《芯片与科学法》），还是对技术出口进行的管制（如 2022 年 10 月新的出口管制政策和 2023 年 1 月管制范围的扩大），都将对欧洲企业产生非常不利的影响，而美国却无视其保护主义对盟友造成的损害。①

三、《通胀削减法》对美欧关系的挑战

特朗普时期的美欧关系遭遇"破镜"，外界曾认为拜登执政将可能成为双方关系转圜的分水岭。但事实上美欧关系已难以回到过去，《通胀削减法》造成的冲击进一步证明了这一点。

《通胀削减法》在美欧间引发争议后，如何在实施美国法律与解决欧盟担忧之间取得平衡是双方面临的最大挑战。一般认为，美欧围绕该法的互动有以下几种可能性。一是美国修改《通胀削减法》，将欧盟生产商纳入补贴和支持名单。一方面，这势必会在美国国内引起极大争议，国会中的民主党人已表示修改该法是不可能的，白宫也表示不会寻求国会修改立法。② 另一方面，欧盟也不可能消极不作为，因为这样将使欧洲民众和企业的利益以及欧盟的声誉受损。二是欧盟要求美国在实施《通胀削减法》时对欧盟进行豁免。但由于该法中对国内含量有明确要求，给予欧盟豁免对美国来说在政治上是困难的。美欧或

---

① French Institute of International Relations, "China/United States: Europe off Balance", https://www.ifri.org/en/publications/etudes – de – lifri/chinaunited – states – europe – balance?language = fr#: ~: text = China%2FUnited%20States%3A%20Europe%20off%20Balance%20%C3%89tudes%20de%20l%27Ifri%2C, decipher%20the%20stakes%20of%20the%20U. S. %2FChina%2FEurope%20strategic%20triangle.

② The White House, "Press Gaggle by Press Secretary Karine Jean – Pierre En Route Boston, MA", https://www.whitehouse.gov/briefing – room/press – briefings/2022/12/02/press – gaggle – by – press – secretary – karine – jean – pierre – en – route – boston – ma/.

寻求达成一项"碳边界调整机制协议",即美国的《通胀削减法》对欧盟实行豁免或例外对待,欧盟则修改其碳边界调整机制立法,免除美国在欧盟边境缴纳的碳污染费。然而,这种妥协实际上亦不可行,因为欧盟给予美国豁免将涉嫌违反世界贸易组织规则,况且欧盟认为碳边界调整机制是一项环境措施,不愿意提供豁免以换取其他方面的让步。美国接受妥协也将涉嫌白宫行政越权,同时也会引起世界其他国家(尤其是新兴经济体)的不满。三是双方对《通胀削减法》对欧盟制造业的影响进行评估,并争取通过谈判达成解决方案。2022年12月,马克龙访问美国,拜登在此期间曾表示可对《通胀削减法》作"微调",以照顾欧洲企业利益。① 但该法中关于国内含量要求的具体规则如何确定、实施细则是否会有一定的灵活性(从而将欧洲生产商包括进来)并不明确。拜登政府面临的挑战在于如何作出"微调"而又不引起国会启动监督程序。四是欧盟强化产业政策,增加绿色补贴。冯德莱恩表示,欧盟需调整政策促进在能源转型领域的国家公共投资,并重新评估能源转型所需的欧盟公共投资,进一步加快欧盟新能源转型进程。② 但这样做也可能会带来一些新问题,包括加重纳税人的负担以及对与第三国的关系产生负面影响。欧盟竞争事务专员维斯塔格警告称,欧盟和美国之间的补贴竞赛将让欧洲纳税人付出高昂代价。③ 五是代价最高昂的一种选择,即双方无法通过谈判达成解决方案,继而欧盟对美实施报复性关税,由此将进一步加剧紧张局势,甚至引发新一轮美欧贸易战。美欧都试图在补贴国内能源生产和制造业方面超越对方,导致双方的情况都更糟。另一种可能性是欧盟将争端提交至世

---

① 《国际观察:马克龙访美难消美欧贸易分歧》,http://www.news.cn/world/2022-12/02/c_1129179839.htm。
② 《冯德莱恩:欧盟需对美〈通胀削减法案〉作出回应》,https://bj.bjd.com.cn/5b165687a010550e5ddc0e6a/contentShare/5b16573ae4b02a9fe2d558f9/AP6399bc96e4b06154fc84b567.html。
③ "EU's Free-Trading Vestager Warns Against Subsidy War with America", https://www.trendradars.com/digg/article-457457-eus-free-trading-vestager-warns-against-subsidy-war-with-america。

界贸易组织,而这也将破坏美欧关系,并且可能导致争端拖而不决,因为美国会继续阻挠任命世界贸易组织争端解决机制上诉机构的新法官。

总体而言,通过谈判寻求解决方案应是美欧双方的理性选项,双方均对此表现出了一定的政治意愿,欧方的意愿更为强烈一些。对欧盟来说,在自身的产业政策改革得以实现之前,如何规避《通胀削减法》吸引欧洲投资向美国流动,防止本已被能源危机、通胀和衰退困扰的欧洲工业遭受进一步打击是当务之急。此外,在俄乌冲突仍令欧洲持续承压、欧洲安全仍需美国保障的形势下,欧盟也本能地希望以低风险的方式解决与美国之间的争端。冯德莱恩表示,与美国进行代价高昂的贸易战不符合欧洲的利益,也不符合美国的利益。① 2022年10月,双方在欧盟-美国贸易与技术理事会机制下成立了《通胀削减法》特别工作组,并于同年12月上旬举行了欧盟-美国贸易与技术理事会成立以来的第三次会议。《通胀削减法》绿色补贴条款是会议讨论的最重要议题,欧盟希望通过谈判弱化这些条款。会后发表的联合声明称,美欧工作组的工作"取得初步进展"。② 12月中旬举行的欧盟峰会评估了美国《通胀削减法》对欧盟的影响,欧盟领导人表示希望与美国进行谈判,以获得《通胀削减法》对欧盟的豁免。③ 美国为了缓和欧盟的强烈不满、安抚盟友,不排除会采取一些补救措施,让欧洲相关企业获得某种形式的豁免或补贴。但这种前景仍存在不确定性,根据一名欧盟官员的说法,按照目前形势,对《通胀削减法》进行

---

① 《欧盟委员会主席:美国〈通胀削减法案〉会导致不公平竞争》,https://content-static.cctvnews.cctv.com/snow-book/index.html?toc_style_id=feeds_default&share_to=copy_url&item_id=1025677913775824625&track_id=4F056AAB-E7B3-4058-A9CE-B191A6A7E843_691897037125。

② 《欧盟国家回击美〈通胀削减法案〉呼声日渐高涨》,https://www.chinanews.com.cn/gj/2022/12-26/9921286.shtml。

③ 赵怀普:《拜登政府经济政策对美欧关系的影响》,载《当代世界》,2023年第2期,第40页。

"微调"会"极其困难"。①

在双方找到解决方案之前,《通胀削减法》短期内将会使美欧贸易关系进一步紧张。如果双方不能够通过谈判达成解决方案,欧盟从维护自身利益与声誉出发,有可能将争端提交至世界贸易组织或者对美实施报复性关税。欧洲国家普遍呼吁以"欧洲的方式"应对美国率先发起的"补贴大战",要求欧盟对美国的《通胀削减法》作出共同回应。比利时首相德克罗(Alexauder De Croo)称,如果没有这样一个全欧盟范围内的计划,只是相互竞争,那么美国将会把一切都拿走。② 马克龙曾多次呼吁出台"购买欧洲产品"计划,德国以前对此并不支持,如今开始改变态度,表示支持该计划。③ 欧盟在与美国进行谈判的同时,向美方发出书面警告:《通胀削减法》破坏美欧之间的公平竞争环境,将考虑采取报复性措施,包括制定类似激励计划为欧洲企业提供补贴。④ 冯德莱恩认为,欧盟需推出欧洲自己的《通胀削减法》,并表示计划于2023年1月提出初步计划草案。⑤ 也有欧盟高官认为,与美国的谈判并不能解决争端,呼吁就美国的《通胀削减法》向世界贸易组织提起申诉。

无论美欧最终能否找到解决方案,《通胀削减法》事实上已经对美欧伙伴关系造成了伤害。在俄乌冲突影响下,美国推出包括《通胀削

---

① 《美欧贸易对话补贴争端难解"微调"亦会"极其困难"》,http://big5.china.com.cn/gate/big5/m.china.com.cn/wm/doc_1_18_2388591.html。
② "Why EU Leaders Are Upset over Biden's Inflation Reduction Act", https://www.france24.com/en/europe/20221216 - why - eu - leaders - are - upset - over - biden - s - inflation - reduction-act.
③ "Germany's Habeck Backs 'Buy European' Response to US Trade Threat", https://espotting.com/2022/11/29/germanys - habeck - backs - buy - european - response - to - us - trade - threat/.
④ 《欧盟考虑对美〈通胀削减法案〉采取报复措施》,https://world.gmw.cn/2022-11/14/content_36156754.htm。
⑤ 《冯德莱恩:欧盟需对美〈通胀削减法案〉作出回应》,https://bj.bjd.com.cn/5b165687a010550e5ddc0e6a/contentShare/5b16573ae4b02a9fe2d558f9/AP6399bc96e4b06154fc84b567.html。

减法》在内的一系列刺激措施，企图稳定自身能源价格、确保企业政策可靠、支持绿色转型，这无异于对欧洲产业与制造危机"火上浇油"。此举表明拜登政府虽然声称重视盟友，有意改善美国国际形象，但是其经济政策并未脱离前任政府提出的"美国优先"逻辑，依然具有明显的民粹主义倾向。这种乘人之危、盘剥盟友的行径对欧洲产生巨大的心理冲击，使后者更加看清美国为一己私利将道义、规则弃之不顾的本质。尽管欧盟表示在俄乌冲突的背景下，不想再与美国陷入争端，但《通胀削减法》的推出再次令美欧伙伴关系出现了"裂痕"。欧盟竞争事务专员维斯塔格指出，作为原则问题美国不应用该法案与朋友对立开来。① 比利时企业联合会欧盟事务负责人约里斯（Olivier Joris）则认为这些补贴是保护主义，是美国人在背后捅了我们一刀。② 更有甚者，《通胀削减法》可能会进一步加深欧洲对美国的不信任。欧洲对外关系委员会在 2021 年 11 月和 12 月对 11 个欧洲国家的 1.5 万余人进行了一项泛欧民调，得出的最主要结论是美国选了一位新总统，但没有成为一个新国家。③ 这反映出欧洲人对美国的不信任以及对拜登所谓"美国回来了"承诺的质疑，在他们看来，《通胀削减法》使这种质疑得到了应验。很多人担心，美欧在《通胀削减法》问题上的分歧可能会导致一场贸易战，并削弱双方在乌克兰战争问题上的统一立场。④ 马克龙甚至警告，该法可能导致"西方世界分裂"。⑤

未来，全球经济向绿色转型是必然趋势。随着绿色转型进入实施

---

① "US Inflation Reduction Act: EU Raises Concerns, Risks WTO Dispute", https://www.cnbc.com/2022/11/07/us-inflation-reduction-act-eu-raises-concerns-risks-wto-dispute.html.
② 《欧盟要反制美"通胀削减法案"》，载《人民日报（海外版）》，2022 年 12 月 17 日，第 6 版。
③ 《欧洲 11 国民调：近六成受访者认为中国将在 10 年内超过美国》，https://world.huanqiu.com/article/41aYvUP89QG。
④ "Why EU Leaders Are Upset over Biden's Inflation Reduction Act", https://www.france24.com/en/europe/20221216-why-eu-leaders-are-upset-over-biden-s-inflation-reduction-act.
⑤ 《国际观察：马克龙访美难消美欧贸易分歧》，https://m.gmw.cn/baijia/2022-12/03/36206026.html.

阶段，特别是当各国试图最大限度地扩大自身在新清洁能源市场的份额时，围绕补贴计划和实施措施的贸易冲突变得难以避免。根据《欧盟绿色协议》，欧盟推出了包括法规、目标和投资在内的多样化政策组合，将碳定价、法规、产品标准作为脱碳的主要工具（此外还有绿色消费补贴），旨在到 2030 年在 1990 年的水平上至少减少 55% 的碳排放，以保持和加强欧盟工业的竞争力，同时加强欧盟作为全球气候行动领导者的作用。[①] 美国推出的《通胀削减法》则支持使用产业政策方法，通过生产和消费补贴来增加公共支出，实现清洁能源转型。美欧在脱碳方面的不同做法不可避免地对双方的贸易关系带来影响，尤其是美国的《通胀削减法》将国内含量要求与清洁能源补贴相结合，进一步加剧了双方之间与气候有关的贸易争端。解决争端并非易事，根本原因在于美国难以割舍其霸权利益，难以摆脱其处理与盟友关系的"美国优先"逻辑。

值得注意的是，如果美欧在《通胀削减法》问题上的争端得不到有效解决，双方可能都会加大各自的绿色补贴力度，由此将会使世界其他地区被排除在快速增长的新兴清洁技术市场之外，尤其会破坏与新兴和发展中经济体的合作，从而对全球绿色发展带来负面影响。展望未来，在气候变化问题日益凸显的世界里，围绕绿色补贴的贸易冲突可能会成为常态。美欧围绕《通胀削减法》出现的贸易紧张关系，凸显出对国际贸易体制规则进行绿色改革的必要性，而反对气候霸权主义和经贸保护主义、确保发展中国家从绿色贸易制度中获益则是改革必须面对的挑战。

---

① 《欧洲绿色新政实施路线图——主要行动》，https://www.eeas.europa.eu/sites/default/files/20200112_european_green_deal_communication_annex_roadmap_cn_final.pdf。

第五节 跨大西洋同盟的隐忧与不确定未来

一、美欧结构性障碍

跨大西洋同盟裂痕得到一定程度的修复或成为拜登政府的一项重要外交遗产,但这并不能证明拜登是"退化"中的美欧同盟的"拯救者",事实上他无力做到这一点。总体而言,美欧同盟关系的短期改善难以扭转其冷战后结构性、历史性调整的大趋势。

当前百年变局加速演进,世界进入了发展动力、前进方向、引领角色的混浊期、交叠期和加速转换期,并由此产生高度的不确定性和不稳定性。在世界动荡变革的背景下,国际体系中的各战略力量都开始跳脱原有的格局和路径,根据不断加剧的战略性竞争之需求来调整站位、制定利益目标并实行灵活多向的政策转型。在这个前提下,跨大西洋同盟关系也必然失去原有的稳定结构,其竞争一面会加大。尽管欧洲对拜登入主白宫普遍表示欢迎,期待美国回归大西洋主义,回归所谓"国际多边主义",而拜登也强调要修复特朗普任内受损的联盟关系,尤其是跨大西洋同盟关系,但这并不意味着双方的愿望能够变为现实。拜登领导下的美欧合作是双方的理性选项,也有传统和现实的基础,但在全球变局加速演进和国际战略竞争加剧的背景下,二者之间原有的矛盾和结构性障碍难以简单地被平抑,所以存在预期与现实上的差距,而要克服这一差距绝非易事。

首先,美欧结构性障碍是双方关系发展的最大阻力。从根本上讲,冷战后美国的霸权护持战略与欧洲战略自主之间存在着难以克服的结构性矛盾。也正因为如此,美欧同盟关系的裂痕不是始于特朗普,也不会终结于他。拜登政府或许会用"重新领导世界"等其他表述替代"美国优先",但其对欧政策中本国利益优先的本质不会变。对拜登政府来说,修复美欧关系是美国实现长期"领导世界"的手段,也是为了继续保持美国对欧洲事务的影响力和对欧盟的控制。与此形成对比的是,欧洲战略自主意味着欧盟不愿意盲从他者,不甘作为美国推行其对外战略的工具。正如有分析所指出的,对战略自主的追求,意味着欧盟不会完全屈从或倒向任何一方,而是会根据自己利益和形势变化,依据议题设定情况作出灵活调整。① 从本质上看,美欧分歧背后反映了世界大变局下双方战略目标与利益诉求的错位。尽管欧盟内部在对美态度以及欧美关系的看法上存在分歧,但基本共识是清楚的,即欧盟需要与美国合作,但同时,与美国合作不等于排斥战略自主,而且只有坚持战略自主才能更好地合作。有欧洲学者就此发生警告,欧盟因拜登上台而放弃其战略自主的目标将是非常短视的。欧盟必须继续走自己的战略自主之路,确保始终能够捍卫自身利益。② 事实表明,拜登执政后欧盟虽然寻求"重建"欧美关系,但并未因此放弃战略自主追求。对欧盟来说,"重建"欧美关系只是手段,战略自主才是其大战略的核心与终极目标。欧盟近年来推出"新政"规划,试图打造一个更具战略性、更加主动和更团结的欧洲,通过精准地使用欧盟的力量,维护欧洲的贸易和经济利益、政治和安全利益,以最终实现其战略自主目标。应当看到,当前欧盟领导层有着内外贯通的政治思路,其所有的政策议题都同时具有外部意涵,旨在回应地缘政治竞争时代的战略挑战。这既表明欧盟渴望成为一个独立的全球参与者,与美国、中国和俄罗斯平起平坐,同时也反映出其对美欧联盟关系的不信任,意识到不能指望美国来维护欧洲的利益。

其次,跨大西洋权力结构的非对称性和美欧双方治理模式的差异也是一大结构性障碍。欧盟成立后加速推进内部一体化,不仅建立了单一欧洲市场和欧洲货币联盟,还加强共同外交与安全政策机制,并发展包括"永久结构性合作"在内的防务能力建设,使得欧盟的综合实力及影响力有了大幅提升。但总体来看,欧盟的权力与美国相比仍

---

① 参见吴白乙、周弘、陈新主编:《欧洲蓝皮书:欧洲发展报告(2019—2020)》,北京:社会科学文献出版社,2020年版,第28—29页。

② Sven Biscop, "Biden's Victory and Europe's Strategic Autonomy", https://www.egmontinstitute.be/bidens-victory-and-europes-strategic-autonomy/.

存在较大差距，尤其是在安全领域，欧洲仍难以摆脱对美国和北约的依赖。跨大西洋权力结构的非对称性，必然造成美欧双方在具体目标及行动上的差异，这反映在经济、政治、安全及大国关系、全球治理等诸多领域。尽管欧盟对美国仍有"旧情"，但面对日益分化的世界格局，它只能回到"原则性现实主义"这个政策基点上来处理各种前所未有的矛盾关系，以保证自身的安全和发展空间不至于被快速压缩甚至沦丧。就双方的治理模式差异而言，欧盟是多层次的超国家权力架构，美国则是民族国家的权力模式，二者权力运行的规则、结构差异巨大。在内外竞争多元化格局背景下，欧美的应对方式取决于不同的制度约束和对多元利益的整合能力，即使在相同的安全利益上，双方追求的目标也难以完全一致，其手段、步骤更是难以完全相同。所有这些都决定了未来跨大西洋同盟的维系与美欧合作之路不会平坦。

最后，第三方因素对跨大西洋同盟与美欧关系具有某种结构性影响或阻碍作用。随着新兴国家的群体性崛起，以及技术创新竞争、产业链调整和消费市场的转移，第三方因素对美欧关系施加的影响日渐突出。具体来说，上述因素将造成美欧之间"控制与反控制""利用与反利用"的博弈更加凸显。比如，欧盟在产业政策、数据保护、贸易补贴、碳关税、能源安全、欧元结算机制、伊核问题全面协议等关键议题上不再屈从于美国，明确反对美国经济霸权，反对美国无视国际法滥用长臂管辖。这些矛盾和纷争都是拜登任内要解决却无法轻易解决的美欧关系的深层问题。

总之，在一个急剧变革的世界中，全球利益链不断发生动态调整，发达国家、发展中国家板块和既有的国际政治经济治理架构都处于加速分化、重塑过程中。务实的功能性协作组织以其机动性的特点正在逐渐取代传统的意识形态和军事对抗性联盟。就未来国际秩序而言，全球治理体系和公共产品供给机制的改革与创新显然已不是西方的专属品，在美欧之间也存在着"明""暗"两条战线的博弈。拜登政府重归所谓"多边主义"仍然离不开美式霸权的思维定式，欧盟则对外寻求战略自主。从根本上讲，欧洲内部多元化发展的特性决定了欧洲战略自主的限度，以及欧洲在维持西方整体性上的限度。在这种情况下，美欧之间的身份认同会因不断受到现实危机的冲击而松动，同时也会因世界多极化发展而被迫作出调整和变革，从而使得继续维护美欧团结的代价更高。正是这一点在某种意义上决定了美欧盟友关系难回过去。

二、美欧战略差异与利益分歧

拜登上任后美欧关系能够在多大程度上得到修复，受到诸多因素的影响，包括双方能否把外交问题放在内政问题之上来优先考虑。由于特朗普主义在美国的强大影响力以及面临一系列亟待解决的国内问题，拜登执政后坚持国内优先，即优先处理国内问题，尤其是要解决最尖锐的国内政治分裂和疫情后经济恢复等问题。实际上，拜登正是以克服国内政治分裂的竞选诉求赢得选民支持并当选美国总统，因此他执政后将抗击疫情、恢复经济、化解种族分歧、应对气候变化确定为四项核心要务；这些要务无一不是与消解美国的政治经济文化对立紧密相关。为在任期内达成目标，拜登政府加大外交筹划力与行动力，以与他国合作和展现美国领导地位的方式汇聚国际资源，以期尽快有效地解决国内问题。因此，以外交服务于内政需求、追求"国内问题的国际解决"成为拜登政府"智慧外交"的标志。或者说，拜登政府的外交政策始于国内，即便其重返多边制度和重申对北约的承诺，其首要考虑也是以外交服务于内政需求。这样做的结果是拜登政府没有充足的时间和精力来处理跨大西洋同盟事务和美欧关系。

与美国相似，欧洲的内顾倾向也较为明显。欧盟近年来持续受到多种危机与挑战的影响，各项经济社会纾困政策的推进过程艰难复杂，这不仅影响到欧洲一体化进程，也限制了欧盟的对外行动能力。新冠疫情给欧洲经济社会造成了严重冲击，一些既有矛盾激化，能源价格高企、供需错配、通胀加剧、产业链供应链中断等，使得欧盟经济复苏承压。尤其是疫情进一步加剧了南北经济差距,南欧的意大利、希腊等国累计公共债务甚至超过欧债危机时期,创下新的历史纪录。由于欧盟内部问题繁多,近年来东西欧政治上的裂痕也进一步增大。波兰与欧盟围绕司法独立的争议龃龉不断。欧盟指责波兰压制民主、破坏司法独立,动摇了欧洲一体化的根本,并向波兰开出每日100万欧元的高额罚单,还以扣押应给波兰的疫情复苏基金拨款为要挟。2022年爆发的俄乌冲突对欧洲的安全、经济和社会等造成全方位冲击,成为当下及今后一个时期欧盟面临的最大安全挑战。总之,当前及今后一个时期美欧各自内部都面临亟待解决的问题和挑战,对外均自顾不暇,要想克服"美国优先""自我优先"的惯性诉求并不容易,由此对各自外交的开展以及双边互动构成制约。

除了各自内顾,美欧双方的对外战略重点差异也越来越明显。自全球金融危机以来,日益显现的中美战略竞争态势极大地改变了跨大西洋同盟运行和发挥作用的国际环境。奥巴马政府开启了美国战略重心东移,特朗普政府强化了与中国的竞争,拜登政府延续了这一趋势,所有这些意味着美国国防与外交资源聚焦亚太的调整进程将会持续下去。2022年2月12日,拜登政府发布了2022年版《"印太战略"报告》,明确指出其目的是应对包括来自中国的"挑战"。该战略概述了拜登政府的愿景,即让美国更牢固地扎根印太地区,加强美国在该地区的力量存在,其核心是与该地区内外的盟友、伙伴和机构进行持续和创造性的合作。① 美国持续推进"印太战略"意味着在任何情况下亚洲都将是美国大战略的主要焦点,欧洲至多是一个次要舞台,且美国将会以更具工具性的眼光来看待它,即欧洲能对美国的对华战略作出什么贡献。② 今后美国对跨大西洋同盟价值的判断将主要取决于欧洲

---

① The White House, "Indo-Pacific Strategy of the United States", https://www.whitehouse.gov/wp-content/uploads/2022/02/U.S.-Indo-Pacific-Strategy.pdf.
② Sven Biscop, "Act as if It Does Not Matter Who Wins", https://www.egmontinstitute.be/act-as-if-it-does-not-matter-who-wins/.

是否愿意承担更多责任来处理自身挑战，以及是否有意愿和能力与美国合作遏制中国；虽然美国宣称仍将保持对欧洲安全的承诺，但这种承诺的可靠性已无法令欧洲信服。欧洲也认识到，美国的战略重心已转向中国，而不再是欧洲优先，这一趋势在未来若干年内不可逆转，也不以美国总统的更迭为转移。正如有分析所指出的，如果拜登一上任欧洲就立刻把"特朗普噩梦"当作一段插曲忘掉，将会有很大的风险，就如同2008年奥巴马当选美国总统后欧洲人就立刻把小布什抛在脑后，结果却等来奥巴马宣布他的"亚太再平衡"战略，从此欧洲不再处于美国全球战略的中心位置。① 欧盟历来认为美国战略重心在欧洲，并始终希望美国和跨大西洋同盟继续将维护欧洲安全作为主要目标。此外，欧盟的地缘政治重点一直是欧洲周边，特别是西亚和北非地区，伊斯兰教融合问题、恐怖主义、非法移民和难民问题都是其头等大事，但美国对此缺乏兴趣。奥巴马时期美国就不愿出力解决欧洲大陆及其周边地区的安全问题，特朗普政府延续了这一政策，只不过表现更为粗暴而已。

总之，美国战略重心东移意味着欧洲必须承担更多维护自身安全的责任，且必须思考如何应对美国"缺位"下欧洲外围地区（乌克兰、西巴尔干、西亚、北非）的稳定问题。虽然拜登政府在一些问题上的政策转向更接近欧洲的路线，包括在一定条件下重新加入伊核问题全面协议，但是在解决非洲萨赫勒地区和中东地区的安全问题方面，欧洲将不得不承担更大的责任，甚至需要独立应对。正如有分析指出，尽管美国在中东与非洲地区保有许多军事基地，但它已开始从该地区撤军，因此，如果安全局势恶化需要采取军事行动，欧洲将不得不介入。② 拜登政府还主张将在阿富汗和中东地区的绝大多数美军撤回国内，因为"在无法取胜的冲突中固守不放会削弱美国在其他需要关注

---

① Sven Biscop, "Act as if It Does Not Matter Who Wins", https://www.egmontinstitute.be/act-as-if-it-does-not-matter-who-wins/.

② 同①。

的问题上发挥领导作用的能力",也会"阻碍重建美国实力的其他工具发挥作用",拜登认为美国可以同时做到"既强壮又聪明"。①概言之,美国"印太战略"的持续推进使得美欧对外战略重点差异成为常态,由此导致美欧外交越来越不合拍,对于俄罗斯、土耳其以及欧洲周边问题的关切和处理手法难以同步。

  国际变局之下,美欧之间虽然存在诸多共同利益,但利益分歧仍难以避免,尤以双方在欧洲安全防务领域的分歧最为突出。分歧的根本症结仍在于美欧对欧洲安全事务主导权的争夺,这实际上也是美国霸权护持与欧盟战略自主之间结构性矛盾的一个具体表现。同冷战后美国历届政府一样,拜登政府既要求欧洲承担更多安全防务责任,同时又警惕并反对欧盟搞独立于北约或者与北约竞争的欧洲自主防务。特朗普时期北约军费争议升级是美欧之间这一矛盾尖锐化的反映;拜登执政后虽然改变了特朗普政府在北约军费问题上的偏激做法,但却无法改变美国难以继续承担欧洲安全重负的事实。需要指出的是,新冠疫情冲击下美国联邦债务高企,其负债水平已接近南欧国家,再难有强大国力来维持海外驻军的规模,并让欧洲盟友继续"搭便车"。因此拜登政府继续向欧洲转移防务负担,并要求欧洲盟友为北约军费作出更大贡献。国务卿布林肯在上任后的首次对外政策演讲中指出,同盟是美国特殊的资产,如果没有盟友,美国远远不能实现这么多目标。但他同时指出,同盟不仅是合作,还须共同承担义务;不仅美国要肩负责任,其他国家也要;真正的伙伴关系是应该共同承担责任。②然而,增加防务开支对许多欧洲国家来说仍是极具争议、难度很大的事情。欧洲民众反对军备的"和平主义"思维以及近年来多重危机影响下的经济不振是重要制约因素。根据北约峰会决议,到2024年,各成

---

① Joseph R. Biden, Jr., "Why America Must Lead Again—Rescuing U. S. Foreign Policy After Trump", https://www.asiascot.com/news/2020/10/22/why-america-must-lead-again-rescuing-u-s-foreign-policy-after-trump/.
② 《美国务卿发表外交政策演说,首次列出八大挑战》,https://news.ifeng.com/c/84KflM42XJz。

员国应将防务开支提高到国内生产总值的2%。俄乌冲突爆发后,虽然德国等一些欧洲国家对防务开支的态度有了转变,德国宣布将在未来几年内投资1000亿欧元用于国防现代化,并保证达到北约规定的国内生产总值2%的国防开支目标。但是,在今后一个时期欧洲经济前景不被看好的情况下,欧洲国家能否真正兑现增加防务开支的承诺,以及防务开支增长是否可持续,仍有待进一步观察。中长期来看,美欧在北约军费分担问题上的矛盾和争议难以得到根本解决,从而将继续对美欧关系构成制约。

值得注意的是,经济、科技领域的利益分歧将导致美欧之间的经济竞争与科技上的控制与反控制矛盾加剧。虽然美欧双边贸易总体上相对平衡,但贸易摩擦仍难以避免。特朗普政府对美欧贸易中美国近1800亿美元的贸易逆差耿耿于怀,并因此对欧盟钢铝加征关税,挑起美欧贸易战。拜登政府对待美欧贸易争端的态度有所缓和,但受制于国内保护主义压力,很难对"欧洲利用美国的开放性"不闻不问。尽管钢铝关税问题和波音与空客十余年的补贴争端暂时得到了解决,但产生争执的诱因并未消失。实际上,拜登政府迄今并未废除特朗普时期确立的对欧盟输美钢铝产品的惩罚性关税,只是划出了一个免税的配额,在额度之外的关税依旧存在。另外,美欧"跨大西洋贸易与投资伙伴关系协定"谈判仍看不到重启的希望。拜登已经表明,暂时不会考虑签署新的贸易协定。由于美欧内部都存在强大的反对力量,当前及今后一个时期双方重启"跨大西洋贸易与投资伙伴关系协定"谈判的可能性亦极小,由此暴露出美欧利益分歧之深。总之,在全球化遭遇挫折的背景下,经济民族主义、保护主义正在大西洋两岸同时抬头,作为两个经贸关系十分紧密的大型经济体,美欧某种程度的经济对抗将不可避免。

与经贸争端相比,美欧在尖端技术和对外金融领域的控制与反控制矛盾更加突出,甚至可以说矛盾大于共识。欧洲的数字市场基本上由美国大型高科技公司如谷歌、苹果、亚马逊、脸书等把控,事实上形成在欧洲数字科技领域的垄断地位，如欧洲绝大多数云计算服务由美国科技公司提供，西方世界92%的数据存储在美国。欧盟对此现状极不满意，欧美之间的数据共享协议已两次遭到欧洲法院推翻，凸显出双方在隐私保护问题上的矛盾和冲突，而其背后反映了彼此间控制与反控制的矛盾。数字技术是当今时代促进经济转型升级、提升国家核心竞争力的重要力量。在数字与科技问题上，美国包括拜登政府在内一直希望欧洲是一个听话的伙伴而非一个自主的竞争者。欧盟则致力于在战略自主、政策独立、经济安全的基础上推动技术创新，从而增强在数字时代全球实力格局中的"欧洲力量"。在数字技术领域，欧盟既与美国合作又与美国博弈；欧盟在实现数字转型和"数字十年"战略的过程中，也将美国作为竞争对手，提出要在技术创新和规制塑造方面提升竞争力。近年来，欧盟持续推进其数字和技术主权政策。2020年12月公布的《数字服务法》是欧盟近20年来在数字领域的首次重大立法，意在明确数字服务提供者的责任并遏制大型网络平台的恶性竞争行为，旨在通过对本土数字经济制定规则的方式加强对数字市场的主导权，同时限制欧盟外大型数字平台继续主导欧盟市场获得超额经济利润的能力。不难看出，《数字服务法》主要针对的是美国大型科技公司。

另外，从美欧各自推出的芯片法中也可以看出双方的差异和矛盾：欧盟对美国怀有期待和依赖，希望借助美国的支持来推进欧盟的"数字转型"和相关产业的发展，但美国对欧盟并未表现出多少热情。这既是因为欧洲的数字技术及相关产业明显落后于美国，也说明美国无意让欧盟在半导体相关产业的国际合作中占据重要位置。由于在尖端技术和前沿产业的多个领域美欧之间都存在明显失衡的实力对比，这使欧盟在美欧经济关系中处于相当不利的位置。

特别值得关注的是，数字服务税成为美欧之间分歧最大的议题之一。在数字经济时代，数字企业即使没有实体也能进入新的市场，而且跨国数字企业还能利用经济体之间税制的差异转移利润，因此，传统税收制度使大型数字企业获利。由于美国数字企业占据了欧洲大部分市场，欧洲国家因此失去了大量税收来源。征收数字服务税是欧盟应对税收问题的重要方法。2019年7月24日，法国推出《数字税法》，对数字公司的总营业额征收3%的数字服务税。奥地利、匈牙利、意大利和英国等国家紧随法国步伐。欧盟征收数字服务税遭到美国极力反对，特朗普政府认为这是欧盟采取的贸易保护主义行为。拜登执政后，美欧双方致力于解决数字税争端。针对谷歌、脸书等大型数字企业拥有垄断性平台和大量数据，并因此导致不公平竞争、用户权益受损以及虚假信息泛滥等各种问题，美国和欧盟决定采取措施加强监管。欧盟针对谷歌滥用市场支配地位等行为进行立案调查，并对谷歌征收多项反垄断罚款。2020年10月，美国国会众议院司法委员会发布了科技领域反垄断调查报告，指出谷歌、苹果、脸书和亚马逊四大科技巨头滥用市场支配地位、阻碍创新，损害消费者利益。除执法外，美国和欧盟都根据数字市场的特点，计划加强竞争监管立法。2021年6月，美国国会众议院提出了五项法案，旨在削减硅谷巨头的权力，这是美国数十年来对反垄断法提出的最全面的改革计划。欧盟则努力制定新法来加强监管，例如《数字市场法》《数字服务法》，体现了强监管色彩。在多边层面，2021年6月，七国集团峰会协调全球税制改革措施，针对跨国公司缴税地和全球最低企业税率等形成了初步共识，并得到了二十国集团财长与央行行长会议的支持。美国希望通过全球税制改革来消除数字服务税，欧洲国家则将数字服务税作为与美国进行谈判的重要筹码。2021年9月，美国财长分别与法国、英国和意大利的财长通话，强调全球税制改革很重要，应当取消数字服务税。同年10月21日，美国与奥地利、法国、意大利、西班牙、英国宣布就数字服务税争端达成妥协，明确欧洲五国将在2023年经济合作与发展组织方案生效后取消征收数字服务税，美国则放弃对这五国的报复性关税措施。虽然美欧在解决数字服务税争议方面取得了一定进展，但目前达成的只是初步协议，协议是否能得以落实仍然存在不确定性。

长期来看，美欧在数字科技领域的关系仍可能会较为复杂。一方面，由于数字经济属于新兴产业以及双方积怨不深，美欧不太可能彻底分裂，甚至有可能在监管层面达成合作，进而在数字税、平台监管、反对市场扭曲等分歧问题上统一立场。值得注意的是，美欧针对中国的"数字丝绸之路"，推出了"数字威权主义论"，强调双方应当合作推进全球数字设施建设，制定数字监管标准，共同推进规则执行，以维护西方价值体系。但另一方面，美欧仍难以完全突破在数字领域的结构性矛盾。欧盟打击美国科技巨头公司，实质上是谋求数字时代美欧之间的利益分配与相对实力关系的再调整。目前来看，尽管双方释放了一些积极信号，但建立跨大西洋数字议程远非易事。未来，美欧关系在数字科技领域究竟会呈现何种态势，仍具有较大的不确定性。欧盟目前一方面加强数字欧元的研发，同时与中国签订高水平的投资协定，加强在数字科技、绿色发展方面的合作，而另一方面，仍然期待与美国在数字技术标准、数字监管、全球数字价值链等数字规则制定方面统一立场，延续西方在全球经济体系中的制度性权力。

欧盟-美国贸易与技术理事会的建立虽有助于促进双方在科技领域的合作，但其分歧难以避免。最突出的是美欧在该理事会定位上的分歧。在"全政府"、全社会式的对华战略竞争背景下，美国希望通过该理事会拉拢欧盟一致对华，将该理事会打造为双方对华协调的主要抓手。美国商务部长雷蒙多在接受美媒采访时称，我们必须与欧洲盟友合作，不让中国获得最先进的技术，使他们无法在半导体等关键领域追赶上来。[①] 可以说，欧盟-美国贸易与技术理事会对于美国而言不仅是协调盟友政策的平台，更是拉拢盟友以实现维护其全球霸权的工具。欧盟则竭力淡化该理事会的排华性质并指明其不针对第三国，希望在该理事会中占据主动性以获得在世界贸易和科技领域的影响力。此外，美欧在该理事会的具体合作政策上存在分歧。美国强调该理事会的竞

---

① 张薇薇:《美欧贸易和技术理事会首次会议：共识难掩分歧》，载《世界知识》，2021年第21期，第36—37页。

争性，试图将经济和安全政策相挂钩，以该理事会围堵中国、俄罗斯，采取经济制裁和技术管控以实现西方价值观和市场经济的输出。俄乌冲突爆发后，美国希望借助该理事会形成对俄统一的制裁同盟。目前，该理事会的议题大多反映了美国关心的经贸议程；而欧盟更重视数字转型和绿色发展议题，曾试图以其《数字市场法》和《数字服务法》为蓝本推动欧美协调的步伐，却遭到美国的抵制。美欧在共同声明中指出，"欧盟-美国贸易与技术理事会的合作和交流不影响美国和欧盟的监管自主权，应尊重两个司法管辖区不同的法律制度"[①]，实际上保留了各自的自主性。

总之，在国际变局加速演进、跨大西洋同盟持续调整的背景下，美欧关系的重大利益弥合、转换并非易事。冰冻三尺，非一日之寒。美欧之间无论存在的结构性障碍还是诸多领域的利益矛盾，长期来看都将难以完全消除。拜登政府的对欧政策调整或能够给美欧关系的改善带来一些短期效果，欧洲在俄乌冲突背景下亦需靠拢美国以寻求安全方面的支持，但这些都难以阻挡美欧同盟"退化"的大趋势。从根本上讲，在美国战略重心东移背景下，美国对欧洲这个世界地缘政治重要部分的兴趣正在减弱，这一趋势将会延续下去。与此同时，一个战略自主的欧盟亦将力争在国际政治中彰显其独立性。正如有分析所指出的，"战略自主是未来几十年的欧洲计划"[②]，这在短期内不会改变。

三、美欧信任赤字

美欧相互信任是跨大西洋同盟赖以建立并得以维系的基础，也是冷战期间保持同盟有效性的关键。但冷战后尤其是近些年来，美欧之

---

① The White House, "U.S.-EU Trade and Technology Council Inaugural Joint Statement", https://www.whitehouse.gov/briefing-room/statements-releases/2021/09/29/u-s-eu-trade-and-technology-council-inaugural-joint-statement/.

② Sven Biscop, "Biden's Victory and Europe's Strategic Autonomy", https://www.egmontinstitute.be/bidens-victory-and-europes-strategic-autonomy/.

间基于传统西方民主价值观的互信水平明显下降,尤其是欧洲对美国不信任感显著上升。

美欧互信下降与特朗普执政期间的所作所为密切相关。美国一些政界人士认为,特朗普执政期间,跨大西洋安全防务关系面临自1949年北约成立以来最严重的信任赤字。① 实际上,自特朗普入主白宫并推行"美国优先"外交,欧洲就开始对美国的民主产生信任危机。特朗普这样的"古怪"之人当选美国总统被视为美国民主衰落的表现。其逻辑是,特朗普主义的推动力源自美国政府和其他机构的公信力下降,由此使得美国这个国家不再值得信任。在欧洲人看来,特朗普对联盟和多边主义的蔑视是一种自然流露,退出气候变化《巴黎协定》和世界卫生组织的举动也符合其"美国优先"的逻辑。正因为如此,欧洲对特朗普领导下美国应对全球性挑战和跨国安全威胁的承诺产生了极大的不信任。特朗普虽然在2020年总统选举中败北,但他仍获得7300多万张选票,这反映出美国社会的对立撕裂,也显示美式民主的困境。欧洲人认为,拜登当选美国总统或许能够证明美国民主的力量和基础尚在,但特朗普留下来的负面遗产不会轻易消失,因为美国种族社会结构、长期增长的动力结构,以及国内国际的道义主张和现实利益之间的冲突等种种复杂矛盾,通过此次大选得到了充分暴露,并且整体上爆发了出来。美国政党政治的严重极化现象对拜登政府的内政外交构成了严重制约;虽然拜登政府调整特朗普时期的极端做法、调和各方立场并让美国社会团结起来的基调是理性的,但问题在于当今美国的乱象和矛盾已非"一日之寒",无论是谁来化解这块"坚冰",都会越来越难。

美国民主的衰落与政治极化,同样对欧洲"重建"对美国的信任构成了挑战。拜登执政后,虽然欧盟急欲推进欧美关系"重建"议程,

---

① Nicholas Burns, et al. "Stronger Together: A Strategy to Revitalize Transatlantic Power", https://www.hks.harvard.edu/publications/stronger-together-strategy-revitalize-transatlantic-power.

第五章　拜登执政后美欧关系修复的空间及限度

但同时仍对美国怀有很大的不信任。欧洲一些智库人士认为，即使拜登当选美国总统，他也难以把历史之轮带回到奥巴马时代。欧洲人意识到，美国社会、政治已经发生深刻变化，社会已经高度分裂，民主、共和两党已经势同水火，特朗普仍得到几乎一半选民的支持，四年后拜登政策被另一个"特朗普"推翻并非不可能。美国学者约瑟夫·奈承认，"盟友能否相信美国不会产生另一个'特朗普'"这个长期悬而未决的问题，依然无法得到完全肯定的答复。这在很大程度上将取决于控制疫情、恢复经济的成效，以及拜登处理美国政治极化问题时的政治技巧。① 根据一个欧洲智库所作的调查，欧洲人对2024年或2028年美国是否会产生另一个"特朗普"感到关切;② 担忧若特朗普或特朗普分子卷土重来，并且将特朗普的政治本能转化为方法和策略，而不是一时的奇想和推文，那么任何这样一个"特朗普"都可能会比特朗普本人更危险。③

通过一些具体数据，可以更清楚地看到欧洲对美国信任度的下降。欧洲对外关系委员会委托数据分析公司数据实践和英国民调机构舆观在2021年11月和12月对11个欧洲国家④的1.5万多人进行了一项泛欧民调，调查发现，在2003年伊拉克战争的准备阶段，欧洲国家对于是否在价值观上与小布什领导的美国保持一致存在分歧，但很少有人怀疑小布什塑造世界的力量。拜登的情况则正好相反，虽然大多数欧

---

① Joseph S. Nye, Jr., "Can Joe Biden's America Be Trusted?", https://www.belfercenter.org/publication/can-joe-bidens-america-be-trusted.
② 根据欧洲对外关系委员会于2020年11月和12月对11个欧盟成员国进行的调查结果，许多人不相信美国选民在四年后不会再次投票给特朗普。32%的受访者认为，在2016年投票给特朗普后，美国人不值得信任，而不同意这一说法的人只有27%（其余人对这一问题没有意见）。参见 Ivan Krastev and Mark Leonard, "The Crisis of American Power: How Europeans See Biden's America", https://ecfr.eu/publication/the-crisis-of-american-power-how-europeans-see-bidens-america/。
③ Sven Biscop, "Biden's Victory and Europe's Strategic Autonomy", https://www.egmontinstitute.be/bidens-victory-and-europes-strategic-autonomy/.
④ 参加调查的国家有英国、瑞典、葡萄牙、波兰、荷兰、意大利、匈牙利、法国、西班牙、丹麦、德国。

洲人对拜登当选美国总统感到高兴，但并不认为他能帮助美国重新成为最杰出的全球领袖。上述调查得出的最主要结论是，美国选了一位新总统，但没有成为一个新国家。欧洲一些主要国家的大多数民众认为，美国的政治体系完全或者在某种程度上已经崩溃了，这似乎让他们怀疑美国是否能够像拜登在说"美国回来了"时承诺的那样，重返全球领导地位。51%的受访者认为，拜登领导下的美国难以修复内部分歧，且不会在欧洲安全问题上负更大责任。53%的德国受访者表示，在特朗普当选后，美国人再也不能被信任了。逾半数的德国民众现在不把美国的军事力量视为其安全的生存保障。调查还显示，欧洲人对美国的态度发生了巨大的变化。许多欧洲人相信拜登政府重新参与国际事务的承诺，但在目睹美国应对新冠疫情不力和国内两极分化后，大多数人怀疑美国塑造世界的能力。①

值得注意的是，接受调查的欧盟内一些大国的多数受访者认为，美国的政治体系已经崩溃，中国将在十年内变得比美国更强大，欧洲人不能依赖美国来保卫自己。很多受访者认为，欧洲应该投资于自己的国防，并将德国（而不是美国）视为他们最重要的合作伙伴。他们还希望在经济问题上对美国更强硬。② 关于地缘政治结盟问题，欧洲对外关系委员会于2019年进行的一项泛欧民调显示，当时被调查国家的绝大多数受访者希望在美国与中国或俄罗斯之间保持中立，而不是与美国结盟。拜登竞选团队的一些人认为欧洲人转向中立主要是因为对特朗普的不信任和厌恶，认为拜登当选总统后会改变这种局面。拜登当选总统后确实大力呼吁美欧结成对抗中国的统一战线。然而上述民调显示，拜登当选美国总统似乎并未从根本上改变受访者对地缘政治结盟的看法。在每个接受调查的国家中，至少有一半的受访者希望本

---

① Ivan Krastev and Mark Leonard, "The Crisis of American Power: How Europeans See Biden's America", https://ecfr.eu/publication/the-crisis-of-american-power-how-europeans-see-bidens-america/.

② 同①。

国政府在中、美两国间保持中立。①

欧洲对外关系委员会于2021年4月进行的一项民意调查显示,更多的欧洲人视美国为一个"必要的伙伴",而不是与欧洲拥有共同利益和价值观的固定的盟友。与此同时,也有很大一部分欧洲受访者认为中国和俄罗斯是必要的合作伙伴,只有12%的受访民众将中国视为对手。另外,受访民众普遍认为,在对华关系上欧盟是欧洲最大的"鹰派",认为"新冷战"更可能是被美国或欧盟挑起,而不是成员国。这种地缘政治观点的分歧或许不一定是西方联盟重要性下降的标志,但这是一个信号:如果危机时刻来临,欧盟可能会被指责为美国在欧洲的代言人,而不是代表欧洲在世界上发声。② 2021年9月,欧洲对外关系委员会发布了另一份在12个欧盟国家进行的问卷调查,结果显示,尽管欧盟频繁在文件和讲话提到"制度性对手",但大多数欧盟民众"并不买账",不认为中国"威胁"其生活方式。总之,尽管美国和欧盟对中国的态度都在变得更加强硬,但双方的长期目标有所不同:美国的目标是与中国"脱钩"并遏制中国,而欧洲人仍然希望将中国带回"基于规则的国际体系"。③

欧洲对美国作为盟友的可靠性和实力越来越不信任,这将会改变美欧联盟关系的性质。正如有分析所指出的,美国的冷战联盟以"天主教婚姻"的形式出现,实行的是"一夫一妻制",没有"离婚"的可能。而在特朗普执政四年之后,这一联盟看起来像是一种更随意的安排———一种开放的"婚姻",引入其他参与者是避免被利用的关键。欧洲人不再相信美国会保卫欧洲,如果美国卷入与其他大国的冲突,

---

① Ivan Krastev and Mark Leonard,"The Crisis of American Power: How Europeans See Biden's America",https://ecfr.eu/publication/the-crisis-of-american-power-how-europeans-see-bidens-america/.

② Ivan Krastev and Mark Leonard,"What Europeans Think About the US-China Cold War",https://ecfr.eu/publication/the-crisis-of-european-security-what-europeans-think-about-the-war-in-ukraine/.

③ 同②。

他们也不会与美国团结一致。透过欧洲对外关系委员会的上述调查，美国似乎也没有理由相信欧洲民众愿意执行跨大西洋联合外交政策。① 2021年慕尼黑安全会议主席伊辛格（Wolfgang Ischinger）称，"欧洲被战火包围"，需要摆脱美国加强战略自主。伊辛格指出，虽然拜登将更加重视与盟友的关系，但是此次美国大选中依然有7300多万选民投了特朗普的票，他们依然赞同特朗普的零和博弈思维。"我们欧洲人究竟应当怎样让美国人民相信：与欧洲紧密合作、保卫欧洲其实是个好主意？"② 可见拜登执政后欧洲人并未完全改变对美式民主衰落的观感，并未消除对美国的信任危机。2021年5月6日，美国卡耐基基金会网站刊登该基金会欧洲项目主任、研究员布拉特贝格（Erik Brattberg）撰写的《拜登就任百日后的跨大西洋伙伴关系》一文，文中指出，对美国政治体系的不信任以及对2024年"美国优先"政府可能回归的担忧，使得一些欧洲人继续认为，尽管有拜登执政，欧盟也应该防范不确定的美国领导层，并小心翼翼地避免与美国过于紧密地结盟。③

在欧洲人看来，拜登政府采取的一些行动进一步证明了他们的担忧并非毫无根据。2021年8月底，美国未事先与欧洲盟国协商就从阿富汗仓促撤军，导致该国被塔利班接管。与特朗普政府不与盟国磋商就从叙利亚撤军相比，拜登政府在阿富汗抛弃盟友、"不告而别"的做法有过之而无不及。欧洲对拜登政府此举表示强烈不满，部分欧洲国家领导人重拾关于"欧洲军队"的讨论，欧盟委员会主席冯德莱恩也在同年9月中旬发表的盟情咨文演讲中提及建立欧洲安全与防务联盟

---

① Ivan Krastev and Mark Leonard, "The Crisis of American Power: How Europeans See Biden's America", https://ecfr.eu/publication/the-crisis-of-american-power-how-europeans-see-bidens-america/.

② 《终于轮到美国了！被70国联合针对,美国霸权会走向穷途末路吗？》,https://www.163.com/dy/article/G6H57E1J0543OST6.html? f=post2020_dy_recommends。

③ 《拜登上任百天重建跨大西洋议程：贸易、技术、气候和中国》,https://www.163.com/dy/article/G9LTE7V90519BMQ6.html。

的设想,凸显出美欧战略互信的缺失。

另一引起更大争议的事件是,拜登政府于 2021 年 9 月 15 日和英国、澳大利亚宣布建立名为"奥库斯"的三边安全伙伴关系。"奥库斯"是澳大利亚、英国和美国之间升级版的防务伙伴关系,或者说一个新的安全联盟。该机制旨在围绕对华战略竞争打造"盟中之盟",美国力图使这一"盎格鲁-撒克逊联盟"具有高水平的信任度、协同性和行动力;白宫国家安全委员会印太事务协调员坎贝尔(Kurt Campbell)称之为"最重要的战略创新"。具体来说,"奥库斯"旨在强化美、英、澳三国对彼此的防务承诺以及在安全能力建设上的合作,确定了三国之间的技术分享机制,涵盖人工智能、网络技术、量子计算、水下系统和远程打击能力等关键领域,① 特别是将美、英两国协助澳大利亚建造核动力潜艇作为第一要务。美国试图借此增强盟友的远洋作战能力,建立跨越多岛链的对华威慑网络,协助美军在战时封锁主要海上通道。根据"奥库斯",澳大利亚将与美、英两国合作在澳建造 8 艘核潜艇,总支出将超过 659 亿美元,美、英两国负责向澳研制核潜艇提供必要技术支撑。

"奥库斯"之所以引起法国及欧盟的反对,主要在于澳大利亚政府根据"奥库斯"宣布中止此前与法国海军集团签订的 660 亿美元采购 12 艘潜艇的供应合同。② 根据《纽约时报》等媒体的报道,美、英、澳三国关于"奥库斯"的商议实际上持续了近 6 个月的时间。拜登政府认为,法国计划建造的常规柴油潜艇不具有覆盖太平洋的能力,无助于应对日益增长的"中国威胁",于是决定将美、英两国的核动力潜艇技术提供给澳大利亚,但考虑到该议题的敏感性,美、英、澳三国

---

① The White House, "Joint Leaders Statement on AUKUS", https://www.whitehouse.gov/briefing-room/statements-releases/2021/09/15/joint-leaders-statement-on-aukus/.
② Sven Biscop, "AUKUS and the EU: A Snub for the Bloc?", https://www.egmontinstitute.be/aukus-and-the-eu-a-snub-for-the-bloc/.

关于该议程的讨论一直以秘密会谈的形式进行，直到最终的突然公布。① 法国仅在澳大利亚宣布这项新协议几小时前才收到通知，其愤怒可想而知。对法国来说，"奥库斯"不仅损害了本国军工产业的经济利益和国际声誉，更证明了本国自视为美国的"最古老的盟友"只是一厢情愿。在接受媒体采访时，法国外长勒德里昂以外交场合极其少见的情绪化语言表达了愤怒，将这笔交易称作对法国的"背刺行为"，并指责美国的决定是"野蛮的、单边的、不可预测的"，认为拜登政府的行为"与特朗普无异"。② 在同年9月联合国大会期间，勒德里昂更是公开表示"奥库斯"意味着"盟友间的信任破裂"，并呼吁欧洲人认真反思自己所拥有的"联盟和伙伴关系"。③ 除了表达反对立场，法国还采取了一些反制行动，包括取消了纪念美国独立战争期间的切萨皮克海战胜利240周年的庆祝活动和英法防长会晤，启动对澳大利亚的索赔程序，分别召回其驻美、驻澳大使以示抗议。值得一提的是，这是法美建交250多年来法国首次撤回驻美大使。④

在"奥库斯"引发的外交风波中，欧洲各国与欧盟领导人给予法国声援和支持；欧盟委员会主席冯德莱恩称"我们的一个成员国受到了不可接受的待遇"⑤，欧洲理事会主席米歇尔指责美国在处理"奥库

---

① David Sanger, "Secret Talks and a Hidden Agenda: Behind the U. S. Defense Deal That France Called a 'Betrayal'", https://www. nytimes. com/2021/09/17/us/politics/us-france-australia-betrayal. html.

② George Parker, et al. "AUKUS: How Transatlantic Allies Turned on Each Other over China's Indo-Pacific Strategy", https://www. ft. com/content/06f95e54-732e-4508-bc92-c3752904ba67.

③ "'Breach of Confidence': French FM Denounces AUKUS Deal, Says Europeans Need to Rethink Alliances and Partnerships", https://www. rt. com/news/535370-france-aukus-rethink-alliances/.

④ 《法国召回驻美、澳大使："背后捅刀"引发外交龃龉》，http://www-chinanews-com-cn-s. vpn. sdnu. edu. cn/gj/2021/09-18/9569142. shtml.

⑤ Naomi O'Leary, "Australia's Treatment of France 'Unacceptable', EU Says", https://www. irishtimes. com/news/world/europe/australia-s-treatment-of-france-unacceptable-eu-says-1. 4679131.

斯"问题上缺乏忠诚和透明度。①卡内基欧洲研究所于2021年9月21日刊发《美英澳安全协议对欧洲意味什么》一文称，美、英、澳形成的新联盟是以牺牲法国利益为代价，将深刻改变跨大西洋关系。无论其是否为"不专业的外交失误"，还是表明美国对欧洲盟友的"不屑一顾"，这都不如一个可能形成的现实重要：在"中国问题"上，美国不重视也不信任其欧洲伙伴。"奥库斯"被认为是针对中国，但具有讽刺意味的是，"奥库斯"的宣布和欧盟公布其印太战略发生在同一天，这意味着一定程度上拜登失去了和欧洲在印太地区合作以应对中国的机会。②

美、英、澳三国持续推进核潜艇合作进程，不顾国际社会严重关切与反对，耗资100亿澳元在澳东部海岸新建潜艇基地、美澳围绕核动力潜艇加大联合演训，并于2023年3月正式公布了建造核动力潜艇的具体计划。此外，"奥库斯"注重加强在前沿军事科技和国防工业方面的协作，体现了美国"防务能力外包"的政策态势。该机制聚焦的前沿军事科技主要包括高超音速和反高超音速、电子战、网络战、人工智能与自主性、量子技术以及海底能力。美、英、澳三国的军工复合体也在深化合作，力图增进防务供应链和防务工业基础的一体化程度，共同研发和生产军事装备、弹药等。值得注意的是，新西兰、韩国、印度等国希望参与"奥库斯"框架下的相关合作。该机制与其他亚太"小多边"机制之间的联动也将增多，包括五国联防、澳新美同盟等，澳大利亚在美国亚太盟伴体系中"穿针引线"的作用更为凸显。"奥库斯"的未来动向及其对美欧关系的影响值得关注。

从中长期来看，美欧互信下降将使双方在战略层面变得更加疏远，从而制约双边关系的改善。欧洲一些分析人士警告，欧盟在期待拜登

---

① "EU Chief Michel Denounces 'Lack of Loyalty' by US", https://www.france24.com/en/live-news/20210920-eu-chief-michel-denounces-lack-of-loyalty-by-us.
② Sven Biscop, "AUKUS and the EU: A Snub for the Bloc?", https://www.egmontinstitute.be/aukus-and-the-eu-a-snub-for-the-bloc/.

执政给美欧关系带来积极变化的同时，也要为四年后美国政策重回特朗普路线作好应对准备。民主党在美国执政为欧洲提供了一个在不引发不必要摩擦的情况下思考并形成自身战略的机会。欧洲应首先表明希望与美国进行更紧密的合作，以便在特朗普主义再次爆发之前实现更多目标。① 但同时也要更加致力于实现战略自主，特朗普的政策警示欧洲不能永远依赖美国，也不应对大西洋关系的未来盲目自信。② 欧洲人过去总以为有美欧联盟关系就不必为自己的安全操心，在任何情况下美国都会保护欧洲。但实际上，自20世纪90年代初南斯拉夫内战以来，欧洲人就应该知道，美国不会永远——也不应该——替欧洲解决问题。③ 特朗普政府粉碎了欧洲人的这种幻想，即便是最坚定的大西洋主义者也应该明白，作为盟友的美国也会不时地采取有损欧洲利益的行动。在未来一个由大国主导的世界里，欧洲人捍卫自身利益的唯一途径是整合并达到与大国同样的规模，而这只有通过欧盟才能实现。④ 因为拜登当选美国总统而放弃欧洲战略自主的目标将是非常短视的——欧盟2016年首次提出"战略自主"时并不是为了应对特朗普可能当选美国总统，如今也不应因为特朗普的败选而抛弃这一目标。战略自主是未来几十年的欧洲计划，而不是应对下一届美国总统任期的计划。⑤

世异时移，当前美欧内部社会政治及国际地缘经济政治形势均已发生重大变化，美欧盟友关系难回过去。历经70多年的跨大西洋同盟虽被认为是当今世界最紧密最持久的同盟关系，但这一同盟也始终具有其内在的矛盾性，其当前的维系主要是惯性使然，而非长期趋势。

---

① Sven Biscop, "Biden's Victory and Europe's Strategic Autonomy", https://www.egmontinstitute.be/bidens-victory-and-europes-strategic-autonomy/.
② 同①。
③ Sven Biscop, "Act as if It Does Not Matter Who Wins", https://www.egmontinstitute.be/act-as-if-it-does-not-matter-who-wins/.
④ 同①。
⑤ 同①。

在国际变局的激荡下,美欧战略利益分歧不断加大难以避免。欧洲在美国全球战略中已不再处于核心地位,欧盟在实现其全球抱负前必须更多地依靠自己来确保生存。美国或能够提供给欧洲一定的帮助,但这不会是无条件的,比如美国会要求欧盟配合其对华战略。拜登政府或许不会像特朗普那样给欧盟贴上"敌人"的标签,也可能在气候变化方面与欧洲合作,并缓和贸易分歧,但美欧关系存在的结构性问题难以根本解决。除了美国转向亚洲使得双方战略分歧加剧外,美欧年轻一代对于保持跨大西洋同盟必要性的信念也不像前几代人那样坚定,即使重提大西洋价值观,也不见得管用。另外,美欧关系今后会越来越受到中美关系等其他大国关系的影响,多样性变量凸显了美欧关系的脆弱性及其进一步弱化的风险。美欧盟友关系在很大程度上难以回到过去。

第六章　美欧对华政策协调及其局限性

冷战结束后，特别是进入21世纪以来，大国间三边互动增多、相互影响增大成为国际关系发展的一个趋势性特征。美国、中国和以欧盟为代表的欧洲是当今世界三大战略性力量，中美欧关系是影响国际体系运行的战略三边关系。不同于冷战时期的中美苏敌对三角，中美欧关系是以合作与竞争为特点的三角关系。① 在中美欧三边关系中，美国是主要推手，中美博弈是主要矛盾，欧盟是关键第三方。中美关系的未来主要取决于彼此对对方的认知和对两国关系的定位，但同时也受到欧盟的影响。中美欧三方利益交织以及彼此间竞争与合作并存，决定了三边关系的长期性和复杂性；三边关系同时亦具有不对称性，即美欧关系总体上较为紧密，合作大于竞争，而中美、中欧之间的竞争远大于美欧竞争。中美欧关系的实质是非对称性三角博弈，由于美欧间相互关系要比对华关系紧密得多，这就使得美欧共同应对中国成为趋势性特征之一。为了维护双方共同利益与大西洋价值观，美欧近年来加强了应对"中国挑战"的战略协同与政策协调。但这一过程具有复杂性，特朗普时期美欧关系的紧张制约了双方涉华互动的效果，而拜登执政后，双方短期利益的汇合使得美欧对华政策协调的动能增

---

① Robert Ross, Oystein Tunsjo and Zhang Tuosheng, eds. *US-China-EU Relations: Managing the New World Order*, London and New York: Routledge, 2011, p. 1.

强。当前，美欧都将中国视为一个经济、技术和战略上的竞争对手，并因此加强了在数字技术、投资贸易、价值观和制度竞争以及军事安全等领域针对中国的协调联动。美欧深化涉华互动虽使中国的周边环境与崛起进程变得更为复杂，但其局限性依然明显，国际环境的变化、美欧涉华利益的不对称以及双方之间的一些深层次分歧是主要制约因素。

第一节　中美欧不对称三角博弈

一、美国转向对华全面战略竞争

特朗普上台以后，强调世界回归"大国竞争"，明确将中国列为"主要战略竞争对手"，称中国带来的威胁是美国在国际上面临的"最大挑战"，美国对华竞争比美国对俄竞争严峻得多。特朗普政府认为，包括奥巴马政府在内的美国历届政府都夸大了美国影响中国政治体系的能力，低估了中国对美国造成的威胁，对华接触政策未实现美国数十年来所预期的中国政治和经济的所谓"自由化"，因此必须调整对华政策，在政策中引入更多的遏制因素。特朗普的这一对华认知直接反映在2017年年底出台的《美国国家安全战略报告》中，该报告把中国定义为对美国世界领导力的最大威胁，强调必须重新校正中美关系，否则美国的繁荣和安全将受到损害。[①]

从行为层面来看，特朗普政府放弃了对华接触战略，并通过公开的政策立场和激进的政策行动，尤其是通过综合采取经济、外交、军事、政治、意识形态、科技封锁、网络介入等各种措施，竭力推进对华战略的全方位整体转型。2020年5月，特朗普政府发布了《美国对华战略方针》，称"中国对美国构成经济、价值观和安全三方面的挑

---

① John M. Weaver, "The 2017 National Security Strategy of the United States", https://digitalcommons.usf.edu/cgi/viewcontent.cgi?article=1655&context=jss.

战",表示美国认识到"中、美两国体制存在长期战略竞争",美国政府将采取"全政府"、全社会方式应对中国,包括国会、州和地方政府、私营部门、民间以及学术界。① 这标志着美国对华政策完成了从建设性接触到全面战略竞争的转型。同年7月,美国国务卿蓬佩奥发表了针对中国的专题演讲,他将"美中竞争"描绘成现代的"冷战",② 这被外界视作开启新一场冷战的"新铁幕"演讲。值得注意的是,新冠疫情期间,特朗普政府不集中精力于国内抗疫,反而咬紧对中国的战略竞争,不想让双方在抗疫中的合作需求缓和竞争,进而分散乃至打乱其"战略部署",甚至还想借机强化竞争。特朗普任内美国对华战略竞争政策在贸易、科技等一些方面特别激进,甚至实施"脱钩"动作。随着中美在各领域(贸易与科技、军事与安全、媒体与人文、香港与台湾地区、新冠疫情与世界卫生组织)、各层面(双边、地区、全球与多边)的对抗加剧,双方关系紧张的烈度不断升高。尤其是特朗普政府试图通过在南海、香港、台湾地区等涉及中国核心利益的问题上施压和挑衅中国,在政治和外交上孤立中国,干扰中国与周边国家乃至国际社会的关系,同时通过改革既有国际组织设定更高标准或者重建某些新的多边合作框架,从而将中国排挤出去,进而削弱中国的竞争力和影响力、限制中国的发展。除了美国"全政府"、全社会式反华,调动国际力量与美国配合也是特朗普政府对华竞争战略的一个重要组成部分,这一点在《美国对华战略方针》报告中得到了体现。特朗普政府在建设一个"自由与开放的国际秩序"的旗号下,就与盟友、合作伙伴和国际组织建立旨在排挤、孤立、遏制中国的"伙伴关系"进行谋划。蓬佩奥在其2020年7月的演说中叫嚣在全球建立

---

① WITA, "United States Strategic Approach to The People's Republic of China", https://www.wita.org/atp-research/u-s-approach-to-china/.

② State Department, "Secretary Pompeo Delivers a Speech at the Richard Nixon Presidential Library", https://video.state.gov/detail/videos/top-stories/video/6174579622001/secretary-pompeo-delivers-a-speech-at-the-richard-nixon-presidential-library?autoStart=true.

"反华联盟",号召世界换一种方式应对中国。① 应指出的是,特朗普虽然是美国历史上引发国内民众两极分化最严重的政治人物之一,但他却设法促成了共和党和民主党对华强硬的共识政策。由是而言,特朗普任内美国朝野在对华强硬方面形成的压倒性态势不大可能因今后美国政府的更替而发生根本改变。但在国际层面,由于特朗普任内美欧关系紧张,使得其联欧制华的努力打了不少折扣。

拜登执政以后,由于选举政治的需要以及执政党更替后外交政策大调整的惯性,尝试修正前任政府的一些做法,包括从"美国优先"向关注全球性议程和联盟事务回归。然而,拜登政府对美国所处的国际环境的认知与特朗普政府具有一致性,都认为美国的安全正遭受挑战和威胁。拜登认为,世界正处于重要转折点上,美国的命运与国际环境的联系比以往任何时候都紧密。美国正面临新冠疫情全球大流行、严重的经济衰退、种族主义危机和日益恶化的气候变化危机等多重挑战,这些挑战正加速而来,变得更加复杂而且紧迫。② 与特朗普政府一样,拜登政府也强调"大国竞争"。2021年3月白宫国家安全委员会发布的《国家安全战略过渡性指导方针》提出,中国和俄罗斯都在进行大量的投入,意图抵消美国的影响力,阻止美国捍卫自身在世界各地的利益并保护自己的盟友。③ 拜登政府特别强调中国是美国面临的"特殊挑战",美国需要对中国采取强硬态度。事实上,《国家安全战略过渡性指导方针》就是旨在为拜登政府的对华政策以及未来的对华战略制定确立总体方向。该文件称,世界权力格局正处于重大"拐点"(infection point),美国面对一个"民族主义兴起,民主衰退,与中、

---

① State Department, "Secretary Pompeo Delivers a Speech at the Richard Nixon Presidential Library", https://video. state. gov/detail/videos/top-stories/video/6174579622001/secretary-pompeo-delivers-a-speech-at-the-richard-nixon-presidential-library? autoStart=true.
② Joseph R. Biden, Jr., "Why America Must Lead Again", https://www. foreignaffairs. com/articles/united-states/2020-01-23/why-america-must-lead-again.
③ The White House, "Interim National Security Strategic Guidance", https://www. whitehouse. gov/wp-content/uploads/2021/03/NSC-1v2. pdf.

俄等国较量日深，技术革命重塑我们生活方方面面的世界"；强调中国变得更加"强势"，认为在美国的竞争者当中，只有中国有潜力结合经济、外交、军事与科技力量来持续"挑战"稳定和开放的国际体系。① 国务卿布林肯在其发表的题为《为了美国人民的外交政策》讲话中也宣称，中国是唯一拥有经济、外交、军事和技术实力来对稳定和开放的国际体系——所有那些我们希望世界以这种方式运转的规则、价值观和关系——构成"重大挑战"的国家。② 对比来看，如果说2017年的《美国国家安全战略报告》将中国和俄罗斯视为同等的"挑战"，那么2021年的《国家安全战略过渡性指导方针》则将二者明显区分开来。在这份文件中，中国被认为是唯一有潜力将其经济、外交、军事和技术力量结合起来，对稳定和开放的国际体系发起持续"挑战"的竞争对手，而俄罗斯只是"在世界舞台上扮演一个破坏角色"。③

特朗普政府的对华政策转向，事实上终结了美国曾长期奉行的对华接触政策。但如果上溯至奥巴马政府时期，奥巴马的部分智囊实际上也已经开始质疑对华接触政策，且这种质疑逐渐成为拜登智囊圈的共识。从奥巴马政府后期开始，美国国内在对华认知上就已开始转变，普遍认为中国的崛起对美国形成了"全方位挑战"，美国必须采取行动遏制中国的发展。这一共识在特朗普执政后被美国右翼或保守势力进一步放大，在某种程度上形成了"政治正确"，左右甚至决定了美国建制派对华态度。基于国内两党争斗以及对中国崛起的现实感受，拜登政府基本上延续了特朗普政府的对华强硬态度，尤其是沿用了后者使用的"竞争"这一核心概念。拜登政府将中国视为美国面临的"最严峻竞争者"（most serious competitor）以及"体系性竞争者"（对美国的

---

① Joseph R. Biden, Jr., "Why America Must Lead Again", https://www.foreignaffairs.com/articles/united-states/2020-01-23/why-america-must-lead-again.

② "State Secretary Blinken: A Foreign Policy for the American People", https://fr.usembassy.gov/a-foreign-policy-for-the-american-people/.

③ "Statement on the Interim National Security Strategic Guidance", https://www.govinfo.gov/content/pkg/DCPD-202100202/pdf/DCPD-202100202.pdf.

繁荣、安全和民主价值观构成"挑战"），强调要重振美国的同盟和伙伴体系，与中国展开"长期性、战略性、极端性竞争"。① 拜登本人曾在其发表的文章中写道："中国代表了一种特殊的'挑战'……中国正在推进长期博弈，包括扩展其全球影响、推广其政治模式、投入研发主导未来的技术。"②

作为民主党人，拜登的对华竞争观念具有浓重的意识形态底色，他将对华竞争归结为不同政治体制之间的较量，这也是所谓"长期性、战略性、极端性竞争"的重要内涵之一，即在与中国的竞争中修复所谓"美国民主"，弥合美国内部裂痕，彰显"美国民主"的"优越性"。正是出于这种考虑，拜登政府将中国视为"体系性竞争者"，并展现出从维护美国"民主体制"安全的角度看待中国的取向。还应指出的是，较之特朗普政府，拜登政府和民主党精英更加重视从国际体系层面审视中国带来的"挑战"以及中美围绕国际体系的竞争，尤其是在特朗普主义和新冠疫情等对美国主导的国际体系带来严重冲击的背景之下。从对华行动来看，拜登上任后签署多项总统行政令，推翻了特朗普政府的一些内政外交政策，但在贸易、技术、军事、供应链、网络安全、价值观等方面总体维持了特朗普政府的对华遏制举措，并加紧与美国盟友和伙伴国深化协调，力图打造美国对华战略竞争的"实力地位"。与此同时，美国国会也推出一系列涉华法案，以"帮助美国在（与中国）围绕意识形态、军事、经济和技术的长期竞争中获胜"③。可以说，在美国行政部门和立法部门等加大协同的背景下，美国对华战略竞争进入了一个新的阶段。

---

① "Joe Biden Speech on Foreign Policy Transcript February 4: 'America Is Back'", https://www.rev.com/blog/transcripts/joe-biden-speech-on-foreign-policy-transcript-february-4-america-is-back.

② Joseph R. Biden, Jr., "Why America Must Lead Again", https://www.foreignaffairs.com/articles/united-states/2020-01-23/why-america-must-lead-again.

③ "S. 1260—United States Innovation and Competition Act of 2021", https://www.congress.gov/bill/117th-congress/senate-bill/1260.

需要指出的是，较之特朗普政府，拜登政府的对华政策也有一定的调整，主要是调整了竞争方式，不再是特朗普那样挥霍"蛮实力"或者"单打独斗"，而是强调价值观外交凝聚西方共识、借助同盟体系分担竞争压力，希望通过"阵营式对抗"将对华双边竞争转化为多边竞争，以此赢得美国的优势地位。或者说，拜登政府在对华竞争策略上与特朗普政府有所不同，对内更加注重提升美国竞争力，以自身实力与中国开展战略竞争；对外则强调重塑美国的世界领导力，避免孤军奋战。拜登政府强调，美国将从实力地位出发与中国竞争，认为与中国的竞争是一项系统工程，需要美国提振自身实力，加强与盟友和伙伴合作，提升美国在国际机构中的作用，恢复美国失去的信誉和道德权威，从而站在一个更强大的位置进行竞争。① 具体来说，美国对内的重点任务是建立韧性和竞争力，为此需在研究、科学、技术、基础设施等方面进行明智的投资，创造适当的激励措施来巩固其技术领先地位，保护美国所依赖的供应链，提高美国公司和美国的整体竞争力；实现市场多元化，使用所有的工具确保中国的经济和贸易政策不会"伤害"美国工人和企业。② 对外，美国需要通过恢复自身信誉，重新赢得具有前瞻性的全球领导地位，以此确保由美国而非中国设定国际议程，确保新的全球规范和协议反映美国的利益和价值观，从而在与更加自信的中国的竞争中获胜。③ 美国还需要重新激活盟友和合作伙伴网络，与盟友和伙伴建立统一战线，以遏制中国的发展。正如拜登所指出的，"美国经济总量约占全球四分之一，当美国与其他民主国家联合时，力量会增加一倍，占全球经济的一半以上，这让中国无法忽视，这给了我们巨大影响力，可以在环境、劳工、贸易、技术和透明度等

---

① The White House, "Remarks by President Biden on America's Place in the World", https://www.whitehouse.gov/briefing-room/speeches-remarks/2021/02/04/remarks-by-president-biden-on-americas-place-in-the-world/.
② The White House, "Interim National Security Strategic Guidance", https://www.whitehouse.gov/wp-content/uploads/2021/03/NSC-1v2.pdf.
③ 同②。

方面制定新规则，从而反映民主利益和价值观"①。因此，与"志同道合"的民主伙伴和盟友密切合作来应对与中国的竞争，这是美国的基本战略。②

另一点与特朗普政府有所不同的是，尽管强调与中国的竞争，但拜登政府并不完全排斥合作，认为这样做符合美国的国家利益。美国《国家安全战略过渡性指导方针》承认，"在符合我们国家利益的情况下，战略竞争并不会也不应该排除与中国合作的可能性"。这意味着美国"将与中国开展务实、注重实效的外交，努力减少误解和误判的风险"。③ 拜登政府提出其对华政策是竞争、合作与对抗三个方面的综合，美国在一些重大全球性问题上需要寻求与中国的合作。具体来说，拜登政府谋求在确保美国优势地位的前提下与中国进行选择性的合作，多边领域包括全球抗疫、宏观经济政策协调、应对气候变化等，双边领域包括重建对话机制、推动经贸谈判、改善人文交流等。拜登政府多次表达了与中国一起管控竞争烈度、竞争领域和竞争方向的意愿，认为美国与中国的关系是竞争的，两国可以在需要合作时合作，必须对抗时对抗。④ 美方宣称，将在投资自身实力并与盟友和合作伙伴密切合作的同时，继续与中国进行高层接触，"以确保负责任的竞争"。⑤ 美国将持续负责任地管控美中之间的竞争，两国需要进行战略风险管理，

---

① Joseph R. Biden, Jr., "Why America Must Lead Again", https://www.foreignaffairs.com/articles/united-states/2020-01-23/why-america-must-lead-again.

② The White House, "Background Press Call by a Senior Administration Official Previewing the U.S.-EU Summit", https://www.whitehouse.gov/briefing-room/press-briefings/2021/06/15/background-press-call-by-a-senior-administration-official-previewing-the-u-s-eu-summit/.

③ "Statement on the Interim National Security Strategic Guidance", https://www.govinfo.gov/content/pkg/DCPD-202100202/pdf/DCPD-202100202.pdf.

④ US Department of State, "Secretary Antony J. Blinken, National Security Advisor Jake Sullivan, Director Yang and State Councilor Wang at the Top of Their Meeting", http://www.state.gov/r/pa/prs/ps/2012/07/194896.htm.

⑤ The White House, "Readout of National Security Advisor Jake Sullivan's Meeting with Politburo Member Yang Jiechi", https://www.whitehouse.gov/briefing-room/statements-releases/2021/10/06/readout-of-national-security-advisor-jake-sullivans-meeting-with-politburo-member-yang-jiechi/.

建立"护栏"(guardrails),保持沟通渠道畅通,确保竞争不会滑向冲突。① 2021年2月,在与中国国家主席习近平的通话中,拜登主动与中方就新冠疫情和全球卫生安全、气候变化、防止武器扩散等共同挑战交换了意见。② 国务卿布林肯在其上任后的首场记者会上强调,美中关系是未来世界上最重要的双边关系,虽然有对抗和竞争的成分,但仍有合作的空间。③

拜登政府将中、美两国的角色关系略微向"竞争-合作"的认知回摆,这是因为它认识到在解决全球性、区域性问题上美国仍离不开中国的合作,但中国实力持续增强的事实让美国无法忽略中国崛起带来的世界格局变化,因此其对华角色定位是以竞争为主、合作为辅,即所谓的"与中国激烈竞争,但需要合作时合作"。拜登政府认识到,美国虽然仍是国际体系的领导者,但其领导地位面临回归和重塑的过程;面对来自中国的竞争,美国需要在增强自身实力的同时,更多依靠拉拢盟友和伙伴,共同应对中国崛起对美国带来的多方面"挑战"。拜登在2021年2月4日发表的外交政策讲话中指出,盟友是美国最伟大的资产,美国将和盟友共同应对中国、俄罗斯等国家带来的"挑战"。④ 同年2月19日,拜登在慕尼黑安全会议上发表的演讲中进一步提出,美国和欧洲等必须共同为与中国之间的"长期性、战略性竞争"

---

① The White House, "Readout of President Biden's Virtual Meeting with President Xi Jinping of the People's Republic of China", https://www.whitehouse.gov/briefing-room/statements-releases/2021/11/16/readout-of-president-bidens-virtual-meeting-with-president-xi-jinping-of-the-peoples-republic-of-china/.

② The White House, "Readout of President Joseph R. Biden, Jr. Call with President Xi Jinping of China", https://www.whitehouse.gov/briefing-room/statements-releases/2021/02/10/readout-of-president-joseph-r-biden-jr-call-with-president-xi-jinping-of-china/.

③ 《美国务卿发表外交政策演说,首次列出八大挑战》, https://news.ifeng.com/c/84KflM42XJz。

④ "Joe Biden Speech on Foreign Policy Transcript February 4:'America Is Back'", https://www.rev.com/blog/transcripts/joe-biden-speech-on-foreign-policy-transcript-february-4-america-is-back。

作好准备。① 相较于建立单一的全面反制中国的联盟，拜登政府倾向于根据不同国家对中国的不同担忧，建立多层次的、有针对性的、灵活性的"盟伴体系"或曰"复合型阵营"，推进"阵营驱动的竞争"（coalition-driven competition）。这种"复合型"既体现在成员和议题领域的多元性上，也强调要把政府、企业、社会组织等各类力量相互整合，以形成对中国的竞争优势。美国智库分析人士提出，美国需要建立四种针对性联盟，即地缘战略联盟，反对中国在印太地区的"霸权"；经济联盟，反对中国的"经济胁迫"；技术联盟，阻止中国获得21世纪的创新技术；治理联盟，阻止中国重写国际规则和规范。②

综上所述，竞争仍是拜登政府对华政策的主基调，只不过与特朗普政府相比，更加强调从自身实力地位出发以及拉拢盟友一起对华进行竞争，由此可能会使中美关系变得更加紧张。拜登政府执政后的种种对华行为以及中美关系持续紧张的事实表明，两国间意识形态的、价值观的、体制的、发展模式的各种差异皆为次要原因，根本原因在于美国将中国国力的上升视为对美国世界主导地位的"挑战"，这是美国统治集团、美国资本、美国精英阶层无论如何不能容忍的。由此而言，美国对华竞争本质上有其结构性动因，美国对华遏制的战略从奥巴马时期就开始形成，并不会因特朗普卸任和拜登上台而发生改变；相反，拜登政府面临的国内治理危机、疫情后经济恢复的挑战，以及奥巴马时代多边结盟外交和民主党价值观的回归，为中美关系增加了更多的复杂性。

二、欧盟对华政策的竞争性一面凸显

在美国对华竞争格局下，为最大限度地维护自身利益，欧盟在中、

---

① 《拜登总统在2021年网上慕尼黑安全会议发表讲话》，https://www.state.gov/translations/chinese/。
② Hal Brands and Zack Cooper, "The Great Game with China Is 3D Chess", https://foreignpolicy.com/2020/12/30/china-united-states-great-game-cold-war/.

美两国间不"选边站"是理性选择。欧盟希望通过加强内部团结和谋求战略自主在美国对华竞争中找到立身之处，在不"选边站"的同时，谋求在中、美两国之间发挥平衡者与调停者的作用。这一政策取向反映出欧盟在对美关系和对华关系上的利益复杂性；只要不危及美欧关系，欧盟愿意尽可能多地与中国开展经济合作。正如有分析指出，由于难以割舍来自中、美两方面的利益，欧盟寻求采取一种被称为"蛋糕主义"的平衡策略，即在美国对华竞争中想要鱼与熊掌兼得，或者说与中、美两国都做朋友，保持某种可能演变为中间人角色的矛盾立场。①

应当说，欧盟对中、美两国采取平衡策略是欧洲战略自主的逻辑使然。欧盟建立"地缘政治委员会"的宣示和"顶级地缘战略行为体"的雄心表明，它试图将来自中、美两国的压力转化为谋求战略自主的动力。欧盟在中美间不"选边站"可被视为一种对冲策略，即通过在中、美两边下注以及发挥平衡调节作用来影响中美关系的进程，防止其破裂，从而最大限度维护自身利益。欧盟反对发动一场可能造成各方俱损的"新冷战"，因为这将导致各经济体相互"脱钩"，使国际政治陷入瘫痪，世界可能因此分裂为两个相互竞争的集团；而一旦如此，欧洲将被迫像冷战时期那样成为从属于美国的次要角色，美国将会在亚洲而不是欧洲发挥作用，欧盟不相信美国会考虑欧洲在中国和亚洲的经济利益。正如有分析所指出的，欧盟采取平衡措施的主要目的是避免出现自己及其成员国被迫在美国对华竞争与博弈中"选边站"的被动局面。② 德国在2020年下半年担任欧盟轮值主席国期间表示，不希望看到中美之间的利益冲突不可调和，并愿意发挥调节作用。③ 对于欧盟不"选边站"，另有分析指出，欧盟是在尝试走"第三条道

---

① Mario Esteban and Miguel Otero-Iglesias, et al. "Europe in the Face of US-China Rivalry", https://merics.org/en/report/europe-face-us-china-rivalry.

② 同①。

③ 《德国提出愿调解中美关系,显示欧盟不愿选边？或释放3个明确讯号》, https://m.sohu.com/a/399336949_512882?scm=1002.500047.0.0-0。

路"，即其对外战略将既不同于美国，也不同于中国；既与美国携手，又保持独立性；既对华防范，又对华合作，以此彰显欧盟在全球的独立地位和影响力，其作为角逐的一方而不是作为角逐场而存在。① 观察人士指出，欧盟的"第三条道路"有三个维度：一是"重建"欧美关系，欧盟将此希望寄托于拜登政府并寻求与之合作；二是保持与中国的接触和合作，在对华问题上既尽量与美国保持一致，也凸显与美国的差异；三是建设多边主义联盟。未来，欧盟可能会与美国一道，共同推进国际机构改革，加大解决全球性问题如气候变化的力度，也可能建立一个所谓的"民主国家共同体"。面对美国对华竞争带来的压力，欧盟近年来正寻求加强与日本、加拿大、澳大利亚和韩国等"志同道合"伙伴的合作并获得它们的支持，以使自己能够在中美日益激烈的竞争中生存下去。

从维护自身最大利益出发，欧盟在中、美两国间"不选边"的基本策略选择具有相对的稳定性。正如有分析所指出的，除非欧盟内部或国际形势发生重大变化，否则欧盟对外战略和外交政策中的一些关键因素在未来几年内将保持稳定。由于美国和中国都是欧盟不可或缺的贸易伙伴，欧盟难以舍弃任何一方，这一点不太可能改变。② 但问题的复杂性在于，欧盟虽倾向于不"选边站"，实际上却很难做到对中、美两国不偏不倚。近年来欧盟对华政策持续调整，其竞争性一面日益凸显，这不仅使得中欧关系变得更加复杂，而且进一步加剧了中美欧三边关系的不对称性。

纵向来看，欧盟的对华政策是一个不断调整变化的过程，而从本质上讲，其与美国的对华政策基本保持同步。1995年至2005年的十年间，中欧关系经历了一个快速发展期，历经长期伙伴关系、建设性

---

① 张健：《大变局下欧洲战略取向及其影响》，http://www.cssn.cn/gjgxx/gj_ozyj/202103/t20210311_5317346.shtml。

② Mario Esteban and Miguel Otero-Iglesias, et al. "Europe in the Face of US-China Rivalry", https://merics.org/en/report/europe-face-us-china-rivalry.

伙伴关系、全面伙伴关系和成熟的伙伴关系几个阶段。2003年以后，中欧双方致力于建设全面战略伙伴关系。与美国对华政策一样，欧盟对华政策的基本特征是实行接触战略，希望通过接触与经济合作，促进中国国内政治向欧洲人所希望的方向发展。但近些年来，由于受全球金融危机、欧债危机以及其他内部挑战的影响，欧盟的实力和影响力有所下降，而中国经济继续保持较高速度的增长，国际影响力持续扩大。随着中欧实力对比发生不利于欧盟的变化，欧盟的对华态度变得强硬起来，强调要从现实主义视角看待中欧关系。这种转变有若干重要表现：其一，2006年10月，欧盟发布的首份对华贸易战略文件《竞争与伙伴：欧盟-中国贸易与投资政策》表示，中国对欧盟经济构成了"最严重挑战"，因此与中国既要竞争又要合作。此后的几年中，欧盟不断强调市场开放的对等性和经济竞争的公平性，并越来越把中国视为其在经济和科技领域的重要竞争者，由此引起的双方的矛盾和摩擦明显增多。其二，2009年，欧洲对外关系委员会在其发表的对华政策报告中指出，欧盟自1995年以来的对华政策，即以经济上的利益换取中国政治上的变化，彻底失败了，故应当转而对华采取更为强硬的政策，以捍卫欧洲的利益。但由于欧洲发生债务问题和若干成员国出现债务危机，欧盟对华政策的调整暂时被搁置。其三，2016年年初，欧盟发表了新的对华政策文件，其中进一步强调了统一欧盟的对华政策，捍卫欧盟的整体利益，并且重新强调将对华军售禁令作为对华武器出口的指导原则。在实践中，欧盟充分展示了其对华强硬政策的态度，导致2016年和2017年两次中欧领导人会晤没有发表联合声明。其四，2019年，欧盟再次发表对华战略文件《欧中战略展望》，将中国定位为"合作伙伴""谈判伙伴""经济竞争者""制度性对手"。"制度性对手"的提法在中欧关系中前所未有，它重点强调的是欧盟"社会市场经济模式"与欧盟认知的"由国家主导的中国经济模式"之间的对立，反映出意识形态因素对欧盟对华政策的影响增大，结果是欧盟开始重新思考中欧关系，并谋求实现再平衡。从2006年欧盟对华蜜月期结束到2019年将中国定义为"制度性对手",背后反映出欧盟对中国迅速崛起的事实、中欧实力对比快速变化的心理不适应与心态不平衡。欧盟对中国的一些新认知和新判断,特别是关于机遇和挑战失衡的看法,构成了欧盟对华新定位的基础。基于新的对华认知,欧盟提出了对华政策的三个目标:其一,根据明确规定的利益和原则,欧盟应加深与中国的接触,以促进全球范围内的共同利益。其二,欧盟应大力促进中欧经济关系更加平衡和对等。其三,为了维护欧盟长期繁荣、价值观和社会模式,欧盟自身需要适应某些领域不断变化的经济现实,并加强自身的国内政策和产业基础。[①]

2020年新冠疫情暴发以及国际变局加速演进,使得欧盟在战略层面更趋向于保守,在对外关系上更加强调务实性和互惠性。在这种背景下,欧盟对华政策的竞争性明显上升。欧盟一些国家将疫情期间中欧抗疫外交和舆论互动定义为"制度之争"和"叙事之争",对之进行过度政治化的解读,这实际上是欧盟将中国定位为"制度性对手"观念的延续和固化。欧盟委员会主席冯德莱恩认为,欧中关系既是欧盟最具战略重要性的双边关系之一,也是最具挑战性的双边关系之一;欧中秉持不一样的价值体系和政治制度,因此欧方要在处理"复杂而重要的欧中伙伴关系"中保持清醒,维护欧盟利益和价值观。[②] 法国总统马克龙宣称,"欧洲天真的时期已经结束",欧盟和中国之间的关系不能主要是贸易关系,而是"一种地缘政治和战略关系"。他还说,如果欧洲领导人一致认为中国对全球秩序构成了"重大挑战",那么他们就需要决定,是否应该与美国(以及东亚的"自由国家")联合起来

---

① European Commission, "EU–China—A Strategic Outlook", https://ec.europa.eu/info/sites/info/files/communication-eu-china-a-strategic-outlook.pdf.
② European Commission, "2021 State of the Union Address by President von der Leyen", https://ec.europa.eu/commission/presscorner/api/files/document/print/en/speech_21_4701/SPEECH_21_4701_EN.pdf.

共同约束（尽管还不是遏制）中国的行为。① 德国在 2020 年下半年担任欧盟轮值主席国期间致力于协调和统一欧盟对中国的政策，建议召开"27+1"中欧峰会，其意图就在于加强欧盟的团结与协调，以集体的姿态对新的地缘政治环境作出反应，② 以一个声音与中国进行对话，彰显欧盟对国际事务作出统一反应的能力，同时也借此对冲中国在欧洲上升的影响力。

从具体政策和行动来看，欧盟对华竞争、防御似乎有逐渐盖过合作之势。新冠疫情暴露出欧洲供应链对中国生产设施的依赖程度，这促使欧盟进一步加强了对所谓"战略性价值链的保护"。《欧盟外资审查条例》在短短两年多的时间里完成全部立法程序，并于 2020 年 10 月 11 日生效，这反映出欧盟对中国投资的防范心理。此外，欧盟的工业、互联网和数字战略也都充满了与中国更有效竞争的意识需求。疫情期间欧盟委员会发布了一项指南，提醒欧盟成员国在抗击疫情的同时，加强对健康、医疗、生物技术等领域的保护，同时进一步收紧了海外投资并购政策，并指责所谓中国"不公平的贸易实践"。欧洲对外关系委员会于 2020 年 5 月刊登题为《终结欧洲的中国梦》的文章指出，欧盟与中国的关系正在发生范式转变。新冠疫情使欧洲内部认识到需要加强供应链的多元化，从而有计划地从中国脱离。这并不容易，也不会很快实现。但是很明显，欧洲已经放弃了之前与中国建立更紧密双边经济关系的雄心壮志。③ 同月，欧洲另一智库布鲁盖尔刊登题为《中国在欧盟市场上的"不公平"优势》的文章指出，中国企业的规模造成了巨大的扭曲。得到补贴和其他优惠措施支持的中国企业与欧

---

① Philip Blenkinsop and Robin Emmott, "EU Leaders Call for End to 'Naivety' in Relations with China", https://uk.reuters.com/article/us-eu-china/eu-leaders-call-for-end-to-naivety-in-relations-with-china-idUKKCN1R31H3.

② Mario Esteban and Miguel Otero-Iglesias, et al. "Europe in the Face of US-China Rivalry", https://merics.org/en/report/europe-face-us-china-rivalry.

③ 朱颖:《中美新冷战 中欧关系正在经历大考》, http://www.uzaobao.com/mon/keji/20200907/77515.html。

洲企业，不是处于同一起跑线上，欧洲企业在欧洲市场和中国市场上都处于不利的地位。得到融资优惠措施支持的中国企业，可以通过绿地投资在欧洲展开"不公平"竞争。同样在第三方市场上，欧洲企业与中国企业也是处于"不公平"竞争地位的。[1]值得注意的是，在西方利用新冠疫情抹黑中国的影响下，欧洲民众的对华负面认知有所上升。2020年7月欧洲对外关系委员会的调查显示，48%的欧洲人认为疫情让他们对中国的态度变差，其中，法国和丹麦的数字高达62%，德国则为48%，意大利近80%的人对中国的看法不乐观。[2]

欧洲长期以来一直呼吁加强对华统一战线，但由于欧盟成员国之间的外交政策、对华经济利益不同，欧盟在"中国问题"上始终不能达成较为稳定的共识。后疫情时期，欧盟对华政策调整的一个新动向是欧盟机构、法国和德国等欧洲大国越来越强调欧洲国家在对华政策上有必要步调一致。欧洲议会在其于2021年9月表决通过的《新欧中战略报告》中称，中国是欧盟的合作和谈判伙伴，但在其他方面正日益成为欧盟的"经济竞争者"和"制度性对手"，呼吁欧盟制定更加自信、全面、一致的对华战略，塑造符合自身价值观的对华关系。[3]除了继续强调在经济、技术领域（包括人工智能）同中国竞争外，欧盟还在新疆、香港、南海等涉及中国主权和领土完整的核心国家利益问题上采取了前所未见的敌视和对抗政策，显示出在意识形态（包括国内治理模式）和价值观领域（包括全球政治影响力方面）同中国进行竞争的苗头。在成员国层面，法、德等国也采用了对中国的多重定位。法国外长勒德里昂于2021年6月在接受采访时表示，法国认为中国既是合作者，也是"竞争者"及"对手"，因此面对中国应采取"多样化"姿态应对。勒德里昂指出，首先，中国是一个合作伙伴。我们无

---

[1] 朱颖：《中美新冷战 中欧关系正在经历大考》，http://www.uzaobao.com/mon/keji/20200907/77515.html。

[2] 同①。

[3] 《驻欧盟使团发言人就欧洲议会表决通过〈新欧中战略报告〉答记者问》，http://www.chinamission.be/stxw/202109/t20210916_10004965.htm。

法在没有中国的情况下达成气候协议,不能在没有中国的情况下对世界卫生组织进行真正的改革,保护生物多样性也不能没有中国的参与。同时,他认为,中国是一个不可忽视的经济和技术"竞争者"。"因为中国正在发展一种与我们不同的政治模式",因此在他看来中国也是一个"对手"。① 2021年德国大选后成立的新联合政府也接受了欧盟关于中国的新定位,由德国社民党、绿党、自民党公布的联合执政协议称,希望且必须在"伙伴""经济竞争者""制度性对手"的维度下建构对中国关系。② 德国总理朔尔茨在其施政声明中指出:欧盟不应遭到分裂,这也适用于那些"不是民主制度的国家";中国已经快速崛起为科技与军事强国,并"以其规模和历史在人类国际大合唱中居于核心地位"。③ 来自绿党的外长贝尔伯克(Annalena Baerboc)在上任前夕接受采访时表示,欧洲应多利用欧盟共同市场这根杠杆来与中国打交道。她强调,这样做的前提是德国身为欧盟最大国家,不能再像过去一样采取只顾自己的中国政策,而是所有27个成员国同心协力,追求一致的中国政策。④ 总之,基于对中国的新认知以及对中欧关系的新定位,欧盟对中国采取了更加强硬的立场,从而使其对华政策的竞争性一面更加凸显。2023年3月,欧盟委员会主席冯德莱恩在发表的中欧关系演讲中表示,需要重新平衡中欧关系,并首次提出对华"去风险"(de-risk),以代替备受争议的"脱钩"(de-couple)一词。⑤ 同年6

---

① 《法国外长:中国是合作者、竞争者、对手,并非G7的敌人》,https://www.guancha.cn/internation/2021_06_20_595118.shtml。

② 冯仲平:《欧洲对华政策发生了哪些变化?》,https://www.igcu.pku.edu.cn/info/1245/3762.htm。

③ 连玉如:《德国新联邦政府的外交政策走向》,http://www.igcu.pku.edu.cn/info/1026/3633.htm。

④ 冯仲平:《欧洲对华政策变化与中欧关系的强大韧性》,http://ies.cass.cn/cn/work/comment/202203/t20220325_5400707.shtml。

⑤ Delegation of the European Union to Japan, "Speech by President von der Leyen on EU-China Relations to the Mercator Institute for China Studies and the European Policy Centre", https://www.pubaffairsbruxelles.eu/eu-institution-news/speech-by-president-von-der-leyen-on-eu-china-relations-to-the-mercator-institute-for-china-studies-and-the-european-policy-centre/.

月，欧盟委员会发布《经济安全战略》文件，建议实行更加严格的投资监管和出口限制，建立对核心技术研究及开发的审核机制，打造"更具韧性的"供应链。① 尽管欧盟称该文件"与国家无关"，但文中多次提及"去风险"，因此被外界视为减少对中国经济依赖的暗示，令国际社会愈发关注其对华政策的新动向。同月底举行的欧盟峰会公布结论文件，涉及俄乌冲突、欧盟经济、防务、对外政策等七大部分内容，其中专门就欧盟对华政策作了一个概括，依然将中国定位为"伙伴""经济竞争者""制度性对手"，坦言需要和中国继续发展经贸关系和就国际治理问题进行合作，但强调对华"去风险"，以及在东海、南海、台海和涉疆等话题上进行干涉。②

应指出的是，欧盟强调对华竞争与拜登执政后美欧关系的改善同时发生，使得中美欧三边关系的不对称性更加凸显。如前所述，拜登执政后将修复美欧关系作为外交优先事项之一，其重要目的之一就是希望联欧制华。对欧盟来说，跨大西洋关系一直是其对外关系的基石，美国是其"首要战略伙伴"（foremost strategic partner）。特朗普时期美欧双方在对华政策上的合作有限；拜登执政后，欧盟在寻求"重建"欧美关系的同时，也希望在对华政策上与美国协调立场。在拜登正式上任之前，欧盟就于 2020 年 12 月发表了《全球变局下的欧美新议程》文件，强调要振兴跨大西洋关系，共同应对中国的"战略挑战"。德国亦强调，德国作为欧盟的最大成员国，要在欧洲承担"特殊责任"；作为世界第四大经济体，德国要在世界承担"全球责任"。德国领导世界进行"制度竞争"的主要"对手"是中国，为此首先要同美国加强在人权领域的紧密合作。法国总理朔尔茨在施政声明中透露了其与拜登的共识，必须使"自由民主国家"向世界重新证明，他们能够为驾驭

---

① 《欧委会发布〈经济安全战略〉：欧盟峰会对华战略调整风向标？》，https://www.thepaper.cn/newsDetail_forward_23640038。
② 《中欧观察 | 欧方一份没有新意的文件，以及如何调整中方对欧政策的思考》，https://www.thepaper.cn/newsDetail_forward_23820608。

21世纪的挑战提供更加良好、更加公正和更加正义的答案。①

以上事实表明,尽管欧盟及其成员国领导人一再强调欧洲在对华关系上与美国的差异,但是从总体上讲,美欧仍同属一个阵营,其相互关系要比对华关系紧密得多。欧盟在中美之间不"选边站"并不代表其对中美不偏不倚,事实上,欧盟在共同价值、经济和政治模式以及安全结构方面与美国更接近。除了历史文化联系和在安全上离不开美国的保护外,对于大多数欧盟成员国而言,美国仍然是一个比中国更大的出口市场,双方之间的投资关系更加紧密,许多国家对美国互联网公司的技术依赖性也很大,西方国家约有92%的数据存储在美国。② 因此在欧洲人看来,美欧关系更全面和具有战略性,而中欧关系则更多体现在经济上的互利合作。以对华务实友好著称的默克尔坦承,"欧洲不是中立体而是西方政治的一部分"③。尤值得一提的是,近年来欧盟内部困难增多导致其对外部安全威胁的评估趋于保守,加上美国在欧洲安全中的作用仍不可或缺,这些内外压力导致欧盟对美国需求上升,由此凸显了其战略自主以及在中美之间试图保持地缘政治"等距"的局限性。④ 欧洲对中国崛起对"自由国际秩序"的影响感到担忧,担心一个更强大、更自信的中国有可能改变二战后形成的国际体系,并认为中国的价值观和优先事项与欧美不同,中国的崛起在贸易、网络空间、国际发展、安全和人权等领域"挑战"了大西洋两岸的利益。从行动来看,自美国对华贸易战爆发以来,许多欧盟成员国在政治上非但没有因美国的单边主义和保护主义而向中国靠拢,反而

---

① 连玉如:《德国新联邦政府的外交政策走向》,http://www.igcu.pku.edu.cn/info/1026/3633.htm。

② L. Laurent, "Macron and Merkel Are Caught in a New Cold War", https://www.bloomberg.com/opinion/articles/2019-11-14/technological-sovereignty-france-and-germany-join-a-new-cold-war.

③ 崔洪建:《中美博弈,欧洲不再坐等"风暴过去"》,https://opinion.huanqiu.com/article/3ykZEI1hRcB。

④ Luis Simón, "What Is Europe's Place in Sino-American Competition?", https://isnblog.ethz.ch/international-relations/what-is-europes-place-in-sino-american-competition.

对中国采取了强硬立场。

值得关注的是，2022年2月爆发的俄乌冲突对中美欧关系产生了复杂影响。这场冲突使得以法、德两国为代表的"老欧洲"不得不直面俄罗斯威胁，丢掉对俄罗斯曾经抱有的期待和幻想，同时也促使欧洲以更加严肃的态度来审视中俄关系对欧洲的影响，以及中欧关系的竞争性和挑战性。长远来看，俄乌冲突将使欧盟更加坚定地追求战略自主，持续减少对于外部力量，特别是与欧盟价值观不同的国家的过度依赖。鉴于中俄之间紧密的伙伴关系和欧盟对中国"体系性竞争对手"的定位，欧盟势必将加速探讨如何通过供应链多样化来分散其对中国市场以及来自中国的重要原材料过度依赖所带来的风险。2022年5月，法国蒙田研究所、德国国际与安全事务研究所和欧洲改革中心合作发布了题为《重启欧洲的中国战略》的政策指导文件，该报告在引言里明确表明：当下由于众多国际问题错综交织（俄乌冲突、新冠疫情、英国"脱欧"、欧盟分裂），欧洲正面临一段相当困难的时期。而中国在这一关头给本就焦头烂额的欧盟带来了新的问题。中国在经济、政治、价值观甚至安全方面都给欧洲带来了巨大的"挑战"，这不仅会对欧洲产生直接的影响，更会对现有国际秩序产生冲击。由于担心失去高科技领域的领导地位以及制造业竞争力，同时提防中国影响力对欧洲价值的潜在威胁，对华"脱钩"这一概念逐渐风行于欧美各国。所谓对华"脱钩"，就是在关键军用或军民两用科技领域将中国排除在外，以此防止在关键领域产生对华依赖。该报告针对欧洲国家的对华政策得出了一些结论：欧洲首先要对中欧关系有一个共同的理解，在确保自身全面安全的基础上，与世界上"民主国家"携手应对现有"自由国际秩序"面临的"挑战"。[①] 总之，在俄乌冲突外溢效应的影响下，美欧与中国之间战略猜疑增多、关系裂痕扩大、冲突性一面上升，由此使得中美欧三边关系的不对称性更加明显。与俄对抗、对华

---

① Ian Bond, François Godement and Hanns W. Maull, et al. "Rebooting Europe's China Strategy", https://www.cer.eu/publications/archive/report/2022/rebooting-europe-china-strategy.

强硬在美欧俨然成为"政治正确"主基调，美欧持续加大对俄乌冲突的干预，不仅会进一步恶化与俄罗斯的关系，而且也会使中美欧关系面临更大的压力。

在中美欧三边关系中，由于中美对抗日益走向固化，天平是倾向欧盟一边的；而欧盟对于处理与中、美两国的关系仍是有所侧重的，面对中美地缘政治竞争的加剧，欧盟显然不会以牺牲美国为代价来支持中国。在欧洲战略精英看来，尽管欧盟成员国之间在对美政策上存在一定差异，但它们的共同点是都将美国视为最重要的盟友，并且都依靠美国的军事保护。近年来与中国关系较友好的匈牙利和希腊等国也与美国签署了国防合作协议，波兰等一些国家甚至要求在其领土上永久驻扎美军。同样需要关注的是，在美欧政府间磋商与对话得到加强的同时，美欧民众也开始对华关系越来越关注，对中国影响力不断上升持负面看法的人数在增多，他们支持在贸易、网络安全等方面对中国采取严格措施。美欧特别是欧洲对华政策的所谓"民主化"倾向，将不可避免地对中美欧关系产生影响，未来若美国持续对欧洲加大施压力度，欧盟有可能在对华政策上更多与美国协调配合。

三、美欧涉华互动的新发展

近年来，随着共建"一带一路"倡议的实施以及中国综合实力和影响力的大幅提升，美国和欧盟进一步调整了对华政策。美国日益转向对华全面战略竞争，加速实施"印太战略"，加强美日澳印"四国机制"（QUAD），并试图拉拢欧洲联合制华。欧盟在内部挑战增多和国际变局加速演进的双重压力之下，虽然仍坚持对华接触政策，但其竞争性一面明显上升，对华"三重定位"（"伙伴""经济竞争者""制度性对手"）凸显了欧盟对华矛盾心态。美欧深度调整对华政策，推动双方涉华互动进一步加强，并呈现出一些新特点。

首先，近年来美欧之间各层次应对"中国挑战"的对话与政策讨论较以往更趋热烈，覆盖的内容更加广泛。例如，美国德国马歇尔基金会和欧盟驻美国代表团于2018年举办了系列研讨会，涵盖了互联互通、投资审查、第五代移动通信技术、印太安全等广泛议题，双方专家评估了美欧在一些具体领域的合作议程。① 美国智库亚洲协会中美关系研究中心、德国贝塔斯曼基金会和乔治·华盛顿大学中国政策项目也在2019年举办了一场大型网络研讨会，探讨美欧对中国及其对华关系的看法变化，以确定美欧对华关系的共同利益与分歧领域。作为研讨结果，这几家机构联合发布了题为《与龙打交道：中国是跨大西洋的挑战》的报告，其主要结论是：在应对"中国挑战"方面，美欧之间的共同点大于分歧。与过去40年美欧都寻求对华合作不同，双方专家现在都对愈发强大、自信的中国表达了更多的关切，认为"接触"不再是制定对华政策的唯一范式。美国现在称中国为"主要战略竞争对手"，欧盟也正式将中国并称为"伙伴""经济竞争者""制度性对手"。对于美欧决策者来说，对华合作与竞争之间的天平已经明显倾向竞争的方向。甚至有观点认为，美欧应建立一个关于中国的欧盟-美国-北约三边对话机制，将涉华经济、技术和安全问题等汇集在一起，为美欧涉华对话提供一个跨大西洋的战略立足点。② 曾在哈佛大学任教、2021年12月出任美国驻华大使的伯恩斯等人士在2020年12月也发表了题为《团结起来更强大：振兴跨大西洋力量的战略》的报告，呼吁美欧团结应对"中国挑战"。报告提出，更加自信的中国、咄咄逼人的俄罗斯和气候变化的生存威胁给美国和欧洲带来了新的严峻挑战，并主张美欧之间应"重建"联盟核心的信任纽带，使之成为在充满挑

---

① Andrew Small, "Transatlantic Cooperation on Asia and the Trump Administration", https://www.gmfus.org/sites/default/files/publications/pdf/Small%20-%20Transatlantic%20Cooperation%20Asia%20-%2029%20Oct.pdf.

② Luis Simón, "EU - NATO Cooperation in an Era of Great - Power Competition", https://www.gmfus.org/publications/eu-nato-cooperation-era-great-power-competition#:~:text=EU-NATO%20Cooperation%20In%20An%20Era%20Of%20Great-Power%20Competition,and%20transnational%20threats.%20But%20that%20is%20yesterday%E2%80%99s%20world.

战的世界中维护"自由和基于规则的秩序"的最有效力量。①

拜登执政后,美欧智库界更加积极地就联合应对中国建言献策。2021年3月,美国智库大西洋理事会发表了《对华计划:跨大西洋战略竞争蓝图》报告,提出了极清晰的对华战略竞争的路线与对策。报告认为,美国及其合作伙伴面临中国带来的自冷战以来最为严峻的、全球性的、影响深远的"挑战",导致全球"民主国家"的根本利益和重大利益有可能受损。美国需要与欧洲伙伴采取集体行动,与"志同道合"的亚洲国家统筹协调,以形成与中国开展战略竞争的统一策略。报告为拜登政府及其欧亚伙伴合作应对"中国问题"绘制了蓝图,其中包括以下八个步骤:其一,建立新的跨大西洋中国事务协调机制;其二,研发关于中国战略意图的"跨大西洋共同情报图景";其三,为应对中国制定共同的跨大西洋战略目标;其四,在上述目标的基础上,构建一个对抗、竞争与合作相结合的共同的跨大西洋对华战略方法;其五,在跨大西洋国家利益趋同的领域设计具体举措,以对抗中国的"挑衅"行为;其六,在跨大西洋国家利益存在分歧与不对称的领域,协调对华战略,尽可能减少分歧;其七,在涉及全球共同利益的领域,与中国开展合作,核查中国的"合规问题";其八,与亚洲的合作伙伴协调上述举措。②

其次,在美欧智库涉华互动的推动下,美欧官方对话与政策协调得到了进一步加强。值得注意的是,欧盟的态度显得较以往更加积极主动,这是因为近年来欧盟对华负面认知加深,以及中美关系恶化压缩了欧盟的对华政策空间,促使其寻求与美国加强对华政策协调。欧盟于2019年发表的《欧中战略展望》报告显示出其在某些涉华政策领域向美国靠拢的苗头。德国总理默克尔坦陈,欧盟将是西方利益共同

---

① Nicholas Burns, et al. "Stronger Together: A Strategy to Revitalize Transatlantic Power", https://www.hks.harvard.edu/publications/stronger-together-strategy-revitalize-transatlantic-power.

② Hans Binnendijk and Sarah Kirchberger, "The China Plan: A Transatlantic Blueprint for Strategic Competition", https://www.jstor.org/stable/resrep30709.3.

体可依赖的伙伴,美国是欧盟最亲密的外交和安全政策伙伴。① 欧盟外交与安全政策高级代表博雷利称,美国现在是,将来也将继续是一个关键的伙伴和盟友。② 博雷利代表欧盟向美方提议专门建立一个就"中国问题"进行对话的机制。③ 有分析指出,崛起的中国对跨大西洋关系构成了严重"挑战",作为回应,美国应该支持欧洲的团结,而欧洲则必须准备好与美国(及其东亚盟友)加强合作,以约束中国的行为。④ 特朗普执政期间,虽然担忧面临一系列难题和挑战的欧洲能否作为美国强大而有效的合作伙伴应对共同的国际和地区挑战,但并未放弃利用欧洲来遏制中国,无论是敦促欧洲承担更多防务责任,还是在华为、南海、新冠疫情乃至中国香港等涉华议题领域拉拢欧洲,都表明了他是从有利于美国与中国竞争的角度来看待美欧关系的。⑤ 美国战略重心东移虽然并没有使北约变得无关紧要,但美国正在以一种更加务实的方式来看待欧洲:如果欧洲站在美国一边,美国在与中国的战略竞争中占据优势的机会要大得多。⑥ 这一时期美欧之间虽然龃龉不断,但双方仍围绕对华竞争进行了对话和协调,包括启动了"中国问题"对话机制。2020年10月,美欧举行了首轮"中国问题"对话。虽然在很多问题上存在分歧,但是双方在对华政策上仍能找到不少共同点,从而在安全(包括网络安全)、技术和改革世界贸易组织等共同

---

① 冯绍雷:《中俄欧在欧亚大陆的互动——兼论"一带一路"对三方关系的影响》,https://brgg.fudan.edu.cn/articleinfo_2875_4.html。
② Jacopo Barigazzi, "Borrell Urges EU to Be Foreign Policy 'Player, Not the Playground'" *Politico Europe*, December 9, 2019.
③ 崔洪建:《中美博弈,欧洲不再"坐等风暴过去"》,https://opinion.huanqiu.com/article/3ykZEI1hRcB。
④ Jennifer Lind, "The Rise of China and the Future of the Transatlantic Relationship", https://www.semanticscholar.org/paper/The-Rise-of-China-and-the-Future-of-the-Lind/4da2160dacfdf3d3c2373c17a5b346d7e7315a53.
⑤ Congressional Research Service, "Transatlantic Relations: US Interests and Key Issues", https://crsreports.congress.gov/product/pdf/R/R45745.
⑥ Sven Biscop, "EU-U.S. Consensus and NATO-EU Cooperation", https://carnegieendowment.org/files/NATO_int_final1.pdf.

关心的问题上进行合作。

　　拜登执政后强调要与欧洲盟友共商对华外交政策的"共同利益"，由此为美欧加强涉华互动提供了新动力。与此同时，欧盟也积极迎合拜登政府，希望通过与美国联合应对"中国挑战"来修复和加强美欧联盟关系。欧盟各国外长于2020年12月7日发表声明称，欧美共同利益和历史联系为双方在经济、外交和人权领域开展合作奠定坚实基础，欧方有意同美国进行定期、全面和战略性的政治对话，讨论涉及所有关乎共同利益的政策和战略方向，期待与美国扩大合作，同月欧盟发布《全球变局下的欧美新议程》，提出应当搁置与美国之间的争议，采取一致的立场并展开新一轮针对"中国问题"的欧美对话，并称重新制定跨大西洋和全球合作新议程是"一代人难得"的可以结成新联盟来应对中国崛起的机会。①

　　在上述背景下，美欧重启了"中国问题"对话机制，并于2021年5月展开首次高层对话。与特朗普时期相比，美欧涉华对话与政策协调的议程进一步扩大，合作更加广泛、深入。欧盟对外行动署宣称，欧美涉华对话机制将"作为讨论各种相关挑战和机遇的平台"，欧美将继续举行高官和专家级别会议，议题包括对等、经济事务、韧性、人权、安全、多边主义，以及与中国建设性接触领域（如气候变化）。2021年12月，美欧双方举行了第二次"中国问题"对话。此次对话聚焦于双边重点合作领域，包括经济、科技、人权、虚假信息与安全等。此外，双方也讨论了如何在利益重叠之处，与中国寻求"以结果为导向"的合作。值得注意的是，涉台问题是此次对话的主题之一。另外，美欧双方还表示将就印太地区议题举行高级别磋商。俄乌冲突爆发后，美欧在加强援乌抗俄等方面政策协调和联合行动的同时，继

---

① European Commission and High Representative of the Union for Foreign Affairs and Security Policy,"Joint Communication to the European Parliament, the European Council and the Council: A New EU - US Agenda for Global Change", https://ec.europa.eu/info/sites/info/files/joint-communication-eu-us-agenda_en.pdf.

续推进对华政策协调。2022年4月，美欧双方举行了第三次"中国问题"对话，除了继续协调认知来探讨中国在经济、科技、安全、供应链等各个方面形成的所谓"系统性挑战"外，还就涉台、涉疆、虚假信息等问题表达了所谓"关切"，不断加大对华施压。

最后，美欧涉华互动的平台与机制增多。除了利用"中国问题"对话机制加强与欧洲的协调，拜登政府还频频出访欧洲，利用七国集团和北约机制加强美欧双边及多边涉华互动。2021年6月，拜登启动上任后的首次欧洲之行，连续参加了七国集团峰会、美欧峰会和北约峰会，其目标就是联合盟友、动员"价值观联盟"，形成对中国的全球围堵。在拜登访欧前，国务卿布林肯赶赴布鲁塞尔，访问欧盟总部与北约，分别与欧盟委员会主席冯德莱恩、欧盟外交与安全政策高级代表博雷利及北约秘书长斯托尔滕贝格进行会谈。此后拜登和布林肯又多次访问欧洲，协调美欧及北约的对俄、对华政策。

利益和价值观历来是影响跨大西洋同盟与美欧关系的重要因素。尽管近年来美欧之间的利益分歧增多，但所谓的"大西洋共同价值观"的作用仍不可低估。正如有分析所指出的，虽然跨大西洋同盟难以回到过去，美欧之间可能会有更多的距离感和不信任，但是将双方凝聚在一起的纽带终究更为强大。① 值得注意的是，欧盟近年来强化了对华价值观外交，甚至就所谓新疆"人权"问题对华实施"制裁"。在美国对华竞争格局下，欧洲认识到，无论是欧盟还是北约抑或是欧盟与北约的关系，都无法逃脱美国对华竞争带来的挑战。基于欧美共同价值观以及在某些领域和美国相似的利益和关切，欧盟在涉华安全、经贸、科技等领域以及共建"一带一路"等议题上逐渐加强了与美国的互动。鉴于欧盟在安全防务领域的硬实力不足，欧美智库界提议建立一个非正式的关于中国的欧盟-美国-北约三边对话机制，这样一个机制不仅有助于把与中国崛起相关的彼此间不可分割的经济、技术和安

---

① Alina Polyakova and Benjamin Haddad, "Europe Alone: What Comes After the Transatlantic Alliance", *Foreign Affairs*, Vol. 98, Iss. 4, 2019, p. 120.

全方面的问题汇集在一起，而且有助于弥合欧盟和美国之间可能存在的分歧，还有助于为欧洲有关中国的辩论提供一个跨大西洋的战略立足点。① 简而言之，从开发使用人工智能到回应中国"不公平"的贸易行为，再到应对气候变化和在塑造未来的国际规范和规则方面，美欧合作都被认为是不可或缺的。

综上所述，随着拜登执政后美欧关系得到一定程度的修复以及双方短期利益的汇合，加上俄乌冲突外溢效应的影响，美欧对华政策协调的动能明显增强。由于都将中国视为一个经济、技术和战略上的竞争对手，美欧双方逐渐加强了在数字技术、投资贸易、价值观与制度竞争以及军事安全等领域针对中国的协调联动。经过数年磨合，美欧对华政策协调与合作框架初现端倪，大致可概括为经贸科技竞争、投资与出口管制设限、人权施压与对抗、军事防范，以及应对共建"一带一路"的"印太战略"协调。

第二节　美欧对华经贸科技竞争

一、贸易和投资

在21世纪初美欧涉华对话与政策协调过程中，由于美国对华竞争主要集中于军事制衡方面，军事安全议题占据双方对话的主导地位，美欧之间围绕欧盟对华军售解禁问题建立了针对中国的跨大西洋磋商机制。特朗普执政后，美国对华全面竞争重塑了美欧涉华对话。美国不仅在军事上与中国竞争，更在贸易、经济、技术甚至意识形态领域同中国展开更广泛的竞争。美国认识到欧盟是世界上重要的市场监管力量以及对外投资和发展援助的提供者，也是若干关键技术和部件的

---

① Luis Simón, "EU - NATO Cooperation in an Era of Great - Power Competition", https://www.gmfus.org/publications/eu-nato-cooperation-era-great-power-competition#:~:text=EU-NATO%20Cooperation%20In%20An%20Era%20Of%20Great-Power%20Competition,and%20transnational%20threats.%20But%20that%20is%20yesterday%E2%80%99s%20world.

研发中心，因此将欧盟视为其在经贸、科技、投资与出口管制领域对华遏制的一个潜在帮手。

从欧洲来看，随着对华认知的变化，欧盟近年来在经济领域对中国的态度也越来越强硬，指责中国在市场准入、国家补贴、知识产权保护等方面没有很好地履行承诺，以及利用双边商业和金融关系来获取战略利益。值得一提的是，技术、产业政策以及贸易和投资成为美国对华竞争的主要领域这一事实，既凸显了欧盟自身作为第三方参与中美博弈的潜力，也体现了其对美国的重要性。欧盟认为其在技术监管贸易、产业政策和投资方面拥有充分甚至是排他性的能力，这使得欧美在涉华相关领域的合作成为可能。欧盟希望与美国携手应对中国发展带来的"挑战"：一方面，借美国之手施压中国改变经济运作模式，至少是更多更快地开放市场；另一方面，遏制中国科技进步，阻止中国标准成为全球标准，并最终赢得制度竞争的胜利。简言之，虽然传统的地缘政治和军事安全议题在美欧涉华对话中仍然重要，但地缘经济与科技竞争正日益凸显其重要性，并逐渐成为双方协调的核心议题。而且，与传统领域的涉华合作面对较多困难相比，美欧在涉华新议题领域更容易取得实际进展。

1. 贸易

理论上讲，贸易是美欧开展涉华合作最具潜力的领域之一，这是因为双方在对华贸易方面有着相似的关切和诉求，双方的利益也有许多重叠之处，且以某种互补的方式发挥作用。美国长期以来一直抱怨对华贸易存在逆差，对中国的贸易政策横加指责，特朗普政府甚至对华发动贸易战。欧盟近年来在贸易方面的对华态度也转趋强硬，指责中国所谓的"高关税和非关税壁垒阻碍了欧洲公司进入中国市场"。此外，欧盟还无端指责中国的公司侵犯了知识产权，对于国有企业在中国经济中的突出作用感到担忧，认为中国除了将国有企业作为就业和提供社会福利的工具外，还依赖国有企业推动战略领域的投资。2020年6月，欧盟委员会发布《外国补贴白皮书》，强调要在单一市场内对外国政府补贴、企业并购和公共采购这三大领域加强监管。该白皮书引入全新的反补贴审查工具,旨在通过欧盟竞争政策制度对外国企业在欧盟的投资和经营实施全面审查。鉴于欧盟一直诬称中国进行"不公平竞争",该白皮书针对中国的色彩浓厚。

由于在对华贸易方面有着相似的关切和利益,美欧在特朗普政府时期就启动了双方涉华贸易合作。2018年6月,欧盟成员国驻美国大使联合呼吁美欧合作应对中国的"非市场行为"。此后,美欧双方在涉华市场准入、公平竞争、知识产权等一系列问题上协调立场,并要求中国进行结构性经济改革。鉴于双方在改革世界贸易组织乃至构建一个新的多边贸易架构方面有着共同利益,美欧在世界贸易组织中也就中国的市场经济地位等关键问题进行了大量协调,美国、欧盟、日本三方领导人多次磋商世界贸易组织改革,协商应对中国的"不公平"行为。但由于这一时期美欧关系紧张,加上受到美国对欧盟加征钢铝关税的影响,双方涉华贸易合作的效果较为有限。

拜登执政以后,随着美欧关系的改善,双方涉华贸易合作得到了加强。2021年3月1日,美国出台了若干明显针对中国的重要文件,包括美国贸易代表办公室公布的《2021年贸易议程报告》和《2020年年度报告》。① 这两份报告勾勒了拜登政府的贸易"路线图",308页的文件中467次措辞强硬地提到"中国",而且把中国列为唯一将被特别应对的国家,可见拜登政府对华贸易敌意丝毫不亚于前任政府。报告称,中国"强制和不公平"的贸易做法损害美国工人利益,威胁美国技术优势,削弱美国供应链弹性,破坏美国国家利益,因此拜登政

---

① 文件还包括美国人工智能国家安全委员会向国会提交的行业建议报告。这份集中了前谷歌首席执行官施密特、前美国国防部副部长沃克等行业和政界精英建议的报告,大部分篇幅都聚焦于如何战胜中国,帮助美国在2030年成为人工智能领域的世界领导者。报告将人工智能研究称为"价值观竞争",建议国会给中国芯片制造技术"收紧命门",限制中国采购制造先进计算机芯片所需的设备,并与日本、荷兰等关键国家一同制定对华芯片制造设备出口许可政策,以使中国半导体行业落后美国"两代"。这些报告本来应该是美国年度和未来工作的计划、蓝图,却把中国列为主角并视作遏制的对象。一方面从贸易领域出击,另一方面则从科技领域下手,对中国进行两面夹击,相较特朗普的对华强硬政策有过之而无不及。

府将利用"一切可用的手段"来对付中国。报告还称,美国将协调盟友,共同处理中国"不公平"贸易的问题。① 2021年4月,美国出台《2021年战略竞争法》,该项立法提出,要采取措施"跟踪中国的知识产权侵犯者、调查中国对企业的补贴、审查美国资本市场中的中国公司",制定更严密且更严厉的打击方案,集中应对所谓"中国掠夺性的"国际经贸行动。②

与此同时,欧盟在2021年2月推出了贸易政策新战略,提出要在外资审查、出口管制、政府采购、补贴等领域采取更严格限制,强调欧盟应具有参与并领导塑造全球的能力。③ 欧盟将对贸易协定的执行、打击"不公平"贸易和解决可持续性问题采取更强硬、更果断的方法。欧盟将加紧努力确保为欧盟工人、农民及其他民众提供谈判所得的各项利益。④ 同年5月,欧盟委员会发布《外国补贴条例》草案和相关影响评估报告。该条例在2020年发布的《外国补贴白皮书》的基础上对外国补贴监管门槛、工具、权限以及程序作了详尽规定。该条例通过后将会对中资企业产生极大的影响:首先,外国补贴监管框架确定的审查范围过于宽泛,审查门槛过低,这将意味着几乎所有中资企业都可能被纳入监管审查范围中;其次,外国财政补贴审查制度框架、外商直接投资安全审查制度框架以及反垄断审查制度框架相互重叠,将会极大限制中国企业在欧投资、收购行为;更重要的是,会导致中欧经贸、科技和产业等领域合作的不稳定性和不确定性增强,中国通过举国体制整体谋划、科学布局、集中攻克卡脖子尖端科技的正当行为,可能会为欧盟实施外国补贴监管提供口实。2022年11月28日,欧盟

---

① 《过去24小时,美国连出4个大动作针对中国!》,https://export.shobserver.com/baijiahao/html/346052.html。
② "The United States Innovation and Competition Act of 2021", https://www.democrats.senate.gov/imo/media/doc/USICA%20Summary%205.18.21.pdf.
③ European Commission, "Commission Sets Course for an Open, Sustainable and Assertive EU Trade Policy", https://ec.europa.eu/commission/presscorner/detail/en/ip_21_644.
④ 同③。

理事会最终批准了上述条例，标志着欧盟外国补贴审查制度正式落地，包括中国企业在内的非欧盟企业今后在欧盟的持续经营和投资活动将面临新的监管挑战。

值得关注的是，随着国际地缘政治竞争加剧，欧盟持续强化、扩充政策"工具箱"的意识不断上升。2020年9月，欧盟委员会主席冯德莱恩在致欧洲议会议长和欧盟理事会主席意向书中，首次正式提出了将"反胁迫"作为新工具的倡议。[①] 此后在修订欧盟《贸易执法条例》的过程中，各成员国均表示了对"胁迫问题"的担忧。同年10月，欧盟各机构之间就修订2014版的《贸易执法条例》达成协议，新法规将允许欧盟在更广泛领域采取反制措施。此后，欧盟委员会在《贸易政策审查报告》《2021年工作计划》等文件中均强调了制定"反胁迫"条例的重要性与急迫性。2021年12月，欧盟委员会公布了《保护联盟及其成员国免受第三国经济胁迫条例》草案。欧盟推出该条例除了出于自身利益与发展的多方面考虑外，针对中国的考量也是动因之一。一般认为，欧盟"反胁迫"工具将至少具备两方面功能：一是起到威慑作用，通过反制工具对包括中国在内域外国家进行威慑以制止对欧洲实施"经济胁迫"；二是可以迅速反制，欧盟可在中国"制裁"欧盟及其成员国时实施有针对性的反制措施，以抵消或降低损害，增加所谓"胁迫"成本以迫使中国作出让步。据有关分析，"经济胁迫"将涵盖限制经营或投资渠道、对产品征收惩罚性关税、禁止某些产品销售，以及拒绝给企业提供经营许可等一切可能损害欧洲企业利益的行为。如此一来，欧盟只能把投资收购、出口管制、经营许可，以及公开投标等领域的审查监管作为相对应的反制手段，由此可能导致矛盾呈螺旋式升级并且将经贸问题政治化。欧盟此举也被认为是靠拢美国、支持美国对华立场的一张新牌，欧盟希望利用"反胁迫"

---

① European Commission, "Letter of Intent to President David Maria Sassoli and to Chancellor Angela Merkel", https://state-of-the-union.ec.europa.eu/system/files/2022-08/state_of_the_union_2020_letter_of_intent_en.pdf.

工具作为政治博弈的新杠杆,通过在涉华问题上贴近美国立场而弥合跨大西洋关系嫌隙。在美欧第二次"中国问题"对话中,双方强调了"解决经济胁迫问题的重要性",并称将合作维护"基于规则的国际秩序"。①

欧盟新推出的另一政策工具是国际政府采购机制。2021年6月,欧盟理事会发表声明称,欧盟成员国同意与欧洲议会就创建国际政府采购机制开启谈判,以应对"全球政府采购市场缺乏公平竞争的问题"。欧盟理事会认为该机制是其"贸易进攻"工具,旨在为欧盟提供必要的谈判筹码,以开放第三国政府采购市场,确保欧盟企业在这些市场上的准入和公平竞争环境。具体来说,该机制的关键作用之一是当欧盟企业遭受第三国限制性或歧视性措施时,欧盟将对后者进行处罚,或在个案基础上将后者排除在欧盟公共采购市场之外;亦即要求包括中国在内的第三国向欧洲公司开放政府采购市场,否则欧盟有权将这些第三国公司排除在欧盟公共合同的招标之外。该机制将授权欧盟委员会根据贸易壁垒程度确定是否以及在何种程度上对第三国公司采取相应措施。从近年来欧盟强化对华经贸防御工具的动向来看,欧盟意图构建一个涵盖投资监管、出口管制、公司治理、外国补贴审查以及"反胁迫"的全方位对华经贸防御工具,而该机制无疑是其中重要工具之一。2022年6月23日,欧洲议会和欧盟理事会正式通过了《国际政府采购机制法》,该法于同年8月底正式生效。可以预期的是,该机制将会对非《政府采购协定》成员国的企业参与欧盟公共采购项目造成很大限制,尤其对中国等新兴经济体具有较强的针对性。

2. 投资

与涉华贸易合作相比,美欧在涉华投资领域的配合更加突出。2017年以来,美国和欧盟都收紧了对中国海外并购、战略基础设施和

---

① 王叶湉、孙成昊:《欧盟〈反胁迫条例〉:内容、动因与前景》,https://ciss.tsinghua.edu.cn/upload_files/atta/1642162808958_66.pdf。

关键技术领域的开放，在加强对中国海外投资的审查和对华出口管制方面出现了一系列重大政策转变。应指出的是，美国自一战时就开始以国家安全为由干预外国企业在美国的投资交易，德国成为当时美国外资安全审查的主要目标。一战期间，美国利用外商投资监管特别是《与敌贸易法》，收缴了德国大量化工企业，以化工技术是弹药制造的关键技术从而威胁国家安全为由，强迫德国化工企业，包括医药企业进行技术转移和知识产权转移。1975年至1988年，美国又经历了两次国际资本格局的短暂转变，一次是石油危机后"欧佩克"国家大量回收美元，然后到美国进行再投资，促成美国外商投资审查委员会的建立；另一次是1988年日本电子科技产业逐渐崛起，并大量收购美国高科技企业，美国在此背景下对外资安全审查进行了较大的改革。在2007年经历了中国海洋石油集团有限公司收购美国大型能源企业未果之后，美国又进行了一次强化改革，直到2018年面对激增的中国企业的投资并购行为，美国出台了《外国投资风险评估现代化法》。从一战直到现在，面对一次次产业竞争和短暂的国际资本格局的调整，美国逐渐把外资监管制度收紧，外商投资审查委员会已从当初的一个信息收集部门发展为美国对外经济政策中一个重要的职能部门。特朗普时期的《外国投资风险评估现代化法》和《出口管制改革法》成为美国推行"大国竞争"战略尤其是加强对华经济竞争的重要战略工具。

与美国推出的上述举措相呼应，欧盟也建立了新的外资审查机制，同时收紧或建立了成员国层面的审查程序。2020年10月，《欧盟外商直接投资审查条例》正式生效，标志着欧盟第一次对"关乎欧盟利益"的外商投资拥有审查权，欧盟版外商投资安全审查机制得以确定。表面上看，该机制似乎针对所有域外国家和机构，但实际上更多的还是针对中国，其目的在于通过协调欧盟和成员国收紧外商投资监管审查政策，以限制并阻止中资企业投资收购优势企业和先进技术，维持欧洲在经济科技领域领先地位和国际竞争力。在审查权限上，该条例赋予了欧盟委员会干涉成员国审查外商投资收购的权力。这意味着，未来中国在欧投资除了要应对当事国的审查，还要面对欧盟以及其他成员国的问询和监督。在审查范围上，该条例规定欧盟委员会和各成员国有权对关键基础设施、尖端技术、原材料以及敏感信息进行审查，这与近些年中资企业在欧投资收购的领域和方向高度重合。此外，该条例还呼吁成员国针对外商投资推出新监管法规或收紧审查政策，以便能够统一对外商投资实施监管。受《欧盟外商直接投资审查条例》的影响，欧洲主要经济体德国、法国、意大利和西班牙等纷纷修订监管法规：一是就外商投资安全审查专门立法并倾向于通过设立专职机构进行监管；二是对涉及敏感行业的外商投资交易实行强制申报；三是不断扩大重点审查行业范围，特别是军民两用和高新技术领域；四是赋予监管机构更大权限，对违反监管审查的行为实施重罚；五是不断下调安全审查门槛，将参股投资、控股投资以及协议控制等都纳入监管范围。新冠疫情期间，欧盟还特别针对生物技术和公共卫生领域的投资行为进行管控。这将会进一步增加中资企业赴欧投资收购难度，最直接的影响就是中资企业可能需要应对更严格的外商投资安全审查。在对华竞争日益加剧的背景下，美国非常重视与欧盟在投资审查和出口管制领域的合作，认为这是确保其对华竞争政策有效性的先决条件，而新冠疫情加速了美欧在这些领域政策的转变，双方以中国为目标的政策协同变得更加明显。

俄乌冲突爆发后，美国和欧盟在投资领域加大了对所谓"战略性资产"（与最新前沿科技和国家安全密切相关的企业资产）的保护。为保护"战略性资产"，美欧都在着手实施更加严格的投资审查与限制政策。美国于2022年8月出台的《芯片与科学法》中设立了明确的投资审查程序，对美国半导体生产商的对外投资施加严格的限制和监控，以防止最新尖端芯片技术流向中国。同年9月，拜登推出新的行政命令，大幅度强化美国外商投资审查委员会的职能，在外资进入与半导体、人工智能与生物科技相关的产业时，实施更严密的"国家安全风险"评估。欧盟在投资领域也在加强相关决策。2022年6月，欧洲议会出台关于"欧盟国际投资政策的未来"的决议,专列一章阐述在未来加强投资审查的规划。同年9月,欧盟委员会推出了投资审查年度报告,评估了欧盟与其成员国对外来投资实施联合审查的运作情况。同年10月,欧盟委员会又出台《加强关键性基础设施弹性的欧盟协调方案》,谈到为确保交通、能源和信息通信等产业的安全,将加强对这一领域的投资管理。此外,2022年5月第二次欧盟-美国贸易与技术理事会会议发表的联合声明的附录里,详细阐述了美欧在外资审查领域的合作意向。

二、科技和供应链安全

1. 科技

冷战结束后,国际竞争从控制资源之争转向制定规则之争,而科技领域的规则之争正在向技术标准制定聚焦。作为中美战略竞争的一个关键领域,中美科技竞争的核心是科技创新能力之争,而这集中体现在争夺制定技术标准方面。一般认为,技术竞争中存在路径依赖问题,技术依赖形成后要想改变成本极大,由此限制了决策者的战略选择。因此,在高科技领域(包括第五代移动通信技术、人工智能、半导体、物联网和量子计算)展开的竞争成为更广泛的地缘政治竞争的一部分。与双方在贸易、投资领域的协调相比,美欧涉华科技互动虽然较为复杂,但是其发展趋势值得关注。

特朗普政府时期,争夺第五代移动通信技术技术标准制定权是中美科技竞争的核心。数字时代的技术标准具有全球性。中国在第五代移动通信技术领域处于世界领先地位。美国担心一旦多数国家使用了中国华为的第五代移动通信技术标准,其就会成为世界标准。欧洲是全球最大的电信市场之一,加上是华为重点经营的地区,因此成为中美第五代移动通信技术竞争的主战场,欧盟日益受到来自美国对华竞争的压力。冷战期间,西欧国家为谋求生存选择了依靠美国的"一边倒"结盟战略;如今面对中美科技竞争,欧洲国家倾向于采取对冲策略,即在中美之间不"选边站",或者说在不同问题上选择不同国家。从中不难看出欧洲国家抱有的矛盾心态:既想尽可能多地与中国开展商业往来,又想继续依靠美国的安全保护伞。这种矛盾心理在欧洲第五代移动通信技术的部署中表现得尤为明显。一方面,由于自身第五代移动通信技术发展计划滞后,许多欧洲国家有意引入中国第五代移动通信技术设备。根据有关分析,华为在欧洲第四代移动通信技术基础设施的市场份额至少占到40%,在一些成员国的市场份额高达80%。① 因此,对于欧洲国家来说,要完全排除华为参与其第五代移动通信技术建设将面临高昂代价,不符合本土企业和工业的利益诉求。但另一方面,欧洲国家又不能无视来自美国的压力。美国将欧洲视为在全球层面上限制中国赢得第五代移动通信技术竞争的重要战场,在其以"国家安全"为由掀起的全球围堵华为的行动中,欧洲国家是重点游说对象。美国宣称,欧洲国家使用华为第五代移动通信技术设备和产品意味着面临安全风险,因此它支持欧洲国家使用华为之外能够提供第五代移动通信技术基础设施的两家欧洲公司——诺基亚和爱立信。

2018年下半年以后,随着美国对华竞争日趋激烈,美国为阻止华为进入欧洲第五代移动通信技术市场不断加大对欧施压力度。美国先是游说欧洲国家接受其对于华为产品构成安全风险的判断,继而将第五代移动通信技术问题与美国对欧安全承诺捆绑,要求后者采取对中国第五代移动通信技术厂商的限制措施。美国公开警告中东欧国家不要与华为合作,否则后者与美国的合作将很难继续。对于英国、德国等欧洲大国,美国则以减少和中断情报合作相威胁,要求它们重新考虑关于华为参与本国第五代移动通信技术建设的决定。面对压力和困境,欧洲开始思考如何实现更高程度的技术自主,即拥有继续制定行

---

① Xuewu Gu, et al. "Geopolitics and the Global Race for 5G", https://www.cgs-bonn.de/en/aktuelles/2019-05-21-geopolitics-and-the-global-race-for-5g/.

业标准和加强欧洲生产的能力。① 而在实现技术自主目标之前，欧盟倾向于采取供应链多样化战略，以尽可能减少对单一或少数行为体的依赖。② 出于维护自身利益的考虑，欧洲国家起初并不想完全排除中国的第五代移动通信技术产品，而是更愿意选择加强网络安全立法和制定更严格标准，一视同仁地应对第五代移动通信技术安全风险。2018年5月，在布拉格举行了有32个国家的政府代表参加的第五代移动通信技术安全会议，会上虽有一些国家暗示可能会弃用华为设备，但并未就未来华为在欧洲电信网络中的地位作出最终决定。大多数欧洲国家认为，几乎不可能以非政治化的方式来处理华为问题。美欧围绕华为第五代移动通信技术的辩论被框定为一场"美国的战争"而不是欧洲安全、经济战略和技术自主的问题。③ 2019年10月欧盟成员国发布的一项关于第五代移动通信技术的联合风险评估报告，提及了"布拉格提案"中阐明的政治标准，这意味着将采取措施来加强第五代移动通信技术供应商与安全相关的标准，但欧盟仍拒绝美国提出的全面禁止使用华为的要求。④ 2020年1月，欧盟委员会出台了关于第五代移动通信技术安全的"工具箱"，该"工具箱"对第五代移动通信技术产品厂家作出了一系列限定性规定。欧盟通过这一方式解决了"选边站"的压力，同时也往战略自主方向迈出了一步，也为自身的第五代移动

---

① European Commission, "Rethinking Strategic Autonomy in the Digital Age", https://policycommons. net/artifacts/287002/rethinking-strategic-autonomy-in-the-digital-age/1152624/; Alan Beattie, "Technology: How the US, EU and China Compete to Set Industry Standards", http://www. ft. com/content/0c91b884-92bb-11e9-aea1-2b1d33ac3271.

② Tim Rühlig and Björk Maja, "What to Make of the Huawei Debate in Europe? 5G Network Security and Technology Dependency in Europe", https://www. ui. se/butiken/uis-publikationer/ui-paper/2020/what-to-make-of-the-huawei-debate-5g-network-security-and-technology-dependency-in-europe/.

③ Andrew Small, "Transatlantic Cooperation on Asia and the Trump Adminstration", https://www. gmfus. org/sites/default/files/publications/pdf/Small%20-%20Transatlantic%20Cooperation%20Asia%20-%2029%20Oct. pdf.

④ Tim Nicholas Rühlig, et al. "5G and the US-China Tech Rivalry—A Test for Europe's Future in the Digital Age", https://www. swp-berlin. org/10. 18449/2019C29/.

通信技术发展赢得了时间。

然而新冠疫情暴发后，随着美欧对华负面认知加深，中美欧之间的第五代移动通信技术博弈态势出现了变化。在美国的煽动下，一些欧洲国家或出于自身的安全和经济担忧，或因为难以抗拒美国的压力，开始动摇甚至改变立场。英国重新审视其允许华为在其第五代移动通信技术网络中发挥有限作用的计划，一些议员还成立了一个小组，推动重新对英国对华政策进行更全面的评估。2020年7月14日，英国政府决定自2021年起禁止国内移动通信运营商购买华为第五代移动通信技术设备，并要求在七年后即2027年以前彻底移除其第五代移动通信技术网络中的华为设备。此外，英国还试图推动组建一个十国集团（七国集团加上澳大利亚、韩国和印度），研发第五代移动通信技术来对抗中国。意大利电信也将其在意大利和巴西建设的核心第五代移动通信技术网络设备招标中，把华为排除在外。法、德等国则变相限制使用华为设备。法国政府虽然未明确表示要把华为第五代移动通信技术排除在外，但是已非正式通知当地电信运营商，如果购买华为第五代移动通信技术设备，到期后将不获续约，现阶段未使用华为设备的运营商则应避免选用该设备。观察人士认为，如果法国决定实施相关限制，相当于事实上禁止华为在2028年前参与法国第五代移动通信技术网络建设。德国则表示将优先考虑使用欧洲第五代移动通信技术供应商提供的产品。拜登执政后更加重视对华科技竞争，出台了更多措施以抑制华为的设备生产和业务拓展。美国试图通过为华为的发展制造困难，减缓华为的海外拓展速度，为美国的竞争者争取时间，同时借此让欧洲盟友对华为运营的稳定性产生担忧，从而削弱欧洲接受华为设备的意愿。未来，美国有可能以构建盟友间技术共享和联合开发的新型框架为指引，考虑让盟友承担尽合规义务所需的高昂费用，并捆绑部分美国与盟友间在第五代移动通信技术等关键领域的技术利益，实现其自身目的。

2. 供应链

除了在第五代移动通信技术问题上加强协调外，新冠疫情还促使美欧重视更为广泛的产业政策与供应链安全问题。疫情持续时间长、影响范围大，由此引起的供应链中断、扰乱和争夺的情形较以往任何时候都更为突出。过去供应链发展中已经暴露出的控制欠缺问题被进一步放大，在这种情况下，美国和欧盟都加紧了对供应链的审查，并通过一系列强制政策和措施，试图重塑更为安全、可持续和风险可控的供应链，此被称为"供应链韧性战略"。2021年2月，拜登上任后不久即签发了第14017号行政令，要求商务部、农业部、国防部等政府部门分头负责，对美国的供应链进行审查，确认其中的风险和脆弱处，并提出加强韧性的战略。拜登要求对包括半导体在内的四项关键产品的全球供应链进行审查，以摆脱对海外供应商尤其是中国供应商的依赖。同年6月，对四个关键供应链——半导体制造和先进封装、大容量电池、关键矿物与材料、先进药物成分的100天审查报告（以下简称"百日报告"）率先发布。"百日报告"认为美国供应链风险来自两方面：一是本土供应不能满足需求增长；二是在外国的关键供应链相当一部分控制在中国手上。后来美国政府部门又对另外六个工业基础部门（国防工业、公共健康和生物备料、信息通讯、能源、交通、农产品和食品）的供应链进行为期一年的审查。

继美国宣布对供应链进行审查之后，欧盟也公布了一项供应链多元化计划，旨在摆脱在半导体、原材料、医药原料等一些战略领域对外国供应商的依赖。实际上，欧盟对供应链的关注起步更早。与美国不同的是，欧盟的供应链审查分为两个部分：一是对与数字经济相关的战略领域进行深度审查（in-depth review）；二是着眼于企业的社会责任、公平竞争、人权与环保等欧洲价值观相关内容进行可持续审查（sustainability review）。新冠疫情暴露了欧盟医药物资供应链的脆弱，许多较长且越远的供应链容易断裂或受到扰乱。在这种情况下，欧盟决定化危为机，拉回或近岸布局战略供应链，以重塑更具可持续性的供应链,并使其更符合欧盟倡导的价值观。欧盟的供应链深度审查涉及原材料、活性生物医药原料、锂电池、氢能、半导体、云计算和边缘计算等六个领域。在这些领域,欧盟面临强劲的需求增长,但自身供应能力缺口很大,或者应用能力有限。在可持续审查方面,欧盟于2020年10月提出了一项针对可持续公司治理指令的立法建议。在此立法建议基础上,欧洲议会于2021年3月审议并通过了"欧盟强制性人权、环境和善治尽职调查指令"大纲提案,要求欧盟委员会为该指令起草一份正式立法提案。该指令要求所有在欧注册企业以及受欧盟法律管辖的域外法律实体,审查自身的供应链是否存在侵犯人权或危害环境的问题。具体来说,要求企业每年都应对各个环节进行尽职调查、风险评估并进行公示,包括正在发生的侵犯人权、危害环境和商业贿赂等违法违规行为及潜在风险。值得注意的是,该法案会对中资企业赴欧生产、经营和投资产生一定影响,因为它极有可能成为欧盟操纵"人权"和"环保"议题用以对华施压的工具。2021年发生的"新疆棉"事件就是一个实例,部分欧洲服装品牌以及部分欧洲政客和媒体恶意攻击新疆存在"强迫劳动"现象,要求不再与新疆棉花供应商合作,也不在该地区采购产品或原材料。可以预见,未来欧盟的反华人士极有可能更加肆无忌惮地以莫须有的罪责攻击中资企业和中国制造,以市场准入和巨额罚款相威胁,逼迫欧洲企业切断中国产业链。

应指出的是,全球供应链是科技革命和产业革命的产物,其布局主要是基于跨国公司的选择;虽然美欧将供应链存在"不可控"的风险归咎于一些国家的产业竞争,但这显然并不是主要原因。美欧出台所谓"供应链韧性战略",实际上是要改变私人企业的行为,干扰市场经济的运行。换句话说,这种基于国家战略需求的干预带有很强的重返产业政策色彩,并具有长臂管辖的新特点,其重要目的之一在于排除或遏制竞争者。美欧供应链战略的目标是加强控制风险的能力,这意味着需要国家从贸易限制、投资引导、国内补贴与扶持、科创激励等多个方面加以干预。"供应链韧性战略"下运用的手段非常多元,包括重返产业政策以鼓励本土投资和培育本土企业，以及加强联盟和通过管制、制裁、加征关税、反倾销、反补贴、保障措施、投资审查等传统贸易投资政策，全面限制外部产品和企业。这些传统限制在近年来变本加厉，后果显而易见，尤其在美欧加强联盟的情况下可能会产生更大的影响。耶鲁大学法学院蔡中曾中国中心发表的《美欧合作以应对中国的"路线图"》一文中指出，美欧将在补贴、知识产权、对内投资、市场准入、监管协作、反"经济胁迫"等六个方面加强协作，具体措施可能包括反补贴、知识产权执法（如301条款等）、要求对等开放、在多边层面就某议题组建联盟等。① 另外一项重要措施是政府全面参与科技创新政策。如前所述，欧盟将要采取的强制性社会责任尽职调查涉及全供应链，包括供应商的下级供应商，如果发现违反尽职调查义务的，欧盟将视具体风险和影响加诸惩罚手段。与之相似，美国供应链"百日报告"也强调了供应链可持续性以及遵守环境和劳工标准的重要性。报告指出，美国"必须与盟友和伙伴合作，使供应链多样化，远离不遵守环境和劳工标准的敌对国家和来源"，"美国的海外投资必须激励对环境和社会负责的生产"。② 事实上，拜登执政后欧盟-美国贸易与技术理事会的成立很大程度上就是双方在经贸科技领域加强对华竞争和政策协调的产物。不甘于西方衰落的一些美欧精英忧虑，无论是美国还是欧盟，都无法单独维护其民主、经济、技术和战略利益，并认为美欧需要抓住双边技术合作的机会深化相互关系，并根据共同价值观制定全球贸易和技术政策。③ 可以预期，今后美欧将更多通过双边贸易与技术理事会等机制，在涉华国际贸易和技术标准方

---

① Paul Gewirtz, Ryan Hass and Susan Thornton, et al. "A Roadmap for U.S. - Europe Cooperation on China", https://law.yale.edu/yls-today/news/trans-atlantic-collaboration-china.
② The White House, "Building Resilient Supply Chains, Revitalizing American Manufacturing, and Forstering Broad-Based Growth: 100-Day Reviews Under Executive Order 14017", https://www.wita.org/atp-research/supply-chains-manufacturing/.
③ Cornelius Adebahr, et al. "How the Transatlantic Relationship Has Evolved, One Year into the Biden Administration", https://carnegieeurope.eu/2022/01/20/how-transatlantic-relationship-has-evolved-one-year-into-biden-administration-pub-86213.

面加强合作。

特别值得关注的是，半导体作为新兴科技发展的重要支点，成为美欧确保供应链安全与加强对华技术竞争的焦点。半导体以其导电性介于绝缘体与导体之间，构成制作集成电路和芯片的主要材料。在以人工智能、数字产业、绿色产业等为核心的第四次产业革命的发展中，半导体作为一切新兴技术不可或缺的载体，其重要性不言而喻。中国坐拥先进的第五代移动通信技术网络、庞大的国内市场和完整的产业集群，逐渐成为美欧国家眼中的"挑战者"；而新冠疫情和俄乌冲突进一步暴露了美欧半导体供应链的脆弱性。在此背景下，美国和欧盟都将半导体纳入自身的产业战略布局，并加强了该领域针对中国的协调。特朗普任期内，美国尚未针对半导体领域形成完备的产业战略，但大幅提升了半导体材料的战略地位，并加强了对该领域的贸易保护。2017年版《美国国家安全战略报告》基于对供应链安全的重视，提出必须对关键原材料和高新技术进行评估。① 2020年5月，特朗普政府发布《关键与新兴技术国家战略》，明确了20项关键与新兴技术的优先领域清单，其中就包括以半导体为代表的新材料领域。② 此外，特朗普政府对华为、中兴等高科技企业实施芯片制裁，以期通过打压对手的方式维持自身的产业优势，并支持制造业回流以完善本土产业链，促进自身半导体制造能力的回升。拜登执政后，加快了半导体行业的针对性立法，并积极在双边和多边平台上组建技术联盟，由此形成一套完备的半导体产业战略。2021年2月，拜登政府签发第14017号行政令，要求进行供应链审查，并据此明确了半导体对维护国家安全的重要性。以此为基础，并经过长期的整合与打磨，2022年8月美国正

---

① The White House, "National Security Strategy of the United States of America", https://trumpwhitehouse.archives.gov/wp-content/uploads/2017/12/NSS-Final-12-18-2017-0905.pdf.
② The White House, "The United States Government's National Standards Strategy for Critical and Emerging Technology", https://www.whitehouse.gov/wp-content/uploads/2023/05/US-Gov-National-Standards-Strategy-2023.pdf.

式出台《芯片与科学法》，预备对芯片行业拨付 527 亿美元的高额补贴，并实行严格的出口管制。该法标志着美国半导体战略的正式形成。此外，拜登政府积极通过联盟网络重组全球半导体供应链，如在美日澳印"四国机制""印太经济框架"等多边平台下设相关工作小组；牵头组建芯片四方联盟和美国半导体联盟；并通过欧盟-美国贸易与技术理事会协调与欧盟的技术联系，推崇"友岸外包"、筑起"小院高墙"。

欧盟是全球重要的半导体研发中心之一，坐拥多家世界领先的半导体及设备制造公司。荷兰、德国和英国是欧洲该领域领先的三个国家，其中荷兰公司阿斯麦是全球唯一能够生产极紫外光刻机的企业。同样，欧盟在上游原材料和 7 纳米以下高端芯片的制造上也高度依赖第三方，且其半导体的全球市场份额占比较低，始终不足 10%。[①] 受第四次产业革命和中国制造业飞速发展的影响，欧盟于 2020 年 3 月发布了其新产业战略，提出了到 2030 年实现绿色化、数字化双转型的总目标。[②] 2021 年 3 月，欧盟委员会通过的"数字罗盘计划"强调，没有芯片就没有"数字"，没有高性能的芯片就没有"绿色"。[③] 同年 5 月，受新冠疫情影响，欧盟委员会更新了其 2020 年的产业战略，进一步提出欧盟在半导体等六个领域严重依赖第三方，威胁了自身供应链的安全。[④] 此后，欧盟加速推进在半导体领域战略规划的出台。2023 年 7 月，欧洲议会和欧盟理事会正式批准了《欧洲芯片法》，标志欧盟层面针对半导体产业形成了系统性的战略安排。《欧洲芯片法》以到 2030

---

① 《欧洲〈芯片法案〉正式生效,有何作用? 能否改变相关产业格局?》，http://news.sohu.com/a/722420686_119778? scm = 1102. xchannel:1479:110036. 0. 3. 0 ~ 9010. 68. 1852002.0.0.

② European Commission, "European Industrial Strategy", https://commission.europa.eu/strategy-and-policy/priorities-2019-2024/europe-fit-digital-age/european-industrial-strategy_en.

③ European Commission, "2030 Digital Compass: The European Way for the Digital Decade", https://eufordigital.eu/wp-content/uploads/2021/03/2030-Digital-Compass-the-European-way-for-the-Digital-Decade.pdf.

④ 同②。

年实现欧盟芯片市场份额全球占比提高到20%为总目标,计划投入430亿欧元的补贴,其中欧盟层面的资金来自欧洲投资银行和欧盟预算,成员国层面则是放宽国家援助、将半导体行业纳入"欧洲共同利益重要项目",并通过"地平线欧洲"等项目拉动私人融资。[①] 此外,欧盟通过设定相关标准,如批准《关键原材料法》《欧洲供应链法》等相关法律,在原材料、人权方面设置隐形壁垒,强化对欧盟单一市场的保护。

由上可见,鉴于半导体及其供应链的重要性,美欧都选择通过立法和推行不同程度的贸易保护主义,来维护本土产业的可持续发展。但由于全球半导体供应链具有深度复杂性,靠单个行为体的自身战略很难改变全球形势。对此,美欧加快了在半导体产业领域的对话、协调与合作,其针对中国的意味浓厚。欧盟-美国贸易与技术理事会是双方协调与合作的主要平台。该机制自2021年6月正式启动至2023年8月,共召开四次部长级会议。2021年9月,欧盟-美国贸易与技术理事会首次会议用大量时间讨论半导体及其供应链相关的议题,成立了两个与供应链安全相关的工作组,并将维护半导体供应链安全作为该机制中长期目标之一。2022年5月,欧盟-美国贸易与技术理事会第二次会议创建了半导体供应链中断预警系统,该系统已被欧盟引入《欧洲芯片法》,但在美国遭到了来自美国半导体行业协会企业的联合反对。同年10月,欧盟-美国贸易与技术理事会第三次会议上,双方协调了在出口管制、投资审查和应对"经济胁迫"上的一致立场。2023年5月举行的欧盟-美国贸易与技术理事会第四次会议再次重申要加强双边新兴技术和数字化基建领域的合作。此外,在该理事会框架之下又设立了联合技术竞争政策对话机制,用以协调双边竞争政策与执法行动。

除了利用欧盟-美国贸易与技术理事会机制,美欧之间还形成了多

[①] European Commission,"Horizon Europe",https://research-and-innovation.ec.europa.eu/funding/funding-opportunities/funding-programmes-and-open-calls/horizon-europe_en.

种形式的非官方协调。首先，美欧双方的非政府行为体通过双向投资、联合研究、技术转让和供应安排，已在半导体领域建立起了多层面相互依赖的产业生态。[1] 比如：欧企参与了美国芯片制造研究项目（半导体制造技术联盟、美国国家实验室极紫外联盟）；美企参与了欧洲研究机构相关项目（比利时微电子研究中心、德国弗劳恩霍夫协会、法国国家电信研究中心）；欧企（英飞凌等）在美国拥有芯片生产设施；美企在欧洲同样拥有芯片生产业务，其中英特尔于2022年宣布计划未来十年在欧洲投资890亿美元，覆盖研发、制造和封装等环节，并预计分布在法、德、意、爱尔兰等国；美欧各地区公司均在对方地区设有重要的芯片设计中心。[2]

其次，美国政府致力于在国际半导体企业中发挥影响力。一方面，通过成立美国半导体联盟笼络全球半导体巨头。2021年5月，美国政府牵头建立了由来自全球64家半导体相关企业组成的美国半导体联盟，其中包括欧洲的阿斯麦、东亚的台积电等。该联盟的表面任务是寻求国会对《美国芯片制造法》的拨款，实则是为了显示美国在全球半导体供应链中的影响力。另一方面，强制个别公司与美国协调一致反华。2023年1月，美国与荷兰公司阿斯麦在经过数月的谈判后，最终就共同限制向中国出口半导体设备达成共识，即阿斯麦将继续禁绝向中国企业出口极紫外光刻机、配件和技术服务。

总之，无论是美欧政府间还是非政府主体间的协调都带有强烈的技术竞争色彩，尤其是在欧盟-美国贸易与技术理事会框架下有可能达成增加半导体产能的联合战略，并在供应链多元化上协调增援，继而影响全球产业链的重组，压缩中国半导体产业的发展空间。但同时也要看到，由于美欧都在尝试构筑服务于自身的全球半导体供应链体系

---

[1] 龚婷：《美国政府推动构建"供应链联盟"》，载《美国问题研究》，2022年第2期。
[2] Center for Strategic and International Studies, "Opportunities and Pitfalls for U.S.-EU Collaboration on Semiconductor Value Chain Resilience", https://www.csis.org/analysis/opportunities-and-pitfalls-us-eu-collaboration-semiconductor-value-chain-resilience.

和技术标准体系，故双方在欧盟－美国贸易与技术理事会框架下的半导体合作目前仅限于战略目标与相关规则的协调，至今未形成具有法律约束力的成果。

三、出口管制与数字治理合作

1. 出口管制

在美国推行"大国竞争"战略背景下，出口管制是美欧对华政策协调的一个重要领域，俄乌冲突的外溢效应加速了美欧协调。2022年，美欧相继出台新的政策，意图加强针对中国和俄罗斯高技术产品的出口管制，以保持自身在技术竞争和战略冲突中的有利位置。美欧认为，中国是在国际技术竞争中威胁性最强的对手，因而双方都在考虑对中国实施更加严苛的出口管制，对中国企业，尤其是具有军方或央企背景的中国企业实施更加严密的监控和限制。

具体来说，在对华出口管制方面，美欧将联合限制中国获得芯片作为首要任务。自2022年年初以来，美国陆续将大量中国企业和科研机构列入出口限制对象的实体清单，禁止向其出口高端芯片及其制造设备等尖端科技产品，此外，还于2022年10月公布对华出口管制的新规定，禁止美国企业未经美国商务部特别授权向中国出口三类芯片及其生产设备，还禁止拥有美国国籍或永久居民身份的人士在与芯片研发和生产相关的中国企业任职。这一力度空前的新规定的出台，被舆论视为美国对华禁运的"分水岭时刻"。同年8月，美国总统拜登签署《芯片与科学法》。该法的目标明显针对中国，根据其附加条款，获美国国家补贴的公司于获补助期间不得在中国投资28纳米以下制程技术，以确保该法对美国半导体产业竞争力的保护。《日本经济新闻》将这一法律的出台视为美国"对华科技军备竞赛"的升温。美国表面称不与中国"脱钩"，实则以"去风险"为幌子，加紧与盟友在芯片等高科技领域实施"小院高墙"模式，在重要领域进行选择性对华"脱钩"。除了单方面对中国进行限制，美国同时也要求日本和欧盟限制对华芯片出口。美国知名智库战略与国际问题研究中心发布评论称,欧盟在其半导体产业振兴规划中应效仿美国,建立所谓的"护栏"机制,即限制接受公共资金资助的企业对特定国家投资,如美国的《芯片与科学法》,就规定禁止受资助企业十年内在中国扩张先进制程产能。[1] 继美国之后,欧盟亦于 2023 年 7 月出台了自己的《欧洲芯片法》,以确保欧盟在半导体技术和应用领域的竞争优势以及芯片供应安全,目标是到 2030 年将欧盟芯片的全球市场份额提高到 20%。

除了联合限制中国获得芯片,美国和欧盟在军事和军民两用产品出口方面也加强了对中国的出口管制。美国已恢复了冷战时期针对苏联和其他华约国家的出口管制,但如今的限制对象主要是中国。与此同时,美国加强了与欧洲的沟通,推动欧盟支持自己的出口管制政策。欧盟虽然不赞成重回冷战时代的机制,但却仍维持着 1989 年确定的对华军售禁令。欧盟在 2019 年对军民两用物项出口管制准则进行了评估,希望在《关于常规武器与两用物项及技术出口管制的瓦森纳协定》(以下简称《瓦森纳协定》)的基础上制定新的针对非欧盟和非北约国家的武器出口管制规则,[2] 并认为美欧也应该以《瓦森纳协定》为基础管制对中国的军事和军民两用物项出口。虽然美国对《瓦森纳协定》的有效性表示怀疑,[3] 但美欧双方在关键技术出口管制方面仍达成了一定的合作。2020 年 2 月,《瓦森纳协定》国家联合宣布将扩大出口管制范围,防止技术外流至中国等国家。

2021 年 5 月,欧盟通过了新修订的《欧盟两用物项出口管制条例》,使其两用物项出口管制全面升级。德国经济和能源部长阿尔特迈

---

[1] CSIS, "Seven Critical Technologies for Winning the Next War", https://www.csis.org/analysis/seven-critical-technologies-winning-next-war.

[2] Benoit Van Overstraeten and Tangi Salaun, "France and Germany Sign Deals on Space and Arms Exports", https://www.reuters.com/article/us-france-germany-council/france-and-germany-sign-deals-on-space-and-arms-exports-idUSKBN1WV288.

[3] Andrés Ortega, "The U.S.-China Race and the Fate of Transatlantic Relations", https://www.jstor.org/stable/resrep24245.

尔（Peter Altmaier）指出："管制条例是欧盟适应现代贸易挑战的重要举措，将加强欧盟竞争力并确保欧盟在维护经济利益和保障人权方面取得平衡。"① 该条例对所谓"人权保护"的强调尤其引人注目。近年来，在欧盟屡屡借中国香港、台湾和新疆问题对华发难的大背景下，该案例针对中国的意味非常明显。就该条例的具体内容来说，有以下特点。一是扩大了管制物项范围。该条例首次将侵犯人权的电子监控物项纳入监管，并将其同应用于核武器、生化武器以及弹道导弹研发、生产和制造的物项归为同一类。二是对关键条款定义模糊。例如该条例要求限制"侵犯人权"相关电子监控物项出口，但是并未就"侵犯人权"作出明确定义，且"电子监控物项"的定义——通过监测、检测、搜集、分析情报或通讯数据用于监视自然人的两用物项——过于宽泛。实践中，几乎所有人工智能技术和电子通信技术都可以归入该范畴，这就为监管机构滥用职权限制对华出口提供了可能。三是该条例规定成员国拥有出口两用物项的裁决权。它鼓励成员国基于新增内容进行修法，以自主设置管制物项清单并实施审查，这可能导致某些本就对华充满偏见的国家故意刁难中资企业。四是该条例还将与两用物项相关的"技术援助"纳入监管范围，包括开发、制造和维护等技术支持，以及指导、培训和建议等咨询服务，涵盖所有在欧盟的个人和法律实体。该项规定将影响中欧间技术交流，限制中国引进欧洲专业技术人才。此外，该条例还鼓励欧盟就出口管制同第三方国家加强合作。考虑到欧盟管制物项清单同美国《出口管制条例》中的商业管制清单分类标准相同，这可能推动欧美联合限制对华出口关键技术和产品。2022年1月，欧盟正式实施上述关于两用物项的出口管制与技术转让新条例，同年9月出台关于新条例执行情况的报告。2022年5月16日，美欧贸易与技术理事会第二次会议发布的联合声明共有20

---

① European Council, "New Rules on Trade of Dual-Use Items Agreed", https://www.consilium.europa.eu/en/press/press-releases/2020/11/09/new-rules-on-trade-of-dual-use-items-agreed/.

多处提到了"出口管制",详细阐述了双方在这一领域开展合作的意向与规划;尤其关注用于"防卫与安全"的新兴技术,强调会在半导体供应链上加强合作。值得一提的是,拜登执政后,美国还试图通过"五眼联盟"和七国集团加强对华投资审查和出口管制。

2. 数字治理

随着数字技术的快速发展和普遍应用,数字经济已经成为国民经济的重要支柱。同时,基于数字技术和数字经济的独有特征,数字治理也成为国际竞争与合作的一个新领域。数字治理主要包括数据治理、人工智能治理、数字基础设施及其技术政策、数字平台治理,以及数字税收等其他数字议题。美国和欧盟基于维护西方在数字技术和国际秩序领域主导地位的共同利益,具有数字治理合作的地缘政治基础。中国数字技术近年来发展迅速,中、美两国占全球70个最大数字平台市值的90%,排名前25位的国际数字平台也主要来自中、美两国。[①] 中国数字经济快速发展令美欧感到了"威胁",认为合作对抗中国的数字崛起具有必要性。拜登政府执政前后,美国和欧盟的智库等科研机构均表达了加强数字合作的意愿,甚至提出需要形成对抗中国技术发展和应用模式的数字联盟。2021年,美欧正式建立贸易与技术理事会,以期引领基于价值观的数字化转型。

从近年来的情况看,美欧加强数字领域合作以对抗中国的意愿逐渐强烈,形成了一些政策性提议。在人工智能发展与治理方面,美欧之间的合作取得了一些进展。双方在多个国际组织或机制(例如北约、经济合作与发展组织、二十国集团和七国集团),加强了人工智能领域合作,主要是明确人工智能的开发、使用和治理规范。合作的重要渠道是经济合作与发展组织制定的《对值得信赖的人工智能进行负责任

---

① UNCTAD, "Digital Economy Report 2019", https://unctad.org/publication/digital-economy-report-2019.

管理的价值观原则》，该原则于 2019 年被 42 个国家采用。① 2020 年 6 月成立的人工智能全球合作伙伴关系机制，进一步展现了美欧双方的合作意愿。该机制基于经济合作与发展组织的人工智能原则，由美国和欧盟主导，其目标是根据"人权、包容性、多样性、创新和经济增长"等原则开发人工智能。该机制被视作"志趣相投国家"的第一个主要合作形式，也被看作抵御中国人工智能发展和运用模式的堡垒。

应指出的是，尽管欧盟基于战略自主需要在数字治理领域与美国保持一定距离，但总体上，双方合作的促进因素大于阻碍因素。客观而论，美欧具有在双边和多边基础上通过合作建立和促进数字统一规则的潜力，即使双方的监管系统并不一致。基于共同的价值观、经济利益与安全利益，以及共同应对竞争者的需求，美欧有可能在数字领域形成某种程度的统一战线。至少欧盟可能与美国进行有限度的合作、有原则地达成数字联盟；同时，实现战略自主，降低对美国的依赖。美欧未来可能会在以下方面进行合作：一是加强数据保护制度协调，针对跨境数据流动再次形成合作协议，并且形成排斥相关国家的跨境数据流动圈。二是在人工智能发展和规则方面进一步合作，形成技术发展共同体，共同推进和主导国际规则制定。三是针对数字关键性技术，形成出口管制共同体。四是形成有效监管数字平台的共识并促进反垄断规则趋同。五是通过协商达成数字协议，以及共同主导多边贸易协定中数字条款的制定。六是解决数字服务税议题上的分歧，共同主导全球税收新规则的制定。七是高举所谓"反对数字威权主义"旗帜，从舆论上打压中国数字技术发展。欧盟与美国贸易与技术理事会可能成为美欧数字治理合作的重要平台。② 此外，美欧还会在二十国集团、七国集团等多边平台加强合作，协商推进数字议题。但也应看到，

---

① OECD, "Recommendation of the Council on OECD Legal Instruments Artificial Intelligence", https://oecd.ai/en/assets/files/OECD-LEGAL-0449-en.pdf.
② 邱静：《欧美数字治理合作的影响因素及前景分析》，载《国际论坛》，2022 年第 1 期。

由于中国与美国、欧盟之间的各种利益联系，尤其是中美关系与中欧关系存在显著差异，以及美欧在数字领域的分歧，美欧难以形成与中国完全对立的数字联盟。

总之，在近年来美欧深度调整对华政策的背景下，双方在涉华贸易投资、技术竞争和出口管制等领域的互动和政策协调有了明显加强。欧盟认为拜登政府联欧制华的主张在一定程度上符合自身利益：一方面，欧盟迎来一位愿意"重塑"跨大西洋伙伴关系的美国总统，美国为了合作对抗中国，不得不暂时缓和同欧盟的冲突和矛盾；另一方面，欧盟本就在市场开放、政府补贴、贸易壁垒、技术转让、商品倾销以及知识产权保护等领域对中国不满，认为欧美合作将有利于对华施压，进而捍卫欧洲利益和价值观。虽然基于战略自主和经济利益考量，欧盟不会同美国组建全方位对抗中国的联盟，但是愿意在有限可控的范围内同美国合作，尤其是俄乌冲突加剧了国际地缘政治紧张，也使围绕高科技产业展开的国际经济竞争更加激烈。美国希望借重美欧传统盟友关系来应对世界经济的深刻变局，欧盟则对欧洲战略自主的构想进行了反思和重新的诠释，承认美国的支持对欧洲而言必不可缺。美欧决策层和政治精英在技术与经济领域形成了如下战略共识：首先，都认为"普适的多边主义"所推动的经济全球化进程已难以为继，必须以"小集团式的多边主义"取而代之。其次，都认为宁可牺牲全球分工带来的效率，也要确保自身的"经济安全"和供应链稳定，应该以"友岸外包"等形式重组全球供应链，以实现"供应链韧性"。最后，美欧越来越将中国视为自身在世界经济竞争中的"对手"甚至"威胁"，强调对华经济关系的竞争性乃至对抗性，倾向于彼此协调以共同应对中国。

第三节 美欧涉华军事互动

一、战略重心东移与美欧涉华军事互动

在中美战略竞争格局下,涉华军事互动是美欧对华战略协同的一个重要方面。如前所述,美欧官方早在21世纪初就建立了应对中国崛起的战略与安全磋商机制。特朗普执政以后,随着美国对华竞争的加剧,美欧涉华军事互动进入了一个新阶段。影响美欧涉华军事互动的因素是多方面的,其中,美国战略重心东移产生的影响较为复杂,它不仅对美欧在欧洲的安全防务关系带来挑战,而且也间接地影响到双方在亚太地区的涉华军事互动。

对美欧安全防务关系来说,美国战略重心东移带来了两个彼此相关的问题:一是美国和北约在欧洲安全中的责任,二是美国对欧洲防务一体化建设的态度。关于前一个问题,欧洲始终认为威慑俄罗斯是北约的主要任务,而美国参与欧洲防务对实现该目标至关重要。从美国的态度来看,虽然仍重视欧洲安全以及北约对俄罗斯的威慑作用,但在美国当前的战略中,中国和亚洲(而非欧洲)已成为首要战略事项。美国认为,俄罗斯虽然威胁了欧洲安全秩序,但长远来看,俄罗斯发动军事行动加上经济疲软可能会削弱其地位,因此俄罗斯实际上只是一个地区性大国。奥巴马在2014年曾说,虽然俄罗斯对其近邻地区是一个强大威胁,但它在全球范围内塑造国际政治的能力有限。[①] 而与俄罗斯相比,中国则是一个兼具经济和政治实力的新兴大国,因此是美国的主要竞争对手。正是基于此认知,美国其将战略重心转向亚洲并专注于对华竞争。这意味着美国需要加强在亚太地区针对中国的军事部署,同时在欧洲进行收缩。在无法完全"撤出"欧洲的情况下,

---

① Julian Borger, "Barack Obama: Russia Is a Regional Power Showing Weakness over Ukraine", https://www.theguardian.com/world/2014/mar/25/barack - obama - russiaregional - power-ukraine-weakness.

美国希望减轻美军在欧洲－大西洋、中东和非洲等地区的压力，并要求欧洲对自身安全及周边地区稳定承担主要的安全责任。美国学者沃尔特指出，美国甚至会要求欧洲盟国限制中国获取先进技术，并避免向中国出售任何可直接应用于军事的物资。①

鉴于长期以来美国在北约及欧洲安全中的主导地位，其转向亚洲同中国进行竞争不可避免地导致北约的安全责任分担模式发生变化。具体来说，欧洲将不得不更多承担自身安全及周边稳定的责任，而美国则继续将更多资源投向亚太或印太地区。一方面，这一变化意味着一个更加"内向"、关注自身和周边安全的欧洲与战略上以遏制中国为主要目标的美国，在继续维系跨大西洋同盟的前提下，将逐渐走向更加松散、责任分担型的安全伙伴关系。2022年爆发的俄乌冲突虽然在短期内促使美欧在欧洲重新加强针对俄罗斯的安全合作，但不大可能根本改变上述趋势。另一方面，北约内部美欧安全合作模式的变化或在一定程度上有助于缓解双方近年来在北约防务责任分担问题上愈益尖锐的矛盾，但同时也可能制约双方在欧洲以外地区的安全合作，由于欧洲将专注于自身及周边安全，它难以深度介入美国在亚洲的对华军事威慑活动。

与美欧在北约内的安全合作模式的变化相关联，美国战略重心东移还带来了另一个对美国来说更加棘手的问题，即如何应对欧盟日益增大的防务一体化需求。在欧洲战略自主的推动下，欧盟近年来加快了防务一体化建设，甚至提出了建立欧洲安全与防务联盟的构想，这将不可避免地对欧盟与北约的关系带来影响。实际上，自欧盟于1999年确立共同安全与防务政策以来，关于欧盟与北约关系的讨论就一直与欧洲战略自主的概念紧密地联系在一起。②作为欧洲一体化的一个新

---

① 斯蒂芬·沃尔特：《如果把北约看作一支股票,那么现在是做空它的好时机吗?》，https://www.guancha.cn/StephenMWalt/2019_02_09_489572.shtml?s=zwyzzwzbt。

② Jolyon Howorth, "European Integration and Defense: the Ultimate Challenge?", https://www.iss.europa.eu/content/european-integration-and-defence-ultimate-challenge.

第六章　美欧对华政策协调及其局限性

支柱，欧盟将共同安全与防务政策视为在安全事务上减少对美国过度依赖的一种有效手段。在现有与欧洲安全相关的制度安排下，欧盟的安全与防务政策定位于远征作战，而不是领土防御，后者是北约的职责所在。在近年来美国对欧洲安全的承诺变得不稳定甚至有可能降低的形势下，欧盟希望通过加强自身防务成为安全领域一个自主的战略参与者，既能够为集体防御作贡献，又能够在必要时独自进行远征作战。欧盟于2017年启动的"永久结构性合作"就带有这方面的重要考虑，其背后反映出欧洲对美国军事保护可靠性的担忧。尤其是特朗普执政期间的一系列言论和行为使欧洲人认识到，欧洲的安全已不能完全指望美国的保护了。因此对于欧盟来说，无论是为欧洲安全承担更多责任，还是更多依靠自己来维持周边地区的稳定，最大的挑战就是建设一支自主、可信的军事力量。虽然拜登执政后美国加强了在欧洲的军事存在，但欧洲认为仍有必要发展自主军事力量。有欧洲学者指出，欧盟应当作为跨大西洋同盟的"欧洲支柱"，以确保欧洲有替代计划，因为欧洲不能完全依赖于美国。① 美国学者波森提出了这样一种设想：用美国和欧盟之间的新联盟来替代北约，其他非欧盟的北约盟国也可以加入这种新的联盟形式。在新联盟中，欧盟成员国将承担包括领土防御在内的所有军事任务，并为此建立一支军队，但同时欧盟仍将与美国保持联盟关系。欧盟和美国之间的互助义务将使双方有能力遏制任何威胁，但在最坏的情况下，欧洲仍需作好独自防御的准备。应当说，这一设想背后反映出欧洲人对美国保护欧洲安全的信心明显下降，同时也反映了欧盟对实现其战略自主目标的渴望。但现实地看，该设想显得过于理想化，欧盟受内部各种因素制约短期内难以弥补其军事硬实力的缺陷。前北约秘书长拉斯穆森（Anders Fogh Rasmussen）

---

① Sven Biscop, "EU-NATO Relations: A Long-Term Perspective", https://www.egmontinstitute.be/content/uploads/2018/11/NeD150.pdf.

不看好欧盟发展自身防务的前景，称欧盟防务是"纸老虎"。① 而从制度层面来看，欧盟与北约的关系一直缺乏清晰的界定。虽然2013年12月欧洲理事会内部就共同安全与防务政策与北约的关系达成一致，即认为二者的关系是互补性的、合作性的，但欧盟的防务目标及其与北约的关系仍显得非常模糊；② 一方面强调双方互补与合作，另一方面强调欧洲战略自主，至于二者如何协调则并不清楚。需要指出的是，美国是一个与欧盟或北约完全不同的角色，它在北约中具有明确和无可争议的领导地位，这就使得欧盟与北约的关系在政治层面变得更加尖锐。欧盟在一些重要声明中宣称，北约在欧洲集体防御中仍处于核心地位，欧盟应能够一方面为北约防务作出更大贡献，另一方面又能够承担起美国不参与时的军事使命。③ 这似乎是要表明欧盟通过共同安全与防务政策旨在成为可与北约相媲美的军事行为体，同时又不损害或质疑北约的主导地位。应当说，共同安全与防务政策与北约关系的模糊性一方面反映了欧盟现阶段仍离不开北约保护的尴尬，以及欧盟内部在共同安全与防务政策的定位和目标上的分歧，另一方面反映了美国对欧洲防务一体化的戒心。

从某种意义上讲，欧洲防务一体化的目标能否以及在多大程度上能够实现，仍将取决于美国的态度。美国对欧洲防务一体化历来持矛盾态度：一方面希望欧洲在北约范围内加强自身的防务力量，认为这样可以确保一个能力更强的欧洲继续听从美国的领导；另一方面又担心欧洲独立军事力量的发展会削弱北约的作用，阻碍美欧国防工业合作。因此美国一直对欧洲发出警告：在欧盟框架内寻求安全合作的任

---

① Katya Adler, "Trump Election: Europe Looks Its Defences", http://www.bbc.com/news/world-europe-37972087.
② Jolyon Howorth, "Strategic Autonomy and EU – NATO Cooperation: Squaring the Circle", http://aei.pitt.edu/87021/1/SPB85.pdf.
③ Council of the European Union, "A Strategic Compass for a Stronger EU Security and Defence in the Next Decade", https://data.consilium.europa.eu/doc/document/ST-7371-2022-INIT/en/pdf.

何尝试都应避免重复现有的北约结构、歧视非欧盟成员国，或使欧盟与跨大西洋安全架构"脱钩"。① 美国试图将欧盟安全防务政策纳入北约安全战略中，防止欧盟另立门户。特朗普政府对欧盟启动"永久结构性合作"表示担忧，尤其担心英国"脱欧"之后，欧盟的防务计划会侵蚀北约在欧洲安全中的主导作用。特朗普对马克龙建立"欧洲军队"的想法极为不满，并告诫欧盟"美国将永远在欧洲，美国要求的只是大家在北约支付自己公平的份额"②。应当说，美国对欧盟防务建设的矛盾态度也是欧盟与北约之间复杂关系的反映。从欧盟和北约的互动来看，双方之间缺乏有效的协调合作机制。从政治上讲，北约确实已拥有两个支柱，即美国和欧盟，二者是跨大西洋同盟的两个战略参与者。但在联系机制方面，欧盟在北约中并没有代表权。虽然从北约秘书长和欧盟外交与安全政策高级代表到军事人员和民政部门，这两个组织在不同层次上都进行了大量磋商，包括欧盟外交与安全政策高级代表莫盖里尼和欧洲理事会主席图斯克都曾应邀参加了北约首脑峰会，但从根本上讲，在北约内并没有欧盟的声音。正因为如此，欧盟期待随着"欧洲支柱"的巩固，即使欧盟本身不是北约成员，其成员国亦应寻求在北约内用一个声音说话并达成共同立场。欧盟参与北约事务曾长期遭到英国反对，但英国"脱欧"似乎消除了这个障碍，因此在一些人看来，在北约内部组成一个欧盟集团将是欧盟作为一个战略行为体逐步发展的必然结果。③ 但考虑到美国对欧盟的地位和作用持保留态度以及北约内部的复杂性（英国、土耳其对欧盟的态度以及欧盟内部分中立国对北约的态度等），实质性提升欧盟与北约关系的机制化水平仍难度极大，短期内可能性甚小。

---

① Esther Brimmer, "Seeing Blue: American Visions of the European Union", https://www.iss.europa.eu/content/seeing-blue-american-visions-european-union.

② 《特朗普再批建欧洲军队：二战没美国欧洲就垮了》，http://mil.huanqiu.com/world/2018-12/13765318.html.

③ Sven Biscop, "EU-NATO Relations: A Long-Term Perspective", https://www.egmontinstitute.be/content/uploads/2018/11/NeD150.pdf.

随着美欧关系近年来的改善,欧盟更加关注拜登政府对欧盟防务及欧盟与北约关系的态度。应当说,欧洲战略自主需求的增长使美国面临越来越大的挑战,并且美国同欧盟一样需要作出选择:继续维持一个与美国利益一致、依赖美国保护的弱小而分裂的欧洲,还是准备接受一个更强势、更自主、有时会与美国政策不一致的欧洲?欧盟认为,美国不应该反对欧洲战略自主和发展自主军事力量的努力,因为从长远来看,一个能够捍卫自身利益、保护自己的强大欧洲将比一个分裂弱小的欧洲对美国更为有利。这种看法的主要依据是,跨大西洋同盟能够而且应该继续成为以西方民主价值观和自由主义规则为基础的西方模式的基石。应当说,这种看法在欧洲战略界和部分美国学者中具有一定的代表性。正如有分析所指出的,如果欧洲更大的战略自主权能够激发真正的安全和防御能力,那么它将符合欧洲和美国的利益,也符合美国政府长期以来希望欧洲人为跨大西洋同盟作出更多贡献的愿望。[1] 前美国国务院官员夏皮罗提出,美欧双方应承担欧洲战略自主可能带来的后果,并认为美国应当支持欧洲加强其经济和政治联盟,因为"一个混乱的、不稳定的欧洲"将"无法(可能不愿意)帮助美国应对世界各地的地缘政治挑战"。[2]

从拜登执政以后的情况来看,虽然他重申了美国对北约及欧洲安全的承诺,这的确有助于稳定因"特朗普冲击波"而遭受打击的美欧同盟关系,但是其对欧洲防务一体化建设的态度仍不明朗。诚然,俄乌冲突的爆发短期内加强了美欧团结,同时也对欧洲防务一体化的发展起到了刺激和推动作用;美国和北约大力援助乌克兰,并加强了在北约东部地区的军力部署;欧盟则通过了《安全与防务战略指南针》,德国等一些成员国较大幅度地增加了防务支出。但一般认为,俄乌冲

---

[1] Constanze Stelzenmüller, "Hostile Ally: The Trump Challenge and Europe's Inadequate Response", https://www.brookings.edu/research/hostile-ally-the-trump-challenge-and-europes-inadequate-response/.

[2] Jeremy Shapiro, "Britain Might Leave the EU, Here's Why Americans Should Care", https://www.vox.com/2016/4/15/11405658/brexit-europe-america.

第六章　美欧对华政策协调及其局限性

突不大可能改变美国战略重心东移的趋势。美国国内一些人不忘提醒拜登政府，"9·11"事件以后，美国卷入了一场代价高昂的所谓的"反恐"战争，并对中东进行所谓的"民主改造"；拜登政府今天绝不能犯类似的错误。① 沃尔特等一些美国学者更明确地指出，中国仍然是美国唯一的竞争者，开展同中国的竞争仍然是美国的首要战略任务；俄乌冲突虽然不容忽视，但它并不能成为美国对欧洲作出更多承诺的理由。② 总之，美国不应因俄乌问题将注意力从重建国内实力与平衡中国力量这一更重要的任务上转移开，有些人甚至提出了将"欧洲安全交还于欧洲"的主张。这一主张的依据是，俄乌冲突将会削弱俄罗斯的实力，而北约欧洲成员国的实力远强于俄罗斯；而且俄乌冲突进一步增强了欧洲国家发展自主防务能力的信心和决心。因此这些人认为，俄乌冲突是美国与欧洲盟友之间重新设计分工的好机会，即美国关注亚洲，欧洲则承担自身防御的主要责任；美国应该放弃长期以来反对欧洲战略自主的立场，并积极帮助欧洲盟国实现军队现代化；北约下一任最高盟军指挥官应当是一位欧洲将军，而美国在北约的角色限定为最后防御者，而非作为第一反应者。③ 如果美国的欧洲盟友能够在确保其本土免受俄罗斯威胁方面承担更多责任，那么美国则没有理由因欧洲安全问题而降低对亚洲的关注。美国与一个共担安全责任、得到赋权的欧盟之间的分工，将有助于实现美国大战略的持久目标，即防止任何一个地区被一个大国所支配。虽然夏皮罗认为，美国不应反对欧洲崛起为强大的全球角色，但他更强调欧洲必须转型，以应对"来

---

① Anne-Marie Slaughter, Kishore Mahbubani and Stephen M. Walt, et al. "U. S. Grand Strategy After Ukraine", https://foreignpolicy.com/2022/03/21/us-geopolitics-security-strategy-war-russia-ukraine-china-indo-pacific-europe/.

② Stephen M. Walt, "Hand European Security over to the Europeans", https://foreignpolicy.com/2022/03/21/us-geopolitics-security-strategy-war-russia-ukraine-china-indo-pacific-europe/.

③ 同①。

自中国和俄罗斯日益增长的经济、安全和政治挑战"。①

应当说,在欧洲战略自主需求不断增长以及俄乌冲突使欧洲安全形势出现新变化的背景下,美国为了维系跨大西洋同盟的团结以及确保自身的"印太战略"不受影响,有可能在欧盟防务问题上展现出一定的灵活性。正如有分析所指出的,美国认识到了欧洲战略自主的政治需求在日益增长,尤其是在美国战略重心转移、减少对欧洲安全事务参与的时候,但欧洲要想获得战略自主,就必须在安全领域作出更多努力。② 或许,只要欧洲自主防务力量能够牢牢地嵌入北约框架,美国就会乐见其发展,由此美欧之间将会达至一种平衡:欧盟继续维护北约在集体防御中的垄断地位,并将自身的防务能力限制在外部危机管理领域,特别是北约作为一个整体不参与的突发事务;同时,鉴于欧盟自身缺乏一些必需军事资源,美国可能会在明确的领域(如情报、特种部队和运输)提供某些具体支持(在以往北约实施的大部分军事干预中,欧洲盟国都依赖美国提供诸如空运和海运、加油、情报、监视和侦察等关键能力支持),但美国提供支持的条件是欧盟采取主动行动来应对自己后院的危机。现实地看,虽然不排除美国在一定条件下松动其对欧洲防务一体化政策的可能性,但完全接受欧洲独立防务的可能性仍然不大。正如有分析所指出的,欧盟更大的自主权或可以为美国现政府和未来的政府提供更大的行动灵活性,但就目前而言,欧洲的言论被美国视为欧洲在安全关系上寻求与美国"脱钩"。③ 美国长期以来所坚持的反对欧盟防务与大西洋安全架构"脱钩"的政策根深蒂固,未来新政府也不太可能改变这一政策。由是而言,欧盟战略自

---

① Jeremy Shapiro, "Why America? The US Role in European Defense and the European Mind", https://chairestrategique.pantheonsorbonne.fr/sites/default/files/2021-02/9-_intervenant_-_shapiro.pdf.

② Jolyon Howorth, "European Integration and Defense: the Ultimate Challenge?", https://www.iss.europa.eu/content/european-integration-and-defence-ultimate-challenge.

③ Andrés Ortega, "The U.S.-China Race and the Fate of Transatlantic Relations", https://www.jstor.org/stable/resrep24245.

主与美国霸权护持之间、欧盟与北约之间的复杂矛盾仍将会延续下去，从而不仅影响美欧在欧洲安全事务中的合作，也会对双方在亚太地区的涉华军事互动产生一定的制约作用。

二、北约对华政策的变化

冷战结束后，北约一直致力于自身的战略转型与东扩，着力从区域军事组织向全球安全组织过渡，不断扩大安全防御范围，将触角伸向全世界。近年来，随着美国战略重心持续东移并转向同中国竞争，北约也开始关注亚太地区和中国，并将"维持亚太地区稳定"、确保其在该地区的影响力作为承担其"全球使命"的一个重点。正是在此背景下，北约的对华政策逐渐发生了变化。

从根本上讲，北约对华政策的变化源于美欧特别是美国对中国认知的变化。2008年全球金融危机以后，美国认为，中国的崛起以及中国的军事现代化，已经开始改变地区力量平衡，从而可能"破坏"美国主导的亚洲安全秩序以及更广泛的"自由主义"国际秩序。特朗普政府将中国视为美国的"主要战略竞争对手"和"对西方的最大威胁"，进而对华展开激烈的竞争和全面遏制。在中美战略竞争加剧的形势下，欧盟也开始关注中国崛起的"安全后果"，尤其关注中国在印太地区的存在和在非洲、中东甚至北极地区军事活动的影响。欧盟认为，中国正通过共建"一带一路"倡议向西推进，对签署共建"一带一路"协议的包括中东欧在内的国家施加强大影响力，这最终会削弱欧盟作为"民主力量"的地位。美欧一些分析人士认为，中国的长期战略目标是全球性的，但其短期目标是区域性的，中国尤其注重扩大其在东亚的经济和政治影响力，并在投资协议的支持下与全球各国建立政治上的伙伴关系，重点是非洲、中亚、东欧和中东。① 北约秘书长斯

---

① Alicia von Voss and Florence Schimmel, eds. "NATO's Future Role in the Multilateral Rules-Based Order", https://carnegieeurope.eu/2019/11/28/nato-s-future-role-in-multilateral-rules-based-order-pub-80412.

托尔滕贝格表示，尽管中国尚未对北约构成直接的军事威胁，但中国在关键基础设施投资、网络空间投资和军事能力现代化等方面"越来越接近"欧洲。① 正是基于上述评估，北约认为，中国意图"挑战"其致力于维护的"自由主义国际秩序"，因此是北约的一个"竞争对手"。为了应对"中国以及俄罗斯对欧洲和美国安全构成的挑战"，北约需要将亚太纳入战略视野。② 随着对中国关注度的上升，以及对华态度上趋于强硬，北约与美国配合协调的意味日渐浓厚。

在美国的推动下，北约在 2019 年年初对中国进行了内部战略思考，从此将应对"中国挑战"纳入北约的议程。2019 年 12 月，在伦敦举行的北约 70 周年峰会上，各成员国达成共识，即北约必须应对中国崛起的"安全后果"。会议发表的联合声明首次承认中国崛起带来的"机遇和挑战"，声称要将北约"打造成更强大的政治联盟"，包括加强与澳大利亚、日本、韩国、新西兰等亚太地区"志同道合"伙伴的合作，但声明未将中国定位为"威胁"。进入 2020 年以后，北约的对华态度有了进一步变化，对华强硬的调门有所升高。2020 年 6 月，北约秘书长斯托尔滕贝格出席美国大西洋理事会和德国马歇尔基金会举办的论坛，在谈及对北约 2030 年展望时，虽然未把中国视为"敌人"，但是却渲染"中国威胁"，称"中国导弹能打到所有北约盟国"，而且中国的崛起"从根本上改变了全球力量平衡，加剧了经济和技术霸权的争夺，加大了对开放社会和个人自由的威胁"等。③ 斯托尔滕贝格重申，北约要应对中国崛起的"安全后果"，盟国要在"政治上加大对北约的利用"，"使北约在政治上发挥更多影响力"。④ 他甚至呼吁打造

---

① 霍思铭:《北约峰会联合声明曝光 首次正式提及中国"挑战"》, https://www.guancha.cn/internation/2019_12_04_527332.shtml。

② Karl-Heinz Kamp, "NATO's Coming Existential Challenge", http://www.ndc.nato.int/news/news.php?icode=1281.

③ 王恺雯:《北约秘书长:未把中国视为敌人,但要应对中国崛起的"安全后果"》, https://www.guancha.cn/internation/2020_06_09_553452.shtml。

④ 《北约秘书长敦促盟国"在政治上加大对北约的利用"》, http://www.taihainet.com/news/military/hqjs/2020-06-10/2394130_2.html。

如冷战时期的包围圈来遏制中国在全球崛起，主张将北约的战略重心从欧洲转移到亚洲并以对抗中国为核心，团结日本、澳大利亚、韩国、新西兰等亚太国家共同捍卫保障安全的国际规则和机构，并为太空、信息等新科技领域及全球限武机制等制定准则。①

2020年11月25日，北约发布了《北约2030：为新时代而联合》报告。这份研究报告集合了北约成员国各方专家的思想，就未来北约应对各种挑战提出138条建议，明确提出北约必须对中国保持技术优势，包括计算机网络技术、太空技术、基础设施建设等，同时涉及中国经济发展、科技进步、文化、价值观等方面，认为北约必须重新夺回西方在世界经济、技术、贸易、商业等领域的话语权，恢复并扩大西方文化、价值观以及意识形态的"示范作用"，恢复北约及其成员国的传统优势地位等。② 由此不难看出，北约对华政策的变化并非仅限于军事领域，也涉及政治、经济、科技、文化和意识形态等领域，前者重点对北约安全战略施加整体影响，后者主要对北约及其成员国国内政治与外交形成冲击。尤其值得注意的是，上述报告提出，尽管在未来十年俄罗斯仍将是北约的主要对手，但北约也必须更认真地思考如何应对中国及其军事崛起。

拜登政府执政后，继续推进北约的亚太转向，不断强化北约对"中国挑战"的认知。2021年6月举行的北约峰会发布公报，首次提出中国对北约构成"系统性挑战"，称中国的"雄心"和自信的行为对"以规则为基础的国际秩序"和与联盟安全相关的领域构成"系统性挑战"。此外，美国还提出要与盟友从各个角度向中国施压。俄乌冲突的爆发进一步强化了北约对俄遏制、对华施压意识。2022年6月底在北约马德里峰会上，各国首脑签署并发表了《北约2022战略概念》，

---

① NATO, "Remarks by NATO Secretary General Jens Stoltenberg on Launching #NATO 2030—Strengthening the Alliance in an Increasingly Competitive World", https://www.nato.int/cps/en/natohq/opinions_176197.htm.

② NATO, "NATO 2030: United for a New Era", https://www.nato.int/nato_static_fl2014/assets/pdf/2020/12/pdf/201201-Reflection-Group-Final-Report-Uni.pdf.

列明了未来十年的优先事项，其中，对俄、对华态度的变化引人关注。北约发布的 2010 年版战略概念文件中没有提及中国，当时俄罗斯还被称为"合作伙伴"。而此次最新版战略概念文件的内容则大为不同，除了明确指出俄罗斯是欧洲-大西洋地区和平稳定"最重大而直接的威胁"外，更是把中国指为"系统性挑战"。这份战略概念文件共 49 段文字，其中第 13 段和第 14 段集中论述中国，包括指责中国的"雄心和胁迫政策""挑战"了北约的利益、安全和价值观。值得一提的是，在这份战略概念文件公布前，北约正式邀请芬兰和瑞典加入北约。日本、韩国、澳大利亚和新西兰的领导人也受邀参加了北约马德里峰会。事实上，北约在 2021 年公布的改革方案中就已将这四国列为其在亚太地区的四大伙伴，此次四国领导人参加北约峰会是双方关系新发展的突出标志。2023 年 7 月，北约维尔纽斯峰会发表联合公报、肆意渲染"中国威胁"，声称中国对欧洲-大西洋安全构成"系统性挑战"，抹黑中俄关系是在"破坏基于规则的国际秩序"，还无端指责中国"秘密扩大核武库"。此次峰会除了重点讨论"应对俄罗斯威胁"外，也将扩大与亚太地区四大伙伴的合作作为另一主要议题，邀请四国领导人再次参加北约峰会，并与日、韩两国签订"个别针对性伙伴关系计划"。为了牢牢拉住这四国，北约在 2022 年马德里峰会上效仿美日澳印"四国机制"，给这四个国家特意搞出个新名字叫"亚太四伙伴"，为的是让这几个国家与北约的合作机制化，让它们事实上成为"北约+"在亚太地区的新盟友。维尔纽斯峰会后，北约将"亚太四伙伴"改称"印太四伙伴"，这一称谓毫无疑问更加贴合美国的腔调。

在北约转向亚太的过程中，南海问题是其关注的核心焦点。美国在背后起到了"主推手"作用。美国从 2015 年起就开始加强其在中国南海的"航行自由"行动，并施压欧洲盟国与之配合。美国虽不指望欧洲国家在军事上深度介入，但却看重后者在南海保持军事存在的象征意义。① 在美国的呼吁和压力下，北约的一些欧洲成员国从 2017 年年底起，开始向南海派出军舰。作为美国的亲密盟友，英国派军舰多次在南海进行演习，以表明英国支持"航行自由"。尽管英国国防部长威廉姆森（Gavin Williamson）暗示该决定存在美国因素，② 但国内一些势力主张以更加自信的姿态介入南海问题，③ 认为这不是为了应对任何对英国利益的直接威胁，而是为了支持"基于规则的国际秩序"。这一观点得到了英国议会的支持，议会外交事务委员会表示，欢迎政府承诺在中国南海行使"航行自由"，尽管它也呼吁"提供更清晰的战略叙述和理由"，并敦促美国批准《联合国海洋法公约》。④ 英国加强对南海问题的介入表明其"脱欧"后更加依赖和倚重英美"特殊关系"，包括应对"日益自信的中国的影响"。⑤ 法国在亚太地区拥有海外领地和战略经济利益，因此也积极参与在南海的"航行自由"行动。为了捍卫南海"航行自由"，法国表示每年将在南海执行两次以上的巡航行动。事实上，法国海军在 2015 年和 2017 年就曾穿越南海。2020 年 9 月，法国核潜艇"绿宝石号"在支援舰"塞纳号"的护航下，再一次穿越了南海。2021 年 2 月 18 日，法国海军西北风级两栖攻击舰"雷电号"和拉菲特级导弹护卫舰"絮库夫"号组成"两栖戒备小组"从

---

① Andrew Small, "Transatlantic Cooperation on Asia and the Trump Administration", https://www.jstor.org/stable/resrep21241.

② Gavin Williamson, "Defence in Global Britain", https://www.gov.uk/government/speeches/defence-in-global-britain.

③ John Hemmings and James Rogers, "The South China Sea: Why It Matters for 'Global Britain'", https://henryjacksonsociety.org/publications/the-south-china-sea-why-it-matters-to-global-britain/.

④ Foreign Affairs Committee of the House of Commons (FAC), "China and the Rules-Based International System", https://publications.parliament.uk/pa/cm201719/cmselect/cmfaff/612/612.pdf.

⑤ Bram Boxhoorn and Giles Scott-Smith, "Appendix: Memorandum from the Foreign and Commonwealth Office", https://www.taylorfrancis.com/chapters/mono/10.4324/9781003159551-62/appendix-memorandum-foreign-commonwealth-office-global-britain-march-2018-bram-boxhoorn-giles-scott-smith https://publications.parliament.uk/pa/cm201719/cmselect/cmfaff/780/78008.htm#_idTextAnchor0%2035.

法国南部军港土伦出发，开赴印度洋-西太平洋区域完成2021年度的远东地区部署任务——"2021圣女贞德任务"。该"两栖戒备小组"计划两次航行通过南海，根据法国海军的说法，演习不仅是训练行为，而且是该国在印太地区战略利益的业务部署任务。法方宣称，法国希望在其战略水域维护"航行自由"，并希望在感兴趣的地区搜集情报以预见任何危机。① 另外，德国、西班牙、荷兰等其他一些北约欧洲成员国近年来也都向南海派出军舰进行巡航，或者参与相关军事演习，反映出与美国在亚太地区的战略协调进一步增强。拜登执政后延续了对华军事威慑政策，同时继续要求欧洲盟国与美国配合，而欧洲为了迎合拜登政府，也在涉华安全合作方面表现出更加积极的姿态，英国、法国、德国等继续派军舰赴南海行使"航行自由"。

相较于一些北约欧洲成员国介入南海问题的积极姿态，欧盟整体上与美国和北约的互动存在较大局限性。欧盟在中国周边安全问题上的态度相对谨慎，主要是因为其内部在对华政策上存在分歧，同时也因为其军事硬实力欠缺，特别是缺乏可以部署的军力。实际上，除了英国和法国外，欧洲国家在亚洲安全问题上大都缺乏介入的实力和兴趣。正是由于军事硬实力不足，欧盟在东亚安全领域倾向于扮演美国和北约的"促能者"角色，在南海问题等中国周边安全问题上尽量发出和美国一致的声音，并加大同中国在国际安全规范和价值观方面的软博弈。随着美国对华竞争加剧以及东亚地缘政治日趋紧张，欧盟今后有可能以"维护国际海洋法和东亚地区领土和法律现状"的名义，加强对南海问题介入的力度。此外，欧盟近年来也开始介入台湾问题，指责中国对地区力量平衡的"挑战"违背了跨大西洋伙伴的利益。欧盟未来是否会出台涉及南海、台湾地区的新政策，值得关注。

同样值得关注的是，在俄乌冲突延宕的背景下，美国采取"捆绑中俄"的策略，推动"印太北约化"和"北约印太化"的趋势越发明

---

① Celine Pajon, "France's Indo-Pacific Strategy and the Quad Plus", https://media.defense.gov/2021/Mar/12/2002599868/-1/-1/0/10-PAJON.PDF/10-PAJON.PDF.

显。拜登政府认为，俄乌冲突表明，国际秩序在一个地区的崩溃将最终会让其他地区的秩序陷入危险境地。美国希望欧洲盟友能在印太地区发挥更大作用，同时也积极推动日本、韩国、澳大利亚、印度等印太盟友与欧盟、英国展开更深入合作，从而共同应对与中国的竞争。可以预见，在持续推进各自"印太战略"的过程中，英国、法国、德国等一些欧洲大国今后会进一步加大介入中国周边安全问题，加强与美国及亚太地区所谓"志同道合"伙伴的涉华安全互动。2023年1月，英国与日本签署《互惠准入协定》，允许两国军队在对方领土上进行部署。法国也寻求与日本达成类似协定；同时，法国与美国、日本、澳大利亚在太平洋岛国方向的合作也值得关注，美国传统基金会亚洲研究中心主任洛曼（Walter Lohman）提出设立美法澳新"太平洋岛国四边机制"的构想。德国与日本之间的军事安全合作也在扩展，双方多次举行外长和防长共同参加的"2+2"磋商。对于中国来说，需警惕的是，在"印太北约化"和"北约印太化"的大趋势下，美国与欧盟之间、欧盟与北约之间以及美欧与"印太四伙伴"之间全新合作目标及方式的确定，尤其是未来可能在印太地区采取的联合行动，将会增大中国在周边地区维护国家利益的难度。

三、美欧涉华安全合作走向及其局限性

在美国的推动下，北约的性质和目标正在发生变化：在性质上，从一个区域性集体防务组织向参与全球安全事务的安全组织演变；在目标上，则从保卫欧洲扩展到既保卫欧洲又维护所谓的"自由国际秩序"。与北约的转变相伴随的是，欧盟的安全目标从致力于外部危机管理转向危机管理和威慑防御二者兼有。虽然北约域外行动的范围尚未延伸至东亚，美国和欧盟在东亚地区也不存在严格意义上的军事同盟关系，但由于北约已将中国列为"系统性挑战"，且绝大部分欧盟成员国同时也是北约成员国，美欧以及北约与欧盟未来在东亚安全领域（包括南海问题甚至台湾问题）的涉华互动可能进一步增多，协调与合

作持续加强。尤其值得注意的是，在俄乌冲突背景下，美国正力促北约及其欧洲盟友深化与亚太"小多边"机制的关系，增进欧洲与印太两大地缘板块之间的联动，从而为其实施"捆绑中俄、双线遏压"的策略提供助力。

  北约对华政策的变化表明，美欧已经开始借维护"自由国际秩序"之名来应对"中国挑战"。美国一些建制派人士宣称，更加自信的中国、咄咄逼人的俄罗斯和气候变化的生存威胁给美国和欧洲带来了新的严峻挑战。如果"民主世界"想要成功地防御新兴大国为了自己的利益而重写全球准则的努力，北约和欧盟国家的大家庭必须成为这种防御的核心。① 正是在这种对"中国挑战"鼓噪的影响下，北约开始强调其作为具有共同价值观和意识形态军事组织的特点（对俄罗斯则突出其集体防御组织最本质的一面），并力求在取得内部共识的前提下迎合美国的要求，即以共同价值观和意识形态为抓手，联合欧洲以加强对华竞争。从某种意义上讲，北约转向中国是其冷战后转型的延续与发展，本质上是对自身面临的生存危机的反应，进而言之，既是为了配合美国以此缓解北约内部矛盾，也是为了找到一个新的共同威胁和敌人，以此维系联盟的团结和凝聚力。从实质层面上看，北约亚太转向的重点在于强化北约与北约之外友邦的关系，尤其强调与亚太地区盟友的关系，这显然是针对中国。北约当前对华政策的重点是使用包括经济和外交手段在内的广泛工具，支持和协助其在亚洲"志同道合"的伙伴共同应对中国，同时支持美国在该地区的军事部署。此外，应对非传统军事威胁也成为北约与亚太伙伴之间合作的重要领域。这或许正是北约秘书长斯托尔滕贝格所谓的"北约不仅必须加强军事合

---

① Nicholas Burns, et al. "Stronger Together: A Strategy to Revitalize Transatlantic Power", https://www.hks.harvard.edu/publications/stronger-together-strategy-revitalize-transatlantic-power.

作，而且必须更具政治性"的意涵所在。① 未来，在北约内部欧洲会在多大程度上与美国进行协调与合作，以及北约与亚太伙伴之间如何进一步协调对华战略，颇值得关注。

中俄关系近年来的发展引起美欧越来越多的关注，构成了北约转向亚太和中国的一个背景。在北约看来，中俄能源关系日益密切，俄罗斯正在成为中国最大的石油供应国，从而有助于深化两国经济关系。美欧尤其对中俄军事关系的深化感到担忧，因此，北约认为，防止和应对中俄结成所谓"反西方轴心"应成为美欧安全合作的一个重要内容。近年来，北约内部就如何应对"中俄挑战"开始进行战略思考和谋划，主要内容包括：拓展竞争新领域，强化在网络、数据控制和外层空间等领域与中、俄两国进行竞争的能力；通过深化与私营部门、关键基础设施管理人员和高校之间的伙伴关系，进一步发展北约的民事反应能力；谋划长期应对之策，有效利用各种资源，形成一种包括遏制、合作以及在必要情况下进行反击等在内的综合性长期战略。② 其中，北约进行的一项涉华研究或称"分析演习"主要涉及六个问题：网络安全、军事部署与中国的军事战略、阿富汗、中俄关系、中国对欧洲关键基础设施和战略产业的投资（数字和物理基础设施是北约于2019年对中国进行的战略审查的主题），以及中国崛起对"以规则为基础的全球秩序"的影响。俄乌冲突爆发后，美欧和北约在对俄实施制裁和援乌抗俄的同时，继续在涉华安全领域对中国进行施压和挑衅。美欧对中国在俄乌冲突问题上所持立场不满，并试图"绑定中俄""打俄慑华"。

然而，北约转向亚太和中国难以摆脱其自身的局限。北约虽然自诩为"历史上最成功的联盟""冷战时期欧洲安全的保护者"，但其冷

---

① NATO, "Remarks by NATO Secretary General Jens Stoltenberg on launching #NATO 2030—Strengthening the Alliance in an Increasingly Competitive World", https://www.nato.int/cps/en/natohq/opinions_176197.htm.

② Jamie Shea, "NATO in the Era of Global Complexity", https://carnegieeurope.eu/2019/11/28/new-perspectives-on-shared-security-nato-s-next-70-years-pub-80411.

战思维及其实践实际上无法满足冷战后国际政治、经济与安全需要。后冷战时期的国际体系更需要政治稳定、经济繁荣、社会发展，更需要摒弃竞争、冲突及战争。北约介入亚太事务，并非为了解决该区域现存问题，而是为了遏制中国发展，建立有利于北约成员国及伙伴国的亚太安全秩序与规则。但推动国际经济发展与繁荣、维持国际秩序安全与稳定等，都离不开中国的参与和配合。实际上，北约在应对气候变化、战后阿富汗重建、国际军备控制、全球网络安全、联合打击海盗及公共危机处置等一系列问题上存在与中国开展合作的需求。还应指出的是，北约对华政策的调整实际上并不稳定，政策调整的内涵或外延都很模糊，在逻辑上亦存在诸多矛盾。北约有时聚焦于某些具体问题，用极端化言辞指责中国；有时全面否定中国崛起，用笼统言辞将中国斥为"系统性挑战"和竞争对手；有时在发出指责的同时又呼吁合作，甚至直言中国既非"敌人"亦非对手。北约的最新版略概念文件《北约2022战略概念》是在政治与价值观念上将中国定性为"系统性挑战"，尚没有实质性的跟进动作。这表明，北约迄今为止并未形成一种稳定、成熟及完整的对华政策。尤其不容忽视的是，北约日益插手亚太事务必将分散其用于维护欧洲-大西洋地区安全的资源，这已成为解决美欧双方矛盾的一个关键问题。除美欧双方对北约涉足亚太地区存在分歧外，北约成员国、伙伴国在亚太区域的利益诉求亦不尽相同，其对华政策无法保持步调一致。在2022年6月的北约马德里峰会上，美国对华立场强硬，但德国等几个与中国经贸关系密切的国家要求在战略概念文件中对华采取温和立场。在2023年7月的北约维尔纽斯峰会上，尽管日本、韩国等极力推动北约向亚太扩张，但北约内部对此并没有形成共识。法国总统马克龙反对北约在日本开设联络办公室。法国的立场是北约不是一个全球性的联盟。此外，对北约至关重要的《北大西洋公约》第五条明确指出，北约只对发生在欧洲和北美的袭击进行共同防御。因此，驻扎在日本、韩国甚至关岛的美军部队遭到军事袭击并不适用北约的集体防御条款。由于法国的反对，北约不得不将"在日本东京开设联络处"的相关表述从最终联合公报中删去。总之，对华政策调整只会使北约将其机制矛盾、决策短板和成员国利益争端等带入亚太区域，使亚太区域事务变得更复杂，这就注定北约非但不能解决亚太区域的历史矛盾，还会增加新的现实纷争。①

第四节 价值观外交与"印太战略"协调

一、对华价值观外交与人权施压

在当今复杂的国际体系中，所谓的"大西洋共同价值观"构成了美欧关系的重要基础。虽然冷战后美欧政治分歧增多，但这种分歧不会超出西方代议制民主与资本主义市场经济的框架。维护这一框架既是美欧双方的历史共识，也是在当今世界变局下维系西方所谓"制度优势"乃至"文明优势"的根基。近年来，美欧都对中国崛起及中国特色社会主义制度的日益成熟备感忧虑。因此，美欧在具体利益方面进行博弈的同时，仍将"大西洋共同价值观"作为双边关系的"装饰品"，在对华政策上都强调"自由""民主"的目标。特朗普政府对华进行全面竞争与遏制，其提出的"对华战略方针"将"价值观挑战"列为中国对美三大挑战之一。欧盟则将中国定义为"制度性对手"，旨在强调欧盟"社会市场经济模式"与欧盟认知的"由国家主导的中国经济模式"之间的对立。新冠疫情发生后，美欧更是将对华竞争视为中、西两种模式之间的一场战略较量。可以看出，基于共同的价值观和意识形态，美国和欧盟在应对"中国挑战"方面存在合作需求。近年来美欧对华"他者"负面认知的同步深化，成为双方加强对华战略协同与政策协调的动因之一。只不过由于特朗普时期美欧关系紧张，双方之间的合作较为有限。

---

① 许海云：《北约对华政策调整走势及其影响》，载《太平洋学报》，2022年第1期，第34页。

相对于特朗普政府，拜登政府和民主党人更热衷意识形态外交，不断加强基于所谓"大西洋共同价值观"的国际对华互动。拜登政府将欧洲作为美国对华"价值观联盟"的重点拉拢对象。为了拉拢欧盟，拜登政府将应对俄罗斯、中国的"挑战"纳入美欧关系的"重建"议程。在此背景下，维护"大西洋共同价值观"与对华人权外交成为美欧对华政策协调的一个重要内容。从表现形式来看，美欧的对华政策更多直指"价值观"和"意识形态"，或者说越来越明显地将"人权""民主""自由"纳入各自的对华政策中，双方使用相似的话语和概念，在涉及价值观的人权议题上采取相近的政策。拜登上任后纠集所谓"全球民主峰会"，矛头直指中国。欧盟也作出了积极回应，声称要支持、配合美国办好这次峰会。欧盟委员会主席冯德莱恩针对中欧关系表示，在"民主""自由""人权"问题上没有谈判的余地。[①] 尤其值得注意的是，美国和欧盟近年来大肆炒作中国香港、新疆的所谓"人权问题"，并将"人权"作为双方涉华对话与政策协调的重要议题之一。

从欧盟来看，强化人权外交是其近年来对华政策调整的一个突出特点。应当说，欧盟对华价值观与人权外交虽有配合美国的考虑，但本质上是其自身对华认知变化与对华政策调整的结果。欧盟传统对华政策基于一个关键的假设性前提，即尽管存在深刻的政治和价值观差异，但欧盟拥有足以吸引中国的技术、资金、设备、人才等硬件，以及体制、制度、法规、标准、经验等软件，与中国的接触有利于更好更快地引导中国向欧洲所期望的方向改变，因此这种接触与合作是合理的。事实证明，欧盟的这一假设性前提存在误区。欧洲认为，中国对欧政策秉持关键的"四项原则"。其一，坚持相互尊重、平等和一个

---

① Delegation of the European Union to Japan, "Speech by President von der Leyen on EU-China Relations to the Mercator Institute for China Studies and the European Policy Centre", https://www.pubaffairsbruxelles.eu/eu-institution-news/speech-by-president-von-der-leyen-on-eu-china-relations-to-the-mercator-institute-for-china-studies-and-the-european-policy-centre/.

中国原则，夯实中欧关系最重要的政治基础。其二，坚持开放包容、合作共赢，加强发展理念交流和发展规划协调。其三，秉持公平正义、风雨同舟，携手完善全球治理体系。其四，坚持文明对话、多元和谐，促进中欧文明互鉴。① 欧盟的对华政策亦有所谓"三大目标"。其一，基于明确界定的利益和原则，深化与中国的接触，以促进全球层面的共同利益。其二，大力寻求更平衡和互惠的条件来管理经济关系。其三，为了长期保持其繁荣、价值观和社会模式，欧盟本身需要适应不断变化的经济现实并加强其国内政策和产业基础，并提出了具体实现"三大目标"的行动纲要：与中国合作支持有效的多边主义和应对气候变化；致力于国际和平、安全和可持续经济发展；实现更加平衡和互惠的贸易和投资关系；加强欧盟的竞争力并确保公平的竞争环境；加强关键基础设施和技术基础的安全。② 对比中国的"四项原则"和欧盟的"三大目标"不难发现，中方的原则更提纲挈领、更概念化，基调是积极的，并适合在不同时期加入不同细节和作出相应解释，而欧盟的原则实际上是更具体、更功利地提出"竞争力和基础设施安全"两大利己目标；当中欧经贸关系平稳发展，中国的体量尚未引发欧盟担忧，且中方保持足够"谦逊有礼"时，欧洲主流观点是，欧中关系发展对欧洲实现"三大目标"有利，至少利大于弊。但当近年来欧盟陷入内外多重危机与调整、中国的实力和影响力持续发展以及由此导致"中升欧降"时，欧盟就开始改变对华认知，认为中国的发展"破坏"了欧盟对华政策的关键假设性前提，由此变得越来越缺乏自信，继而在"舆论""人权""价值观"这三大新方面对华动作越来越多、力度越来越大。近一时期受俄乌冲突外溢效应的影响，欧盟的对华价值观外交有了进一步加强，导致双方价值观分歧更加突出。

---

① 陶勇：《拜登任期内欧盟及法国对华政策》，https://www.grandviewcn.com/yanjiubaogao/694.html。

② 同①。

未来一个时期，美国和欧盟在加强"民主""人权""全球规则"方面针对中国的协调联动可能会进一步加强。美国智库大西洋理事会认为，解决中国的"人权问题"可能成为跨大西洋同盟对华战略的切入点和突破口。该智库发表的报告将中国的"人权问题"列为美欧最具合作潜力的利益趋同领域之一，并建议美欧组织"民主十国"（D10）等机制，以对抗中国的"人权问题"和"专制行为"。需警惕的是，在美欧不断升级对华人权施压与对抗的态势下，未来不排除双方继续以"人权""民主"为名加入对中国的香港、新疆、台湾事务的干涉力度。

二、欧盟出台"印太战略"

在美国推行"大国竞争"战略背景下，印太地区正在成为国际地缘战略竞争的一个中心地带。中国提出的共建"一带一路"倡议具有包容和开放的特征，但却被美欧视为"挑战"。特朗普政府提出并实施"印太战略"，该战略不仅扩大了奥巴马时期"亚太再平衡"战略——仅限于亚太地区——的地理范围，而且在经济、安全、价值观等各个方面都有一系列构想，尤其强调通过军事手段来达到在印太地区牵制中国的目的。因此，从本质上讲，美国的"印太战略"虽然是一个整体性的地缘战略，但是其主要针对中国，尤其针对共建"一带一路"倡议。不难想象，美国实施"印太战略"将必然导致该地区大国地缘政治博弈加剧。随着印太地区的地缘战略重要性上升，致力于战略自主的欧盟也日益关注印太事务，并力求成为该地区一个新的战略参与者。

应当说，欧盟介入印太事务有着多重利益诉求和目标。欧洲主要国家在印太地区有着深厚的经济、政治和安全联系。其中，在亚洲所拥有的重要经济利益是欧盟参与印太地区事务的核心动力。根据2019年的统计，亚洲占欧盟出口的35%（6180亿欧元）和进口的45%

（7740亿欧元）。① 中国经济的快速增长为欧盟提供了巨大的贸易和投资机会。经过多年共同的努力，中欧双方于2020年年底完成了双边全面投资协定的谈判。另外，欧盟还相继同越南和新加坡签署了贸易和投资保护协定，并与日本签署了战略和经济伙伴关系协定。但与此同时，欧盟认为印太地区面临着许多传统和非传统安全的风险和挑战，特别是近年来亚洲安全局势紧张有可能破坏欧盟在亚洲的贸易。在欧洲人看来，三个地缘政治因素——"大国竞争"的回归、中国日益增长的自信以及中美紧张关系的出现——使得欧洲不得不思考其亚洲战略应该是怎样的。简言之，在印太地区新的地缘政治形势下，欧盟需要明确其在印太地区的核心利益和目标是什么、在该地区的潜在合作伙伴和竞争对手是谁，以及如何来维护和促进自身在该地区的利益。欧盟认为，其在亚洲及印太地区的核心利益是通过扩大与亚洲的贸易和投资来促进自身的经济繁荣。此外，欧盟还将印太地区作为推进其利益和价值观的重要区域，致力于保护自身生活方式以及基于民主、人权、法治、公平贸易和社会市场经济的"自由国际秩序"不受破坏。②

维护并实现上述利益和目标，需要欧盟在战略上作出调整。一方面，欧盟意识到印太地区地缘战略的重要性，因此它将印太地区作为建立一个更强大的欧洲、发挥国际影响力以及作为一个国际安全行为体承担更大责任的重要区域，或者说，欧盟将参与印太事务作为加强欧洲战略自主的一个重要途径。应指出的是，欧盟参与印太事务与其对华政策调整之间有着密切关系。鉴于中国实力的快速增长以及在印太地区的影响力日益扩大，欧盟在调整对华政策的同时，也开始酝酿介入印太事务的战略。另一方面，美国调整对华政策并实施"印太战

---

① Bart Szewczyk, "Europe's Strategies in Asia: Toward a Transatlantic Consensus?", in Alexandra de Hoop Scheffer and Martin Quencel, *Transatlantic Security Cooperation Toward 2020*, *Policy Paper*, No. 7, 2019, p. 15.

② 同①, p. 14。

略"也构成了欧盟介入印太事务的一个重要背景,欧盟试图以更积极主动的姿态参与印太地区的"大国竞争"。正是在上述背景下,欧盟主动调整其全球战略,不断加强与印太地区的联系,力求成为该地区新的战略参与者。

事实上,欧盟对印太地区的战略参与经历了一个从"欧亚互联互通"计划到"印太战略"的演变过程。作为起点,2016年发布的《全球战略》为新时期欧盟的全球战略提供了一个总体框架;在亚洲政策方面,《全球战略》提到欧洲的繁荣与亚洲安全之间存在"直接联系",提出欧盟将寻求通过与日本、韩国和其他国家的伙伴关系"为亚洲安全作出更大的实际贡献"。关于中国,《全球战略》建议欧盟在"尊重国内外法治"的基础上同中国进行接触,并扩大与亚洲的联系。[1] 需指出的是,欧盟从此时起便开始调整其以前明显以中国为中心的亚洲政策,并逐渐加强了与日本、韩国、印度尼西亚、越南及印度的联系。为落实上述亚洲政策,欧盟委员会和欧洲对外行动署在2018年9月与欧洲议会和欧盟理事会的联合通讯中提出了具体政策,即通过互联互通、能源和数字网络等加强欧洲与亚洲之间的联系。[2] 该文件的正式名称是《连接欧洲和亚洲——对欧盟战略的设想》,它被称为欧盟的"欧亚互联互通"计划或"连接欧亚战略",[3] 也被外界称为"欧盟版'一带一路'",因此可被视为欧盟"印太战略"的早期方案。

欧盟"欧亚互联互通"计划的核心是强调"可持续、全面和基于规则"的互联互通,一定程度上带有应对共建"一带一路"的考虑。

---

[1] Bart Szewczyk, "Europe's Strategies in Asia: Toward a Transatlantic Consensus?", in Alexandra de Hoop Scheffer and Martin Quencel, *Transatlantic Security Cooperation Toward 2020*, *Policy Paper*, No. 7, 2019, p. 14.

[2] European Commission, "Joint Communication, Connecting Europe and Asia—Building Blocks for an EU Strategy", https://www.eeas.europa.eu/sites/default/files/joint_communication_-_connecting_europe_and_asia_-_building_blocks_for_an_eu_strategy_2018-09-19.pdf.

[3] EEAS, "Connecting Europe and Asia—Building Blocks for an EU Strategy", https://eeas.europa.eu/headquarters/headquartershomepage_en/50708/Connecting%20Europe%20and%20Asia:%20Building%20blocks%20for%20an%20EU%20Strategy.

与共建"一带一路"倡议相比,"欧亚互联互通"计划有三个主要特点。其一,强调欧盟的高标准规则。欧盟一直强调基于"欧洲标准"规则的国际秩序,强调"可持续基础设施""可持续金融"等概念。其二,体现欧盟在拥有比较竞争优势领域的内容,包括建立交通网络、能源与数字网络和人文联系,为欧亚国家和国际组织提供联通伙伴关系,通过利用不同金融工具促进"可持续金融"。其三,提倡私人资本参与的方式。欧盟指责中国国有企业在共建"一带一路"倡议中所占比重过大。欧盟的一份内部报告声称,共建"一带一路"倡议"违背了欧盟贸易自由化的议程,使力量平衡变得有利于中国国有企业"①。"欧亚互联互通"计划拟基于欧洲思维方式来连接欧亚,以提升欧盟在该地区的影响力,维护欧盟在规则和规范领域的话语主导权。由此不难看出,欧盟这一计划背后隐藏着防范共建"一带一路"倡议以及中国-中东欧合作可能带来的潜在政治风险的地缘策略考量。从行动来看,欧盟起初对共建"一带一路"倡议表现得较为热情,但后来逐渐转向担忧。欧盟对中国与中东欧国家合作也抱有戒心,诬称中国试图通过这一合作模式对欧盟"分而治之",担心该机制破坏单一欧洲市场规则和与中国有关的欧盟关键政策,比如"对包括关键基础设施和军事科技公司在内领域的外国投资审查程序"。总之,欧盟的"欧亚互联互通"计划被认为是替代或对冲共建"一带一路"倡议的可能选择。正如国外学者所指出的,与共建"一带一路"倡议相比较,"欧亚互联互通"计划是欧盟内部方法的延伸,是从跨欧洲运输网络到欧盟能源市场的整合。② 欧盟于 2015 年启动的基础设施投资计划("容克计

---

① Dana Heide, Till Hoppe, Stephan Scheuer and Klaus Stratmann, "EU Ambassadors Band Together Against Silk Road", https://www.erim.eur.nl/purchasing-supply-management/news-events/detail/4345-eu-ambassadors-band-together-against-silk-road/#:~:text=EU%20ambassadors%20band%20together%20against%20Silk%20Road%20Twenty-seven,trade%20and%20put%20Chinese%20companies%20at%20an%20advantage.

② Andrew Small, "Transatlantic Cooperation on Asia and the Trump Administration", Policy Paper, No. 25, 2019, p. 11.

划"），通过赠款、担保和创新融资机制，已经动员了 4100 亿欧元的新欧洲内部投资，大大超过了最初的目标。①

在"欧亚互联互通"计划的基础上，欧盟于 2021 年 4 月正式发布了《欧盟印太合作战略》，标志着其首次针对印太地区制定全面战略。这份文件涵盖的领域广泛，包括安全防务、贸易和投资、气候变化、海洋治理、数字治理、卫生等。② 值得一提的是，在欧盟发布该战略之前，法国、德国、荷兰已率先出台了本国的"印太战略"文件。法国国防部在 2019 年 5 月发表了《法国印太防务战略》，全面论述了印太地区的安全形势、法国的印太防务战略以及将要采取的措施。2019 年 8 月，法国外交部发文称，印太地区是法国外交的优先事项，是法国倡导的基于法律和自由流动的稳定多极秩序以及公平、高效和包容的多边主义外交的战略核心。③ 2021 年 4 月发布的《法国印太地区合作伙伴》文件提出，希望在共同的愿景和利益的基础上加强与印太地区合作伙伴的联系。同年 7 月，系统性的《法国印太战略》出台，全面概括了法国"印太战略"的内涵及核心利益，其主要目标涉及安全防务、经济、多边主义和可持续发展等四个领域，体现出法国希望在军事、政治和经济方面加强对印太地区的参与，进而在世界地缘政治新权力中心加强存在。马克龙在《法国印太战略》的前言中提出，作为一个成熟的印太国家，法国希望成为促进"自由""法治"价值观的稳定力量，并为印太地区的国家在面临安全、经济、健康、气候和环境等方面的挑战时提供解决方案，为推动印太地区成为一个"自由"

---

① European Commission, "Juncker Plan Reaches Almost € 410 Billion in Triggered Investment Across the EU", https://europeansting.com/2019/06/24/juncker-plan-reaches-almost-e410-billion-in-triggered-investment-across-the-eu/.

② EEAS, "EU Strategy for Cooperation in the Indo-Pacific", https://eeas.europa.eu/headquarters/headquarters-homepage_en/96740/EU%20Strategy%20for%20Cooperation%20in%20the%20Indo-Pacific.

③ Le Ministère de l'Europe et des Affaires Étrangères, "L'Espace Indopacifique: Une Priorité pour la France", https://www.diplomatie.gouv.fr/fr/dossiers-pays/asie-oceanie/l-espace-indopacifique-une-priorite-pour-la-france/article/l-espace-indopacifique-une-priorite-pour-la-france.

"安全""开放"的空间以及维持印太地区战略稳定作出贡献。① 法版"印太战略"出笼后,法国通过增加财政预算以及设置驻印太地区大使等来支持和推进该战略的落实,重视程度可见一斑。

在法国出台"印太战略"的带动下,2020年9月,德国在担任欧盟轮值主席国期间发表了名为《德国-欧洲-亚洲:共同塑造21世纪》的印太政策指导方针(以下简称《印太指针》),德国外长马斯就《印太指针》发表声明,称德国发出了一个"明确信息":印太地区是德国外交政策的优先事项。马斯声称,德国未来几十年的繁荣和地缘政治影响将"取决于和印太国家的合作方式",那里比任何地方都更能决定未来国际秩序的形态,而德国希望帮助建立这一秩序,"使之建立在规则和国际合作基础上,而非建立在强者的法律之上"。马斯还称,正因如此,我们加强了与赞同我们"民主和自由价值观"国家的合作。马斯还点名要和欧盟伙伴,尤其是法国合作,一起拟定一个"以我们的原则和价值观为导向的欧洲'印太战略'。"② 概言之,德国的《印太指针》反对在印太地区出现"单极"或"两极"发展的意图明显,强调减少单方面依赖,德国和欧盟未来将重点发展与该地区"民主和自由价值观"伙伴的合作,以及包括欧盟与东盟关系在内的多元化关系。《印太指针》还明确表达了对印太地区进行"制度化""规范化"渗透的意愿,并且称,在中、美两国之外还有德国和欧盟,这是该指针为印太地区国家提供的另一个选项。德国后来出台的《供应链尽职调查法》与《印太指针》中多次提到的重组供应链相互呼应,该法的核心之一是把人权、环保和劳工标准与供应链联系在一起。《供应链尽职调查法》的引入将促进德国在印太地区推广其宣扬的人权理念、劳工标准和环保意识。

---

① "La Stratégie de la France dans l'Indopacifique", https://www.diplomatie.gouv.fr/IMG/pdf/fr_a4_indopacifique_022022_dcp_v1-10-web_cle017d22.pdf.
② 王恺雯:《德国也想掺和"印太战略",德外长:印太地区是外交政策优先事项》,https://www.guancha.cn/politics/2020_09_02_563845.shtml。

在 2021 年 4 月出台的《欧盟印太合作战略》基础上，欧盟又于同年 9 月出台了更为详细的"印太战略"，即欧盟委员会与欧盟外交与安全事务高级代表联合发布的《欧盟印太合作战略联合通讯》。这份文件与《欧盟印太合作战略》既有联系，也存在差异。具体来说，《欧盟印太合作战略》是一个比较空泛、温和的、主要展示共同立场的构想，其主题和基调是合作，目标是基于所谓"捍卫民主、人权、法治和尊重国际法"，为该地区稳定、安全、繁荣和可持续发展作出贡献。《欧盟印太合作战略》宣称欧盟将在印太地区成为一个"合作性伙伴"，以"一个长期视角"为原则，合作对象是所有愿意与欧盟合作的伙伴，特别是那些已经宣布其印太构想的伙伴，欧盟将深化与它们的接触。尽管《欧盟印太合作战略》强调加强与东盟等地区组织和地区论坛的合作，但并未明确表示要全面遏制中国，这与美国全面遏制中国的立场有差异。相比之下，《欧盟印太合作战略联合通讯》提出了一些具体的行动计划，以便于将欧盟在印太地区现有机制和授权进行协调、整合、优化和拓展。从目前的迹象看，欧盟"印太战略"的实质内涵似乎有这样几点：一是欧盟对外关系在印太地区的延伸与扩展；二是正式宣布欧盟加入美国近年来领导和协调的西方在印太地区的集体行动；三是着眼于争夺印太地区的控制权和话语权，通过提出自己的"印太战略"来凸显欧盟的战略自主标签和身份，在印太地区打上欧盟的烙印，以在该地区分一杯羹。

从欧洲战略自主的视角观之，欧盟的"印太战略"不仅有应对共建"一带一路"的考虑，而且着眼于追求更大地缘政治目标，即谋求实现印太地区中美欧三边战略平衡。具体来说，欧盟的战略是以日欧贸易协定为蓝本，优先发展对日关系，联合介入印太地区，通过与印太国家签订双边或多边自贸协定，探索在这一地区建立多边自由贸易体系；强调经济与安全并重；法国等国在欧盟介入印太过程中充当先遣队。或者说，欧盟的"印太战略"以维护"自由与开放""繁荣和稳定"的印太秩序为切入点，力争使欧盟成为这一地区解决传统与非

第六章　美欧对华政策协调及其局限性

传统安全问题的利益攸关方，谋求在印太地区实现中美欧三边战略平衡。欧盟战略研究所高级研究员佩吉索娃（Eva Pejsova）认为，欧洲制定自己的"印太战略"，不只是一种战略选择，而是一种必然。这其中既有对印太地区复杂形势的判断，又有希望通过发挥地区平衡手作用谋求实现欧盟利益的考虑。[①] 在欧盟看来，虽然特朗普政府的"印太战略"制定了加强经贸往来和安全合作的长期治理目标，但并未适时提出任何重大的贸易自由化倡议。特朗普政府更注重双边贸易谈判，对盟友采取贸易保护主义行为，对气候变化等全球性挑战不承担义务，致使其"印太战略"能否保证政策的稳定性和连续性备受印太地区国家的质疑，也令欧盟对与美国合作抱有疑虑。简言之，特朗普政府的"印太战略"主要是着眼于以美日澳印"四国机制"为核心的防务合作愿景，其存在的缺陷为欧盟弥补不足留下空间。尤其是多数印太国家不愿在中、美两国之间选边站队，这为欧洲战略自主赢得多数支持提供了条件，欧盟希望在印太地区笼络多数，推动形成中美欧三足鼎立格局。

总之，面对中国共建"一带一路"倡议和美国以美日澳印"四国机制"为核心的"印太战略"带来的挑战，欧盟亦推出自己的"印太战略"，其目标不仅在于维护自身在印太地区经贸、安全等领域的利益，也是希望凭借自己的战略加强在该地区的战略参与度，在提升自身国际影响力的同时，平衡中、美两国，为其在中美欧三边关系中发挥"桥梁"作用打下基础。应指出的是，虽然欧盟的"印太战略"没有特别提到中国，欧盟也坚称其不是针对中国，但是报告暗含的与中国竞争的意图不应被忽视。

[①] Eva Pejsova, "The Indo-Pacific a Passage to Europe?", https://www.iss.europa.eu/sites/default/files/EUISSFiles/Brief%203%20The%20Indo-Pacific_0.pdf.

三、美欧"印太战略"协调

由于中国的共建"一带一路"倡议在一些方面有别于西方的经济合作模式,这被美欧视为中西方"体系性竞争"的主要案例。美国推行对华战略竞争的背景下,经济合作模式的差异被任意放大,进而被赋予了过多的地缘政治色彩。如前所述,美国和欧盟的"印太战略"都带有同中国竞争的意图,因此美欧"印太战略"协调自然成为双方涉华互动的一个重要内容。

美欧双方的"印太战略"有许多相似之处。一方面,美国和欧盟都认为共建"一带一路"倡议具有明确的地缘政治考量,担心中国借此提升在中东与非洲地区的影响力。另一方面,双方"印太战略"的经济链条具有互补性,且在互联互通方面的做法有不少重叠之处,这为双方进行战略协调提供了基础。西方分析人士认为,美欧双方应通过合作合力调动更多的资源,更快地为共建"一带一路"倡议提供高标准的替代选择,而不应进行纯粹的防御或通过抵制中国的活动来应对。① 尽管特朗普政府时期美欧关系不睦,但双方仍针对印太地区的互联互通展开了协调,欧盟还任命了互联互通事务的大使。②

拜登执政以后,随着美欧关系的改善,美欧在印太地区经济和互联互通领域的协调与合作得到加强。2021年6月的七国集团峰会上,美国带头正式公布了一项名为"重建更美好的世界"(Build Back Better World, B3W)的基础设施项目,被认为旨在与共建"一带一路"倡议展开竞争。欧盟方面则是在2021年12月1日公布了其"全球门户"计划,拟于2027年前在全球范围内拉动投资3000亿欧元,即每年约

---

① Andrea Kendall-Taylor, Lisa Curtis and Jacob Stokes, et al, "Competitive Connectivity: Crafting Transatlantic Responses to China's Belt and Road Initiative", https://s3.amazonaws.com/files.cnas.org/BRI_2022_Final+(1).pdf.

② Andrew Small, "Transatlantic Cooperation on Asia and the Trump Administration", *Policy Paper*, No. 25, 2019, pp. 10-11.

600亿欧元，用于基础设施、数字和气候项目。① 这一计划旨在加强欧洲供应链，促进欧盟贸易，帮助应对气候变化，重点关注数字化、卫生、气候、能源和运输以及教育和研究等领域。欧盟委员会主席冯德莱恩称，欧盟将支持对优质基础设施投资，尊重"最高的社会和环境标准、欧盟的民主价值观以及国际规范和标准"。她还称，欧盟将采取不同策略，以"民主、价值观驱动"方式应对"挑战"。② 英国《卫报》报道，冯德莱恩认为欧盟"全球门户"计划可成为针对中国共建"一带一路"倡议的"一个真正的替代方案"。③ 总之，"重建更美好的世界"倡议和"全球门户"计划均强调了"以民主及价值观为核心"的投资，都希望提供一个有别于中国共建"一带一路"倡议的选项，因此都被视为对抗共建"一带一路"倡议的新尝试。

2022年2月，拜登政府发布2022年版《美国"印太战略"报告》，明确指出其目的是应对包括来自中国的"挑战"。该战略报告概述了拜登政府的愿景，即让美国更牢固地扎根印太地区，加强美国在该地区的力量存在，重点是与该地区内外的盟友、伙伴和机构进行持续和创造性的合作。报告宣称，美国的目标不是要改变中国，而是要塑造中国所处的战略环境，在世界范围内建立一个对美国及其盟友和伙伴的共同利益和价值观最有利的环境；美国不能单打独斗，不断变化的战略环境和历史性挑战要求必须找到自己的"朋友"，建立合作联盟。具体来说，美国将致力于建立伙伴关系和区域连通性，重点是数字、国际法以及海洋空间领域等。在此过程中，美国将通过领导推动集体行动的共同议程，在印度洋-太平洋、欧洲-大西洋之间建立桥梁，并逐渐在其他地区建立桥梁。美国还将通过在联合国的密切协调

---

① European Commission, "Global Gateway: Up to 300 Billion for the European Union's Strategy to Boost Sustainable Links Around the World", https://ec.europa.eu/commission/presscorner/detail/en/ip_21_6433.
② 《欧盟"全球门户"抗衡"一带一路"？外交部回应欧美第二次中国对话》，http://www.ccceu.eu/2021-12/04/c_1900.htm。
③ 同①。

来推进其共同愿景。① 可以看出,拜登政府的"印太战略"是在美国原有"印太战略"基础上的进一步充实和加强。拜登执政后多次强调印太地区对于美国乃至世界的重要性,渲染所谓"中国威胁论"。从采取的举措来看,2022年的美国国防部预算草案进一步加强了对印太司令部和印太地区相关军事预算的投入;② 美国在印太地区的军事设施正在进行全面的加固和进一步的更新,超高音速陆基导弹的部署已列上日程。与此同时,美国进一步加强了美日澳印"四国机制",并与英国和澳大利亚建立了"奥库斯"机制等。

为了进一步充实其新版"印太战略",拜登政府于2022年5月提出了"印太经济框架"构想,声称其"将为21世纪的世界经济确立新的规则",希望通过这一框架来实现基建合作和"供应链弹性"等目标。"印太经济框架"是美国在2017年退出"跨太平洋伙伴关系协定"后,为加强与亚太国家经贸关系而采取的最新举措,被认为旨在抗衡中国不断增加的地区影响力。从实质上看,"印太经济框架"试图通过一种有别于传统贸易协定的方式加强美国同本地区盟友的关系。美国商务部长雷蒙多说,美国将在印太地区探索一种"新型区域经济框架",以覆盖通常不会包含在传统贸易协定中的领域,包括数字经济、技术、供应链弹性和基础设施。③ 具体来说,该框架围绕与贸易、供应链、清洁能源和公平经济有关的四大支柱而构建。该框架目前共有14个成员国,包括美国、澳大利亚、印度、日本、韩国、新西兰、新加坡、越南等。2023年5月,14个成员国达成了使供应链更具弹性

---

① The White House, "Indo-Pacific Strategy of the United States", https://www.whitehouse.gov/wp-content/uploads/2022/02/U. S. -Indo-Pacific-Strategy. pdf.

② 2022年3月28日,美国总统拜登提出2023财年的美国国防部预算草案。草案申请的国防预算总金额为7730亿美元,比上一年多307亿美元。这是截至当时美国历史上最高的军费预算。新的预算案也反映了美国国防策略的第二次转变:特朗普政府2018年的《美国国防战略报告》将"大国竞争"放在首位,同时应对中、俄两国,而在新预算案摘要中,美军的国防战略明确"优先考虑中国在印太地区的挑战,然后是俄罗斯在欧洲的挑战"。

③《美国商务部长雷蒙多:美国不会重返CPTPP,计划明年初启动印太经济框架》,http://www.21jingji.com/article/20211119/herald/a6e83f0c413c5b008000e28171ef314b.html.

和安全性的协议。根据协议,在关键产品和技术等"必需品"方面,成员国将在平时共享信息以增加集团内的采购,并在出现短缺时相互帮助。① 虽然会后声明没有具体提及哪些商品是"必需品",但日本官员表示,关键矿产、半导体、新能源技术和其他资源或设备可纳入这个清单。② 为了实现上述目标,该协议决定设立三个机构:供应链理事会、供应链危机响应网络,以及劳工权利咨询委员会。不言而喻,美国提出"印太经济框架"的部分目的在于推动印太国家减少对中国的依赖,为他们提供一个所谓的"替代方案"。上述协议的达成虽然可被视为"印太经济框架"启动以后取得的首个具体成果,但是其全面落地面临挑战,主要是其定位引发争议。"印太经济框架"没有给予成员国在自贸协定上的实际利益,同时又要求它们提高劳工和贸易标准。比如,它并不包括降低关税或市场准入等方面的谈判,但是又想要制定在劳工、环境标准和贸易便利化方面的共同规则,这正是部分成员国并不完全支持该框架的原因之一。比如,印度虽然是成员国,但是并不参与贸易支柱方面的工作。美国国内的农业和工业团体也抱怨"印太经济框架"缺乏市场准入改善,认为这将令其在与其他区域的贸易竞争中处于劣势。正如有分析所指出的那样,美国政府的举措明显体现了对国内政治的担忧,"印太经济框架"实际上是一种"换装"贸易保护主义。③ "印太经济框架"让高度偏重军事安全的美国"印太战略"有了经济支柱,但"印太经济框架"目前体现的似乎是一种"疑似多边主义",其持久性和成功率仍有待检验。④ 应强调的是,全球产供链的形成和发展是市场规律和企业选择的结果,人为干扰市场

---

① 《美国主导的印太经济框架达成供应链协议,但全面落地仍面临障碍》,https://new.qq.com/rain/a/20230529A09FFT00。
② 同①。
③ 许利平:《"印太经济框架"可持续性存疑》,载《人民日报》,2022年5月30日,第16版。
④ 张云:《"印太经济框架"与"疑似多边主义"》,http://cn.chinausfocus.com/finance-economy/20220531/42606.html。

行为、将正常的经贸活动政治化、对半导体等产业合作人为设置障碍，这才是影响供应链稳定的最大风险。

拜登政府在印太地区加强安全伙伴关系和提出"印太经济框架"的同时，也不忘拉欧洲在基础设施建设合作中搞排他性（排华）小圈子、树立价值观高墙。在2022年6月的七国集团峰会上，拜登政府推出了具有明显排挤中国意图的"全球基础设施与投资伙伴关系"① 架构，提出到2027年筹集6000亿美元私人和公共资金，为发展中国家的基础设施项目提供融资。其中，美国筹集2000亿美元，其余成员筹集4000亿美元。② 拜登称，全球基础设施与投资伙伴关系将让各国看到与民主国家成为伙伴的具体好处，强调"这不是援助或慈善项目，而是能够为所有人带来回报的投资"；当"民主政体"展示它们所能提供的一切时，"我们必将每次都胜出"。③ 拜登政府发起的这项计划得到了欧盟和欧洲几个主要大国的响应。欧盟委员会主席冯德莱恩称："我们有责任为世界提供积极与强大的投资动力，向我们在发展中世界的伙伴表明他们是有选择的。"④ 同时，欧盟也在推进其对欠发达地区开展援助的"全球门户"计划，并拉拢美国为这一计划的实施共同出力。2022年10月，美国与欧盟签署备忘录，在"全球门户"计划的框架下为非洲的绿色能源转型联合提供助力。⑤ 美欧的这些互动合作，

---

① 其实，美国带头推出的"全球基础设施与投资伙伴关系"并不新鲜。2021年6月七国集团峰会上启动了"重建更美好的世界"计划，但由于美国民主党人之间的分歧，这项计划启动以来一直没有太大动静。在此背景下，美国联手七国集团提出"全球基础设施与投资伙伴关系"，大致上是在"重建更美好的世界"的基础上换个名字，以重启项目。

② The White House, "Remarks by President Biden at Launch of the Partnership for Global Infrastructure and Investment", https://www.whitehouse.gov/briefing-room/speeches-remarks/2022/06/26/remarks-by-president-biden-at-launch-of-the-partnership-for-global-infrastructure-and-investment/.

③ 同②。

④ European Commission, "Statement by President von der Leyen on the Occasion of the Launch of the Partnership for Global Infrastructure and Investment at the G7 Leaders' Summit", https://ec.europa.eu/commission/presscorner/detail/en/statement_22_4122.

⑤ 忻华：《经济与科技领域的欧美关系走向》，https://ceus.shisu.edu.cn/93/94/c4090a168852/page.htm。

带有明显的与中国共建"一带一路"倡议开展竞争的意图。

俄乌冲突爆发后,美国短期内受到欧洲安全局势牵扯,其"印太战略"部署节奏可能因此受到一定影响。有一种观点认为,由俄乌冲突引发的欧洲地缘政治之争将大大延缓美国从欧洲向印太地区转移精力的步伐。然而,这一看法的依据似乎并不充分。实际上,美国更加关注俄乌冲突对欧洲的战略意义,并不意味着它就必然放松对印太的关注。特朗普政府发布的《美国对华战略方针》以及拜登政府出台的2022年版《美国"印太战略"报告》,都是经过深思熟虑后采取的战略举措,这意味着美国不会轻易放弃酝酿许久的"印太战略",因为当今的战略形势、国际格局与大国关系已发生重大深刻变化。从长远来看,美国不会改变其"大国竞争"战略,印太地区将仍然是美国全球战略的重中之重,不会因为欧洲局势变化而发生转移。在俄乌冲突背景下发布的2022年版《美国"印太战略"报告》再次明确把印太地区作为美国的优先战场,而对于欧洲,该战略承认"欧洲日益增长的区域作用的战略价值",但要努力将欧洲融入印太地区中。白宫国家安全委员会印太事务协调员坎贝尔也表示,虽然现在美国向乌克兰输送资源,但这不会影响其把更多的资源和政策放在抗衡影响力越来越大的印太地区上,美国在重视乌克兰局势的同时绝不放松对印太事务的关注,强调拜登政府和白宫都有着强烈的要维持美国在印太地区存在感的意图。[①] 这些都表明,美国在印太地区更重视的是未来潜在利益,以及在追求这些利益时所需要应对的"大国对手",俄乌冲突并不会转移美国在印太地区的战略目标,无论欧洲安全形势如何发展,印太地区仍然是未来美国关注的重点。或者说,短期内受俄乌冲突影响,美国必须将一部分外交和军事资源重新分配给欧洲大陆,但从长期看,一旦俄乌冲突降级或者解决,美国仍将在欧洲实施"幕后领导"甚至"战略撤出"的政策,其主要战略精力仍将投向印太地区,只是在战略

---

① 《美高官扬言:美国可兼顾欧洲和印太,专家:胜算很小》,https://world.huanqiu.com/article/471U3HJBMOg。

收缩的方式上会因为民主党与共和党的执政而有所不同。

可以预期的是,"印太"未来仍将是美欧对华战略协同与政策协调的一个关键地区和议题。贸易、投资和价值链等低政治领域可能成为美欧对华政策协调与合作重点。对欧盟来说,这主要是因为未来欧盟印太战略的进展可能主要发生在低政治领域,以及欧盟拥有相对较强的对外经济政策工具。欧盟自认为可以在贸易领域包括贸易制裁方面发挥重要作用。此外,互联互通、气候变化也将是美欧之间开展涉华合作的重要领域。至于美欧在安全防务等高政治领域的涉华合作,目前来看存在较大局限性,但双方政策协调的趋势不容忽视。美欧双方意识到经济和安全是相互交织的,印太地区的安全合作与互联互通密切相关。从现实来看,由于在印太地区缺乏足够的军事投放力量,欧盟更有可能在美国主导下发挥某些辅助作用。正如国外学者所指出的,美欧实施"印太战略"带来了双方之间的分工需求。[①] 一方面,美国在印太地区的许多需求,包括海域态势感知伙伴关系建设,以及有针对性的武器销售等,都可以由美国的伙伴来满足。法国等欧洲国家在印度洋西部部分地区的海上能力对美国来说尤为重要,[②] 为卷入领土争端的国家提供法律支持亦可以由欧盟来承担。另一方面,欧盟也希望和美国主导下的美日澳印"四国机制"保持接触。欧盟"印太战略"提出的供应链多元化、减少对关键原材料的依赖、强调海上安全和"航行自由"等,都与美国在该地区的战略规划相似,这实际上为美欧在印太地区的经贸和军事合作奠定了基础。值得注意的是,欧盟的"印太战略"强调欧洲海军要在印太地区保持"有意义的"存在,这意味着欧盟未来可能会在海上安全方面采取更多行动,包括加强与美国等伙伴的合作。同样值得关注的是,美欧双方还可能会加强关于中国共建"一带一路"倡议的信息与情报分享,甚至可能建立一个由欧

[①] Andrew Small, "Transatlantic Cooperation on Asia and the Trump Administration", *Policy Paper*, No. 25, 2019, p. 14.

[②] 同①。

盟对外行动署和美国国务院领导的正式对话机制。① 2021年12月2日，美国常务副国务卿舍曼（Wendy Sherman）与欧盟对外行动署秘书长萨尼诺（Stefano Sannino）在华盛顿举行了拜登上任后的美欧第二次"中国问题"对话，双方不但讨论了包括台湾地区在内的涉华议题，还就"印太战略"进行"对表"。"中国问题"对话后的次日，舍曼与萨尼诺紧接着就印太地区议题举行了首次高级别磋商。2022年2月俄乌冲突爆发后，拜登政府与欧盟建立印太事务高级别磋商机制，旨在推动欧盟在网络安全、海上安全、供应链重塑等方面与美国在亚太地区的盟友深化协作，为美国实施针对中国和俄罗斯的"双线压制"提供有力支持。欧盟方面参与印太事务并与美国协调的意愿也有所增强。在拜登政府于2022年5月提出"印太经济框架"构想两周后，欧盟外交与安全政策高级代表博雷利表示，欧洲在印太地区拥有"关键性的地缘政治与经济利益"，应积极参与这一地区的合作。② 欧洲议会随即在同年6月7日出台《关于欧盟与印太安全挑战的决议》，对美国的构想作出回应，指责中国在这一地区的"强硬做法"。简言之，在中国崛起以及共建"一带一路"倡议影响日益显现的背景下，美国和欧盟今后在印太地区的合作值得关注，双方的合作议程或将进一步扩大。③

第五节　美欧对华政策协调的限度

一、国际环境变化与美欧同盟的时代局限性

在国际体系内，国际环境的变化是影响一国外交政策和国际关系

---

① Andrés Ortega, "The U.S.-China Race and the Fate of Transatlantic Relations", https://www.jstor.org/stable/resrep24245.
② 忻华：《经济与科技领域的欧美关系走向》，https://ceus.shisu.edu.cn/93/94/c4090a168852/page.htm。
③ Andrew Small, "Transatlantic Cooperation on Asia and the Trump Administration", *Policy Paper*, No. 25, 2019, p. 15.

的一个重要因素。就国际环境对跨大西洋同盟及美欧关系的影响来说，二战后长达半个多世纪的东西方冷战曾促使美欧在北约的集体安全机制下进行了紧密合作，美欧也曾试图对苏联进行经济遏制，但却并不像安全合作那样成功。要而言之，冷战期间遏制"苏联威胁"符合美欧双方的共同利益，故美欧在跨大西洋同盟内保持了紧密的政治经济和军事联系，以减少彼此间利益的不对称。冷战终结和经济全球化改变了国际环境，并在很大程度上重塑了国际关系，包括中国与西方世界的关系。随着中国的崛起和影响力的扩大，美欧虽然日益将中国视为一个"地缘政治挑战"和竞争对手，但是就双方的对华战略协同与政策协调而言，国际政治经济环境的变化仍是一个重要的制约因素。

首先，经济全球化的深入发展重塑了中国与西方尤其是与欧洲的关系。有西方学者指出，今日之中国与昔日之苏联极为不同，中国对欧洲的"威胁"远没有当年的苏联那么直接，[1] 更为重要的是，中国是许多欧洲国家的主要贸易和投资伙伴，这使得美欧对华进行经济遏制面临重重困难。[2]

2023年4月，法国国际关系研究所发表了题为《中/美：失衡的欧盟》的报告。报告认为，在美国对华竞争影响领域和地区范围持续扩大后，欧盟面临的压力也在不断增大。当今世界，经济伙伴不一定是军事盟友，军事盟友也不一定是经济伙伴。换句话说，地缘政治观念与地缘经济现实之间正在拉开差距。欧洲虽属西方阵营，但若是切断与中国的经济联系，将对欧盟经济发展造成毁灭性打击。[3] 尽管美国试图裹挟欧洲，但许多欧洲国家并不愿意卷入美国与中国的冲突中。据欧洲对外关系委员会于2019年进行的泛欧民意调查，绝大多数受访者希望在美国与中国或俄罗斯之间保持中立，而不是与美国结盟。即使

---

[1] Jennifer Lind, "The Rise of China and the Future of the Transatlantic Relationship", https://www.chathamhouse.org/2019/07/rise-china-and-future-transatlantic-relationship.

[2] 同①。

[3] IFIR, "China/United States: Europe off Balance", https://policycommons.net/artifacts/3531765/chinaunited-states/4332899/.

在较为亲美的波兰，普遍的观点也是认为该国应保持中立，而不是站在美国一边。拜登当选美国总统以后，上述接受调查的国家中仍至少有一半受访者希望本国政府在中、美两国间保持中立。① 欧洲对外关系委员会于2021年4月的民调进一步显示，受该者认为，欧洲在世界上需要有"必要的合作伙伴"，而不是固定的联盟；多达44%的受该者将美国视为"必要的合作伙伴"，而非"与我们（欧洲）的利益和价值观相同"的盟友。与此同时，36%的受访者认为中国是"必要的合作伙伴"，只有12%的受访者将中国视为"对手"。② 虽然俄乌冲突的外溢效应对中欧关系造成了一定冲击，欧洲对外关系委员会于2023年在11个欧盟成员国进行的一次民意调查显示，尽管2023年将美国视为"共享利益和价值观的盟友"的受访者较2021年增多，但比起盟友角色，欧洲国家更倾向于将美国视为"战略合作的伙伴"：平均有32%的受访者将美国视为"盟友"，而43%的受访者视美国为"战略伙伴"，还有7%的受访者将美国视为"竞争对手"，更有4%的受访者视美国为"陷入冲突的敌人"。③ 更重要的是，美国迫切希望欧洲与美国联合对抗中国，但欧洲显然拒绝这种极端选择，试图寻找一条中间道路。46%的受访者表示，他们将中国视为"盟友或必要的合作伙伴"。尽管欧盟委员会主席冯德莱恩建议欧洲各国通过与中国"去风险"而不是"脱钩"来缓和紧张关系，但欧洲民众并不认为需要远离中国，相反，欧盟成员国更赞同法国总统马克龙将中国视为"战略和全球伙伴"的愿景。欧洲对外关系委员会的民意调查还显示，尽管70%的受访者人清楚与俄罗斯中国关系密切，但他们并未将中国与俄

---

① Ivan Krastev and Mark Leonard, "What Europeans Think About the US-China Cold War", https://ecfr.eu/publication/what-europeans-think-about-the-us-china-cold-war/.

② 同①。

③ Jana Puglierin and Pawel Zerka, "Keeping America Close, Russia Down, and China Far Away: How Europeans Navigate a Competitive World", https://ecfr.eu/publication/keeping-america-close-russia-down-and-china-far-away-how-europeans-navigate-a-competitive-world/#the-return-of-the-american-ally.

罗斯混为一谈，不认为中国是"挑战"并想要"破坏"欧洲的力量，也不认同拜登政府的"民主与独裁"叙事框架，将中国视为"必要伙伴乃至盟友"的人数依然占据主流。① 事实上，2022 年 11 月以来，德国总理朔尔茨、法国总统马克龙、欧盟委员会主席冯德莱恩等欧洲领导人相继访华，也展现欧洲不愿走向与中国的对抗。2023 年 6 月欧盟峰会发表的文件指出，尽管中欧双方有着不同的政治和经济制度，但双方也存在共同的利益，即谋求建立一个具有建设性和稳定的关系。②

其次，与美苏冷战时的情况不同，近年来美国对华战略竞争的升级发生在中国国力整体上升、美国国力整体下降的背景下，这使得美国霸权护持的能力大大下降，其与盟友进行利益交换的砝码远远不够。同时，与美苏双方利益相斥不同，中、美两国经济利益深度重叠，你中有我、我中有你。这就使得美国在对华政策上的经济利益与政治利益往往不一致，因而难以作出清晰明确的战略抉择，对华竞争与局部合作混在一起看似可行，实际上却难以操作。还应指出的是，中国从不输出制度模式与意识形态，外交上遵循和平共处五项原则，政治上以人类命运共同体为理念旗帜，经济上追求各国共同发展与共同富裕。这种由中国文化与中国共产党理念所影响和决定的整体外交风格与国家特质，决定了美国难以以意识形态为由进行全球性的有效政治动员，包括欧洲在内的盟友也难以完全响应美国的号召，彻底与中国为敌。

同样不容忽视的是，国际环境的变化还影响到北约在冷战后世界上的作用，从而对其应对"大国竞争"的"有效性"构成了制约。在一些西方分析人士看来，北约在遏制苏联威胁、维护西方主导的国际秩序方面的"有效性"，以及自身表现出的"韧性"，与下列几个因素

---

① Timothy Garton Ash, Ivan Kraste and Mark Leonard, "United West, Divided from the Rest: Global Public Opinion One Year into Russia's War on Ukraine", https://ecfr.eu/publication/united-west-divided-from-the-rest-global-public-opinion-one-year-into-russias-war-on-ukraine/.
② 王义桅：《欧盟峰会暴露其对华政策三大脱节》，https://3w.huanqiu.com/a/de583b/4DYNIs1qaZw。

有关。其一,冷战期间苏联对美欧构成了严重的军事威胁,北约的唯一选择是通过军事威慑来遏制苏联,以避免冲突带来难以接受的后果。其二,北约在冷战期间只面对苏联军事威胁构成的单一挑战,这使其能够集中所有政治军事资源来对付苏联这一单一目标和单一威胁。其三,特朗普执政前的战后国际体系相对稳定,虽然不乏冲突和危机,但总体上被认为是"自由主义国际秩序"的全盛时期。这种环境有利于北约的发展,即从一个致力于维持现状的联盟转变为一个推动形成更加"和平"、更具"合作性"的新国际秩序的支柱。其四,美国对北约的支持及领导作用至关重要——这不仅是为了履行正式的条约义务,而且也是美国塑造全球安全和投射其影响力的一种手段。美国通过保护盟国来换取盟国对自己行动的支持,所以北约的责任分担是双向的。[1] 以上几个因素被认为是北约能够长期保持"韧性"的关键所在,然而,国际环境的变化使得这些因素的"有效性"大打折扣。

近年来,随着国际变局加速演进竞争成为国际关系的新常态,国际体系变得越来越不稳定。究其原因,其一,竞争的内涵发生了很大变化。与冷战时期美欧与苏联的军事对抗不同,如今的竞争不仅发生在传统的陆海空领域,也渗透到诸如信息技术、网络空间和外层空间等新领域。竞争内涵的这种变化,不仅意味着过去在地理上相距遥远的大国如今可能会彼此间不断发生摩擦,也意味着在战斗机、导弹、装甲和海战等常规领域,以及在网络攻击能力、人工智能、生物工程、战场自动化和机器人化等新技术领域的军备竞赛回归。其二,与冷战时期面临苏联单一对手的情况不同,北约如今面对多样化的对手,除了国家行为体,还包括恐怖主义组织、海盗等非国家对手。在冷战后较长一段时间里,为了应对有组织犯罪和气候变化等共同威胁,世界各大国之间曾进行了合作,而如今竞争和对抗卷土重来。北约既要防御俄罗斯的威胁,同时也开始越来越多地关注在经济、技术、外交和

---

[1] Jamie Shea, "NATO in the Era of Global Complexity", https://carnegieeurope.eu/2019/11/28/new-perspectives-on-shared-security-nato-s-next-70-years-pub-80411.

文化等方面更为强大的中国。国外有学者指出，中国可能不会像俄罗斯那样"威胁"欧洲的安全，但它对欧洲国家政府和社会的影响越来越大，并且超过了俄罗斯。① 其三，除了面对多样化的对手，北约内部美欧双方还面临多样化的依赖关系。在当今世界，由于经济利益、技术创新等不再来自提供安全保障的同一伙伴，盟友不可避免地会面临抉择和平衡压力，例如欧盟曾就是否使用中国华为第五代移动通信技术设备问题陷入与美国的争论。同时，对技术、能源、媒体或关键基础设施的依赖使得"混合战"成为一种具有吸引力的竞争手段。美国和欧盟对中国在欧洲"收购"港口和俄罗斯"操纵"西方社交媒体感到担忧，也警惕中国和俄罗斯在中东、非洲甚至更靠近欧洲的西巴尔干地区影响力的提升。其四，特朗普执政后调整了美国的北约政策，大搞"美国优先"并批评北约，这使得欧洲对美国是否继续参与欧洲和全球事务感到不确定，对美国是否仍是一个可靠盟友提出了质疑。特朗普政府为减轻美国的负担要求欧洲盟国增加国防开支、承担更多自身安全和周边稳定的责任，这一点在拜登执政以来并未改变。具有讽刺意味的是，欧盟发展自主防务工业并谋求建立安全与防务联盟的努力，也被美国视为对北约及美国领导地位的挑战。总之，面对中、俄两个强大对手，北约和跨大西洋同盟的凝聚力远不如冷战期间那么强。北约必须更具创造性和战略性地开展工作，才能保障被其成员国视为理所当然的安全。②

面对北约作用的下降及面临的挑战，美欧官方及大西洋两岸的战略精英急于寻求对策。有一种观点认为，在中国和俄罗斯的"挑战"日益突出的新安全环境下，北约应作好多领域（包括网络、数据控制与操纵以及外层空间）应对的准备。美国需要与盟国充分接触并在北约的军力部署中与盟国分享主流新技术（目前仅有少数盟国拥有并能

---

① Jamie Shea, "NATO in the Era of Global Complexity", https://carnegieeurope.eu/2019/11/28/new-perspectives-on-shared-security-nato-s-next-70-years-pub-80411.

② 同①。

够有效运用新技术，多数盟国则因缺少对新技术的投资而不具备相应能力），以避免北约内部出现数字鸿沟。同时，北约还需要为应对"混合战"或灰色地带战争作好准备，包括统一作出回应，并建立起某种形式的威慑。① 美欧一些分析人士认为，中国和俄罗斯使用"混合战"的方式不同，中国注重于"经济渗透"，并在高科技产业、科研和创新领域获得影响力，对关键基础设施和供应链也更感兴趣；俄罗斯则倾向于"通过刺探和煽动政治运动来制造社会分化"。鉴于此，他们认为北约需要制定两种不同的混合战略，以增强其"韧性"。西方还认为，中、俄两国的共同之处是更多在民用领域而非传统的军事领域对西方形成"挑战"，因此北约需要通过深化与私营部门、关键基础设施管理人员和高校的伙伴关系，进一步发展自身的民事反应能力。在一些西方战略精英看来，鉴于中国和俄罗斯是"高度复杂"的行为体，北约需要制定长期计划，通过采取相关措施，形成某种包括遏制、合作以及在必要时进行反击的综合性政策；同时，要想有效地应对地缘政治竞争的挑战，美欧需处理好北约责任分担与欧洲防务一体化的关系。这些人还认为，美国要求欧洲盟国增加防务支出有其合理性，但要使欧洲做到这一点，美国需要支持欧盟建立安全与防务联盟，只有这样后者才能够在美国不打算参与甚至正在"撤出"的周边地区（从乌克兰到西巴尔干半岛、利比亚和萨赫勒地区）维护稳定。② 这种观点的逻辑是，一个强大的欧盟是唯一不会对美国构成威胁的新兴力量，而且真正符合美国的长期利益，因此美国不应反对而应支持欧盟的战略自主目标与防务合作计划。但正如前面章节中提到的，欧盟能否实现其战略自主及安全与防务联盟的目标，以及美国是否支持欧盟实现其目标都存在很大的不确定性，更大的可能是欧盟短期内难以达成其目标，

---

① Alicia von Voss and Florence Schimmel, "NATO's Future Role in the Multilateral Rules-Based Order", in Tomáš Valášek, ed. *New Perspectives on Shared Security: NATO's Next 70 Years*, Brussels: Carnegie Europe, 2019, p. 4.

② Jamie Shea, "NATO in the Era of Global Complexity", https://carnegieeurope.eu/2019/11/28/new-perspectives-on-shared-security-nato-s-next-70-years-pub-80411.

而美国也不会完全支持欧盟实现其目标。总之，尽管北约努力寻求通过自我调整和能力提升增强其应对中、俄两国"挑战"的"有效性"，但是在新的日趋复杂的国际环境下，原来那些支撑北约韧性的因素已变得不再那么有效。

最后，虽然北约近年来日益关注中国，但由于美欧之间的外交与安全政策议程存在差异，双方在应对"中国挑战"方面能够扮演何种角色并不明朗。在一些人看来，北约的团结与持久并非因为所谓的"大西洋共同价值观"，而更多是因为美欧塑造的共同外部威胁。尤其是美国试图塑造"中国威胁"，并使之成为维系北约及跨大西洋同盟的纽带。但这种企图恐难以实现，因为在欧洲国家和欧盟看来，北约依然是欧洲安全的核心，威慑俄罗斯仍是北约存在的主要理由。欧洲在跨大西洋同盟内虽然支持美国保持在亚洲的军事主导地位，但对于过分强调北约在亚洲的作用持保留态度，不愿将中国列为联盟议程中的优先事项。尽管近期北约和欧盟对中国的措辞发生了变化，将中国描述为"系统性挑战"和"制度性对手"，但在反击中国方面，欧洲人并没有感受到美国那样的紧迫感。最常从地缘政治角度思考问题的欧洲国家法国，是对美国最持怀疑态度的国家之一。[1] 事实上，虽然中欧关系近年来出现了不少问题，但几乎没有欧洲人将中国视为直接安全"威胁"。对于大多数欧洲人来说，中国主要是一个外交政策问题，他们更愿意通过欧盟来处理与中国的关系。在他们看来，欧洲的第一条常规威慑和防御线必须是欧洲，他们担心如果亚洲和欧洲同时发生危机，美国很可能会优先考虑亚洲。正如国外学者所指出的，拜登对《北大西洋公约》第五条的"神圣纽带"发表了强烈的言论，但在未来的危机中，美国的援军可能会来得更晚，而且数量会更少。二战以

---

[1] Ulrike Franke, "Artificial Divide: How Europe and America Could Clash over AI", https://ecfr.eu/publication/artificial-divide-how-europe-and-america-could-clash-over-ai/.

来，欧洲首次不再是美国战略的主要战场。①

二、美欧涉华利益的不对称

正如有西方学者指出的那样，在当前的中美欧三边关系中，由于中欧之间不存在根本的利害冲突，尤其是欧洲并不把中国视为像苏联那样的"直接威胁"，美欧在处理与中国的关系方面存在着很大的利益差异，② 由此对双方的对华政策协调构成了制约。

尽管美欧近年来都加强了同中国的竞争，但双方在对华关系中存在的利益不对称难以消除。从根本上讲，美欧在华直接利益涉及的层面有着很大不同，这是导致双方涉华利益不对称的主要原因。美欧涉华利益不对称在安全领域尤为明显。美国渲染中国在亚太地区构成的"安全威胁"，甚至称中国为"头号威胁"和"21世纪最大地缘政治挑战"；为了应对中国的"威胁"，美国将其战略重心东移并实施以遏制中国为主要目标的"印太战略"。在对华竞争与遏制方面，美国除了加强自身在印太地区的军力部署以及强化在该地区的新旧安全联盟外，还意图拉拢欧洲参与其对华军事威慑。欧盟虽然视中国为"制度性对手"，且这与美国视中国为"主要战略竞争对手"的概念在本质上相同，即存在双方都视中国为"对手"的根本性一致；但同时二者又存在重大区别，即美国强调中国为一个"战略性"对手，而欧盟则是强调"制度性（或体制性）"对手；美国将中国看作"安全威胁"，欧盟却不把中国视为"安全威胁"。

相较于美国激进、对抗性的对华政策，欧盟总体上显得更加灵活，希望在维护经济安全的基础上寻求对华开放、融合及对话。欧盟外交与安全政策高级代表博雷利强调称，将中国称为"制度性对手"并不

---

① Sven Biscop, "Biden and Europe, Values and Interests", https://www.egmontinstitute.be/biden-and-europe-values-and-interests/.
② Jennifer Lind, "The Rise of China and the Future of the Transatlantic Relationship", https://www.chathamhouse.org/2019/07/rise-china-and-future-transatlantic-relationship.

意味着欧盟认为中国是一个"安全威胁"。他表示,欧方寻求在相互尊重的基础上同中国对话与合作,而不是对立与对抗。① 2020年11月,德国《每日镜报》发表文章指出,欧盟很长时间尝试躲避大国地缘政策的冲突。与美国不同,欧洲人认为,中国的崛起不会带来"安全和民主"政策的风险,而是会带来经济机遇,特别是德国政府很长时间都反对抵抗中国的政策,目的是不损害德国在中国的经济利益。文章还指出,如果德国和欧盟不想成为两个大国冲突之间的玩物,德国和欧盟就必须既要维护自身利益,又要注意不盲目追随美国卷入一个受到误导的全球霸权争夺战。同月,德国科尔伯基金会《柏林脉搏》的调查显示,如果中美之间爆发"新冷战",82%的受访者表示,德国最好保持中立。② 2021年9月22日,欧洲对外关系委员会发布了一份在12个欧盟国家进行的问卷调查,结果显示,尽管欧盟频繁在文件和讲话提到"制度性对手",但大多数欧盟受访者"并不买账",至少在被问及其成员国的对华关系上。大多受访者不认为中国"威胁"其生活方式。事实上,只有5%的受访者认为"中国统治全世界"。另外,受访者普遍认为,同中国的所谓"新冷战"更可能是被美国或欧盟挑起,而不是其成员国。③

在涉华安全领域,目前除了英、法、德等一些欧洲大国派出军舰在南海进行所谓"自由航行"外,欧盟总体上扮演"促能者"角色。④ 这种"促能者"角色与美国对欧盟的"从属者"预期有所不同。欧盟在加强与美国协调的同时,希望在东亚扮演不同于美国的角色,具体来说,欧盟希望通过美欧互动以及在中、美两国之间发挥平衡与

---

① 《欧盟外交与安全政策高级代表:中国不是欧洲的安全威胁》,https://www.thepaper.cn/newsDetail_forward_7780635。
② 朱颖:《默克尔力推中欧投资协定》,http://xunxicn.cn/yd/16640-1.html。
③ Ivan Krastev and Mark Leonard, "What Europeans Think About the US-China Cold War", https://ecfr.eu/publication/what-europeans-think-about-the-us-china-cold-war/.
④ 参见王振玲:《美欧应对中国崛起:理论、战略与互动》,北京:世界知识出版社,2016年版,第173、186页。

调节作用来影响美国的战略选择，防止美国的对华政策过分专注于军事威慑。美国在军事上对中国愈强硬，不想陷入困境的欧盟寻找替代方案的需求就愈迫切；若美国持续加大对华军事制衡，欧盟反倒可能加强对华接触，借此在中、美两国之间发挥斡旋和调停作用，减少中美发生冲突的可能性。在中美军事竞争关系日益加剧背景下，欧盟除了给予美国外交支持，更有可能在意图和目标上保持相对中立，避免卷入军事冲突的泥沼。如前所述，欧盟始终视俄罗斯为主要安全威胁，欧洲安全是其最大安全利益所在。这意味着，美欧之间安全利益与安全战略重点的差异难以消除。正如欧洲学者所指出的，苏联解体和美国战略重心东移，导致美欧双方的安全利益日益偏离。除了《北大西洋公约》第五条下的集体领土防御仍是由美欧共同作出战略决定外，在其他问题上，双方各自制定自己的战略。① 尽管双方都对中俄军事关系的加强感到担忧，但无论是从军事上还是从其他方面来讲，欧盟都不赞成建立一个广泛的国际联盟来遏制中国。事实上，欧盟愿意在军事领域与中国进行对话，并曾多次与中国进行军事演习，包括2018年在亚丁湾中国海军与欧盟海军的合作。还应指出的是，除了在安全利益和安全战略重点上与美国存在差异，欧盟军事硬实力不足也使其不愿卷入美国主导的对华军事遏制。正如有分析所指出的，由于欧盟在亚太地区没有强大的军事存在，它更多地将"中国挑战"视为一个经济和贸易问题，而不是一个安全问题。② 欧盟很看重其在中国及亚洲的经济利益，担心损害与中国的关系会失去世界上最有发展潜力的市场。同时，欧盟也希望在亚太地区乃至世界上展现其外交独立性，树立一种负责任的国际形象。

在涉华经济领域，美欧涉华利益的不对称同样明显。虽然美欧近

---

① Sven Biscop, "EU-NATO Relations: A Long-Term Perspective", https://www.egmontinstitute.be/app/uploads/2018/11/NeD150.pdf.
② 《中评关注：美欧联手对付中国并非铁板一块》, http://bj.crntt.com/crn-webapp/touch/detail.jsp?coluid=1&kindid=0&docid=105829781。

年来加强了涉华经济和科技政策协调，但这并不能消除双方涉华经济利益的不对称。在双方谋求涉华价值共识的背后，美国的地缘政治视角与欧盟的经济主导观点始终发生着冲突，而这背后是双方利益的分歧。美国对华政策以安全问题为导向，导致经济和技术问题被"安全化"。与美国相比，欧盟较少从地缘政治或国家安全角度看待中国，而更多的是从贸易角度看待中国。尽管欧盟加强了在经贸领域同中国的竞争，但并不支持美国对华"脱钩"议程。对于欧盟而言，其在亚洲的经济利益要比安全利益重要得多，因此它始终将经贸关系作为对华政策的核心。应当说，中国经济的持续增长对欧盟依然具有强大吸引力。虽然欧盟对中国的经济和政治模式存有疑虑，但大多数欧盟成员国仍渴望进入中国市场，并接受更多的中国投资。中国在2020年首次超越美国成为欧盟最重要的贸易伙伴，超过60%的欧盟企业表示愿意在中国增加投资。① 对于双边经贸关系中存在的问题，中欧双方均希望通过谈判回应对方的关键性诉求，并寻求达成双边投资协定以降低双方关系的竞争性。2020年年底完成的《中欧全面投资协定》谈判对双边关系是一个积极的信号。该协定给欧盟带来不少好处，包括增加欧洲企业进入中国市场的机会、减少歧视、为投资者提供更多保护等。此外，在欧盟的一些官员看来，《中欧全面投资协定》还将赋予欧盟所需的政治影响力，使其能够与美国作为平等伙伴在"中国问题"上进行合作。根据协定的内容，相对于美国企业来说，欧洲企业在华将享有更优惠的投资政策。欧洲企业，特别是德国企业期望该协定能让它们更便利地进入中国市场。实际上，欧盟在拜登就职前夕落定《中欧投资协定》，原因就是要打消拜登政府以牺牲欧盟利益来要挟欧盟对抗中国的想法。德国总理默克尔认为，《中欧全面投资协定》是为了表明

---

① 《协调对华政策 美欧难掩分歧》，http://big5.cri.cn/gate/big5/news.cri.cn/20210331/9f81a422-ca3b-fbc3-c93d-48103d3966c8.html。

与中国的对话仍然有意义，孤立和遏制中国的企图只能导致灾难。①

目前来看，美欧涉华经济互动虽然明显加强，但双方在经济战略层面的协调仍相对滞后。原因之一在于双方对中国技术威胁的认识存在分歧：欧盟倾向于将中国视为其技术竞争的对手，而美国则从国家安全的视角来看待中国的"威胁"。在中美科技竞争的态势下，欧盟不希望完全脱离中国的技术生态系统，它甚至担心中美"脱钩"过程中产生的副作用，会使美欧在技术领域也可能出现"脱钩"。此外，鉴于在数字技术领域相对落后，欧盟近年来也开始强调"数字主权"，并致力于在该领域加强同美国的竞争。特朗普任内美欧关系的紧张限制了双方的高层政治互动。拜登执政后双方高层互动增加，这有助于促进双方在涉华经贸及技术规则方面的合作，欧盟-美国贸易与技术理事会的建立及设定的议程就是这种努力的一个具体体现。尽管如此，美欧之间的根本问题仍难以解决，涉华利益不对称使得双方在对华经贸、科技开放度上仍难以取得完全一致。有分析认为，欧盟-美国贸易与技术理事会能否获得成功，很大程度上将取决于能否聚焦双方分歧不大的领域并快速取得具体的成果，否则将可能与小布什总统于2007年提出的跨大西洋经济委员会一样，最终因无法达成任何成果而被人遗忘。目前来看，欧盟-美国贸易与技术理事会的议题大多反映了美国关心的经贸议程；美国强调该理事会的竞争性，试图将经济和安全政策挂钩，以该理事会围堵中、俄两国，采取经济制裁和技术管控以实现西方价值观和市场经济的普及。欧盟则更重视数字转型和绿色发展议题，争当数字治理规则的制定者和先行者。关于欧盟-美国贸易与技术理事会与中国的关系，双方官员表达的观点存在差异。美方希望拉拢盟友一致对华，将该理事会打造为美欧对华协调的主要抓手。美国商务部长雷蒙多在接受美媒采访时称，我们必须与欧洲盟友合作，不让中国获

---

① 《美专家：中欧协议折射默克尔"中国观"》，https://www.360kuai.com/pc/93789b4c86809fde0?cota=3&kuai_so=1&sign=360_57c3bbd1&refer_scene=so_1。

得最先进的技术，使他们无法在半导体等关键领域追赶上来。① 欧盟则竭力淡化该理事会的排华性质，并指明该理事会"不针对第三国"。欧盟希望在其中占据主动性，以获得在世界贸易和科技领域的影响力。在战略自主理念和自身经济利益的驱动下，欧盟不会完全与美国结盟，也不会赞成将欧盟-美国贸易与技术理事会变成一个全面遏制中国的平台。

总之，由于美欧在涉华利益方面存在不对称的博弈关系，双方之间的对华政策协调难以避免地带有局限性。从根本上讲，美国的霸权护持与欧盟战略自主之间的结构性矛盾，以及双方涉华利益的不对称，限制了美欧对华政策协调的深度。拜登政府缓和美欧关系的一个重要目的是联合欧盟加强对华竞争，以维护美国的霸权。欧盟虽然希望"重建"欧美关系，但不想被绑上美国对华竞争的"战车"。欧盟不相信追随美国卷入对华竞争后，美国会照顾欧洲在中国和亚洲的经济利益。正如欧洲有学者所指出的，"民主国家联盟"实际上并不是欧洲与美国的联盟，而是美国想让盟友的利益服从于促进美国自身利益而建立的联盟。② 欧盟吸取了特朗普政府"美国优先"政策的教训，不愿意在美欧关系存在不确定性的情况下，同时在对华关系上承担更大风险。法国国际关系研究所发表的题为《中/美：失衡的欧盟》的报告，在系统性评估美国对华美竞争对全球影响以及欧盟所处立场后认为：在面对美国对华竞争时，欧盟既不能完全遵循"美国优先"的经济政策，也不可能按美国意志放弃中国，而是要发展自身产业，以及在更广泛地区内寻找盟友。③ 实际上，欧盟在中美博弈中采取平衡措施以及推进其多边议程的主要目标就是，避免出现欧盟及其成员国被迫在中、

---

① 张薇薇：《美欧贸易和技术理事会首次会议：共识难掩分歧》，载《世界知识》，2021年第21期，第36—37页。

② Sven Biscop, "An Alliance of Democracies: With the US or For the US?", http://www.egmontinstitute.be/an-alliance-of-democracies-with-the-us-or-for-the-us-2/.

③ IFRI, "China/United States: Europe off Balance", https://www.ifri.org/en/publications/etudes-de-lifri/chinaunited-states-europe-balance.

美两国博弈下"选边站"的两难境地。① 为了应对国际环境变化以及美国对华竞争带来的挑战,欧盟更倾向于追求战略自主,而不是完全倒向美国以对付中国。欧盟外交与安全政策高级代表博雷利指出,欧盟与美国不同,既不追求"新冷战"的战略对抗,也不支持广泛的经济"脱钩",欧洲必须走自己的道路,按自己的价值观和利益行事。② 德国总理默克尔在任时也曾表示,欧盟与美国有共同的价值观基础,但双方也有各自的利益,欧盟应该有自己的对华政策。③ 欧盟主张建立一个旨在维护国际规则的多边主义联盟,其目的不是要与中国或其他任何人结盟,而是要拉拢中国和其他国家,并使它们相信政治稳定、经济繁荣和安全有赖于"基于规则的秩序"。④ 欧盟同时认为,与全球化"脱钩"不是理性选择,欧盟的存在依赖于全球经济一体化。在可预见的将来,为了维护并谋取更多利益,欧盟仍会热衷于"战略模糊",谋求在中美之间保持某种程度的平衡。尽管欧盟在对华政策上使用了"制度性竞争"的措辞,在近年来的谈判与互动中也采取了更强硬的姿态,但大多数欧洲国家及欧盟仍然在对华政策中倾向于选择一条阻力最小的道路。在当前世界趋于动荡和不确定性增加的形势下,欧盟以经贸关系为核心的对华接触战略不大可能改变。

三、美欧双边分歧

美欧在加强对华战略协同与政策协调的同时,彼此间难以消除的一些双边分歧也将在一定程度上制约双方的涉华互动。

首先,美欧旨在应对共建"一带一路"的"印太战略"协调存在

---

① Mario Esteban and Miguel Otero-Iglesias, et al. "Europe in the Face of US-China Rivalry", https://merics.org/en/report/europe-face-us-china-rivalry.
② Sven Biscop, "Act as if It Does Not Matter Who Wins", https://www.egmontinstitute.be/act-as-if-it-does-not-matter-who-wins.
③ 《协调对华政策 美欧难掩分歧》,http://big5.cri.cn/gate/big5/news.cri.cn/20210331/9f81a422-ca3b-fbc3-c93d-48103d3966c8.html。
④ Sven Biscop, "An Alliance of Democracies: With the US or For the US?", http://www.egmontinstitute.be/an-alliance-of-democracies-with-the-us-or-for-the-us-2/.

一些制约因素。一是双方"印太战略"的动机有所不同。虽然双方的"印太战略"都主要是为应对中国而制定，可视作各自对华政策的延伸，但两相比较，差异还是比较明显的。美国"印太战略"的核心是通过美日澳印"四国机制"实现其对华军事目标，对抗特征突出；拜登执政后虽然提出了"印太经济框架"构想，但其对华竞争与对抗的本质未变。欧盟的"印太战略"则强调包容性和平衡性，遏制中国和与中国军事对抗色彩相对较淡，并认为有必要在共同关心的问题上（如应对气候变化、环境保护、开展地区反恐等安全合作）与中国接触。欧盟战略研究所高级研究员佩吉索娃指出，促进合作是欧盟在印太地区的核心策略，这不仅适用于与欧洲"有着共同价值观的盟友"的合作，也适用于与"第三国的互利合作"。① 二是欧盟内部在印太政策上存在不少分歧，并非所有成员国都对印太军事行动感兴趣，特别是与中国有庞大商业及基础设施建设关联的国家更是持谨慎态度，由此产生的欧盟在实施"印太战略"方面的不确定性将制约美欧之间的涉华协调。三是近年来美欧关系的波折及互信程度下降也对双方的"印太战略"协调具有制约作用。正如国外学者所指出的，只有在明确重申美欧双方价值观，并在更大范围内重新审视跨大西洋关系及其目标，而不仅仅只是采取反华战略的情况下，美欧在印太地区的合作才有可能奏效。②

其次，在价值观与人权领域，虽然美欧同步加强了对华价值观外交，并对中国进行人权施压与对抗，但双方要形成反华"价值观联盟"也并非易事。在当今世界变局下，美国影响国际事务的绝对实力减弱，也没有足够的号召力来联合盟友和伙伴进行一场对华意识形态的"围猎"。欧盟虽然在人权领域与美国有着相似的关切和诉求，并在涉华

---

① 《欧盟制定首个"印太"战略计划，称不针对中国》，https://export.shobserver.com/baijiahao/html/360388.html。

② Andrew Small, "Transatlantic Cooperation on Asia and the Trump Adminstration", *Policy Paper*, No. 25, 2019, p. 16.

"人权"议题上同美国协调配合,但这并不等于要形成"反华联盟"。美国智库大西洋理事会的涉华研究报告指出,虽然欧洲国家愿意与美国联合应对中国、捍卫共同利益,但它们不希望引发另一场冷战,也不希望切断与中国的所有联系。① 拜登于 2021 年 6 月访问欧洲之前,宣称其出访目的是"团结民主国家",但正如欧洲学者所指出的,拜登关于价值观的言论无法改变利益驱动国际政治的现实。② 由于在中国有着多许多重大利益尤其是经济利益,欧盟不会改变目前仍以接触为核心的对华战略。美国学者沃尔特于 2020 年 12 月在《外交政策》杂志撰文,批评拜登承诺在其执政的第一年召开"全球民主峰会"以及经常引用"自由世界"之类的陈词滥调,认为这造成的问题可能比要解决的问题更多。沃尔特还指出,拜登将"民主"作为外交政策的核心,将使美国与中国日益加深的竞争变成一场意识形态的较量,从而加大在气候变化等问题上的合作难度,并使长期共存的可能性更难以维持。③

最后,欧盟内部近年来虽然加强了对华统一政策的讨论,但成员国对华利益诉求的差异决定了形成统一的对华政策并非易事。在处理包括"人权"在内的对华政策问题上,欧盟内部仍然存在分歧,希腊和匈牙利曾阻止欧盟通过涉华"人权"决议。德籍联合国前副秘书长舒伦伯格(Michael Schulenburg)对欧洲对外关系委员会创始人和会长伦纳德(Mark Leonard)有关中国的看法不以为然,后者认为欧洲必须在其认为的"大国对抗"的世界中找到自己的位置,西方必须再次团结起来,并发问:"中国能成为正在走向分裂的跨大西洋同盟的新聚合剂吗?"对此,舒伦伯格回应指出,欧洲的真正战略挑战更加接近本

---

① Hans Binnendijk and Sarah Kirchberger, "The China Plan: A Transatlantic Blueprint for Strategic Competition", https://www.jstor.org/stable/resrep30709.

② Sven Biscop, "Biden and Europe, Values and Interests", https://www.egmontinstitute.be/biden-and-europe-values-and-interests/.

③ Stephen M. Walt, "Biden See the A-Team. I See the Blob", https://foreignpolicy.com/2020/12/11/biden-sees-the-a-team-i-see-the-blob/.

土,是欧洲而不是美国来承受西方在阿富汗、伊拉克、叙利亚、利比亚、也门、巴尔干、乌克兰、格鲁吉亚和萨赫勒制造的不稳定后果的苦果。欧洲必须应对这些外部安全挑战,同时还必须克服内部分裂,它承受不起与中国和俄罗斯敌对关系进一步恶化的严重后果。欧洲一定不能被拖进另外一场"大国竞争"的游戏,相反,欧洲必须避免在21世纪再次犯下20世纪的错误。欧洲应该承担起特别的责任,坚持《联合国宪章》和《世界人权宣言》确立的价值观和规范。是这些让欧洲在全世界拥有很多朋友,而不是意识形态上或军事上的任何虚张声势。① 欧洲内部分歧不仅使得欧盟难以形成统一的对华政策,而且也将制约美欧之间的涉华协调。

展望未来,美欧加强对华政策协调不可避免,但双方的对华方式并不完全一致。诚然,欧盟近年来不断制定、完善对华政策"工具箱",逐渐减少对华依赖,中欧经贸关系呈现日益政治化倾向。但对于欧盟来说,对华"脱钩"并非选项,欧盟会继续将中国视为竞争对手和多边合作伙伴,与此同时,寻求在大多数国际问题上与美国开展密切协作,但不会与之形成同盟。或者说,美欧只能形成有限的战术联盟,无法形成整体对华的战略联盟,更不会出现类似冷战时的阵营对抗。欧盟越来越意识到需要避免对美国单方面的依赖,需要加强自身能力的建设,增加战略自主。欧盟认为,自主并不意味着自给自足,也不意味着拒绝结盟;相反,意味着基于自身的价值观和利益考量,自主决定是否需要以及和谁建立联盟和伙伴关系。从欧洲战略自主出发,欧盟不会完全迎合美国设定的"大国竞争"框架并调整对华政策,而是会在利益重叠领域与美国保持一致。具体来说,美欧在涉华经贸、科技、人权议题上的合作可能会得到加强,但双方之间的一些严重分歧仍将会持续下去。若美国今后进一步加大对欧盟施压力度,欧盟迫

---

① Michael von der Schulenburg, "Where Stands Europe in a Changing World? An Open Letter to Mark Leonard", https://michael-von-der-schulenburg.com/wp-7091f-content/uploads/2021/04/Where-stands-Europe-in-a-changing-world.pdf.

于压力可能会更多地向美国靠拢，但不会对美亦步亦趋，沦为美国对华战略的工具。一言以蔽之，欧盟不会轻易卷入美国设计的"大国竞争"陷阱，而是会在美欧双边互动和中美欧三边互动中尽力保持一定的独立性，既在对华竞争中扮演美国的"促能者"角色，又在必要时作为平衡者缓和与约束美国过于激进的对华行为。

第七章　推动构建相对平衡与良性发展的中美欧关系

当前百年变局正在加速演进，世界进入新的动荡变革期。世界各大战略性力量之间的实力消长与关系重组既是百年变局加速演进的诱因，同时也是影响国际战略格局走向的关键因素。美国对华竞争已成为当今国际政治的结构性特征，很大程度上影响着中美欧三边关系的基本走向。中美关系的未来走向在很大程度上取决于中美对彼此的认知和对两国关系的定位，而在这个方向的确定过程中，两国都会受到"第三方力量"——欧盟政策取向的影响。作为关键的第三方，欧盟在中美欧关系中扮演多重角色，发挥着独特且微妙的作用。欧盟的角色具有多重性，即利益攸关方、权力平衡者、非正式盟友以及矛盾的伙伴。这些角色相互作用，共同塑造了欧盟在中美欧关系中的独特身份与利益取向。中美欧互动本质上是一种不对称三角博弈模式，美欧共同应对中国是三边关系的趋势性特征之一。但与此同时，欧盟寻求战略自主以及中欧关系具有的强大韧性，为中国运筹中美欧关系提供了外交空间。中国应加大对欧外交力度，综合施策以确保中欧关系的合作性大于竞争性，推动中美欧关系朝着相对平衡方向发展，同时重视并探索建立中美欧三边互动机制的可能性，以最大限度降低美欧联手应对中国的风险。

第一节　中美欧关系的基本特征与当前态势

纵观历史，大国关系分化重组是国际政治永恒的主题。当前新一轮分化重组以中美关系、俄罗斯与美西方关系为牵引，带动各大力量战略互动，呈现出一些新特点。其中一个突出特点是涌现出了多个不同组合的大国间三边关系，尤以美国、中国和以欧盟为代表的欧洲三者之间的关系最为引人注目。作为世界三大战略性力量，中美欧之间频繁、复杂互动，构成了对国际体系运行与国际格局走向影响最大的一对战略三角关系或三边关系。

在当今国际体系中，中美欧三边关系具有多样化特征。首先，就基本性质而言，中美欧关系不同于冷战时期的中美苏敌对三角，而是充满合作与竞争的三角关系。① 英国学者布赞（Barry Buzan）认为，一种由美国、欧盟和中国三方构成的超级大国体系会是一种对手和朋友的社会结构，而不是像两次世界大战间歇期那种以"敌人"为特征的社会结构。② 对手和朋友的社会结构是竞争与合作并存的状态，中美欧三方在有些领域是竞争，但在很多的领域亦可形成合作。③ 其次，从互动的基本模式来看，中美欧三边关系具有某种天然的不对称性，即美欧基于共同的西方价值观、经济和政治模式以及相似的国际政治理念与对华长期战略目标，双方之间的战略一致性大于分歧，美欧共同性大于中欧一致性，由此使得三方互动呈现不对称博弈模式。再次，从过程和趋势来看，中美欧关系并非固化状态或模式，而是一个动态发展的过程，因此具有可塑性和可变性。总而言之，中美欧三方利益交织，三边关系是一个竞争与合作并存的动态过程，并具有长期性、复

---

① Robert Ross, Oystein Tunsjo and Zhang Tuosheng, eds. *US-China-EU Relations: Managing the New World Order*, London and New York: Routledge, 2011, p. 1.
② 巴里·布赞著，刘永涛译：《美国与诸大国：21世纪的世界政治》，上海：上海人民出版社，2007年版，第131页。
③ 王毅：《中欧美互动及三边合作的可能性》，载《国际问题研究》，2013年第2期，第45页。

杂性和非对称性等特点。值得注意的是，由于美欧间相互关系要比对华关系紧密得多，这使得美欧共同应对中国成为三边关系的趋势性特征之一。

在国际变局加速演进的当下，中美欧关系正处于一个激烈的碰撞期。特朗普政府执政期间高举"美国优先"旗帜，基于零和思维大幅度调整美国对外政策，将中国定位为"主要战略竞争对手"，并对华展开全面遏制与竞争，导致中美关系出现严重倒退；同时亦将欧盟视为"敌人"，对欧采取压迫式"交易型"政策，致使跨大西洋同盟及美欧关系遭受严重冲击，欧洲对美国作为可靠盟友的质疑前所未有地上升。拜登政府延续了对华强硬政策，2022年版《美国国家安全战略报告》称中国是美国"最重大的地缘政治挑战"，但与特朗普政府有所不同的是，拜登政府特别重视联合盟友尤其欧盟共同应对"中国挑战"。诚然，美欧关系在拜登执政后得到了一定的修复，但由于受到国际变局带来的根本性制约以及美欧结构性矛盾的影响，双方关系的修复空间较为有限。至于中欧关系，随着欧洲对华负面认知近年来有所上升，欧盟对华政策的竞争性一面更加凸显，由此导致双方关系出现下滑；尽管如此，欧盟以接触与合作为核心的对华战略并未发生根本变化。概言之，当前中美欧关系处于一个激烈碰撞和动荡调整的过程之中，美国扮演推手角色，美国对华竞争是主要矛盾；中美关系的未来走向很大程度上取决于中美对彼此的认知和对两国关系的定位，而在这个方向的确定过程中，两国都会受到"第三方力量"——欧盟政策取向的影响。

作为关键的第三方，欧盟在中美欧关系中扮演多重复杂角色，发挥着独特且微妙的作用，以此影响美国对华竞争的进程及三边关系的走向。当前及今后一个时期，美国将会继续发力拉拢、胁迫欧盟一起对抗中国，这一点不会因为美国国内政治变化（包括总统选举）或中美关系短期回稳而发生根本改变。而这同时也提醒中国，要打破美国联欧制华的图谋，稳住欧盟具有紧迫性、战略性和重大现实意义。就中国的应对措施而言,首先需厘清欧盟在中美欧关系中扮演的多重复杂角色,准确把握角色定位与利益取向。

第二节 欧盟在中美欧关系中的多重复杂角色

欧盟近年来受到多重挑战与危机的影响,软硬实力均有所下降,但在一个单极霸权日益衰落的世界中仍是一支不容忽视的重要力量。在中美欧三边关系中,欧盟扮演多重且复杂的角色,发挥着独特且微妙的作用。具体而言,欧盟的角色具有多重性,即利益攸关方与权力平衡者、非正式盟友以及矛盾的伙伴,这些不同角色的相互作用,共同塑造了欧盟在中美欧关系中的独特身份与利益取向。

首先,欧盟扮演利益攸关方与权力平衡者角色。"利益攸关方"语义中性,指国际关系中的溢出效应。一国行为超越本国国界,影响国际社会,无论其有益或有害,均可称"攸关"。2005 年 9 月,美国常务副国务卿佐利克(Robert Zoellick)提出了"利益攸关方"的概念,称"美国和中国是国际体系中两个重要的利益攸关的参与者",主张应该以务实态度对待中国。[①] 以此为参照,在美国对华竞争主导的中美欧三边关系结构中,美国、中国和欧盟均是重要的利益攸关方。就欧盟而言,其利益攸关方角色既是一种客观存在,也是一种主观认知,即具有双向性。一方面,在美国对华竞争加剧的态势下,美国和中国从各自角度出发都把欧盟视为一个利益攸关方。尤其是美国视欧洲为传统盟友,将联欧制华作为其对华进行有效竞争与遏制的先决条件。正如有分析所指出的,美国正以一种更实用的方式来看待欧洲:如果欧洲站在美国一边,美国在对华竞争中占据优势的机会就要大得多。[②] 另

[①] Robert B. Zoellick, "Whither China: From Membership to Responsibility?", https://2001-2009.state.gov/s/d/former/zoellick/rem/53682.htm.

[②] Sven Biscop, "EU-U.S. Consensus and NATO-EU Cooperation", https://carnegieendowment.org/files/NATO_int_final1.pdf.

一方面，欧盟从自身角度出发，亦认为自己是中美关系的一个利益攸关方。欧盟将中、美两国视为其在国际体系中两个最重要的合作伙伴。从其对中、美两国实力的认知来看，美国拥有在世界金融和科技等领域的领先优势和对国际事务的传统影响力，以及维持其同盟体系的聚合力，对世界发挥着主导作用；而中国则对世界经济拥有巨大影响力，全球70%的国家和地区都以中国为第一大贸易伙伴国，因此欧盟希望同时保持与美国的盟友关系和与中国的合作关系。但近年来中欧摩擦增多和"特朗普冲击波"导致欧盟对中、美两国的看法发生了变化，欧盟认为其在安全、贸易和科技领域面临的来自中、美两国的压力显著增加；国际协议和多边机构的权威与合法性受到了"挑战"，建立在规则基础上的"自由国际秩序"遭到了"破坏"。[①] 在此形势下，欧盟对其与中、美两国的关系进行了重新评估：一方面认为，其与中、美两国的关系正处于不断变化之中，双边关系的长期确定性正在消失；另一方面认为，美国对华竞争加剧使欧洲成为中、美两国的关键伙伴和重要力量，因此面临来自中、美两国在诸多议题和政策领域日益增大的压力。欧盟认识到美国对华竞争具有长期性将给自身带来难以回避的重大挑战，因此忧虑自身利益会受到损害。

作为美国对华竞争格局中一个有着利害关系的第三方，欧盟不甘坐视自身利益受损，而是希望扮演一个权力平衡者角色，主动参与其中，以最大限度地维护自身利益。欧洲战略自主是欧盟这一雄心的重要依托。事实上，"战略自主"的提出主要就是为了应对美国对华竞争背景下的世界变局，它表明欧盟欲凭借自己的战略成为美国对华竞争的参与者和国际权力的平衡者，避免在可能出现的新的"两极化"世界中被边缘化。2016年欧盟《全球战略》文件将"战略自主"定义为"在外交政策和安全问题上设定自己的优先事项并作出自己决定的能力"，以及与第三方合作或在需要时单独执行这些事项所需的制度、政

[①] Mark. Leonard, et al. "Redefining Europe's Economic Sovereignty", https://www.bruegel.org/2019/06/redefining-europes-economic-sovereignty.

治和物质资源。① 法国总统马克龙认为，欧洲战略自主是全方位的战略自主，是旨在将欧盟建设成国际政治中独立战略力量的战略自主，他特别强调要实现不依赖美国的防务自主，不依赖美国和中国的技术自主，不从属于美国的外交政策自主。② 究其根本，欧洲战略自主的重大意义在于明确了欧盟自身的战略定位，促使其更加主动地参与地缘政治博弈，而这意味着欧盟对外战略思维模式开始发生变化。与冷战时期与美国结盟、寻求美国保护的"战略依赖"不同，如今欧盟希望通过战略自主寻求在既竞争又合作的地缘政治博弈中找到其自主和独立的空间。在对美国对华竞争前景感到忧虑的同时，欧盟从维护自身利益出发，本能地希望在美国与中国之间寻求平衡。正如有分析指出，由于难以割舍来自中、美两方面的利益，欧盟寻求采取一种被称之为"蛋糕主义"的平衡策略，即在美国对华竞争中想要鱼与熊掌兼得，或者说与中、美两国都做朋友，保持某种可能演变为中间人角色的矛盾立场。③ 马克龙在2022年慕尼黑安全会议上表示，欧盟不愿在中、美两国之间作二元选择，而是致力于促进自身的发展，并成为大国政治中一个"自治极"。④ 马克龙指出，要在一个地缘政治竞争上升的世界中增强法国和欧洲的主权和战略自主，就必须建设一个强大的政治化的欧洲；法国和欧洲不能被迫在中、美两国之间进行选择，成为任何一"极"的附庸；法国在其中发挥作用的强大的战略自主的欧洲，对

---

① European Union, "Shared Vision, Common Action: A Stronger Europe, A Global Strategy for the European Union's Foreign and Security Policy", http://eeas.europa.eu/archives/docs/top_stories/pdf/eugs_review_web.pdf.

② "La Doctrine Macron: Une Conversation avec le Président Français", https://legrandcontinent.eu/fr/2020/11/16/macron.

③ Mario Esteban and Miguel Otero-Iglesias, et al. "Europe in the Face of US-China Rivalry", https://merics.org/en/report/europe-face-us-china-rivalry.

④ Sven Biscop, "1919-2019: How to Make Peace Last? European Strategy and the Future of the World Order", https://www.egmontinstitute.be/app/uploads/2019/01/SPB102.pdf?type=pdf.

于实现国际关系的再平衡、建设一个平衡的多极世界至关重要。①

应指出的是，对于欧盟来说，不在中、美两国之间"选边站"既是目的也是手段，既是为了尽可能地保全来自中美两方面的利益，也是为了借此在中、美两国之间发挥平衡者甚至调节者的角色。事实上，不"选边站"与欧盟渴望的调节者角色相辅相成，只有不"选边站"，才有可能在中美关系中发挥平衡者与调节者的作用；反过来，有效的平衡与调节作用将有助于避免中美关系破裂，从而避免欧盟自身陷入被迫"选边站"的窘境。应当说，在中、美两国间不"选边站"和发挥平衡调节作用，与欧盟以往在应对地缘政治竞争（也包括在跨大西洋同盟内部处理欧美关系）时采取的被动反应模式有着明显的不同。

其次，欧盟扮演非正式盟友角色，这一角色主要体现在美欧关系中。在跨大西洋关系范畴内，美国与其北约欧洲成员国在北约机制内是正式盟友关系，属于传统意义上的军事政治同盟（军事盟友）。美国与欧盟的关系则不属于正式盟友关系（双方之间未订立同盟条约），但又由于大多数欧盟成员国同时也是北约成员国，②加上欧洲国家在政治和经济制度、价值观方面和美国具有相似性，以及军事上仍然依赖美国的保护，双方事实上形成了特殊的非正式盟友关系，堪称经济、外交盟友。

美欧之间的非正式盟友关系对中美欧关系的影响较为复杂微妙。毋庸讳言，虽然欧盟对美国在国际事务中采取的单边主义行为持批评态度，但双方在对华关系中存在利益交集，即对自由市场经济、基于"规则"的世界秩序、对"普世价值"的共同坚持，并均将其视为国家关键利益。在当前地缘政治博弈加剧以及美欧均强化对华竞争的形势下，出于维护现行国际秩序及双方对华政策"共同利益"的需要，美欧之间对华战略协同与政策协调的动能明显增强。美欧早在21世纪

---

① "La Doctrine Macron: Une Conversation avec le Président Français", https://legrandcontinent.eu/fr/2020/11/16/macron.

② 欧盟现有27个成员国中，有23个同时也是北约成员国，包括新加入的芬兰和瑞典。

初就建立了应对中国崛起的"二轨"和官方对话与磋商机制。2008年全球金融危机以后,中西实力消长加大了美欧的危机感,推动双方加强了涉华战略互动,并逐渐形成了一个"二轨""1.5轨"对话和官方"一轨"外交彼此间紧密交织、相辅相成的多层次互动框架。近年来,随着中国的综合实力进一步提升和影响力扩大,美国和欧盟都将中国视为一个经济、技术和战略上的竞争对手。面对"中国挑战",美欧双方作为非正式盟友,都在重新审视和评估彼此的价值。尤其是,中美经贸、科技竞争进一步凸显了欧盟作为第三方参与美国对华竞争的潜力及其对美国具有的价值,因此其近年来在加强与美国的涉华互动方面较以往显得更加主动。在欧盟的提议下,美欧于2020年10月新建了高级别"中国问题"对话机制,以共同应对"中国挑战"。从共同应对中国崛起到共同应对"中国挑战"的转变,表明了美欧涉华互动的内容及实质在发生深刻的变化。2020年12月,欧盟提出《全球变局下的欧美新议程》,称重新制定跨大西洋和全球合作新议程是"一代人难得"的可以结成新联盟来对抗中国崛起的机会。[1] 拜登上任以后,美欧关系的改善刺激了双方进一步加强全领域对华政策协调。除了重启"中国问题"对话机制,美欧还另建了一个带有对华技术竞争色彩的贸易与技术理事会;与此同时,美国、欧盟和北约之间的涉华互动与政策协调也在加强。总之,与特朗普时期相比,如今美欧涉华对话与政策协调的议程进一步扩大,合作更加广泛深入,概括起来就是:经贸、科技领域对华竞争与打压,投资、出口管制领域对华设限与防范,价值观、人权领域对华施压与对抗,以及安全合作和应对共建"一带一路"的美欧"印太战略"协调等。

但另一方面,非正式盟友意味着美国与欧盟之间仍存在距离,其

---

[1] European Commission and High Representative of the Union for Foreign Affairs and Security Policy,"Joint Communication to the European Parliament, the European Council and the Council: A New EU - US Agenda for Global Change", https://ec.europa.eu/info/sites/info/files/ joint - communication-eu-us-agenda_en.pdf.

背后反映出双方的利益并不完全一致。冷战终结和经济全球化从根本上改变了国际环境，在当今国际体系中，美欧的身份特性、利益和政策关注点均有所不同。在中美欧三边关系中，美欧涉华经济、安全利益的不对称尤其突出。经济领域的利益不对称主要体现在欧盟的经济主导观点与美国的地缘政治视角之间的冲突。尽管欧盟近年来加强了对华经济竞争，但中国经济的持续增长对欧盟依然具有吸引力。2020年中国首次超越美国成为欧盟最重要的贸易伙伴，2021年中欧贸易额突破了8000亿美元，创历史新高。由于中欧经济关系的重要性，欧盟不赞成美国倡导的对华经济"脱钩"政策。安全领域的利益不对称更加明显，美国渲染中国在东亚地区构成的安全威胁，希望欧盟参与其对华军事威慑，而欧盟则始终视俄罗斯为主要威胁，不愿意在亚洲卷入美国对华军事威慑。马克龙警告美国，欧洲不愿"回到冷战的逻辑中"，不愿追随美国的意愿将中国视为西方的新"敌人"。①欧盟外交与安全政策高级代表博雷利指出，欧盟与美国不同，既不追求"新冷战"的战略对抗，也不支持广泛的经济"脱钩"，欧洲必须走自己的道路，按自己的价值观和利益行事。②

由于美欧利益并不画等号，双方在对华政策上更有可能是有合有分，随时随事而定。基于共同应对"中国挑战"的考虑，欧盟会在利益重叠领域与美国保持一致，在有相同关切的涉华问题上与美国合作，但不会放弃战略自主，也不会完全隔断对华关系。马克龙表示，在与中国建立关系的问题上，欧洲将保持独立性，"既不成为中国附庸，也不在这个问题上与美国结盟"。③德国国际与安全事务研究所所长佩茨（Volker Perthes）认为，面对美国对华竞争，欧洲国家既不愿意二选

---

① Riel Roussopoulos, "Internet Reportedly Shut off as G7 Leaders Squabble with Biden over China—The Daily Beast", https://www.ourgeneration.ca/2021/06/13/internet-reportedly-shut-off-as-g7-leaders-squabble-with-biden-over-china-the-daily-beast/.

② Sven Biscop, "Act as if It Does Not Matter Who Wins", https://www.egmontinstitute.be/act-as-if-it-does-not-matter-who-wins/.

③ 同①。

一，同时也难采取"等距"政策，因此欧洲正在加大努力定义自身既包括地缘经济也包括地缘政治的利益和优先事项。① 2021年3月，美国智库大西洋理事会发表的《对华计划：跨大西洋战略竞争蓝图》报告承认：虽然欧洲国家愿意与美国联合应对中国、捍卫共同利益，但它们不希望引发另一场冷战，也不希望切断与中国的所有联系。② 如果中美关系今后不可逆转地走向进一步恶化甚至敌对化，欧盟将会面临来自美国要求"选边站"的更大压力，欧盟为维护自身最大利益，可能会被迫选择更多地与美国合作，但即便如此，欧盟仍会避免使中欧关系完全走向对抗，并在对华政策上和美国拉开一定距离。从根本上讲，美国的霸权护持战略与欧盟战略自主之间的结构性矛盾，以及双方涉华利益的不对称，限制了美欧对华政策协调与合作的深度。未来美欧大概率会进一步加强针对中国的协调联动，欧盟可能会更加靠拢美国，但却难以完全倒向美国。

最后，欧盟的第三个角色主要体现在中欧关系中，即欧盟和中国互视对方为矛盾的伙伴。从欧洲方面看，随着近年来美国对华竞争的加剧，欧盟对中国的认知也发生了较大变化，战略取向呈现保守性。2019年欧盟提出对华"三重定位"（"伙伴""经济竞争者""制度性对手"），突出了中欧关系的竞争性，特别是首次将中国视为"制度性对手"。从行为表现来看，欧盟除了加强对华经贸、科技竞争，还强化了对华价值观外交，甚至就所谓新疆"人权"问题对华实施"制裁"。新冠疫情强化了欧盟对国际形势日益陷入竞争和对抗的认识，尤其是抗疫合作中出现的"叙事之争"加剧了其对华战略疑虑。俄乌冲突爆发后，欧盟倾向于将中、俄两国"绑定"，从而使得中欧关系变得更加复杂化。尽管如此，欧盟并未放弃维持和发展中欧双边经贸关系，

---

① Barbara Lippert and Volker Perthes（Hg.），"Strategic Rivalry Between United States and China: Causes, Trajectories, and Implications for Europe"，https://www.swp-berlin.org/publikation/strategische-rivalitaet-zwischen-usa-und-china/.

② Hans Binnendijk and Sarah Kirchberger，"The China Plan: A Transatlantic Blueprint for Strategic Competition"，https://www.jstor.org/stable/resrep30709.3.

以及寻求中欧全球治理合作；欧盟外交与安全政策高级代表博雷利称中国是"关键经济伙伴"①。从中国方面看，随着欧盟对华认知的变化与对华政策的竞争性一面凸显，欧盟在中国眼中也越来越像是一个矛盾的伙伴。针对欧盟干涉中国内政及实施所谓"人权制裁"等一系列错误做法，中国进行了坚决斗争和必要的反制。同时中国仍重申并强调，中欧是伙伴不是对手，认为欧盟对华"三重定位"相互矛盾，相互抵销，②希望欧方跳出这一"三重定位"的思维定式，坚持对话合作的主导面。③ 2022年11月，德国总理朔尔茨率团访华，成为新冠疫情暴发后以及中共二十大召开后中国接待的第一位西方领导人，这体现了中国对中欧全面战略伙伴关系的重视，有助于促进中德、中欧关系稳定并取得新的发展。

当前中欧关系正步入一个新的发展时期，一方面其重要性将更为突出，但同时复杂性、矛盾性也愈加明显。④ 中国在欧洲眼里复杂化了，欧洲在中国眼里也矛盾化了，这使得以往性质较为单一、发展较为平稳的中欧关系进入了一个新的调适期。中欧关系似乎正显现出一种经济上竞合兼备、全球治理上谋求合作、政治和意识形态上针锋相对，趋于中欧版"政冷经热"的新常态。⑤ 值得注意的是，欧盟在对华政策上正试图把保持经贸、全球治理合作与拥抱价值观、地缘政治竞争结合起来，尤其是其在对华新认知中强调与中国进行竞争和对抗，因此中欧关系的调适期在某种意义上也可能是碰撞期。

---

① 《欧盟"外长"这样定位中国，中方回应！》，https://m.thepaper.cn/baijiahao_20654557。
② 王毅：《欧盟对华"三重定位"相互矛盾》，https://news.china.com/domestic/945/20210724/39793018_1.html。
③ 王毅：《中国和欧洲有必要为世界提供更多的稳定性和正能量》，https://cn.chinadaily.com.cn/a/202202/19/WS6210f6b9a3107be497a06f57.html。
④ 冯仲平：《欧洲对华政策变化与中欧关系的强大韧性》，载《国际论坛》，2022年第2期，第20页。
⑤ 丁纯：《剑拔弩张，欧盟还是我们的战略伙伴吗？》，载《新民晚报》，2021年4月1日。

第三节　中美欧关系的发展前景

欧洲历来是中国外交战略方向之一，在当前美国对华竞争主导的中美欧三边关系中，中国外交的欧洲重心日益凸显。自 2022 年 11 月以来，德国总理、欧洲理事会主席、西班牙首相、法国总统和欧盟委员会主席等欧洲领导人密集访华，既反映了欧洲与中国进行接触的强烈意愿，同时也体现出中方对中欧关系的高度重视。鉴于当前美国对华战略竞争的基本态势以及欧盟在中美欧关系中的多重角色，中国加大对欧外交力度意义重大。中国应当通过综合施策确保中欧关系的合作性大于竞争性，推动中美欧关系朝着相对平衡方向发展，以最大限度降低美欧联手应对中国的风险。

从战略上运筹塑造中欧关系，首先应厘清欧盟在中美欧互动中的角色，把握变动中的中欧关系及其基本走势，并避免将欧盟与美国"绑定"。在当前中美欧互动格局中，欧盟既是关键第三方，又并非完全独立和中立。尽管其角色多元而复杂，但欧盟总体上仍是一支值得争取的建设性力量。在当今中国的外交布局中，"西方"的内涵已经多元化了，至少欧洲和美国有了很大的不同。对"西方"认知的这一变化是中国外交更加成熟的标志，也是中国运筹塑造中欧关系的基础所在。

经过建交以来的发展，中欧关系已成为世界上最具战略重要性的双边关系之一，双方对此有着基本共识。中欧之间没有根本战略分歧和冲突，有的是广泛共同利益和长期积累的合作基础。中国始终视欧盟为全面战略伙伴，支持欧盟战略自主，支持欧洲团结繁荣，支持欧盟在国际事务中发挥建设性作用。[①] 欧盟方面认为，欧中双方相互依存度前所未有，在众多领域深度融合，也在涉及世界和平与发展、全球治理的很多问题上存在共同利益。对话与合作仍是欧盟对华政策主流。欧盟委员会主席冯德莱恩认为，欧盟与中国的关系是"世界上最复杂

---

① 《推动中欧关系健康稳定发展》，http://lianghui.people.com.cn/2023/n1/2023/0304/c452482-32636413.html。

和最重要的关系"之一。2023年4月,她在结束访华之行后向欧洲议会议员表示,与中国的关系"对我们来说太重要了,我们需要制定欧洲自己的对华战略和原则"。欧盟外交与安全政策高级代表博雷利也称,欧盟需要重新调整对华战略,并表示"必须继续与中国开展对话"①。对于中国来说,在大变局时代的中美欧关系中,欧盟并非中国的战略对手,而是应当继续求同存异的战略伙伴。②中国领导人和政府多次重申支持欧洲战略自主,支持欧盟在国际事务中发挥重要作用。欧盟也应当认识到,中欧之间是一种有其自身发展逻辑和惯性的互利互惠的关系,损害这种关系,实质上是在损害欧盟的自身利益。2022年11月以来中欧之间的高层互动不断,中欧关系经历了一系列挑战而呈现出强大的韧性。多位欧洲领导人相继访华被认为是中欧关系的"再确认",确认中欧关系在新的历史条件和国际形势之下的战略意义和历史责任。③保持和加强中欧战略合作对于中欧双方意义重大,对于全球战略稳定也有非同寻常的意义。

考虑到欧盟对华政策的独特性,中国在处理与美欧的关系时,应避免将欧盟与美国"绑定"。欧盟与美国虽同属西方政治、经济、价值及安全体系,但欧盟没有明显的霸权利益,在对华关系方面不视中国为切实的"安全威胁"。欧盟与中国虽非盟友,但也不是注定的"敌人"。相对于美国对华竞争日益走向固化,当前中欧关系仍处于动态的变化与调整中,具有正向发展的可塑性。或者说,中欧之间仍是一种总体竞合的良性关系,至少良性特征仍然明显。未来的中欧关系或难以避免波折和起伏,但争取其朝正向发展仍然是可能的。中欧双方之间的强经济互补性与高相互依存度、国际政治中的彼此需要与相互借

---

① 唐炜妮:《冯德莱恩访华后谈中国:中欧关系太重要了!》,https://www.chinanews.com.cn/gj/2023/04-19/9992639.shtml。

② 丁纯:《剑拔弩张,欧盟还是我们的战略伙伴吗?》,http://newsxmwb.xinmin.cn/world/2021/04/01/31930910.html。

③ 孙兴杰:《马克龙、冯德莱恩今日访华,中欧关系"再确认"有何意义》,https://new.qq.com/rain/a/20230405A0447000。

重，以及强大的全球治理合作需求等，既支撑了中欧关系的韧性，也决定了欧盟对华包容力要比美国强得多。

鉴于美国在中美欧关系中的推手角色以及美国竭力推行对华竞争战略，中美关系的状态与走向对于欧盟及中欧关系具有重要的影响。中国应统筹对美、对欧外交，进行综合施策。就策略而言，应支持欧洲战略自主，促使欧盟在中、美两国之间保持相对中立。中国要拉住稳住欧洲，需首先在战略上管控好中美关系。当前及今后一个时期，美国业已确立的以遏制与竞争为中心的对华战略不大可能改变。新冠疫情、俄乌冲突等因素对美国经济带来严重冲击，导致美国财政状况恶化、通货膨胀加剧，由此使得美国对华焦虑感进一步上升。美国除了继续对中国进行军事威慑与制衡外，今后会重点在经贸和科技领域采取行动，加快产业链供应链结构调整中的"去中国化"。美国的目标是通过重修规则、重定标准、重立区域贸易集团、改造国际机制、在关键技术和产业"脱钩"等做法，借"去全球化"实现"去中国化"。因此，美国对华竞争格局有进一步固化的风险，这一点并不会因为美国政府的更替而有根本改变。但是，美国对华竞争短期内不会演变成冷战式的"两极"对立或阵营对垒，一则因为中美形成了利益交融深度发展格局（2021年中美贸易额达到了创纪录的7556.45亿美元①），彼此都无法承受长期对立的代价，美国寻求的对华"脱钩"更有可能是局部的，完全"脱钩"短期内难以实现。二则因为美国目前已不具备影响国际事务的绝对强势地位，也缺乏充分的理由和足够的号召力掀起一场对华全面战略围堵和意识形态围猎的世界浪潮。在世界处于动荡变革、国际秩序正在重塑的背景下，尽管美国的一些盟友和伙伴也在不同程度上调整了对华政策，但是其大部分盟友不愿与中国为敌，特别是与美国的对华政策不尽同步。前美国常务副国务卿佐利克承认，鉴于中国与世界的紧密联系，"新冷战"斗士们是无法遏制中国的，其

---

① 《中国海关总署：2021 年中美贸易额 7556.45 亿美元》，https://cn.dailyeconomic.com/finance/2022/01/14/45137.html。

他国家不会加入我们的阵营。①

未来一段时期，中美关系中的不确定性可能会增加，但同时也要看到，中美关系发展仍存在一定的弹性空间。中美互动的基本原则应是寻求建设性结果而非导向对抗，应以理性务实的方式处理两国关系中的问题和矛盾，寻求建设性解决方案，而不应放弃管控分歧的努力。中国应继续坚持推进以协调、合作、稳定为基调的中美关系，在对美国干涉中国内政、挑衅中国核心利益的行为进行坚决斗争的同时，争取中美关系大体稳定。同时要看到，美国在加强对华遏制与竞争的同时，也有与中国保持"建设性接触""管理竞争"的需求。2022年11月，习近平主席和美国总统拜登在二十国集团领导人巴厘岛峰会期间举行了会晤，就双边关系及国际地区问题进行了坦诚和富有建设性的交流，就加强双方在多个领域的沟通磋商达成了多项共识，这对于两国管控分歧、推进互利合作、避免误解误判具有重要意义。2023年5月，中美高层在奥地利维也纳举行会晤，双方就推动中美关系排除障碍、止跌企稳进行了坦诚、深入、实质性、建设性的讨论，向世界释放了积极信号。

面对美国对华竞争，欧盟当前的策略是展现其自主性与独立性，避免"选边站"，同时希望在中美关系中发挥某种平衡和调节作用。中国应把握欧盟的这一心态和利益取向，尽力争取其在中、美双方之间保持相对独立和中立。运筹对欧外交的一个重要抓手是支持欧洲战略自主。欧洲战略自主诉求的背后固然有应对美国对华竞争的考虑，但实际上也离不开大国的支持。欧洲战略自主意味着欧盟对外政策能力与自主性增强，就其对中、美两国欧关系的影响而言，既有助于增强欧盟对美独立性，从而对美国霸权具有一定的牵制作用，也意味着欧盟将加强同中国的竞争，但是总体上有助于欧盟在中、美两国之间保

---

① 钟声：《煽动意识形态对立违逆时代大势》，https://wap.peopleapp.com/article/5681052/5604136。

持某种相对中立的地位。欧洲战略自主能力越强，欧盟就越有能力避免在中、美两国间"选边站"，也就越不愿意与美国结成"反华联盟"。欧洲防务一体化是欧洲战略自主的关键一环，它并不以中国为目标，事实上更有可能对美国产生某种形式的"制衡"。① 2019 年发布的《新时代的中国国防》白皮书将欧洲防务一体化视为欧盟"变得更加独立"的一种方式。② 应当说，中国支持欧洲战略自主并不仅仅是出于美国对华竞争背景下缓解自身战略压力的需要，同时也是因为一个战略自主的欧盟符合中国对多极化世界的愿景。而这根本上是由于中欧关系本身已超出双边和中美欧三边范畴而具有了全球性意义，所以，一个战略自主的欧盟依然是中国在推动世界多极化发展方面的重要合作伙伴。中国应抓住欧盟战略自主建设的机遇，突出中国在欧盟战略自主建设上的积极意义，成为欧盟战略自主的伙伴。③ 当前俄乌冲突仍在延宕，地缘政治博弈加剧，世界处于变乱交织、动荡不定之中。俄乌冲突虽然令欧洲更加重视与美国的同盟关系，越来越多的欧洲国家也开始意识到，欧洲与美国的利益有许多不同，欧洲有必要与美国的对外政策拉开距离。从法国总统马克龙访华可以清楚地看到，一个战略自主的欧洲能够在世界上发挥十分重要的作用。④

运筹对欧外交，中国还应考虑稳步扩大对欧开放，并把扩大和深化双边合作作为稳定和加强中欧关系的根本途径。当前中欧关系的稳定性受到挑战，亟需妥善应对。应防微杜渐，积极采取措施稳定中欧关系大局，防止中欧从全面战略伙伴关系滑向"全面竞争对手"。应坚持长期与短期、宏观与微观视角相结合的方法，通过综合施策和主动

---

① Scott W. Harold, "Chinese Views on European Defense Integration, MERICS China Monitor", https://www.merics.org/en/china-monitor/chinese-views-on-european-defense-integration.

② 中华人民共和国国务院新闻办公室：《新时代的中国国防》，北京：人民出版社，2019年版。

③ 严少华：《欧盟战略自主与中国对欧战略新思维》，载《复旦学报（社会科学版）》，2021年第 6 期，第 135 页。

④ 冯仲平：《中法战略合作意义重大》，https://politics.gmw.cn/2023-04/15/content_36498732.htm。

作为对冲风险,提高中欧关系的韧性,确保中欧关系的合作性大于竞争性。首先,双方应加强沟通,在宏观和战略层面就事关双方关系的所有战略问题进行全面梳理与讨论,在确认彼此制度与文化差异,相互尊重、互不威胁、和平共处、合作共赢的基础上建立新的积极的相互认知,在欧方主张的"经贸对等"及中方追求的"政治平等"之间建立双方可以接受的相处方式,确认不以改变对方根本政治制度为前提发展相互关系,并在此基础上发表一项关于中欧未来关系的联合声明,以加强双方关系的全面性、长期性和战略性内涵,将双方关系牢固维系在合作与良性竞争的轨道上。其次,稳步扩大对欧开放,把扩大和深化双边合作作为稳定和加强中欧关系的根本途径。合作是中欧关系的最大动力,同时也是对冲和降低欧盟对华竞争消极影响的关键所在。随着中欧之间经济相对实力的变化,双方需要调整彼此利益格局并达成新的共识,通过实现利益平衡挖掘更多合作潜力。中国仍应以推动中欧经贸关系为施策重点领域,以深化经贸、投资合作为主要抓手,用经济合作成果对冲价值观分歧对中欧关系的伤害。当务之急是要创造条件,推动欧盟完成《中欧全面投资协定》的内部批准程序,促使该协定尽早实施。在此基础上,应以双方共同关切的数字化、绿色发展等新兴领域合作为重点,通过双方战略对接、优势互补,拓展中欧合作的深度和广度,增强中欧经济关系的可持续性。再次,中国应完善优化共建"一带一路"合作项目和中国-中东欧国家合作机制,挖掘新的利益汇合点和合作增长点,推动欧盟机构、各成员国和地方政府以及欧盟企业等多层次参与共建"一带一路"倡议,结合第三方市场合作以及中欧教育与人文领域的长期交流合作,推动中欧在共建"一带一路"倡议框架下多方面的对接合作。比如中欧可以联合起来,为双方中小企业创新与合作建立更有效的平台。在中国-中东欧国家合作机制下,重视与中东欧国家之间的地方合作,将双方合作框架下不同类型的地方合作平台进行有机整合,形成一个统一的协调机制,从而发挥出更好的整体效应。最后,中国应积极拓展中欧在真正多边主义基础上的全球治理合作,支持欧盟在全球事务和国际治理体系改革中发挥建设性作用,加强同欧盟在二十国集团等多边机构中的沟通协商,共同反对单边主义和贸易保护主义,维护以世界贸易组织为核心的多边贸易体制,维护联合国在促进国际稳定和推进全球多边治理中的重要作用。其中,在高政治领域探索安全合作是未来中欧关系亟待开发的新领域。中国应积极与欧盟就安全问题进行对话,寻求双方安全利益的汇合点,建立安全对话机制,探索在有共识的领域(打击海盗、军事护航)或有共同利益的地区(西亚、北非)开展安全合作的可能性,以拓展中欧共同利益基础。2018年中国发表的第三份《中国对欧盟政策文件》呼吁,积极拓展双方人员培训和研讨交流、联合演训,以及在人道主义救援、维和、护航等非传统安全领域合作。[①] 此外,还可考虑与北约建立适当的联系(如"二轨"层面的专家学者交流对话),重点是争取北约欧洲成员国对中国国防战略的理解,减少军事误判,牵制美国和北约遏制中国的企图。

毋庸讳言,当前处于碰撞期的中美欧关系对中国的挑战性一面有所上升。面对欧盟强调对华竞争以及美欧加强对华协调联动,中国应首先采取平衡的对欧策略,将斗争与合作结合起来,既敢于斗争,又以斗争促合作,以此防范美欧联手制华。中国应采取动态、灵活且务实的政策模式,把握好合作与斗争的平衡,从而不使整体的中欧关系受损。应认识到,尽管欧盟成员国一致支持欧盟对华"三重定位",但在具体处理对华关系方面仍存在分歧,其背后反映出各国在对华关系上的利益不对称。德国和法国在塑造欧盟对华政策和引领中欧关系方面发挥着关键作用。虽然近年来德国的对华态度出现了一些变化,但鉴于美国对华经贸、科技"脱钩"将使德国成为最大的受害者之一,加上德、美两国之间存在"信任赤字",德国的对华政策仍体现出理性与务实的一面,在对华竞争方面会保持合理克制。这不仅是因为维持

---

① 《中国对欧盟政策文件(全文)》,http://www.xinhuanet.com/world/2018-12/18/c_1123868707.htm。

中欧经济关系的正常运行对欧盟至关重要，也是因为在美欧关系并不十分稳定的情势下，德国和欧盟不愿同时在与中国的关系上承担更大风险。中国是法国经济发展和全球治理等领域的重要合作伙伴，此外，法国谋求战略自主也需要同中国保持友好关系以拓展其在国际舞台上发挥作用的空间和余地。法国虽然也强调对华竞争，但其对华不会采取美国式的激烈对抗做法，而是会继续保持对华接触与合作。2023年4月，法国总统马克龙访华时表示，法国不仅致力于继续与中国保持商业联系，还渴望与中国重新建立战略和全球伙伴关系。① 同时，中国还应当把握当前欧盟整体上的几种心态，即自身因面临多重挑战而产生的危机感、地区冲突背景下面对俄罗斯的不安全感、特朗普主义长期影响下对美国的不信任感，以及由此在客观上存在的对华需求，以此加强对欧工作的策略性思考，增强对欧工作的预见性。

欧盟近年来对华政策调整的效应外溢，使得美欧共同应对中国的可能性增加。欧盟虽然对美国大搞单边主义和"美国优先"抱有一定警惕，但双方在对华关系中存在根本的利益交集，或者说双方在对华政策方面并非原则性不同，而只是对华方式方法的区别。当前美国正以意识形态为牵引，试图推动中美矛盾转化为中国与美欧共同的矛盾，塑造美欧联合对抗中国模式。在此背景下，欧盟在对华关系上与美国协调配合的意愿和行动越来越明显。未来中国可能会面对美欧更大的联合压制，美国会更强硬，欧洲虽会缓和一些，但压制将是主旋律。中国应未雨绸缪，一方面，要做好自己内部的事情，坚定走中国道路，不断提升自身综合国力和前沿科技领域的国际竞争力。另一方面，在继续对外开放尤其是扩大对欧开放的同时，要对美欧挑战中国核心利益的行为进行坚决斗争。在这一过程中，要重视并善于利用美欧之间的矛盾，以牵制其涉华互动节奏，压缩其协调与合作空间。欧洲是美国最大盟友基本盘，但欧洲的情况较为复杂，美国的北约欧洲盟友、

---

① 《马克龙在中国发布首次演讲：不相信中欧会脱钩，愿意和中国加强关系》，https://new.qq.com/rain/a/20230407A008O600。

欧盟及其成员国在对华政策方面各有特点。除个别国家外，大多数欧洲国家不属于美国最有向心力的盟国，出于维护自身利益的考虑，它们不愿意在对华关系上与美国完全绑在一起。2015年，英国、法国、德国、意大利等许多欧洲国家不顾美国的反对加入了中国创设的亚洲基础设施投资银行。当时国外有分析指出，在美国大声抗议下，中国通过吸引美国最亲密的朋友加入新的集团，证明了美国在欧洲的影响力有限，并且中国能够影响美国盟友的政策。① 应当说，这一历史经验对于中国在当前及今后一个时期处理中美欧关系仍具现实意义。

　　大变局时代的中美欧关系错综复杂，对中国的发展形成一定的挑战。中国应保持战略定力和战略耐心，厘清主要矛盾和问题，妥善处理对美欧的关系。作为中美关系的平衡筹码，欧盟寻求战略自主、不在中美之间"选边站"为中国塑造中欧关系提供了外交运作空间。应当看到，拜登执政后美欧对华战略协同与政策协调虽然有所增强，但是中美欧互动的基本模式并未发生根本性变化。美欧关系变化的更多的是形式，双方关系看似较特朗普时期融洽了不少，但许多矛盾并未解决。中欧关系的竞争性一面虽然有所上升，但欧盟不会放弃与中国的接触政策。欧盟目前在中、美两国之间保持自主性摇摆、战略模糊姿态，并希望发挥平衡与调节作用，从美国对华竞争中获得双重利益。鉴于此，中国既要将美欧作为紧密合作的整体进行考量，又要在具体议题上区别对待欧盟、具体欧洲国家和美国。在综合施策以稳住欧盟并促进中美欧三边关系朝着相对平衡方向发展的基础上，还应重视并积极探索建立中美欧三边互动机制的可能性，以最大限度降低美欧联手应对中国的风险。

　　中美欧关系是三方共同参与、复杂互动的一个动态过程。在跨大西洋关系持续调整、美欧涉华互动保持既有模式与态势下，中国应当增强主动意识，在保持战略定力和战略耐心的同时，加大外交运筹力

---

① D. Twining, "China's Trans-Atlantic Wedge", https://foreignpolicy.com/2015/03/23/chinas-transatlantic-wedge.

度。目前，美欧之间已有关于"中国问题"的对话，中欧之间也有高级别对话，并探讨过美国话题，缺少的是中美欧三边对话。这种状况与中美欧关系日益凸显的重要性不相符。实际上，中美欧三方都关注中国和平崛起，这为三边互动提供了动力。从双边层面看，美欧在促使中国进一步融入当前国际体系、推动中国进一步市场化等领域有着共同利益；中欧、中美之间亦有着相互依赖的经贸利益，此外，中欧之间还有着实现多极化世界的战略目标。可以说，中美欧之间既有共同利益又有分歧，实现三边互动是可能的。正如有分析所指出的，如果中美欧能够进行积极对话，开展政策协调和有益的合作，那么世界就会变得更加稳定。① 对于中国而言，中国和美欧在国际体系内的重大问题领域进行互动，是崛起的中国参与国际事务、影响国际规则制定和实施的重要途径。

21世纪之初，美欧学界在就中美欧三角战略关系展开辩论时就倡导三边对话，并提出了每年或者每半年进行首脑会晤，以及三方政府建立不同级别的工作组，来定期讨论全球性挑战等建议。② 欧盟外交与安全政策高级代表阿什顿在提交欧洲理事会的报告中也倡议建立中美欧三边对话机制。目前学界已经有了关于中国事务的中美欧三边对话的尝试，并搭建了对话的平台——斯德哥尔摩中国论坛。这一论坛由总部位于美国华盛顿的德国马歇尔基金会和瑞典外交部于2007年发起，2010年12月应中国外交部的邀请在北京举办了论坛。③ 该论坛实际上已成为具有半官方性质的互动平台，在每年两次的研讨活动中，参与者中不仅有为官方建言献策经历的杰出学者，同时也会邀请美国、

---

① David Shambaugh, "The New Strategic Triangle: U. S. and European Reactions to China's Rise", *The Washington Quarterly*, Vol. 28, No. 3, 2005, p. 24.

② 参见 David Shambaugh, "The New Strategic Triangle: U. S. and European Reactions to China's Rise", *The Washington Quarterly*, Vol. 28, No. 3, 2005, p. 24; Bates Gill and Melissa Murphy, eds. *China - Europe Relations: Implications and Policy Responses for the United States*, Washington D. C. : Center for Strategic and International Studies, 2008, p. 38。

③ 关于该论坛的相关内容，可参见德国马歇尔基金会网站：http://www.gmfus.org/programs/asia/Stockholm-china-forum/。

欧盟以及中国的官员参加，中方曾经参与论坛的官员包括前外交部副部长、后担任全国人大外事委员会主任的傅莹女士。① 这一论坛的连续成功举办表明，从学界到政府的很多人士都意识到了中美欧三边互动的意义和必要性；而且其模式也为类似"二轨"互动的开展提供了有益的借鉴。同样具有借鉴意义的还有中美欧之间在一些具体领域建立起来的三边互动机制，比如中美欧消费品安全峰会。该峰会自2008年开始举办，每两年一次，三方政府代表主要就消费品安全问题进行信息共享与交流，加强合作与协调。② 中美欧可以上述三边互动机制为借鉴，遵循从易到难的原则逐步在其他议题上建立类似机制。

中国、美国和欧盟是全球经济的三大引擎，也是国际贸易和国际资本流动中的主要行为体。不容否认，美欧双方在维护现行国际经济体系的"有效性"方面存在着根本利益的一致性。面对全球金融危机后中国等新兴市场国家实力的快速增长，美欧加强双边合作的紧迫感上升，双方尤其加强了在经贸领域的协调互动。美欧希望通过各自在亚太地区的自贸区计划并使之与"跨大西洋贸易与投资伙伴关系协定"相协调，设定国际贸易与投资的高标准，维持美欧在国际经济秩序中的规则和规范制定权。同时，可借此在亚太地区形成对中国的软制衡，③ 以抵消中国崛起的影响。然而，在经济全球化的时代背景下，中美欧之间的经济相互依存意味着促进全球经济增长、携手应对全球经济挑战是三方的共同利益所在。近年来，新冠疫情和俄乌冲突引发的地缘政治危机对全球经济造成严重冲击，在当前全球经济比较脆弱，急需寻找新的经济增长点的形势下，中美欧加强合作符合三方的共同

---

① 参加该论坛的重要嘉宾名单，可参见德国马歇尔基金会网站：http://www.gmfus.org/programs/asia/Stockholm-china-forum/#sthash.a6ezkZEl.dpuf。

② Fourth Biennial Consumer Product Safety Trilateral Summit, "Joint Press Statement", http://ec.europa.eu/consumers/safety/international_cooperation/trilateral_cooperation/docs/20140617_press_statement_en.pdf.

③ "A Transatlantic Pivot to Asia: Agenda for Action", http://transatlantic.sais-jhu.edu/pivot%20project%20agenda%20for%20action.pdf.

利益。美欧不应寻求对华竞争与"脱钩",中国也不应因为担心美欧对华战略协同而拒绝三边互动。鉴于当前要整合三方各自的自贸区和投资协议面临各种制约因素,中国首先应加大推动中欧、中美双边投资协定谈判,同时与欧盟和美国就建立中欧自贸区和亚太自贸区事宜展开积极磋商,在双边互动和联系加强的基础上努力建立中美欧三边互动机制。另外,中国还应积极推动中美欧在二十国集团机制内的合作,[①] 尤其是三边关于金融稳定的对话与合作,借此加强三方央行之间货币政策的协调,在全球经济和金融治理中发挥关键作用。在二十国集团机制内加强三方协调和互动的措施逐步走向成熟时,可进一步探讨建立三方专门的经贸领域对话与互动机制,以促进全球经济增长和金融稳定,缓解中美欧目前在双边经贸关系以及亚太地区自贸区建设方面相互竞争的态势。在涉及世界和平与发展的战略问题上,美国应当摈弃冷战思维,与中国相向而行,通过携手合作为世界和平与稳定注入正能量。在重大战略问题上,追求多边主义的欧盟也会支持中美欧三边对话。

气候变化是当今世界最具代表性的全球性挑战之一,而新冠疫情也凸显了全球公共卫生治理的必要性。携手应对全球性挑战既符合中美欧的共同利益,也是三方的重大责任所在。鉴于此,在全球气候治理和公共卫生治理方面构建中美欧三边对话机制,不仅是必要的,也是可行的。中美欧可推动建立全球抗疫基金,鼓励各国政府及大型企业等捐款,从而为世界卫生组织协调下的国际抗疫合作及日后预防全球大流行病提供资金支持。当下,气候变化的负面效应日益显现并越发突出,其产生的压力迫使中美欧更多地考虑合作而不是单方面的利益,这也为三方提供了探讨合作可能性的机会。在当前地缘政治紧张

---

① 关于中美欧在二十国框架内加强对话的提议,参见 Bates Gill and Andrew Small, "Untapped Trilateralism: Common Economic and Security Interests of the European Union, the United States and China", http://www.chathamhouse.org/sites/files/Chathamhouse/public/Research/Asia/1112ecran_gillsmall.pdf。

局势下，国际社会呼吁加大对话，包括呼吁中美欧间加强气候变化合作。《自然》杂志于 2021 年 3 月 23 日刊发比利时智库布鲁盖尔的研究员塔利亚皮耶特拉（Simone Tagliapietra）及主管沃尔夫（Guntram Wolff）发表的文章《成立气候俱乐部：美国、欧盟和中国》，其中提到中美欧温室气体排放占全球一半，三者占全球经济总量的 60% 及进口货物额的 43%，三方可实施如诺贝尔经济学奖获得者诺德豪斯（William Nordhaus）于 2015 年提出的"气候俱乐部"的设想。诚然，中美欧在三边对话与合作中难以避免分歧，但至少可以尝试建立"分歧话语体系"（language of disagreement），使各方可以表达不同观点，求同存异，并在基础上寻求共识。

中国提出的共建"一带一路"倡议具有包容和开放的特征，然而美欧借助推出自己的基础设施建设项目同中国竞争的意图明显。拜登推出"重建更美好的世界"倡议，希望提供一个有别于中国共建"一带一路"倡议的选项；欧盟提出的 3000 亿欧元"全球门户"计划，也被视为挑战共建"一带一路"倡议的新尝试。同时，美欧的基础设施建设计划均强调了"以民主及价值观为核心的投资"。美欧企图用自己的投资抵消中国的倡议，希望别的国家只接受他们基础设施的投资，而拒绝与中国合作，但这一想法只是一厢情愿。理性地来分析，中美欧之间开展合作具有合理性。就客观条件而言，尽管中国与共建"一带一路"国家的投资合作持续扩大，但想要促进全球基础设施项目的建设，离不开全球多国合力推进，仅靠特定国家无法实现。因此，中国与美欧在全球基础设施建设方面存在合作空间，尤其是中欧双方在互联互通大方向上有着诸多的共识，可以形成互补，共同促进各国之间的互联互通和全球可持续发展。就具体操作来说，一方面，中方的基础设施建设项目可以向美国和欧洲国家开放，邀请它们的企业、政府参与。中方可以同共建"一带一路"国家商议，邀请西方国家参与三方合作，以此将共建"一带一路"倡议与美欧提出的基础设施计划进行部分融合。另一方面，中方也应该能够参与美欧基础设施建设项目的国际招标。在实践中，基础设施建设项目对象国会比较不同国家投资项目的成本、收益、周期等因素，而中国在这些方面的比较优势是客观存在的。

总而言之，建立中美欧三边对话意义重大，通过对话增进相互理解、增信释疑，不仅有助于管控相互间的分歧与竞争，而且由此产生的正面"外溢"效应亦将促进国际体系的稳定。气候变化、新冠疫情后经济复苏和俄乌冲突是当今世界面临的重大挑战，中美欧在应对这些挑战方面拥有共同利益，因而拥有探讨合作可能性的机会。尤为重要的是，美欧应摈弃对抗思维，与中国一道积极寻求共识，合力推动建立三边对话协调机制。

参考文献

一、外文文献

(一) 著作

1. AMBROSIUS L E. Woodrow Wilson and the American diplomatic tradition: the treaty fight in perspective[M]. Cambridge: Cambridge University Press, 1987.

2. AMSDEN A H. The rise of the rest: challenges to the West from late-industrializing economies[M]. New York: Oxford University Press, 2001.

3. ANDERSON J J, IKENBERRY G J, RISSE T. The end of the West: crisis and change in the Atlantic order[M]. Ithaca and London: Cornell University Press, 2008.

4. ANDREWS D M. The Atlantic alliance under stress: US-European relations after Iraq[M]. Cambridge: Cambridge University Press, 2005.

5. ASH T G. Free world: America, Europe and the surprising future of the West[M]. New York: Random House, 2004.

6. BALIS C V, SERFATY S. Vision of America and Europe: September 11, Iraq, and transatlantic relations[M]. Washington D. C. : The CSIS Press, 2004.

7. BINDI F. Europe and America: the end of the Transatlantic relationship? [M]. Washington D. C. : Brookings Institution Press, 2019.

8. BRENNER M J. NATO and collective security[M]. London: Macmillan Press, 1998.

9. BROOKS S G, WOHLFORTH W C. World out of balance: international relations and

the challenge of american primacy[M]. Princeton: Princeton University Press, 2008.

10. BUONANNO L, CUGLESAN, HENDERSON K. The new and changing transatlanticism [M]. London and New York: Routledge, 2015.

11. BUSH G H W, SCOWCROFT B. A world transformed[M]. New York: Knopf, 1998.

12. BUZAN B. The United States and the great powers: world politics in the twenty-first century[M]. Cambridge: Polity Press, 2004.

13. CALLEO D P. Follies of power: America's unipolar fantasy[M]. London: Cambridge University Press, 2009.

14. CAMPBELL D. Writing security: United States foreign policy and the politics of identity[M]. Manchester: Manchester University Press, 1998.

15. CASARINI N. Remaking global order: the evolution of Europe-China relations and its implications for East Asia and the United States[M]. Oxford: Oxford University Press, 2009.

16. CHARLOTTE B, JOHN V. The European Union as a global actor[M]. London and New York: Routledge, 2006.

17. CLADI L, LOCATELLI A. International relations theory and European security: we thought we knew[M]. London and New York: Routledge, 2016.

18. COOPER R N. The economics of interdependence[M]. New York: McGrawHill Companies, Inc., 1968.

19. COOPER R. The breaking of nations: order and chaos in the twenty-first century [M]. London: Atlantic Books, 2003.

20. DAALDER I H, LINDSAY J M. America unbound: The Bush revolution in foreign policy[M]. Washington D. C.: Brookings Institution, 2003.

21. DUKE S. Europe as a stronger global actor: challenges and strategic response[M]. New York: Palgrave Macmillan, 2017.

22. DUKE S. The burdensharing debate: a reassessment [M]. London: Palgrave Macmillan, 1993.

23. EL-AGRAA A M. The European Union: economics and politics(9th edition)[M]. Cambridge: Cambridge University Press, 2011.

24. EVANGELISTA M, PARSI V E. Partners or rivals?: European-American relations after Iraq[M]. Milano: Vitae Pensiero, 2005.

25. FLANAGAN S J. A Diminishing Transatlantic partnership?: the impact of financial crisis on European defense and foreign development capabilities[M]. Washington D. C. : Center for Strategic and International Studies, 2011.

26. FORSTER P K, CIMBALA S J. The US, NATO, and military burden-sharing[M]. New York: Frank Cass, 2005.

27. FRUM D, PERLE R. An end to evil: how to win the war on terror[M]. New York: Random House, 2005.

28. GILL B, MURPHY M. China-Europe relations: implications and policy responses for the United States[M]. Washington D. C. : Center for Strategic and International Studies, May 2008.

29. GOMPERT D C, LARRABEE F S. America and Europe: a partnership for a new era [M]. Cambridge, New York: Cambridge University Press, 1997.

30. GOODMAN E R. The fate of the Atlantic community[M]. New York: Praeger, 1975.

31. GORDON P H, SHAPIRO J. Allies at war: America, Europe, and the crisis over Iraq [M]. New York: McGraw-Hill, 2004.

32. GRANT C, BARYSCH K. Can China and Europe shape a new world order? [M]. London: Center For European Reform, 2008.

33. GRANT C. Strength in numbers: Europe's foreign and defence policy[M]. London: Centre for European Reform, 1997.

34. DE GRAZIA V. Irresistible empire: America's advance through twentieth century Europe[M]. Cambridge, Massachusetts: The Belknap Press of Harvard University Press, 2005.

35. HAHN W F, PFALTZGRAFF R L. Atlantic community in crisis: a redefinition of transatlantic relationship[M]. New York: Pergamon Press, 1979.

36. HALPER S, CLARKE J. America alone: the neo-conservatives and the global order [M]. Cambridge: Cambridge University Press, 2004.

37. HAMILTON D S, TIILIKAINEN T. Domestic determinants of foreign policy in the European Union and the United States [M]. Washington D. C. : Center for Transatlantic Relations and Finnish Institute of International Affairs, 2018.

38. HAMILTON D S. The geopolitics of TTIP: repositioning relationship for a changing

world[M]. Washington D. C. : Center for Transatlantic Relations, 2014.

39. HILL C, SMITH K E. European Union foreign policy: key documents[M]. London and New York: Routledge, 2000.

40. HIX S, HOYLAND B. The political system of the European Union: the European Union series[M]. 3rd ed. London: Macmillan, 2011.

41. HOLM M. The Marshall plan: a new deal for Europe[M]. London and New York: Routledge, 2017.

42. HOLMES J W. The United States and Europe after the Cold War: a new alliance[M]. Columbia, S. C. : University of South Carolina Press, 1997.

43. HOLSTI O R, HOPMANN P T, SULLIVAN J D. Unity and disintegration in international alliances: comparative studies[M]. New York: John Wiley, 1973.

44. HUNT M H. The world transformed: 1945 to the present[M]. New York: Oxford University Press, 2014.

45. IKENBERRY G J, MASTANDUNO M, WOHLFORTH W. International Relations theory and the consequences of unipolarity [M]. Cambridge: Cambridge University Press, 2011.

46. IKENBERRY G J. After victory: Institutions, strategic restraint, and the rebuilding of order after major wars[M]. Princeton: Princeton University Press, 2001.

47. IKENBERRY G J. America unrivaled: the future of the balance of power[M]. Ithaca: Cornell University Press, 2002.

48. IKENBERRY G J. Liberal Leviathan: the origin, crisis, and transformation of the American world order[M]. Princeton: Princeton University Press, 2011.

49. INDYK M S, LIEBERTHAL K G, O'HANLON M E. Bending history: Barack Obama's foreign policy[M]. Washington D. C. : Brookings Institution Press, 2012.

50. KAGAN R. Of paradise and power: America and Europe in the new world order[M]. New York: Alfred A. Knopf, 2003.

51. KATZENSTEIN P J, KEOHANE R O. Anti-Americanisms in world politics[M]. New York: Cornell University Press, 2007.

52. KEUKELEIRE S, MACNAUGHTAN J. The foreign policy of the European Union[M]. London: Palgrave Macmillan, 2008.

53. KHANNA P. The Second World: empires and influence in the new global order[M]. New York: Random House, 2008.

54. KOPSTEIN J, STEINMO S. Growing apart? America and Europe in the 21st century[M]. New York: Cambridge University Press, 2007.

55. LAGADEC E. Transatlantic relations in the 21st century: Europe, America and the rise of the rest[M]. London and New York: Routledge, 2012.

56. LAIDI Z. EU foreign policy in a globalized world: normative power and social preference[M]. London and New York: Routledge, 2008.

57. LAYNE C. The peace of illusions: American grand strategy from 1940 to the present[M]. Ithaca: Cornell University Press, 2006.

58. LEWIS P, PARAKILAS J, SCHNEIDER-PETSINGER M, et al. The future of the United States and Europe: an irreplaceable partnership[M]. London: Chatham House Report, The Royal Institute of International Affairs, 2018.

59. LONGHURST K, ZABOROWSKI M. Old Europe, new Europe and the transatlantic security agenda[M]. London: Routledge Taylor & Francic Group, 2005.

60. LUNDSTAD G. Empire by integration: the United States and European integration 1945-1997[M]. Oxford: Oxford University Press, 1998.

61. LUNDSTAD G. No end to alliance: the United States and Western Europe: past, present and future[M]. New York: St. Martin's Press, 1998.

62. LUNDSTAD G. The United States and Western Europe since 1945: from "empire" by invitation to transatlantic drift[M]. Oxford: Oxford University Press, 2003.

63. MAHMUD A S. US-China strategic competition towards a new power equilibrium[M]. New York: Springer, 2015.

64. MARKOVITS A S. Uncouth nation: why Europe dislikes America[M]. Princeton: Princeton University Press, 2007.

65. MATLARY J H, PETERSON MAGNUS. NATO's European allies[M]. New York: Palgrave Macmillan, 2013.

66. MCCORMICK H M. American foreign policy and process[M]. Belmont, CA: Wadsworth/Cengage Learning, 2010.

67. MCCORMICK J. The European superpower[M]. London: Palgrave Macmillan, 2017.

68. MERKEL P H. The rift between America and old Europe: the distracted eagle[M]. London and New York: Routledge, 2005.

69. MOWLE T S. Allies at odds? the United States and the European Union[M]. New York: Palgrave Macmillan, 2004.

70. NICHER L A. Richard Nixon and Europe: the reshaping of the postwar Atlantic world [M]. New York: Cambridge University Press, 2015.

71. NYE J S. The future of power[M]. New York: PublicAffairs Books, 2011.

72. NYE J S. Understanding international conflicts: an introduction to theory and history [M]. 5th edition. New York: PEARSON Education, inc., 2005.

73. OLSON M. The logic of collective action: public goods and the theory of groups[M]. New York: Harvard University Press, 1965.

74. PAPP D S, JOHNSON LOCH K, ENDICOTT JOHN E. American foreign policy: history, politics, and policy[M]. New York: Pearson/Longman, 2005.

75. PARIS V E. The inevitable alliance: Europe and the United States beyond Iraq[M]. New York: Palgrave Macmillan, 2005.

76. PAWLAK P. Look east, act east: Transatlantic agendas in the Asia Pacific[M]. Paris: European Union Institute for Security Studies, December 2012.

77. PAYNE D, YU F. Foreign direct investment in the United States[M]. US Department of Commerce, Economics and Statistics Administration, June, 2011.

78. POND E. Friendly fire: the near-death of the transatlantic alliance[M]. Washington D. C. : EUS-Brookings Institute Press, 2004.

79. PONJAERT F, TELO MARIO. The EU's foreign policy: what kind of power and diplomatic action? [M]. Farnham, Burlington: Ashgate, 2013.

80. POSON B R. Restraint: A new foundation for US grand strategy[M]. Ithaca: Cornell University Press, 2015.

81. POWASKI R E. Ideals, interests, and U. S. foreign policy from George H. W. Bush to Donald Trump[M]. Palgrave Macmillan, 2019.

82. PRESSMAN J. Warring friends: alliance restraint in international politics[M]. Ithaca, New York: Cornell University Press, 2008.

83. RACHMAN G. Zero-sum future: America's power in an age of anxiety[M]. New

York: Simon & Schuster, 2011.

84. RIDDERVOLD M, NEWSOME A. Transatlantic relations in times of uncertainty: crises and EU-US Relations[M]. London and New York: Routledge, 2019.

85. RIFKIN J. The European dream: how Europe's vision of the future is quietly eclipsing the American dream[M]. Cambridge: Polity Press, 2004.

86. ROSATO S. Europe united: power politics and the making of the European community [M]. Ithaca: Cornell University Press, 2011.

87. ROSS R, TUNSJO O, ZHANG T. US-China-EU relations: managing the new world order[M]. London and New York: Routledge, 2011.

88. RUANE K. The rise and fall of the European security community[M]. Chippenham Wiltshire: Antony Rowe Ltd, 2000.

89. SANDERS D, HOUGHTON D P. Losing an empire, finding a role: British foreign policy since 1945[M]. London: Palgrave, 2017.

90. SCHNABEL R A. The next superpower: the rise of Europe and its challenge to the United States[M]. New York: Rowman & Littlefield Publishers, Inc. , 2005.

91. SCHWEIGER C. Britain, Germany and the future of the European Union[M]. New York: Palgrave Macmillan, 2007.

92. SERFATY S. A World Recast: An American moment in a Post-Western order[M]. Plymouth: Rowman & Littlefield Publishers, 2012.

93. SIMONI S. Understanding transatlantic relations: whither the West? [M]. London and New York: Routledge, 2013.

94. SNYDER GH. Alliance politics[M]. Ithaca, New York: Cornell University Press, 1997.

95. SOARE S R. Turning the tide—how to rescue transatlantic relations[M]. Belgium: European Union Institute for Security Studies, Publications Office, 2020.

96. STEFFENSON R. Managing EU-US relations: actors, institutions and the new transatlantic agenda[M]. Manchester: Manchester University Press, 2010.

97. STEINMO S, KOPSTEIN J. Growing apart? America and Europe in the 21st century [M]. New York: Cambridge University Press, 2007.

98. TESTONI M. NATO and transatlantic relations in the 21st century foreign and security

policy perspectives[M]. London and New York: Routledge, 2020.

99. TOCCI N. Framing the EU global strategy: a stronger Europe in a fragile world[M]. New York: Palgrave Macmillan, 2017.

100. DE VASCONCELOS A, ZABOROWSKI M. The Obama moment: European and American perspectives[M]. Paris: EU Institute for Security Studies, 2009.

101. WALT S M. Taming American power: the global response to U.S. primacy[M]. New York: W. W. Norton & Company, 2005.

102. WEITSMAN P A. Dangerous alliances: proponents of peace, weapons of war[M]. Stanford, CA: Stanford University Press, 2004.

103. WHITE B. Understanding European foreign policy[M]. New York: Palgrave, 2001.

104. WHITE H. The China choice: why America should share power[M]. Collingwood: Black Inc., 2012.

105. WICKETT X. Transatlantic relations: converging or diverging? [M]. London: Chatham House Report, The Royal Institute of International Affairs, 2018.

106. YOUNGS R. The EU's role in world politics: a retreat from liberal internationalism [M]. London and New York: Routledge, 2010.

107. ZAKARIA F. The post-American world[M]. New York: W. W. Norton & Company, 2008.

108. ZBIGNIEW B, HAMILTON L, LUGAR R. Foreign policy into the 21st century: the US leadership challenge [M]. Washington D. C.: Center for Strategic and International Studies, 1996.

(二)论文

1. ABRAMS E. Trump the traditionalists: a surprisingly standard foreign policy [J]. Foreign affairs, 2017, 96(4).

2. ALBRIGHT M. Enlarging NATO: why bigger is better? [J]. Economist, 1997.

3. ANDERSON J J, BRATTBERG E, HGGQVIST M, et al. The European security strategy: reinvigorate, revise or reinvent[J]. The Swedish institute of international affairs, 2011(7).

4. ANDERSON J J. Rancor and resilience in the Atlantic political order: the Obama years

[J]. Journal of European integration, 2018, 40(5): 621-636.

5. ART R J. Why Western Europe needs the United States and NATO[J]. Political science quarterly, 1996, 111(1): 1-39.

6. BEATTIE A. Technology: how the US, EU and China compete to set industry standards [N]. Financial times, 2019.

7. BIDEN J. Why America must lead again, rescuing U.S. foreign policy after Trump[J]. Foreign affairs, 2020, 99(2).

8. BIRNBAUM M, HUDSON J, MORRIS L. At Munich Security Conference, an Atlantic divide: U.S. boasting and European unease[N]. The Washington post, 2020.

9. BISCOP S. European defence: give PESCO a chance[J]. Survival, 2018, Vol. 60, No. 3: 161-180.

10. BOND I. Has the last Trump sounded for the transatlantic partnership? [J]. Center for European Reform, 2018, Policy Brief.

11. CHRYSSOGELOS A-S. Undermining the West from within: European populists, the US and Russia[J]. European view, 2010, 9(2): 267-277.

12. COOK R J, OHLE M, HAN Z. The illusion of the China–US–Europe strategic triangle: reactions from Germany and the UK[J]. Journal of Chinese political science, 2022, 27(3): 493-518.

13. CROWLEY B L. The transatlantic relationship: an alliance of values[J]. European view, 2011, 10(1): 121-126.

14. DELORS J. European integration and security[J]. Survival, 1991, 33(2): 99-109.

15. DEMERTZIS M, SAPIR A, WOLFF G. Europe in a new world order [J]. Wirtschaftsdienst, 2018, 98(13): 24-30.

16. DUMBRELL J. The US-UK special relationship: taking the 21st century temperature [J]. The British journal of politics and international relations, 2009, 11(1): 64-78.

17. DUNN D H. Assessing the debate, assessing the damage: transatlantic relations after Bush[J]. The British journal of politics and international relations, 2009, 11(1), pp. 4-24.

18. FORDHAM B O. Trade and asymmetric alliances[J]. Journal of peace research, 2010, 47(6): 685-696.

19. GIEGERICH B. NATO's smart defense: who's buying? [J]. Survival, 2012, 54

(3): 69-77.

20. GOLDSTEIN A. First things first: the pressing danger of crisis instability in US-China relations[J]. International security, 2013, 37(4): 49-89.

21. GOLDSTEIN A. Power transitions, institutions, and China's rise in East Asia: theoretical expectations and evidence[J]. The journal of strategic studies, 2007, 30(4-5): 639-682.

22. GRABEL I. Not your grandfather's IMF: global crisis, 'productive incoherence' and developmental policy space[J]. Cambridge journal of economics, 2011, 35(5): 805-830.

23. GRANT C. The impact of Brexit on the EU[R]. Center for European Reform, 2016.

24. GRYGIEL J. Imperial allies[J]. Orbis, 2006, 50(2): 209-221.

25. HAASS R. The age of nonpolarity: what will follow U. S. dominance[J]. Foreign affairs, 2008, 87(3): 44-56.

26. HALLAMS E, SCHREER B. Towards a 'post-American' alliance? NATO burden-sharing after Libya[J]. International affairs, 2012, 88(2): 313-327.

27. HAMILTON D S. The transatlantic pivot[J]. Current history, 2014, 113(761): 123-124.

28. HELLMANN G, WORF R. Neorealism, neoliberal institutionalism, and the future of NATO[J]. Security studies, 1993, 3(1): 3-43.

29. HEMMER C, KATZENSTEIN P J. Why is there no NATO in Asia? collective identity, regionalism, and the origins of multilateralism[J]. International organization, 2002, 56(3): 575-607.

30. HOFFMANN S. Back to Euro-pessimism a jeremiad too fond of gloom and doom[J]. Foreign affairs, 1997, 76(1): 139-145.

31. EL HOUDAIGUI R. The Atlantic alliance: between revived Europeanism and restless Atlanticism[J]. OCP policy center, 2018, Atlantic Currents: Overcoming the Choke Points, 5th edition of the Annual Report on Wider Atlantic Perspectives and Patterns: 57-66.

32. HUNTINGTON S P. America's changing strategic interests[J]. Survival, 1991, 33(1): 3-17.

33. IKENBERRY G J. The end of liberal international order? [J]. International Affairs, 2018, 94(1): 7-23.

34. IKENBERRY G J. The rise of China and the future of the West: can the liberal system survive?[J]. Foreign Affairs, 2008, 87(1): 23-37.

35. KAGAN R. 'America first' has won[N]. New york times, 2018, Section A: 27.

36. KAGAN R. Trump's America does not care[N]. The Washington post, 2018.

37. KANAT K B. Transatlantic relations in the age of Donald Trump[J]. Insight Turkey, 2018, 20(3): 77-88.

38. KAUFMAN J P. The US perspective on NATO under Trump: lessons of the past and prospects for the future[J]. International affairs, 2017, 93(2): 251-266.

39. KELLEY J R. Keep calm and carry on: appraising the transatlantic relationship from Iraq to Obama[J]. European political science, 2011, 10(1): 20-26.

40. KEOHANE R O. Alliance, threats and the use of neorealism[J]. International security, 1988, 13(1): 169-176.

41. KRAUTHAMMER C. The unipolar moment[J]. Foreign affairs, 1990/1991, 70(1): 23-33.

42. KUPCHAN C A. After Pax Americana: benign power, regional integration, and the sources of a stable multipolarity[J]. International security, 1998, 23(2): 40-79.

43. KUPCHAN C A. A still-strong alliance[J]. Policy review, 2012(172).

44. LANGLOIS L. Trump, Brexit and the transatlantic relationship: the new paradigms of the Trump era[J/OL]. Revue LISA/LISA e-journal, 2018, 16(2). https://journals.openedition.org/lisa/10235.

45. LAYNE C. The unipolar exit: beyond the Pax Americana[J]. Cambridge review of international affairs, 2011, 24(2): 149-164.

46. LAYNE C. The unipolar illusion: why new great powers will arise[J]. International security, 1993, 17(4): 5-51.

47. LEONARD M. The era of mutually assured disruption[J]. The new European security initiative, European council on foreign relations, 2017: 6-8.

48. LONG A G. Defense pacts and international trade[J]. Journal of peace research, 2003, 40(5): 537-552.

49. LOPEZ J M A. Europe and America, partners in prosperity[J]. European view, 2010 (9): 53-57.

50. MACASKILL E. Donald Trump arrives in UK and hails Brexit vote as 'great victory'[N]. The guardian, 2016.

51. MANDELBAUM M. The new containment: handling Russia, China, and Iran[J]. Foreign affairs, 2019, 98(2).

52. MANNERS I. Normative power Europe: a contradiction in terms?[J]. Journal of common market studies, 2002, 40(2): 235-258.

53. MEARSHEIMER J, WALT S M. The case for offshore balancing: a superior U. S. grand strategy[J]. Foreign affairs, 2016, 105(1): 18-33.

54. MEARSHEIMER J. Back to the future: instability of Europe after the Cold War[J]. International security, 1990, 15(1): 5-56.

55. MORROW J D. Alliances and asymmetry: an alternative to the capability aggregation model of alliances[J]. American journal of political science, 1991, 35(4): 904-933.

56. NELSON D N. Transatlantic transmutations[J]. The Washington quarterly, 2002, 25(4): 51-66.

57. NEUSS B. Asymmetric interdependence: do America and Europe need each other?[J]. Strategic studies quarterly, 2009, 3(4).

58. NOESSELT N. Strategy adjustments of the United States and the European Union vis-à-vis China: democratic global power identities and fluid polygonal relations[J]. Journal of Chinese political science, 2022(27): 519-541.

59. NOUGAYERE N. A chaotic Brexit is part of Trump's grand plan for Europe[J]. The guardian, 2019.

60. NYE J S. The US and Europe: continental drift?[J]. International affairs, 2000, 76(1): 51-59.

61. OBAMA B. Renewing American leadership[J]. Foreign affairs, 2007, 86(4): 2-16.

62. OLSON M, ZECKHAUSER R. An economic theory of alliances[J]. The review of economics and statistics, 1966, 48(3): 266-279.

63. ONEAL J R, DIEHL P F. The theory of collective action and defense burden: new empirical tests[J]. Political studies quarterly, 1994, 47(2): 373-396.

64. ONEAL J R, ELORD M A. NATO burden sharing and the forces of change[J]. International studies quarterly, 1989, 33(4): 435-456.

65. ONEAL J R. The theory of collective action and burden sharing in NATO[J]. International organization, 1990, 44(3): 379-402.

66. PAPE R. Soft balancing against the United States[J]. International security, 2005, 30(1): 7-45.

67. PARKER G, SEBASTIAN P, KLAN A, et al. AUKUS: how transatlantic allies turned on each other over China's Indo Pacific strategy[N]. Financial times, 2021.

68. PERLEZ J. U. S. allies see trans-Pacific partnership as a check on China[N]. New York times, 2015.

69. PETERSON J, COWLES M G. Clinton, Europe and economic diplomacy: what makes the EU different?[J]. An international journal of policy and administration, 1998, 11(3): 251-271.

70. PETERSON J, STEFFENSON R. Transatlantic institutions: can partnership be engineered?[J]. The British journal of politics and international relations, 2009, 11(1): 25-45.

71. PETERSSON M. US leadership and NATO: US leadership and NATO: the United States as the reluctant ally[J]. Parameters, 2016, 46(1): 98.

72. POAST P. Can issue linkage improve treaty credibility? buffer state alliances as a 'hard case'[J]. Journal of conflict resolution, 2013, 57(5): 739-764.

73. POLYAKOVA A, HADDAD B. Europe alone: what comes after the transatlantic alliance[J]. Foreign affairs, 2019, 98(4): 109-120.

74. POSEN B. Command of the commons: the military foundation of U. S. hegemony[J]. International security, 2003, 28(1): 5-46.

75. POULIOT V. The alive and well transatlantic security community: a theoretical reply to Michael Cox[J]. European journal of international relations, 2006, 12(1): 119-127.

76. RAPPAPORT A. The United States and European integration: the first phase[J]. Diplomatic history, 1981, 5(2): 121-149.

77. RASMUSSEN A F. NATO after Libya: The Atlantic alliance in austere times[J]. Foreign affairs, 2011, 90(4): 2-6.

78. REVELAS K. Permanent structured cooperation: not a panacea but an important step for consolidating EU Security and defence cooperation[J]. Center international de formation

Europeenne, 2016.

79. RIDDERVOLD M, NEWSOME A. Transatlantic relations in times of uncertainty: crises and EU-US relations[J]. Journal of European integration, 2018, 40(5): 505-521.

80. SANDLER T, MURDOCH J C. On sharing NATO defense burdens in the 1990s and beyond[J]. Fiscal studies, 2000, 21(3): 297-327.

81. SAWANI M, SAWANI A, COPELAND C. The US-EU relationship: how European integration affects US exports to the European Union[J]. Journal of case research in business and economics, 2009.

82. SHAMBAUGH D. A new strategic triangle: US and European reactions to China's rise [J]. The Washington quarterly, 2005, 28(3): 5-25.

83. SHAPIRO J. What 'America First' will cost Europe[J/OL]. Foreign affairs, 2018 [2018-06-22]. https://fbkfinanzwirtschaft.wordpress.com/2018/06/14/what-america-first-will-cost-europe/pdf.

84. SLAUGHTER A-M, MAHBUBANI K, WALT S M, et al. U. S. grand strategy after Ukraine [J/OL]. Foreign policy, 2022, https://foreignpolicy.com/2022/03/21/us-geopolitics-security-strategy-war-russia-ukraine-china-indo-pacific-europe/.

85. SNYDER G H. The security dilemma in alliance politics[J]. World politics, 1984, 36 (4): 461-495.

86. STEVENSON J. How Europe and America defend themselves[J]. Foreign affairs, 2003, 82(2): 75-90.

87. TERRIFF T. Fear and loathing in NATO: the Atlantic alliance after the crisis over Iraq [J]. Perspective on European politics& society, 2004, 5(3): 419-446.

88. DE VRIES G. European strategy in the fight against terrorism and the cooperation with the United States[J]. Irish studies in international affairs, 2005(16): 3-9.

89. WALT S M. The ties that fray: why Europe and America are drifting apart[J]. National interest, 1998/1999(54): 3-11.

90. WALT S M. Why alliances endure or collapse[J]. Survival: global politics and strategy, 1997, 39(1): 156-179.

91. WALTZ K N. Structural realism after the Cold War[J]. International security, 2000, 25(1): 5-41.

92. WALTZ K N. The emerging structure of international politics[J]. International security, 1993, 18(2): 44-79.

93. WEISS T G. The United Nations and sovereignty in the age of Trump[J]. Current history, global trends, 2018, 117(795): 10-15.

94. WOHLFORTH W. The stability of a unipolar world[J]. International security, 1999, 24(1): 5-41.

95. ZAKARIA F. The future of American power: how America can survive the rise of the rest[J]. Foreign affairs, 2008.

(三) 官方文件、智库报告

1. ADEBAHR C, BAER D, BALFOUR R, et al. How the transatlantic relationship has evolved[R/OL]. (2022-01-20)[2023-07-01]. https://carnegieeurope.eu/2022/01/20/how-Transatlantic-relationship-has-evolved-one-year-into-biden-administration-pub-86213.

2. ARMITAGE R L, NYE J S. CSIS commission on smart power: a smarter, more secure America[R/OL]. (2007-11)[2023-07-01]. https://www.hks.harvard.edu/publications/csis-commission-smart-power-smarter-more-secure-america.

3. Atlantic Council and Russian Primakov Institute of World Economy and International Relations. Global system on the brink: pathways toward a New Normal[R/OL]. (2015-12)[2023-07-01]. https://www.atlanticcouncil.org/wp-content/uploads/2015/12/Global_System_on_the_Brink.pdf.

4. BENNER T, WRIGHT T. China's relations with U.S. allies and partners in Europe and the Asia Pacific[R]. Testimony to U.S. China Economic and Security Review Commission, 2018.

5. BANKS M. NATO Annual report: most member states have increased defence spending[R/OL]. (2018-03-19)[2023-07-20]. https://www.theparliamentmagazine.eu/articles/news/nato-annual-report-most-member-states-have-increased-defence-spending.

6. BARANOWSKI M, QUENCES M, TECHAU J. NATO after "brain death": the view from France, Germany, and Poland[R]. Transatlantic Take, The German Marshall Fund of the United States, 2020.

7. BINNENDIJK H, ed. A transatlantic pivot to Asia: towards new trilateral partnerships [R]. Washington D. C. : Center for Transatlantic Relations, Paul H. Nitze School of Advanced International Studies, Johns Hopkins University, 2014.

8. BINNENDIJK H, NORDENMAN M. NATO's value to the United States: by the numbers[R/OL]. (2018-04-19)[2023-07-20]. http://www.atlanticcouncil.org/images/NATO_s_Value_WEB.pdf.

9. BINNENDIJK H, KIRCHBERGER S. The China plan: a transatlantic blueprint for strategic competition[R/OL]. (2021-03-01)[2023-07-14]. https://www.jstor.org/stable/resrep30709.3.

10. BISCOP S. 1919-2019: How to make peace last? European strategy and the future of the world order[R/OL]. (2019-01-10)[2023-07-14]. https://www.jstor.org/stable/resrep21905.

11. BISCOP S. Act as if it does not matter who wins[R/OL]. (2020-11-03)[2023-07-15]. https://www.egmontinstitute.be/act-as-if-it-does-not-matter-who-wins/.

12. BISCOP S. An alliance of democracies: with the US or for the US? [R/OL]. (2020-07-27)[2023-07-17]. http://www.egmontinstitute.be/an-alliance-of-democracies-with-the-us-or-for-the-us-2/.

13. BISCOP S. Biden, NATO and the EU: who deals with China, and who with Russia? [R/OL]. (2021-03-29)[2023-07-16]. https://www.egmontinstitute.be/bidennato-and-the-eu-who-deals-with-china-and-who-with-russia/.

14. BISCOP S. Biden's victory and Europe's strategic autonomy[R/OL]. (2020-11-24) [2023-07-15]. https://www.egmontinstitute.be/bidens-victory-and-europes-strategic-autonomy/.

15. BISCOP S. EU-NATO relations: a long-term perspective[R/OL]. (2018-11-20) [2023-07-15]. https://www.egmontinstitute.be/content/uploads/2018/11/NeD150.pdf.

16. BISCOP S. Has Trump reshuffled the cards for the Europe? [R/OL]. (2016-11-01) [2023-07-14]. http://www.egmontinstitute.be/wp-content/uploads/2016/11/SPB79.pdf.

17. BISCOP S. Use connectivity to strengthen multilateral cooperation in the EU's neighbourhood[R/OL]. (2020-09-15)[2023-07-15]. https://www.egmontinstitute.be/

use-connectivity-to-strengthen-multilateral-cooperation-in-the-eus-neighbourhood/.

18. BORRELL J. The post-coronavirus world is already here[R/OL]. (2020-04-30) [2023-07-17]. https://www.ecfr.eu/page/-/the_post_coronavirus_world_is_already_here.pdf.

19. BRATTBERG E, WHINERAY D. How Europe views transatlantic relations ahead of the 2020 U. S. election [R/OL]. (2020-02-20) [2023-07-18]. https://carnegieendowment.org/files/Brattberg_Whineray_2020_EU.pdf.

20. BRIMMER E. Seeing blue: American visions of the European Union[R/OL]. (2007-09-01) [2023-07-17]. https://www.iss.europa.eu/content/seeing-blue-americanvisions-european-union.

21. BURROWS M, ENGELKE P. What world post-COVID-19? three scenarios [R/OL]. (2020-04) [2023-07-17]. https://www.atlanticcouncil.org/wp-content/uploads/2020/04/What-World-Post-COVID-19.pdf.

22. CARAFANO J. Why the United States needs an Atlantic strategy[R]. The Heritage Foundation, 2020.

23. Center for Strategic and International Studies. Opportunities and pitfalls for U. S.-EU collaboration on semiconductor value chain resilience[R/OL]. (2022-07-07) [2023-07-12]. https://www.csis.org/analysis/opportunities-and-pitfalls-us-eu-collaboration-semiconductor-value-chain-resilience.

24. CNBC. US inflation reduction act: EU raises concerns, risks WTO dispute[R/OL]. (2022-11-07) [2023-07-12]. https://www.cnbc.com/2022/11/07/us-inflation-reduction-act-eu-raises-concerns-risks-wto-dispute.html.

25. Congressional Research Service. Transatlantic relations: U. S. interests and key issues [R/OL]. (2020-04-27) [2023-07-12]. https://crsreports.congress.gov/product/details?prodcode=R45745.

26. Council of the European Union. Guidelines on the EU's foreign and security policy in East Asia[R/OL]. (2012-06-15) [2023-07-13]. http://eeas.europa.eu/asia/docs/guidelines_eu_foreign_sec_pol_east_asia_en.pdf.

27. Council of the European Union. Implementation plan on security and defense[R/OL]. (2016-11-14) [2023-07-15]. https://eeas.europa.eu/sites/eeas/files/implementation_

plan_on_security_and_defence_2. pdf.

28. Council of the European Union. U. S. -European relations in the 117th Congress[R]. Congressional Research Service, 2021.

29. Council of the European Union. Draft council conclusion on implementing the EU global strategy in the area of security and defense[R/OL]. (2016-11-14)[2023-07-16]. https://www.consilium.europa.eu/en/press/press-releases/2016/11/14/conclusions-eu-global-strategy-security-defence.

30. Council of the European Union. Council recommendation assessing the progress made by the participating member states to fulfil commitments undertaken in the framework of permanent structured cooperation(PESCO)[R/OL]. (2019-05-06)[2023-07-17]. https://www.consilium.europa.eu/media/39353/st08795-en19.pdf.

31. DIMITROVA A. The state of the transatlantic relationship in the Trump era[R/OL]. (2020-02-04)[2023-07-19]. https://www.researchgate.net/publication/339029226_The_State_of_the_Transatlantic_Relationship_in_the_Trump_Era_Policy_paper_n5452020_Fondation_Robert_Schuman.

32. DONNAN S. Is TTIP really a strategic issue? [R/OL]. (2014-10-08)[2023-07-19]. http://carnegieeurope.eu/strategiceurope/?fa=56869.

33. EEAS. Shared vision, common action: a stronger Europe: a global strategy for the European Union's foreign and security policy[R/OL]. (2016-06)[2023-07-29]. http://europa.eu/globalstrategy/sites/globalstrategy/files/about/eugs_review_web_4.pdf.

34. EEAS. EU strategy for cooperation in the Indo-Pacific[R/OL]. (2021-04-19)[2023-07-29]. https://eeas.europa.eu/headquarters/headquarters-homepage_en/96740/EU%20Strategy%20for%20Cooperation%20in%20the%20Indo-Pacific.

35. ELLIOT D. The danger of divergence: transatlantic cooperation on financial reform[R]. Atlantic Council and Thomson Reuters, October 2010.

36. ESTEBAN M, OTERO-IGLESIAS M, eds. Europe in the face of US-China rivalry[R]. A Report by the European Think-tank Network on China(ETNC), 2020.

37. European Commision. Letter from presidents Tusk and Juncker to congratulate Donald Trump on his election as the next president of the United States[R/OL]. (2016-11-09)[2023-07-19]. http://europa.eu/rapid/press-release_STATEMENT-16-3640_en.

htm.

38. European Commission. EU-US Trade and Technology Council inaugural joint statement[R/OL]. (2021-09-29)[2023-07-19]. https://ec. europa. eu/commission/presscorner/detail/en/STATEMENT_21_4951.

39. European Commission. Joint communication, connecting Europe and Asia: building blocks for an EU strategy[R/OL]. (2018-09-19)[2023-07-20]. https://www. eeas. europa. eu/sites/default/files/joint_communication_-_connecting_europe_and_asia_-_building_blocks_for_an_eu_strategy_2018-09-19. pdf.

40. European Commission and High Representative of the Union for Foreign Affairs and Security Policy. Joint communication to the European Parliament, the European Council and the Council: a new EU-US agenda for global change[R/OL]. (2020-02-02)[2023-07-18]. https://ec. europa. eu/info/sites/info/files/joint-communication-eu-us-agenda _en. pdf.

41. European Council. A new strategic agenda 2019-2024[R/OL]. (2019-06-20)[2023-08-10]. https://www. consilium. europa. eu/en/press/press-releases/2019/06/20/a-new-strategic-agenda-2019-2024.

42. European Council. A secure Europe in a better world: European security strategy[R/OL]. (2003-12)[2023-07-29]. http://www. consilium. europa. eu/uedocs/cms_data/docs/pressdata/EN/foraff/111827. pdf.

43. European Council on Foreign Relations. The crisis of American power: how Europeans see Biden's America[R/OL]. (2021-01)[2023-08-10]. https://ecfr. eu/publication/thecrisis-of-american-power-how-europeans-see-bidens-america.

44. European Commission. EU-China:a strategic outlook[R/OL]. (2019-03-12)[2023-08-02]. https://ec. europa. eu/commission/sites/beta-political/files/communication-eu-china-a-strategic-outlook. pdf.

45. European Commission. Commission sets course for an open, sustainable and assertive EU trade policy[R/OL]. (201-02-18)[2023-08-02]. https://ec. europa. eu/commission/presscorner/detail/en/ip_21_644.

46. European Commission. Commission staff working document: impact assessment report on the future of EU-US trade relations[R/OL]. (2013-12-03)[2023-08-02]. https://ec.

europa.

47. European Commission. EU China: closer partners, growing responsibilities[R/OL]. (2006-10-24)[2023-07-30]. http://ec. europa. eu/external_relations/china/docs/06-10-24_final_com. pdf.

48. European Commission. European economic forecast-autumn 2009[R/OL]. (2009-10)[2023-07-30]. https://ec. europa. eu/economy_finance/publications/pages/publication 16055 _en. pdf.

49. European Commission. Joint communication to the European parliament, the European Council and the Council: A New EU-US Agenda for Global Change[R]. High Representative of the Union for Foreign Affairs and Security Policy, 2020.

50. European Commission. Overview of FTA and other trade negotiations[R/OL]. (2013-08-13)[2023-08-02]. http://trade. ec. europa. eu/doclib/docs/2006/december/tradoc_ 118238. pdf.

51. European Commission. Regional programming for Asia: strategy document 2007-2013 [R/OL]. (2007-05-31)[2023-08-02]. http://ec. europa. eu/external_relations/asia/rsp/ 07_13_en. pdf.

52. European Commission. Rethinking strategic autonomy in the digital age[R/OL]. (2019-11-21)[2023-08-02]. https://policycommons. net/artifacts/287002/rethinking-strategic-autonomy-in-the-digital-age/1152624/.

53. European External Action Service. PESCO factsheet[R/OL]. (2019-11-12)[2023-07-28]. https://eeas. europa. eu/headquarters/headquarters-homepage_en/34226/Permanent%20Structured%20Cooperation%20(PESCO)%20-%20factsheet.

54. European Institute for Asian Studies. EIAS special briefing: EU-US cooperation in the Asia-Pacific region[R/OL]. (2012-06-27)[2023-08-11]. http://www. eias. org/ documents/EIAS_Report_2012-06-27. pdf.

55. European Parliament. The new transatlantic agenda[R/OL]. (1995-12)[2023-09-01]. https://www. europarl. europa. eu/cmsdata/124321/new_Transatlantic_agenda_en. pdf.

56. European Union. Shared vision, common action: a stronger Europe, a global strategy for the European Union's foreign and security policy[R/OL]. (2016-06)[2023-08-11].

http: //eeas. europa. eu/archives/docs/topstories/pdf/eugs_review_web. pdf.

57. Foreign Affairs Committee of the House of Commons(FAC)(2019). China and the rules-based international system[R/OL]. (2019-03-26)[2023-08-12]. https: //publications. parliament. uk/pa/cm201719/cmselect/cmfaff/612/612. pdf.

58. Foreign Relations Committee. A concrete agenda for transatlantic cooperation on China[R]. The United States Senate Committee on Foreign Relations, 2020.

59. FOX J, GODEMENT F. A power audit of EU-China relations[R/OL]. (2009-04-17)[2023-08-13]. http: //ecfr. eu/page/-documents/A_Power_Audit_of_EU_China_Rlations. pdf.

60. FRANKE ULRIKE. Artificial divide: how Europe and America could clash over AI[R/OL]. (2021-01-20). https: //ecfr. eu/publication/artificial-divide-how-europe-andamerica-could-clash-over-ai/.

61. French Ministry for Europe and Foreign Affairs. Joint statement by the foreign ministers of France, Germany, and the United Kingdom on the joint comprehensive plan of action[R/OL]. (2020-01-14)[2023-08-13]. https: //www. diplomatie. gouv. fr/en/country-files/iran/news/article/joint-statement-by-the-foreign-ministers-of-france-germany-and-the-united.

62. George Washington University & EU Asia Centre(Paris). Eighth American-European dialogue on China[R/OL]. (2014-02-07)[2023-08-12]. http: //www. euintheus. org/wpcontent/uploads/2014/01/. Eighth-American-European-Dialogue-on-China. pdf.

63. GERANMAYEH E. Europe's new gamble: dispute resolution and the Iran nuclear deal[R/OL]. (2020-01-15)[2023-08-13]. https: //ecfr. eu/article/commentary_europes_new_gamble_dispute_resolution_and_the_iran_nuclear_deal/.

64. GEWIRTZ P, HASS R, THORNTON S, et al. A roadmap for U. S. -Europe cooperation on China[R]. Yale Law School Paul Tsai China Center, 2021.

65. GILL B, SMALL A. Untapped trilateralism: common economic and security interests of the European Union, the United States and China[R/OL]. (2014-01-01)[2023-08-14]. http: //www. chathamhouse. org/sites/files/Cha thamhouse/public/Research/Asia/1112ecran_gillsmall. pdf.

66. GIUMELLI F. EU Military operations budget under strain: the crisis, the EU and its

member states[R/OL]. (2013-02)[2023-08-15]. https://research. rug. nl/en/publications/eu-military-operations-budget-under-strain-the-crisis-the-eu-and.

67. GODEMENT F. A global China policy[R/OL]. (2010-06-22)[2023-08-16]. http://www. ecfr. eu/content/entry/a_global_china_policy.

68. GREVI G. Lost in transition? US foreign policy from Obama to Trump[R/OL]. (2016-12-02)[2023-08-16]. http://www. epc. eu/documents/uploads/pub_7240_lostintransition. pdf.

69. HASS R, MCELVEEN R, WILLIAMS R D. The Future of US policy toward China: recommendations for the Biden administration[R]. Yale Law School Paul Tsai China Center, 2020.

70. HEIDENKAMP H, AKALTIN F. Confronting the European defence crisis: the common European army in Germany's political debate[R/OL]. (2012-04-16)[2023-08-19]. https://www. rusi. org/explore-our-research/publications/rusi-journal/confronting-european-defence-crisis-common-european-army-germanys-political-debate.

71. HOWORTH J. European integration and defense: the ultimate challenge?[R/OL]. (2000-11-01)[2023-08-20]. https://www. iss. europa. eu/content/europeanintegration-and-defence-ultimate-challenge.

72. HOWORTH J. Strategic autonomy and EU-NATO cooperation: squaring the circle[R]. EGMONT Royal Institute for International Relations, Security Policy Brief, 2017.

73. JACKSON S, HELLMICH M. The Inflation Reduction Act & the EU: the need to strengthen the transatlantic trade relationship[R/OL]. (2022-12)[2023-08-21]. https://www. e3g. org/publications/the-inflation-reduction-act-ira-and-the-eu/.

74. JONSON K, DE LUCE D, TAMKIN E. Can the U. S. -Europe alliance survive Trump?[R/OL]. (2018-05-18)[2023-08-23]. https://foreignpolicy. com/2018/05/18/can-the-u-s-europe-alliance-survive-trump/.

75. KAMP K-H. NATO's coming existential challenge[R/OL]. (2019-03-20)[2023-08-21]. http://www. ndc. nato. int/news/news. php?icode=1281.

76. KRASTEV I, LEONARD M. The crisis of American power: how Europeans see Biden's America[R/OL]. (2021-01-19)[2023-08-22]. https://ecfr. eu/publication/the-crisis-of-american-power-how-europeans-see-bidens-america/.

77. KRASTEV I, LEONARD M. The crisis of European security: what Europeans think about the war in Ukraine[R/OL]. (2022-02-09)[2023-08-17]. https://ecfr.eu/publication/the-crisis-of-european-security-what-europeans-think-about-the-warin-ukraine/.

78. KRASTEV I, LEONARD M. What Europeans think about the US-China Cold War[R/OL]. (2021-09-22)[2023-08-21]. https://ecfr.eu/publication/what-europeans-think-about-the-us-china-cold-war.

79. KUNDNANI H, OUGLIERIN J. Atlanticist and "Post-Atlanticist" wishful thinking[R/OL]. (2018-01-03)[2023-08-24]. http://www.gmfus.org/publications/atlanticist-and-post-atlanticist-wishful-thinking.

80. LEONARD M, PISANI-FERRY J, WOLFF G B, et al. Redefining Europe's economic sovereignty[R/OL]. (2019-06-25)[2023-08-11]. https://www.bruegel.org/2019/06/redefining-europes-economic-sovereignty.

81. LEWIS P, PARAKILAS J, SCHNEIDER-PETSINGER M, et al. The future of the United States and Europe: an irreplaceable partnership[R]. Center for Strategic & International Studies and Chatham House, 2018.

82. LIND J. The rise of China and the future of the transatlantic relationship[R/OL]. (2019-07-19)[2023-08-19]. https://www.semanticscholar.org/paper/The-Rise-of-China-and-the-Future-of-the-Lind/4da2160dacfdf3d3c2373c17a5b346d7e7315a53.

83. LINDSTORM G, TARDY T. The EU and NATO: the essential partners[R]. European Union Institute for Security Studies, 2019.

84. LIPPERT B, PERTHES V. Strategic rivalry between United States and China: causes, trajectories, and implications for Europe[R/OL]. (2020-06-04)[2023-08-26]. https://www.swp-berlin.org/publikation/strategische-rivalitaet-zwischen-usa-und-china/.

85. LOWE S. What would a Biden presidency mean for US-EU trade relations[R]. Center for European Reform, 2020.

86. MIX D E. The United States and Europe: current issues[R]. Congressional Research Service, 2009.

87. METIVIER J, DI SALVO M, PELKMANS J. Transatlantic divergences in globalization and the China factor[R/OL]. (2017-05-30)[2023-08-28]. http://aei.pitt.edu/87756/1/

PI2017-19_TransatlanticDivergencesGlobalisation. pdf.

88. Munich Security Conference. Munich security report 2020[R/OL]. (2020) [2023-08-11]. https：//securityconference. org/assets/user_upload/MunichSecurityReport2020. pdf.

89. National Intelligence Council. Global trends 2030：alternative worlds[R/OL]. (2012-12-10) [2023-08-14]. https：//globaltrends2030. files. wordpress. com/2012/11/global-trends-2030-november2012. pdf.

90. NATO. Final communiqué of the defence planning committee and nuclear planning group[R/OL]. (1992-05-27) [2023-08-29]. https：//www. nato. int/docu/comm/comm92. htm.

91. NATO. Joint press conference by NATO Secretary General Jens Stoltenberg and the president of the United States, Donald Trump[R/OL]. (2017-04-12) [2023-08-19]. https：//www. nato. int/cps/en/natohq/opinions_143135. htm? selectedLocale = en.

92. NATO. NATO's core security function in the new Europe[R/OL]. (1991-06-06) [2023-08-13]. https：//www. nato. int/docu/comm/49-95/c910607b. htm.

93. NATO. The alliance's new strategic concept[R/OL]. (1991-11-07) [2023-08-16]. https：//www. nato. int/cps/en/natolive/official_texts_23847. htm.

94. NATO. Work plan for dialogue, partnership and cooperation, North Atlantic Cooperation Council meeting[R/OL]. (1992-03-10) [2023-08-18]. https：//www. nato. int/docu/comm/49-95/c920310b. htm.

95. ORTEGA A. The U. S. -China race and the fate of transatlantic relations[R]. Center For Strategic International Studies, 2020.

96. PEJSOVA E. The Indo-Pacific a passage to Europe? [R/OL]. (2018-03-15) [2023-07-13]. https：//www. iss. europa. eu/sites/default/files/EUISSFiles/Brief-%203%20The%20Indo-Pacific_0. pdf. Communist China[R]. The Heritage Foundation, 2021.

97. RUHLIG T, BJORK M. RRHLIG T, et al. What to make of the Huawei debate in Europe? 5G network security and technology dependency in Europe[R/OL]. (2020-01) [2023-07-29]. https：//www. ui. se/butiken/uis-publikationer/ui-paper/2020/what-to-make-of-the-huawei-debate-5g-network-security-and-technology-dependencyin-europe/.

98. DE HOOP S A, QUENCES M, eds. Transatlantic security cooperation toward 2020

[R]. The German Marshall Fund of the United States, 2019.

99. SHAPIRO J, GORDON P H. How Trump killed the Atlantic alliance[R/OL]. (2019-03-05)[2023-07-16]. https://www.ecfr.eu/article/commentary_how_trump_killed_the_atlantic_alliance.

100. SHAPIRO J, PARDIJS D. The transatlantic meaning of Donald Trump: A US-EU Power Audit[R]. European Council on Foreign Relations, 2017.

101. SHAPIRO J. Why Trump can safely ignore Europe[R/OL]. (2018-05-15)[20203-08-07]. https://thecsspoint.com/why-trump-can-safely-ignore-europe-by-jeremy-shapiro/.

102. SIMON L. EU-NATO cooperation in an era of great-power competition[R/OL]. (2019)[2023-08-31]. https://brussels-school.be/sites/default/files/EU-NATOCooperation_0.pdf.

103. SMALL A. Transatlantic cooperation on Asia and the Trump administration[R/OL]. (2019-10-01)[2023-08-29]. https://www.gmfus.org/sites/default/files/publications/pdf/Small%20-%20Transatlantic%20Cooperation%20Asia%20-%2029%20Oct. Pdf.

104. SIMON L. What is Europe's Place in Sino-American competition? [R/OL]. (2019-02-20)[2023-08-05]. https://isnblog.ethz.ch/uncategorized/what-iseuropes-place-in-sino-american-competition.

105. STELZEMULLER C. End of A honeymoon: Obama and Europe, one year later, Brussels Forum series[R]. The German Marshall Fund of the United States, 2010.

106. STELZEMULLER C. Hostile ally: the Trump challenge and Europe's inadequate response[R/OL]. (2019-08)[2023-09-01]. https://www.brookings.edu/research/hostile-ally-the-trump-challenge-and-europes-inadequate-response/.

107. STELZEMULLER C. Normal is over: Europeans hope that the Trump era is an anomaly. But the transatlantic divide has never been so stark[R/OL]. (2018-02)[2023-08-30]. https://www.brookings.edu/wp-content/uploads/2018/02/fp_20180201_normal_is_over1.pdf.

108. SZEWCZYK B. Europe's strategies in Asia: toward a transatlantic consensus? [R]. The German Marshall Fund of the United States, 2019.

109. TAUSSIG T. Stronger Together: A strategy to revitalize transatlantic power[R].

Harvard Kennedy School, 2020.

110. The State Department. A free and open Indo-Pacific: advancing a shared vision[R/OL]. (2019-11-04)[2023-09-01]. https://www.state.gov/wp-content/uploads/2019/11/Free-and-Open-Indo-Pacific-4Nov2019.pdf.

111. The White House. Building resilient supply chains, revitalizing American manufacturing, and forstering broad-based growth: 100-day reviews under Executive Order 14017[R/OL]. (2021-06-01)[2023-09-02]. https://www.wita.org/atp-research/supply-chains-manufacturing/.

112. The White House. Indo-Pacific strategy of the United States[R/OL]. (2022-02-22)[2023-09-02]. https://www.whitehouse.gov/wp-content/uploads/2022/02/U.S.-Indo-Pacific-Strategy.pdf.

113. The White House. Interim national security strategic guidance[R/OL]. (2021-03-03)[2023-09-02]. https://www.whitehouse.gov/briefing-room/statements-releases/2021/03/03/interim-national-security-strategic-guidance/.

114. The White House. Joint leaders statement on AUKUS[R/OL]. (2021-09-15)[2023-09-02]. https://www.whitehouse.gov/briefing-room/statements-releases/2021/09/15/joint-leaders-statement-on-aukus/.

115. The White House. National security strategy[R/OL]. (2017-12)[2023-09-01]. https://www.whitehouse.gov/wp-content/uploads/2017/12/NSS-Final-12-18-2017-0905.pdf.

116. The White House. National security strategy[R/OL]. (2015-02)[2023-09-01]. https://obamawhitehouse.archives.gov/sites/default/files/docs/2015_national_security_strategy_2.pdf.

117. The White House. National security strategy[R/OL]. (2010-05)[2023-09-01]. https://obamawhitehouse.archives.gov/sites/default/files/rss_viewer/national_security_strategy.pdf.

118. The White House. Readout of president Biden's virtual meeting with president Xi Jinping of the People's Republic of China[R/OL]. (2021-11-16)[2023-09-02]. https://www.whitehouse.gov/briefing-room/statements-releases/2021/11/16/readout-of-presidentbidens-virtual-meeting-with-president-xi-jinping-of-the-peoples-republic-of-

china/.

119. The White House. The United States, joined by allies and partners, attributes malicious cyber activity and irresponsible state behavior to the People's Republic of China[R/OL]. (2021-07-19)[2023-09-02]. https://www.whitehouse.gov/briefing-room/statements-releases/2021/07/19/the-united-states-joined-by-allies-and-partners-attributes-malicious-cyber-activity-and-irresponsible-state-behavior-to-the-peoples-republic-of-china/.

120. The White House Office of the Press Secretary. Joint statement: US-EU Summit[R/OL]. (2011-11-28)[2023-09-02]. http://www.whitehouse.gov/the-press-office/2011/11/28/joint-statement-us-eu-summit.

121. Transatlantic Task force on trade and investment of German Marshall Fund and European Center for International Political Economy. A new era for transatlantic trade leadership [R/OL]. (2012-02)[2023-09-03]. https://ecipe.org/publications/new-eraTransatlantic-trade-leadership.

122. UN General Assembly. A more secure world: our shared responsibility[R/OL]. (2004-12-02)[2023-09-03]. https://www.un.org/ruleoflaw/files/gaA.59.565_En.pdf.

123. US Department of Defense. fact sheet: 2022 national defense strategy[R/OL]. (2022-03-28)[2023-09-03]. https://media.defense.gov/2022/Mar/28/2002964702/-1/-1/1/NDS-FACT-SHEET.PDF.

124. US Department of Defense. Indo-Pacific strategy report[R/OL]. (2019-06-01)[2023-09-03]. https://media.defense.gov/2019/Jul/01/2002152311/-1/-1/1/DEPARTMENT-OF-DEFENSE-INDO-PACIFIC-STRATEGY-REPORT-2019.PDF.

125. US Department of State. A foreign policy for the American people[R/OL]. (2021-03-03)[2023-09-04]. https://www.state.gov/a-foreign-policy-for-the-americanpeople/.

126. US Department of State. U.S.-EU statement on the Asia-Pacific region[R/OL]. (2012-07-12)[2023-09-03]. http://www.state.gov/r/pa/prs/ps/2012/07/194896.htm.

127. US Department of State. Secretary Antony J. Blinken, national security advisor Jake Sullivan, director Yang and state councilor Wang at the top of their meeting[R/OL]. (2021-03-18)[2023-09-04]. https://www.state.gov/secretary-antony-j-blinken-national-

security-advisor-jake-sullivan-chinese-director-of-the-office-of-the-central-commission-for-foreign-affairs-yang-jiechi-and-chinese-state-councilor-wang-yi-at-th/.

128. VAISSE J. A rebound, not a break-up: the political implications of the economic crisis for the European Union[R/OL]. (2009-05-20)[2023-09-04]. http://www.brookings.edu/~/media/Files/rc/papers/2009/0520_europe_vaisse/0520_europe_vaisse.pdf.

129. VALASEK T, ed. New perspectives on shared security: NATO's next 70 years[R/OL]. (2019-11-28)[2023-09-04]. https://carnegieeurope.eu/2019/11/28/nato-s-future-role-in-multilateral-rules-based-order-pub-80412.

130. VON VOSS A, SCHIMMERL F, eds. NATO's future role in the multilateral rules-based order[R/OL]. (2019-11-28)[2023-09-04]. https://carnegieeurope.eu/2019/11/28/nato-s-future-role-in-multilateral-rules-based-order-pub-80412.

131. WIENTZEK O, ARZBERGER L. The security policy dimension of transatlantic relations in the context of the Ukrainian crisis and the strengthening of the CSDP[R/OL]. (2015-06-03)[2023-09-04]. http://www.kas.de/wf/doc/kas_41574-544-2-30.pdf?150608113142.

132. World Economic Forum and the Atlantic Council. Why the vision of European strategic autonomy remains a mirage[R/OL]. (2019-03-30)[2023-09-04]. https://www.weforum.org/agenda/2019/03/why-the-vision-of-european-strategic-autonomy-remains-a-mirage/.

133. WRIGHT T. A post-American Europe and the future of the U.S. strategy[R/OL]. (2017-12-05)[2023-09-04]. https://www.brookings.edu/wp-content/uploads/2017/12/fp_20171205_post_american_europe.pdf.

134. WRIGHT T. Trump's NATO article 5 problem[R/OL]. (2017-05-17)[2023-09-05]. https://www.brookings.edu/blog/order-from-chaos/2017/05/17/trumpsnato-article-5-problem/.

135. ZOELLICK R B. Whither China: from membership to responsibility?[R/OL]. (2005-09-21)[2023-09-05]. https://2001-2009.state.gov/s/d/former/zoellick/rem/53682.htm.

二、中文文献

（一）著作

1. 奥利维耶·科斯塔, 娜塔莉·布拉克. 欧盟是怎么运作的：第2版增补修订版[M]. 潘革平译. 北京：社会科学文献出版社, 2016.

2. 巴里·布赞. 美国与诸大国：21世纪的世界政治[M]. 刘永涛译. 上海：上海人民出版社, 2007.

3. 查尔斯·库普乾. 美国时代的终结：美国外交政策与21世纪的地缘政治[M]. 潘忠岐译. 上海：上海人民出版社, 2004.

4. 陈乐民. 战后西欧国际关系[M]. 北京：中国社会科学出版社, 1987.

5. 陈志敏等. 欧盟对外政策一体化[M]. 北京：时事出版社, 2003.

6. 陈志敏等. 中国、美国与欧洲：新三边关系中的合作与竞争[M]. 上海：上海人民出版社, 2011.

7. 戴炳然主编. 里斯本条约后的欧洲及其对外关系[M]. 北京：时事出版社, 2010.

8. 顾关福. 战后国际关系（1945-2010）[M]. 天津：天津人民出版社, 2010.

9. 亨利·基辛格. 大外交[M]. 顾淑馨, 林添贵译. 海口：海南出版社, 1998.

10. 亨利·基辛格. 世界秩序[M]. 胡利平等译. 北京：中信出版社, 2015.

11. 洪邮生. 欧洲国际关系的演进：现实逻辑与价值取向[M]. 北京：生活·读书·新知三联书店, 2013.

12. 洪邮生等. 二战后欧美关系的演进及其动力研究[M]. 南京：南京大学出版社, 2020.

13. 黄栋. 结构平衡和态度转变视角下的欧美关系与欧盟外交决策分析[M]. 济南：山东大学出版社, 2017.

14. 金玲. 欧盟对外政策转型[M]. 北京：世界知识出版社, 2015.

15. 李海龙. 跨大西洋安全关系的制度化：从理性选择到社会建构[M]. 济南：山东大学出版社, 2012.

16. 理查德·哈斯. 失序时代：全球旧秩序的崩溃与新秩序的重塑[M]. 黄锦桂译. 北京：中信出版社, 2017.

17. 连玉如. 国际政治与德国[M]. 北京：北京大学出版社, 2012.

18. 连玉如. 新世界政治与德国外交政策："新德国问题"探索[M]. 北京：北京大学

出版社,2003.

19. 刘得手.柏林危机(1958—1963)与美欧同盟[M].北京：中国社会科学出版社,2012.

20. 刘洁.繁荣与危机透视：流动性的过剩[M].北京：中国金融出版社,2009.

21. 陆伯彬,奥斯汀·滕斯强,张沱生.中美欧关系：构建新的世界秩序[M].北京：世界知识出版社,2012.

22. 马丁·雅克.当中国统治世界：中国的崛起和西方世界的衰落[M].张莉等译.北京：中信出版社,2010.

23. 牛军.战略的魔咒：冷战时期的美国大战略研究[M].上海：上海人民出版社,2009.

24. 乔纳森·科什纳.金融危机后的美国权力[M].江涛,白云真译.上海：上海人民出版社,2017.

25. 秦亚青.权力·制度·文化[M].北京：北京大学出版社,2005.

26. 塞缪尔·亨廷顿.变化社会中的政治秩序[M].王冠华,刘为等译.上海：上海世纪出版集团,1989.

27. 伞锋.在危机中重新认识欧洲[M].北京：中国社会科学出版社,2015.

28. 斯蒂芬·沃尔特.联盟的起源[M].周丕启译.北京：北京大学出版社,2007.

29. 王帆主编.美国对华中长期战略研究[M].北京：世界知识出版社,2012.

30. 王辑思,李侃如.中美战略互疑：解析与应对[M].北京：社会科学文献出版社,2013.

31. 王义桅主编.全球视野下的中欧关系[M].北京：世界知识出版社,2012.

32. 王振玲.美欧应对中国崛起：理论、战略与互动[M].北京：世界知识出版社,2016.

33. 吴白乙,周弘,陈新.欧洲蓝皮书：欧洲发展报告(2019-2020)[M].北京：社会科学文献出版社,2020.

34. 伍贻康主编.欧洲一体化的走向和中欧关系[M].北京：时事出版社,2008.

35. 武正弯.德国外交战略(1989—2009)[M].北京：中国青年出版社,2010.

36. 杨晓燕.欧洲主义还是大西洋主义？：冷战后欧盟对华政策中的美国因素[M].上海：上海交通大学出版社,2011.

37. 叶冰.美元病：悬崖边缘的美元本位制[M].北京：中信出版集团,2020.

38. 叶江, 陈志敏. 中欧关系新管窥：以国际体系转型及全球治理为视角的分析[M]. 上海：上海人民出版社, 2015.

39. 叶江. 解读美欧——欧洲一体化进程中的美欧关系[M]. 上海：上海三联书店, 1999.

40. 尤尔根·哈贝马斯, 雅克·德里达等. 旧欧洲新欧洲核心欧洲[M]. 邓伯宸译. 北京：中央编译出版社, 2010.

41. 张健雄. 欧洲联盟[M]. 北京：社会科学文献出版社, 2019.

42. 张利华, 史志钦. 中国与欧盟关系研究[M]. 北京：中国社会科学出版社, 2012.

43. 张茗. 摇晃的钟摆：欧盟-美国关系研究[M]. 上海：上海社会科学院出版社, 2018.

44. 张永安, 杨逢珉. 欧盟对华政策及中欧关系——经贸层面的观察[M]. 北京：时事出版社, 2012.

45. 赵晨, 冯仲平. 跨大西洋变局：欧美关系的裂变与重塑[M]. 北京：中国社会科学出版社, 2021.

46. 赵怀普. 当代美欧关系史[M]. 北京：世界知识出版社, 2011.

47. 赵怀普. 欧盟政治与外交[M]. 北京：世界知识出版社, 2021.

48. 赵怀普. 英国与欧洲一体化[M]. 北京：世界知识出版社, 2004.

49. 赵俊杰, 高华主编. 北狼动地来？——北约战略调整与欧盟共同防务及其对中国安全战略环境的影响[M]. 北京：中国社会科学出版社, 2011.

50. 赵俊杰. 欧洲难民危机专题研究报告[M]. 北京：中国社会科学出版社, 2016.

51. 郑启荣主编. 全球视野下的欧盟共同外交与安全政策[M]. 北京：世界知识出版社, 2008.

52. 钟振明. 超越现实主义？冷战后的北约及美欧联盟关系[M]. 上海：上海社会科学院出版社, 2014.

53. 周弘主编. 欧洲是怎样的力量——兼论欧洲一体化对世界多极化的影响[M]. 北京：社会科学文献出版社, 2008.

54. 朱贵昌. 多层治理理论与欧洲一体化[M]. 济南：山东大学出版社, 2009.

55. 朱明权. 欧盟共同外交和安全政策与欧美协调[M]. 上海：文汇出版社, 2002.

56. 兹比格涅夫·布热津斯基. 战略远见——美国与全球权力危机[M]. 洪漫, 于卉芹, 何卫宁译. 北京：新华出版社, 2012.

57. 兹比格纽·布热津斯基.大棋局——美国的首要地位及其地缘战略[M].中国国际问题研究所译.上海：上海人民出版社，2021.

（二）论文

1. 蔡方柏.从布什访问欧洲看欧美关系的发展趋势[J].国际问题研究，2005(3)：4.

2. 蔡方柏.欧美矛盾及其发展趋势[J].国际问题研究，2003(6)：17-19，49.

3. 陈新明，李源正.美欧跨大西洋联盟的战略协调之现实困难与未来前景[J].世界政治研究，2020(9)：60-89，147-148.

4. 崔洪建.疫情使欧洲解决难民问题面临更大压力[J].世界知识，2020(11)：48-49.

5. 崔洪建.中国-欧盟关系的结构性变化及前景[J].国际问题研究，2018(1)：41-59，140.

6. 崔宏伟.试析新形势下欧美关系的发展前景[J].国际关系研究，2017(2)：13.

7. 戴丽娜，郑乐锋.新一轮美欧技术经贸协调进程[J].现代国际关系，2022(2)：12-19，63.

8. 丁菲娅.美欧分歧对北约发展的影响[J].国际问题研究，2004(1)：48-52.

9. 房乐宪，关孔文.欧盟对华新战略要素：政策内涵及态势[J].和平与发展，2017(4)：9-80，126-127.

10. 房乐宪，王玉静.欧盟印太战略构想：动因、内涵及意义[J].欧洲研究，2022(2)：51-71.

11. 房乐宪，殷佳章.欧亚互联互通战略内涵及其对中欧关系的含义[J].教学与研究，2019(5)：63-71.

12. 房乐宪.站在新的历史起点上的中欧关系：机遇与挑战[J].和平与发展，2010(6)：50-55，72-73.

13. 冯仲平.奥巴马第二任期欧美关系新动向[J].当代世界，2013(6)：24-26.

14. 冯仲平.当前欧美矛盾及其影响[J].当代世界，2015(7)：6-9.

15. 冯仲平.俄乌冲突对国际政治格局的影响[J].国际经济评论，2022(3).

16. 冯仲平.欧洲：深陷战略焦虑，开始战略觉醒[J].世界知识，2019(24)：34-36.

17. 冯仲平.欧洲安全观与欧美关系[J].欧洲研究，2003(5)：1-10.

18. 冯仲平.欧洲对华政策变化与中欧关系的强大韧性[J].国际论坛，2022，24(2)：

17-22.

19. 冯仲平. 特朗普冲击下的欧美关系[J]. 当代世界, 2017(4): 8-11.

20. 葛汉文. 特朗普时代美国的同盟政策及同盟体系[J]. 世界经济与政治论坛, 2019(1): 1-20.

21. 洪邮生. "规范性力量欧洲"与欧盟对华外交[J]. 世界经济与政治, 2010(1): 52-65.

22. 江宏春. 美国对南海问题的介入及其政策演变[J]. 太平洋学报, 2013, 21(12): 71-81.

23. 江洋, 王义桅. TTIP的经济与战略效应[J]. 国际问题研究, 2014(6): 116-125.

24. 金玲. 跨大西洋关系: 走向松散联盟？[J]. 国际问题研究, 2018(4): 34-48.

25. 李海东. 从边缘到中心: 美国气候变化政策的演变[J]. 美国研究, 2009, 23(2): 20-35.

26. 林利民, 张蓓. 美欧矛盾的性质及其未来趋势[J]. 当代世界, 2018(8): 42-46.

27. 林钰. 近十年的欧美经贸关系以及TTIP谈判的背景和难点[J]. 四川大学学报(哲学社会科学版), 2019(2): 48-55.

28. 刘得手. 美欧"跨大西洋对话"及其对中国的影响[J]. 美国研究, 2008, 22(1): 58-67.

29. 刘卫东. 金融危机对美国国际地位的影响[J]. 思想理论教育导刊, 2010(5): 75-79.

30. 仇华飞. 欧盟-美国经贸关系中的合作与摩擦[J]. 社会科学, 2007(12): 48-55.

31. 邱静. 欧美数字治理合作的影响因素及前景分析[J]. 国际论坛, 2022, 24(1): 44-61.

32. 裘元伦. 金融危机冲击下的欧盟经济[J]. 求是, 2009(6): 57-59.

33. 裘元伦. 欧美经济关系: 竞争与合作[J]. 国际经济评论, 2001(2): 5-7.

34. 任成, 林海. TTIP的起源、作用及中国的应对措施[J]. WTO经济导刊, 2013(9): 88-90.

35. 石晨霞. 论金融危机对欧洲一体化及欧盟国际地位的影响[J]. 湖北行政学院学报, 2011(2): 91-96.

36. 宋新宁. 从伊拉克战争看欧美关系[J]. 教学与研究, 2003(4): 55-57.

37. 宋玉华, 姚建农. 论新兴大国的崛起与现有大国的战略[J]. 国际问题研究, 2004

(6):50-54.

38. 孙成昊,董一凡.美欧竞争新动向:同盟框架下的博弈与前景[J].当代美国评论,2020(2):22.

39. 孙成昊.跨大西洋关系的变化与前景[J].现代国际关系,2021(3):24-30.

40. 孙海泳.论美国对华"科技战"中的联盟策略:以美欧对华科技施压为例[J].国际观察,2020(5):23.

41. 孙海泳.美国对东亚海洋问题的介入战略评析[J].新视野,2014(2):4.

42. 孙敬亭.美欧同盟走向衰落[J].世界经济研究,2003(9):5.

43. 孙茹.美国同盟与国际秩序变革——以分担负担为例[J].国际政治科学,2018,3(2):35.

44. 涂荣娟.评析北约新战略[J].绵阳师范学院学报,2003(3):4.

45. 王帆.认知联盟理论评析[J].国际政治经济评论,2003,21(1):12.

46. 王鹏."对冲"与"楔子":美国"印太"战略的内生逻辑——新古典现实主义的视角[J].当代亚太,2018(3):50.

47. 王毅.中欧美互动及三边合作的可能性[J].国际问题研究,2013(2):12.

48. 忻华.大西洋越来越宽?——美欧经济关系正在趋于对立[J].世界知识,2017(16):2.

49. 徐坡岭,卢绍君.试析经贸关系在俄欧美三边关系结构中的意义[J].俄罗斯研究,2007(5):9.

50. 徐瑞珂.特朗普与英美特殊关系的嬗变[J].国际展望,2019(3):21.

51. 许海云.北约对华政策调整走势及其影响[J].太平洋学报,2022(1):25.

52. 严少华.欧盟战略自主与中国对欧战略新思维[J].复旦学报(社会科学版),2021,63(6):12.

53. 严双武,高小升.欧盟在国际气候谈判中的立场与利益诉求[J].国外理论动态,2011(4):4.

54. 严骁骁.经贸纷争与合作:美欧关系中的一个重要特征[J].太平洋学报,2014(6):40-50.

55. 阎学通.美欧冲突及其启示[J].国际问题研究,2003(4):5.

56. 易宪容,王国刚.美国次贷危机的流动性传导机制的金融分析[J].金融研究,2010(5):17.

57. 余永定.美国次贷危机：背景、原因与发展[J].当代亚太,2008(5)：65-73.

58. 袁野,姚亿博.美国对外政策新特点影响几何[J].瞭望,2017(48)：2.

59. 张蓓,孙成昊.特朗普执政以来美欧关系的变化、动因及影响[J].国际展望,2018(6)：20.

60. 张健.北约新概念战略解析[J].现代国际关系,2010(12)：7.

61. 张健.跨大西洋关系的变化及前景[J].现代国际关系,2018(9)：9.

62. 张景全,刘丽莉.成本与困境：同盟理论的新探索[J].东北亚论坛,2016(2)：12.

63. 张景全.观念与同盟关系探析[J].世界经济与政治,2010(9)：12.

64. 张薇薇.美欧贸易和技术理事会首次会议：共识难掩分歧[J].世界知识,2021(21)：2.

65. 张晓通.欧盟在中美欧经贸大三角中的"借力型战略"[J].欧洲研究,2021,39(3)：28.

66. 赵晨.从"蛮权力"回归"巧权力"：拜登政府对欧政策初评[J].当代美国评论,2021(3)：20-36.

67. 赵怀普,韩宝禄日.美欧防务责任分担矛盾的缘起、发展及影响[J].国际经济评论,2019(6)：116-133.

68. 赵怀普,王振玲.美欧应对中国崛起：理论、战略和互动[J].国际展望,2014(3)：18.

69. 赵怀普,王振玲.美欧之间的东亚对话与对华政策协调[J].国际问题研究,2016(6)：16.

70. 赵怀普,吴霞.欧盟对科索沃政策的演变[J].当代世界,2009(2)：3.

71. 赵怀普,赵健哲."特朗普冲击波"对美欧关系的影响[J].欧洲研究,2017,35(1)：17.

72. 赵怀普.拜登政府经济政策对美欧关系的影响[J].当代世界,2023(2)：35-42.

73. 赵怀普.拜登政府与美欧关系修复的空间及限度[J].当代世界,2021(2)：18-24.

74. 赵怀普.变与不变：美国对欧政策的历史考察[J].美国研究,2011,25(3)：16.

75. 赵怀普.重构后冷战时期的跨大西洋关系：理想与现实[J].外交评论,2010(6)：91-104.

76. 赵怀普.从"欧洲优先"到"美国优先":美国战略重心转移对大西洋联盟的影响[J].国际论坛,2020,22(3):18.

77. 赵怀普.从"特殊关系"走向"正常关系"——战后美欧关系纵论[J].国际论坛,2006(2):44-49.

78. 赵怀普.当前美欧关系:大趋势与新变化[J].现代国际关系,2008(2):7.

79. 赵怀普.当前中欧关系浅析[J].外交评论,2008(5):8.

80. 赵怀普.法国介入印太安全:路径、动因与制约因素[J].国际问题研究,2023(1):93-110.

81. 赵怀普.国际格局调整与中美欧三边关系的演进[J].当代世界,2022(3):6.

82. 赵怀普.冷战后欧美在东亚的战略互动初探[J].欧洲研究,2014,32(1):18.

83. 赵怀普.欧美学界美欧关系研究述评[J].美国研究,2009(3):127-140.

84. 赵怀普.欧盟共同防务视阈下的"永久结构性合作"机制探究[J].欧洲研究,2020,38(4):22.

85. 赵怀普.欧盟应对中美博弈的策略选择与美欧对华政策协调[J].国际展望,2021,13(5):23.

86. 赵怀普.欧盟在中美欧互动中的多重角色与中欧关系[J].国际论坛,2023,25(4):101-119.

87. 赵怀普.特朗普执政后美欧同盟关系的新变化及其影响[J].当代世界,2019(3):7.

88. 赵怀普.英国否决欧盟修约与英欧关系的新动向[J].外交评论,2012,29(3):18.

89. 赵怀普.英美防务关系的特性及其演变[J].当代世界与社会主义,2020(4):8.

90. 赵怀普.正式"脱欧"背景下的英欧关系[J].当代世界,2020(4):7.

91. 赵柯,张仕荣.欧美关系"再平衡"及其对中国的挑战[J].当代世界,2017(7):4.

92. 赵明昊."美国优先"与特朗普政府的亚太政策取向[J].外交评论,2017(4):106-134.

93. 周弘.关于欧美关系的新讨论[J].欧洲研究,2013(6):1-4.

94. 周弘.解读当代欧美关系[J].求是,2002(8):3.

95. 周建仁.同盟理论与美国"重返亚太"同盟战略应对[J].当代亚太,2015(4):

26-54.

96. 周琪.欧美关系的裂痕及发展趋势[J].欧洲研究,2018(6):83-105.

97. 周鑫宇.新兴大国崛起与国际权力结构变迁[J].太平洋学报,2010,18(8):13.

98. 朱立群.北约的变化及未来发展趋势[J].欧洲研究,2003,21(1):13.